450 DESTINATIONS
QUATRE SAISONS

UNE RÉFÉRENCE

INDISPENSABLE

POUR DÉCOUVRIR

LES PLUS BELLES

DESTINATIONS

DU QUÉBEC !

ESPACES
plein air, voyages et découvertes

COLLECTION ESPACES

ESPACES
plein air, voyages et découvertes

LA COLLECTION ESPACES EST DIRIGÉE PAR STÉPHANE CORBEIL

ÉDITEUR - RÉDACTEUR EN CHEF
STÉPHANE CORBEIL

RÉDACTRICE EN CHEF ADJOINTE
MARIE EISENMANN

COLLABORATEURS DE LA DEUXIÈME ÉDITION
NICOLAS BERTRAND, ANNE-MARIE CHAREST, MARIO DEMERS, ISABELLE DUBOIS, STÉPHANE DUFRÈNE, MARIE-HÉLÈNE HACHEY, FRÉDÉRIC LAPORTE, MÉLANIE PAGEAU, ZANIE ROY, LOUIS ST-JEAN, GIL THÉRIAULT, VALÉRIE VÉZINA.

COLLABORATEURS À LA PREMIÈRE ÉDITION
NICOLAS BÉRUBÉ, ISABELLE DUBOIS, LUCIE GARNEAU, DANIEL GAUVREAU, MAXIME GÉLINAS, ZANIE ROY, JACQUES SENNÉCHAEL, PAUL VILLECOURT.

CORRECTION ORTHOGRAPHIQUE ET SYNTAXIQUE
GAËTAN CHÉNIER, RICHARD DESORMEAU, CAROLINE PAQUETTE, CÉLINE VANGHELUWE, VALÉRIE VÉZINA.

GRAPHISME
PASSERELLE BLEUE

IMPRIMÉ AU QUÉBEC

Au moment d'aller sous presse, toutes les informations contenues dans ce guide ont été soigneusement vérifiées. Pour nous faire part de vos commentaires, ajouts ou modifications, svp, nous faire parvenir un courriel à : info@espaces.qc.ca ou par télécopieur au (514) 277-3822. Vous pouvez aussi nous écrire à l'adresse ci-dessous.

Certaines activités présentées dans ce livre comportent des risques de blessures. Les auteurs et l'éditeur ne recommandent pas la pratique de ces activités aux personnes qui n'en maîtrisent pas les techniques et habiletés requises.

La forme masculine utilisée dans le présent ouvrage désigne aussi bien les femmes que les hommes.

Deuxième édition : Deuxième trimestre 2003

Bibliothèque nationale du Québec
Dépôt légal – Deuxième trimestre 2000
ISBN 2-922728-00-5 (1ere édition, 2000)
Dépôt légal – Deuxième trimestre 2003
ISBN 2-922728-01-03 (2e édition, 2003)

La collection ESPACES est publiée par :
Trimédia inc.
911, rue Jean-Talon Est, bureau 205
Montréal (Québec) Canada H2R 1V5
514.277.3477
info@espaces.qc.ca
www.espaces.qc.ca

Catalogage avant publication de la Bibliothèque nationale du Canada

Vedette principale au titre :

Le guide du plein air au Québec : 450 destinations quatre saisons

2e éd. rev. et augm.
(Collection Espaces)
Comprend des réf. Bibiogr. et un index.

ISBN 2-922728-01-3

1. Loisirs de plein air – Québec (Province) – Guides. 2. Sports nautiques – Québec (Province) – Guides. 3. Sports d'hiver Québec (Province) – Guides. 4. Cyclotourisme – Québec (Province) – Guides. 5. Randonnée pédestre – Québec (Province) – Guides. 6. Québec (Province) – Guides. I. Corbeil, Stéphane, 1966 - . II. Collection Espaces (Montréal, Québec).

GV191.46.Q8G84 2003 796.5'09714 C2003-940546 X

Sommaire

Les Incontournables

Les Trésors cachés

Destinations éclairs

Montréal et ses environs

Québec et ses environs

Destinations thématiques

Kayak de mer

Circuits cyclistes

Circuits de canot-camping

Longue randonnée

Les Intrépides

Les mini-guides

Index par activités et sujets

Note : Les chiffres en gras font référence à la page principale de la thématique concernée. Les numéros indiqués font référence à la première page d'un reportage.

Index des lieux

Note : si un lieu recherché ne se retrouve pas dans la liste ci-dessous, consultez le Répertoire par région qui débute à la page 228.

Tout le plein air au bout des doigts

Pour savoir où se déroulera votre prochaine sortie de plein air, pas besoin d'éplucher mille et un livres. Réunir dans un seul guide les destinations plein air parmi les plus belles, les plus marquantes et les plus excitantes, tel était le but de notre équipe de passionnés.

Région par région, la province a été décortiquée pour satisfaire les désirs et les besoins des adeptes de nombreuses activités : **randonnée pédestre, kayak de mer, vélo, raquette, ski de fond, camping, longue randonnée, cyclotourisme, canot, télémark**, et plusieurs autres.

Dans un quotidien bien rempli, pas facile de se concocter une sortie de plein air originale ! Le *Guide du plein air au Québec* vise ce but : mettre entre vos mains un vaste éventail de possibilités pour vous offrir toute la liberté souhaitée en matière de choix d'activité, de durée et d'accessibilité. Aux questions « Où aller ? » et « Quoi faire ? », la réponse s'exprime par plus de **450 idées de destinations à travers la province**.

Parmi elles, les ***Incontournables*** font le tour de nos plus beaux coins de pays. Qu'on les connaisse déjà ou non, ils méritent toujours une visite. Et pour que chacun puisse adapter l'expérience à son niveau, les encadrés intitulés *Encore plus !* ajoutent des informations spéciales pour la famille, l'expert, et le débutant.

Au-delà des destinations phares du Québec, ce guide ouvre aussi la porte sur des ***Trésors cachés***, ces perles encore peu visitées qui séduisent par leur caractère sauvage. Et comme on peut rarement réaliser plusieurs longues sorties par année, les ***Destinations éclairs*** proposent une foule d'escapades pour s'oxygéner l'esprit et le corps sans avoir à rouler 400 kilomètres !

Plus que jamais, rares sont ceux et celles qui limitent leurs sorties à une seule activité, c'est pourquoi le *Guide du plein air au Québec* a été écrit dans une perspective **multisport**. Chaque reportage de la section *Incontournables* nous renseigne donc sur toutes les expériences vedettes d'une destination, été comme hiver. Et pour aller encore plus loin, les rubriques ***Destinations Thématiques***, ***Intrépides*** et ***Mini-guides*** complètent cet outil de référence.

À propos du Québec, tous les clichés sont vrais : terre d'aventure, accueil chaleureux, nature sauvage, vues imprenables. À la lecture du *Guide du plein air au Québec*, on constate en effet que, sans même utiliser notre passeport, la découverte, la rencontre des cultures, les vues grandioses et les défis sportifs sont à notre porte.

Les Incontournables présentent les plus beaux visages du Québec, du Nord au Sud, de l'Est à l'Ouest. Pour se concocter des vacances, des journées et des week-ends excitants, voici une cinquantaine de destinations à découvrir.

Les Incontournables

Saguenay–Lac-Saint-Jean
Parc national du Saguenay

Diversité et sublime démesure

Sous les yeux, un fjord profond de 300 mètres où se côtoient le béluga et le phoque commun. Derrière soi, une forêt illimitée abritant l'orignal, le loup et l'ours. Drôle de sensation que de se promener sur cette frontière entre deux univers si différents et pourtant si proches. Bienvenue au pays de la diversité et de la démesure, bienvenue au parc national du Saguenay.

Situé de chaque côté de la rivière Saguenay, le parc s'étend sur 283 kilomètres carrés divisés en trois secteurs. Le secteur Baie-Éternité est réputé pour la hauteur de ses falaises, tandis que le secteur Baie-Sainte-Marguerite est le plus bel endroit qui soit pour observer le béluga depuis la terre. Enfin, le secteur Moulin-à-Baude, carrefour du Saguenay et du fleuve Saint-Laurent, est quant à lui un lieu de rencontre privilégié avec les oiseaux migrateurs et le petit rorqual.

Pour aller plus loin que cette simple photographie des trois pôles du parc, il faut prendre le temps de s'égarer dans les petits villages témoins des commerces d'antan, de flâner au bord de l'eau et de s'émerveiller au sommet des escarpements. Le kayak de mer, la randonnée pédestre et le ski hors-piste permettent de découvrir pleinement le cœur de cette nature si spectaculaire. De quelques heures à plusieurs jours, le parc donne aux familles comme aux plus sportifs l'occasion de repartir avec en tête quelques-unes des plus belles vues du Québec.

Plusieurs sentiers de **courte randonnée** permettent à un très large public de profiter de quelques-uns des plus beaux attraits du parc, et ce, dans les trois secteurs. Le sentier de la Statue, à Rivière-Éternité, est certainement l'un des plus populaires grâce à la qualité de son aménagement. Sept kilomètres d'ascension vers Notre-Dame-du-Saguenay, qui bénéficie d'un point de vue imprenable sur le cap et la baie Éternité ainsi que sur le fjord. Dans le même secteur, le sentier des Méandres à falaises (1,6 kilomètre), tout aussi apprécié des familles, fait une partie du tour de la baie Éternité et offre d'autres superbes panoramas.

Dans la baie Sainte-Marguerite, le sentier de trois kilomètres qui mène au belvédère est une « vedette internationale ». Très accessible, même pour les personnes à mobilité

réduite, il offre un point de vue unique sur les baleines blanches (bélugas). Un passage au centre d'interprétation permet aussi de bien mesurer la chance d'une telle rencontre avec ce mammifère attendrissant et fragile. Dans le secteur Moulin-à-Baude, à proximité de Tadoussac, un sentier d'auto-interprétation de 700 mètres mène facilement vers les dunes au confluent du Saguenay et du Saint-Laurent, lieu privilégié d'observation des oiseaux migrateurs, dont une douzaine de variétés de rapaces.

100 kilomètres dans le fjord

Du sud au nord de la rivière Saguenay, 100 kilomètres de sentiers jalonnent le parc. Il s'agit en fait d'un seul et même sentier divisé en plusieurs tronçons distincts, tantôt au bord de l'eau, tantôt au sommet des falaises. Entre hauteurs et ras de l'eau, la rive sud est plus variée. La section nord est plus escarpée et offre les paysages les plus spectaculaires, mais aussi les plus importants dénivelés. Toutefois, les charmes du parc ne se limitent pas à ses points de vue. Plus à l'intérieur des terres, le panorama et l'ambiance offerts par certains refuges et campings sont aussi de grands moments. L'intégralité du parcours en neuf jours n'est pas encore très populaire, les marcheurs redoutant une autonomie extrême. Ils oublient souvent que le sentier passe au cœur de deux villages où il fait bon faire le plein de provisions et de petits conforts. Et si le périple paraît encore hors de portée, libre à chacun de parcourir l'une ou l'autre des différentes sections.

Commençons la balade dans le secteur des Caps, qui relie la baie Éternité à l'anse Saint-Jean. Cette section d'environ 25 kilomètres est conseillée pour une première visite dans le parc : de beaux points de vue sur le fjord (comme celui du cap Éternité) alternent avec les ambiances de sous-bois. Faut-il donner beaucoup de détails pour imaginer, au petit matin, les orignaux s'abreuvant à proximité du refuge du lac de la Chute ? Entre l'Anse-Saint-Jean et Rivière-Éternité, le parc permet aux randonneurs de s'abandonner d'une autre façon à la beauté de la nature dans le sentier des Poètes (10 kilomètres). Sur des panneaux, des textes d'écrivains québécois célèbrent le rapport de l'homme à la nature. Après les 12 kilomètres qui relient le Petit Saguenay à l'anse de l'Île, c'est l'arrivée au refuge, où le gardien se chargera le lendemain du petit déjeuner et du service de navette maritime jusqu'à l'anse de la Barge sur la rive nord.

Avant de partir pour les 12 kilomètres escarpés vers l'anse Creuse, il serait dommage de ne pas faire le petit crochet de trois kilomètres jusqu'au point d'observation de la baie Sainte-Marguerite pour entendre « chanter » les bélugas. Les escarpements spectaculaires de la section de l'anse Creuse-cap de la Boule (13,5 kilomètres) resteront aussi dans les mémoires. Douze kilomètres plus loin, voilà Tadoussac et la fin du périple.

À l'intérieur du parc national du Saguenay, seule Rivière-Éternité propose des sorties de **kayak de mer** à la journée ou sur plusieurs jours. Bien sûr, les eaux de la rivière foisonnent aussi de nombreux kayakistes embarqués plus en amont, mais la baie constitue un point de départ idéal pour un périple de plusieurs jours vers Tadoussac (voir le texte sur la descente du fjord en kayak dans la section *Kayak de mer*).

L'hiver, le parc propose 32 kilomètres de parcours pour la randonnée en **ski nordique** et en **raquettes**. Le secteur des Caps propose des sections différentes de celles que l'on

FOCUS

Famille

Belvédère de la baie Sainte-Marguerite. Site unique d'observation des bélugas. Visite des centres d'interprétation du fjord du Saguenay (secteur Baie-Éternité), de la Maison des Dunes (secteur Moulin-à-Baude) et de la baie Sainte-Marguerite.

Expert

Deux autres sections hors piste sont accessibles aux randonneurs à skis. Situées en dehors du parc, elles totalisent 70 kilomètres de parcours difficile offrant en récompense de superbes paysages, dont les « murailles », spectaculaires falaises lisses qui miroitent au soleil.

sillonne l'été: très sauvages, elles courent davantage à l'intérieur des terres entre la rivière Éternité et l'anse Saint-Jean. Destinées aux randonneurs de niveau intermédiaire et avancé, elles représentent un bon défi dans des conditions météo souvent difficiles. Deux refuges jalonnent le parcours, dont les grands moments restent la vue sur les magnifiques lacs Allard, Travers et de la Chute ainsi que le point de vue sur le lac du Marais. Le sentier charme aussi par les quelques jolis points de vue sur le fjord. Eté comme hiver, au fond ou sur les sommets, le parc est décidément une question de points de vue...

Encore PLUS

- **Parc national du Saguenay**
  Tél. : 1 877 272-5229. Site Web : www.sepaq.com
- **Hébergement :** 10 chalets (baie Éternité), 5 refuges (3 sur le sentier Le fjord, 2 sur celui des Caps), 17 sites de camping rustique, contenant chacun plusieurs emplacements sur plateforme, répartis sur les deux rives et disponibles pour le kayak de mer ou la randonnée. Un camping aménagé (80 emplacements à Baie-Éternité).
- **Randonnée pédestre :** réseau de plus de 100 km pour la courte et la longue randonnée (jusqu'à 9 jours en passant d'une rive à l'autre par une navette nautique). Voir le texte sur le sentier du fjord dans la section *Longue randonnée*.
- **Accès universel :** à Baie-Sainte-Marguerite, un sentier de 3 km est accessible aux personnes à mobilité réduite et aux poussettes.
- **Interprétation :** le parc compte trois centres d'interprétation et de services. À Baie-Sainte-Marguerite, l'exposition permanente présente le béluga et son habitat. À Baie-Éternité, on découvre les étapes de la formation du fjord du Saguenay et la mystérieuse faune marine qui l'habite. Et dans le secteur Moulin-à-Baude, l'exposition permet de comprendre le jeu des forces naturelles qui ont façonné l'embouchure du fjord du Saguenay.
- **Ski nordique et raquettes :** 32 km de sentiers balisés mais non tracés, côté sud.
- **Kayak :** 13 sites de camping rustique sont disponibles pour les kayakistes qui naviguent sur le fjord. Pour plus de détails sur les excursions en kayak dans le Saguenay, voir le texte *Le fjord* dans la section Kayak de mer.
- **La carte de randonnée nautique**, qui contient aussi la table des marées, est disponible au coût de 4 $ dans les divers postes d'accueil et centres d'interprétation et de services du parc, à la Société touristique du Fjord et dans différents points de vente.
- **La brochure** *Kayak de mer, guide de sécurité* est disponible gratuitement auprès de la Garde côtière canadienne du parc marin du Saguenay–Saint-Laurent ou de la Fédération québécoise du canot et du kayak.
- **Le code d'éthique et le nouveau règlement sur l'observation des mammifères marins** sont disponibles auprès de Pêche et Océans Canada, et des marinas de la région.

Saguenay–Lac-Saint-Jean
Parc national des Monts-Valin

Histoires de fantômes

De la neige à profusion, une véritable collection de points de vue spectaculaires, des cascades de partout, des fantômes et des momies en prime ! Nous ne sommes pas à Disneyland mais au parc national des monts Valin, à 30 kilomètres de Chicoutimi : 154 kilomètres carrés de vallées profondes et de collines abruptes où l'on se sent, été comme hiver, dans l'ambiance d'une expédition pionnière.

Ce parc ne fait vraiment pas partie de ceux qui hibernent en attendant les populaires activités estivales. « Quand vient l'été, on se sent presque en vacances », confie l'un de ses membres en décrivant les attraits hivernaux du domaine. Les monts Valin font en effet partie des grands sanctuaires de la pratique du ski nordique : **jusqu'à 6 mètres d'accumulation de neige**, un record au Québec ! L'été, toute cette blancheur se transforme en lacs et rivières que l'on parcourt en canot.

Les plus sportifs préféreront sûrement les hauteurs du parc (**plusieurs sommets de plus de 900 mètres**) et notamment le mont Valin, qui domine le reste du paysage. Les familles ne sont cependant pas condamnées à « coller » au fond de la vallée. Plusieurs sentiers de courte randonnée leur permettent d'accéder à de jolis points de vue. Le paysage s'admire aussi sur l'eau, depuis la paisible rivière Valin ou le long des innombrables chutes d'eau comme dans le cas du canyon de la rivière Sainte-Marguerite.

Les monts Valin doivent leur vocation de **ski nordique** et leur côté sauvage à un terrain naturellement accidenté que les gens du parc veulent conserver avec un minimum d'aménagement. Aujourd'hui, les sentiers sont tous balisés et des itinéraires de un à quatre jours s'adressent à un public rodé à la pratique ou accompagné d'un guide. Le parc conseille des distances moyennes de 7 kilomètres par jour, histoire de prévoir la progression lente dans une neige profonde mais aussi de profiter des innombrables courtes balades qui gravitent autour des refuges.

En **raquettes ou en skis nordiques**, la randonnée a donc des parfums d'expédition. Il existe cependant quelques courts sentiers qui donnent rapidement accès à de magnifiques panoramas. Le sentier de la Tête de chien en est un; linéaire, il rejoint en 1 kilomètre un premier belvédère pour ensuite filer vers un superbe point de vue sur le Piedmont et les étangs Bélanger (1,5 kilomètre). Le parc propose aussi un service de navette qui permet de n'effectuer qu'une balade de retour.

Les adeptes de la longue randonnée se souviendront sûrement de leur première journée, au cours de laquelle ils auront pu gravir jusqu'à 670 mètres de dénivelé depuis l'accueil. Un peu plus près du ciel, le paysage tourne à la magie dans la section qui relie la vallée des Fantômes au pic de la Hutte. Ces fantômes ne nous hantent que par leur beauté : à certains endroits, des quantités considérables de neige s'accumulent sur les arbres protégés du vent, et des conifères âgés de 90 ans disparaissent complètement. À partir de 900 mètres, les gouttelettes des nuages enveloppent les sommets et givrent la végétation qui se transforme alors en « **momies** ». Formes étranges, elles achèvent de plonger la randonnée dans une ambiance onirique. Sur les plateaux sommitaux dénudés (entre 800 et 900 mètres d'altitude), la vue sur le fjord du Saguenay, voisin du parc, complète l'enchantement du périple.

Le parc offre également un réseau de 25 kilomètres de pistes de **ski de fond**, pour le pas classique ou le pas de patin. Progressant dans les sous-bois au pied du mont Valin, la « 12 kilomètres » est plutôt réservée aux skieurs intermédiaires. Les débutants apprécieront quant à eux les boucles plus faciles de 2 à 7 kilomètres dans la forêt boréale.

Randonnée et eau

Quand fantômes et momies se sont évaporés dans les cieux, il est temps de sortir les **canots**. Le courant très faible de la rivière Valin permet de la remonter comme de la descendre. L'accueil du parc est situé juste au milieu des 10 kilomètres canotables, et on trouve un camping rustique à chaque extrémité. La section amont, très calme, nous promène d'étang en étang sans nous faire perdre de vue les massifs qui nous surveillent. La balade, populaire mais très sauvage, permet de croiser le grand héron, la sauvagine et de nombreuses autres espèces d'oiseaux. Sur la rive, il n'est pas rare d'observer les traces du loup. Plus en aval, le lit étroit du cours d'eau serpente dans la forêt boréale mixte et nous plonge davantage dans une ambiance typique de rivière. Il est possible aussi de pagayer sur le lac Martin-Valin, où le passage de lac en lac par de petits rapides met le visiteur dans la peau d'un trappeur à travers la pure forêt boréale.

Le parc dispose, pour le **marcheur**, de plusieurs sentiers de courte randonnée qui accèdent à toute une collection de points de vue. Depuis le centre d'accueil et d'interprétation, un sentier linéaire de 1,5 km, Le Mirador, est à découvrir. Il offre un point de vue imprenable sur la montagne et les étangs. Autre bonne option pour la famille : grimper en auto (10 kilomètres) jusqu'au départ du sentier du pic de la Hutte qui, après 1,2 kilomètre de marche, mène à l'un des sommets les plus hauts du parc (910 mètres). La vision périphérique qui récompense la balade permet même de voir, par temps clair, le lac Saint-Jean. Par le même sentier, il est possible de faire une boucle de 6 kilomètres jusqu'au pic du Grand Corbeau. Réservé aux marcheurs de niveau intermédiaire, ce chemin étroit et sauvage aboutit à une plate-forme de décollage dédiée aux **parapentistes**, qui ont d'ailleurs l'habitude d'observer le vol des grands corbeaux pour mieux juger les courants ascendants.

FOCUS

Famille

Canot sur la rivière Valin. Courtes randonnées à pied (1,5 à 6 kilomètres) qui donnent accès à de superbes points de vue.

Expert

Un paradis pour les adeptes de longue randonnée en skis nordiques ou en raquettes.

Parapente sur le pic du Grand Corbeau (pratiquants autonomes seulement).

Il est désormais possible aussi de relier la Tête de chien (sentier décrit plus haut pour la balade en raquettes) au pic de la Hutte. Environ 9 kilomètres qui offrent une grande diversité d'angles de panorama et qui donnent l'impression de changer constamment de décor. Rien de mieux pour se changer les idées et oublier les fantômes du quotidien...

Encore PLUS

- **Parc national des Monts-Valin :**
  Tél. : (418) 674-1200
  Site Web : www.sepaq.com
- **Étendue :** 154 km^2.
- **Altitude maximale :** 980 m.
- **Altitude à la base :** 320 m.
- **Sentiers :** 25 km pour le ski de fond et la randonnée pédestre, 50 km pour le ski nordique et la raquette.
- **Autres activités :** télémark dans les sentiers de ski nordique.
- **Location :** hiver : raquettes, sacs de couchage, matelas de sol, peaux de phoque;
  été : canots et chaloupes.
- **Hébergement :** 5 refuges (2 durant l'été), 2 camps rustiques (été), 2 tentes prospecteurs (hiver), 3 chalets (2 durant l'été), 2 sites de camping rustique, 1 camping de groupe.
- **Autres services :** Salle de fartage chauffée avec tréteaux et fers, ainsi qu'un relais de ski de fond chauffé.

Duplessis
L'île d'Anticosti

Pure et Sauvage

Un territoire sauvage, grand dix-sept fois comme l'île de Montréal, où cerfs de Virginie circulent librement dans les champs et fous de Bassan s'enfoncent tête première dans les vagues. Des rivières qui descendent en cascade au pied de canyons vertigineux, d'immenses falaises blanches caressées par le va-et-vient de l'eau et des plages de sable qui se faufilent à travers les baies. Cette beauté de la nature, c'est l'île d'Anticosti. À vol d'oiseau, soixante-douze kilomètres la séparent de la presqu'île de Forillon, le célèbre parc de la Gaspésie.

Le visiteur qui se rend à l'île d'Anticosti doit s'attendre à un contact privilégié avec la nature. La faune évolue en toute liberté : **loups de mer**, **chevreuils**, castors composent le décor quotidien. Sans compter plus de cent trente espèces d'oiseaux qui nichent le long du littoral et dans l'arrière-pays. Mais étendue sur 220 kilomètres, l'île est grande et les distances entre les points d'intérêt sont longues à parcourir. La route Henri Meunier, dite la « Transanticostienne », traverse l'île d'est en ouest. Des chemins secondaires se greffent à cette route de terre nommée en l'honneur du célèbre propriétaire de l'île qui y régna en maître dans les années 1800. C'est d'ailleurs lui qui introduisit les premiers cerfs de Virginie sur l'île. De deux cents qu'ils étaient au XIXe siècle, le cheptel est maintenant évalué à quelque cent trente mille bêtes. Difficile de ne pas en croiser un…

Plus de soixante-dix kilomètres de **sentiers pédestres** entretenus et balisés sillonnent l'île. Parmi eux, près de 50 kilomètres se trouvent dans le parc national d'Anticosti, créé en 2001 et qui couvre 572 km^2 (soit environ le quart de la superficie de l'île). Les sentiers de bord de mer sont ponctués de montées sur des caps qui donnent une vue sur l'immensité du fleuve et de descentes dans des baies qui permettent d'observer la faune marine. On peut y voir le petit rorqual commun ou encore des oiseaux tels des pygargues à tête blanche ou le macareux moine aux allures de clown. L'intérieur des terres offre de belles balades le

FOCUS

Famille

Du côté sud de l'île, « le sentier des iris », situé près de l'embouchure de la rivière Chicotte, offre une belle variété de paysages. Des plages de sable que les vagues viennent caresser ou des kilomètres de champs où se dressent des centaines d'iris aux reflets bleutés, les enfants ont de quoi gambader. D'autant plus qu'à marée basse, les plages se transforment en véritable « quartier général de loups de mer ». Les enfants seront émerveillés de voir les animaux se dorer au soleil.

Débutant

Longue promenade sur la plage ou en bordure d'une rivière à saumon pour apprivoiser l'île; elle a tant à offrir. L'île pullule d'endroits où la seule autre présence humaine sera le reflet de son ombre sur le sol. Vous préférez un sentier balisé ? Le « sentier observation », d'une longueur de 6 km, offre de beaux points de vue sur la rivière qui coule en contrebas. À cinquante mètres du pont, vous trouverez d'agréables bassins d'eau pour un petit plouf !

Expert

Une balade de 15 km mène à la chute Vauréal dont les eaux déferlent d'une hauteur de 76 mètres. Si la majeure partie du parcours se fait en forêt, vous aurez de superbes points de vue sur la rivière qui s'agite à vos pieds. Aussi, vous rencontrerez les rares feuillus qui ont survécu à l'appétit vorace des chevreuils.

long des rivières à saumon. La rivière Jupiter est la plus longue et la plus majestueuse de l'île. Ses eaux turquoise et cristallines, qui s'étendent sur plus de 50 km, renferment des bassins où foisonnent des dizaines de saumons. Rendez-vous au pont Jupiter 24 pour contempler ce ballet aquatique.

Anticosti, c'est aussi d'**immenses canyons**, héritage du passage des glaciers, qui transportent le randonneur dans des paysages uniques au Québec. L'un des beaux canyons de la province, le canyon de la Vauréal, domine l'île depuis plus de 12 000 ans. Sensation lilliputienne au pied de ses parois de calcaires, dont certaines font plus de 90 mètres. Il est bon de garder l'œil ouvert, car certaines espèces rares d'orchidées bordent le parcours. Quelques passages se font à gué ; donc, prévoir deux paires de chaussures.

La Grotte à la Patate se dresse après deux kilomètres de marche au bord de la rivière du même nom. Elle apparaît grandiose avec son vaste porche sculpté dans le roc. Stalactites, stalagmites et bassins d'eau jaillissent de ses

entrailles tout au long de l'exploration. Petit à petit, les passages se rétrécissent pour devenir très étroits, voire exigus. Il est préférable pour les claustrophobes de limiter les déplacements au début de la grotte ! Casques et lampes frontales sont disponibles au poste de Pointe-Carleton.

En fin de journée, les visiteurs peuvent s'installer à la baie Ste-Claire et admirer les cerfs de Virginie qui profitent de l'abondante nourriture des champs sous un ciel coloré par les derniers rayons du soleil. Un autre spectacle céleste !

Encore PLUS

- **Bureau du parc national d'Anticosti et Sépaq :** (418) 535-0156. Site Web : www.sepaq.com.
- **Superficie du parc :** 572 km^2.
- **Nombre de sentiers** (parc et autres) : 75 km de sentiers entretenus et balisés.
- **Calibre :** De niveau facile à intermédiaire.
- **Location :** Vélos, kayaks, équipement de plongée en apnée.
- **Hébergement :** 20 chalets, 4 auberges et 3 terrains de camping pour un total de 35 emplacements (dont 15 rustiques).

- **Autres activités :** Kayak de mer, équitation, vélo, observation des baleines en bateau pneumatique, ornithologie, spéléologie et interprétation de la nature.
- **Ouverture :** De mai à août.
- **Forfaits :** des formules « tout inclus » (avion, véhicule, hébergement et droit d'accès pour le parc) sont offertes.
- **Location de véhicules** disponible sur l'île.

Les Îles–de–la–Madeleine

Le vent, la mer, les îles

Les Îles–de–la–Madeleine : on y marche, on y roule, on y vogue, on les explore et on les goûte. On finit par les quitter mais on ne cesse jamais d'y rêver. Qu'il s'agisse d'activités reliées au vent, à l'eau ou à la terre, toutes procurent une satisfaction peu commune. En faisant de la randonnée sur les dunes, sur les caps ou dans les bois, en naviguant en kayak de mer le long des falaises de pierre rouge ciselées par les marées ou encore en découvrant les fonds marins et les grottes immergées, le visiteur se trouve rapidement attiré par l'envergure des activités et conquis par la beauté de l'environnement.

Les Îles–de–la–Madeleine sont situées à 215 kilomètres de la péninsule gaspésienne et à 105 kilomètres de l'île du Prince–Édouard. Ce petit bout de pays, pris entre quatre vents et exposé aux intempéries virulentes qui frappent en automne et en hiver, a pris la forme d'une main qui s'agrippe par le pouce et l'index au golfe du Saint–Laurent. L'archipel comprend une douzaine d'îles. Six d'entre elles sont reliées par d'étroites dunes de sable qui emprisonnent de magnifiques lagons bleus. Brodées de **vertes collines**, de **falaises enflammées** et de 300 kilomètres de **plages blondes**, ces îles cachées dans l'océan représentent un véritable trésor de la nature.

Bien que l'on puisse également découvrir les paysages madelinots à **cheval** et à **vélo**, ceux qui souhaitent vraiment y plonger optent généralement pour la **marche**. Pieds nus dans le sable, accompagné d'un vent aux effluves salins et d'un soleil cajoleur, le marcheur peut parcourir les plages de bout en pointe.

Tous les sentiers et tous les rivages semblent déboucher sur un bout de paradis. Il est toujours possible et sans grandes conséquences d'aller se perdre au bout d'un petit chemin qui mène on ne sait où. On se trouvera toujours à une courte distance d'une habitation.

Le « bout du banc » est une bande de sable étroite, longue de près de six kilomètres, qui court jusqu'à Havre–Aubert. À droite comme à gauche, l'océan. Rien d'autre que le chant du large et l'éternelle valse des flots. On y marche, longtemps et seul. Au loin, on aperçoit l'île d'Entrée. Un autre bel endroit à toucher du pied. Un phare, deux rues, trois collines, une poignée de maisons et quelques animaux

Evénements estivaux

- **Le festival Sable-Eau-Vent**, où une myriade de cerfs-volants se trouvent déployés.
- **Le Concours de construction de petits bateaux** s'inscrit dans la programmation du **Festival Acadien**. Les participants ont trois heures pour construire une embarcation à voile qu'ils doivent ensuite mettre à l'eau.
- **Le grand concours annuel de Châteaux de sable** réunit de 70 à 80 bâtisseurs qui édifient des palais dont certains dépassent la taille d'une personne.
- **La Coupe des Îles** de planche à voile et de cerf-volant de traction est un événement très attendu, d'envergure internationale, qui se déroule à la fin d'août.
- **La Grande Traversée** est un triathlon en équipe (vélo, kayak, canot, course) qui se dispute sur l'ensemble du territoire des Îles.
- **Le Concours des inventions** captive les familles. On y retrouve des objets de toutes sortes, des plus conservateurs aux plus farfelus, qui sont actionnés par le vent.
- Au mois de mars, la **mi-carême** se fête à Fatima. Pendant trois jours, des gens costumés défilent de maison en maison. Les hôtes doivent deviner l'identité des visiteurs. Rires garantis.

de pâturage. Entièrement ceinturée de sentiers, cette île offre de fantastiques points d'observation donnant sur l'archipel. Du haut des 174 mètres de Big Hill, on a l'impression de voir des paysages écossais, tellement tout y est presque trop vert. Contrastantes, des falaises échancrées plongent vers la mer où les vagues viennent se briser sur leurs rochers, rouges au nord, gris au sud.

Les Îles-de-la-Madeleine sont très prisées par la **faune ailée**. De populeuses colonies de fous de Bassan, de sternes, de guillemots à miroir, de cormorans à aigrettes, de grands hérons, de petits pingouins, de pluviers siffleurs (une espèce qui niche uniquement sur les plages des îles) et plus de 200 autres espèces peuvent être observées. Deux sites, l'un à l'île Brion et l'autre à la Pointe de l'Est de Grosse-Île, sont aujourd'hui des réserves. Il y a environ 20 ans, le rocher aux Oiseaux, situé à l'extrémité nord-est de l'archipel, a été déclaré réserve naturelle d'oiseaux. Ce dernier site est l'un des plus importants de la côte est de l'Amérique du Nord pour l'observation. Cependant, seules quelques organisations possèdent des permis d'excursion vers cette destination. Autrement, le refuge n'est pas ouvert au public.

C'est à la fin de l'été et au début de l'automne, alors que les oiseaux migrateurs font leur halte dans l'archipel, que le nombre d'individus et d'espèces atteint son maximum. Les meilleurs sites d'observation se situent généralement aux abords des marais et des étangs, dans les zones d'oscillation des marées, sur les dunes, les îles et les îlots en retrait du littoral.

Les **phoques gris et communs** se remarquent facilement autour de l'archipel. Ils affectionnent particulièrement la pointe est de l'île Brion et le rocher du Corps-Mort (où l'on peut faire de la plongée légère parmi eux), le bout de la plage de la Grande Échouerie, Grosse-Île et certaines plages isolées. L'hiver, on peut aussi les côtoyer sur la banquise. Chaque année, au début de mars, des centaines de milliers de phoques à capuchon et du Groenland se donnent rendez-vous sur les glaces du golfe pour donner naissance à leurs petits. Mignons et rondouillards, le pif barbouillé de neige, les blanchons attendent gentiment le retour de leur mère.

Les Îles-de-la-Madeleine, avec leurs vagues, leurs lagons et leurs vents, offrent aux estivants la déclinaison complète des sports nautiques. Elles bénéficient d'un climat maritime, ce qui en fait l'un des endroits du Québec où ces sports peuvent se pratiquer le plus longtemps au cours de l'année. Les **véliplanchistes**, les adeptes de **cerf-volant de traction**, de **surf**, de **kayak** et de **chariot de dunes** parcourent les eaux et les plages du début du mois de juin jusqu'à la fin d'octobre. L'accès facile aux plans d'eau, leur faible profondeur, leur diversité (pleine mer, baies et lagunes abritées) de même que la constance du vent ont fait des Îles un endroit sensationnel pour les sports de voile. Selon l'endroit et les conditions météo, les vents peuvent cependant mettre les plus expérimentés dans leurs petits souliers. Mieux vaut consulter des Madelinots expérimentés avant de se lancer.

Le secteur de La Martinique du Havre aux Basques offre une grande baie. La vague et le vent sont suffisants pour pirouetter. Une multitude d'autres baies (de Plaisance, de la Grande Entrée, etc.) et la mer tout autour se prêtent aussi très bien aux prouesses des mordus de voile en tout genre.

Les kayakistes et les plongeurs ne sont pas négligés. Ici, on pratique surtout le **kayak de mer** et le kayak de surf. Pour découvrir le littoral, explorer les falaises ou faire une excursion dans les lagunes, le kayak de mer est idéal. Du côté nord, une série d'arcs et de grottes, taillés dans le grès rouge, pourraient voler la vedette au rocher Percé. Quant au **kayak de surf**, il se pratique sur une mer moutonneuse. Comme son nom l'indique, il combine le kayak et le surf. Et ça décoiffe !

L'eau claire qui baigne l'archipel favorise les **expéditions sous-marines**. Une grande quantité de crustacés et de poissons animent les fonds rocheux. Aux extrémités des îles, des épaves, qui attendent patiemment la visite des

plongeurs, leur servent aujourd'hui d'habitat. Victimes des hauts-fonds, ces navires de pêche et de guerre, qui atteignent parfois 180 mètres de longueur, reposent maintenant dans l'eau salée. Malmenés par les glaces et les marées, ils sont souvent brisés et à moitié enfouis. Au gré des saisons, le perpétuel mouvement des courants transforme le fond marin. Les anciennes épaves se couvrent; de nouvelles se découvrent.

De toutes parts, les courants attaquent la côte des Îles. Des abris sous les rochers et des couloirs fantaisistes se sont creusés sous l'impact incessant des déferlantes. Certains d'entre eux s'enfoncent jusqu'à une profondeur de 25 mètres dans les parois de grès. Muni d'une tenue de plongée, on peut nager dans ces grottes et vivre une expérience similaire à celle que peut éprouver une chemise dans une machine à laver...

FOCUS

Famille

Sur l'île de la Grande Entrée, le chemin du Bassin Est épouse les caps élevés, puis descend sur la dune de sable qui relie cette île à l'île Boudreau; fruits sauvages et mollusques ne demandent qu'à être cueillis. Sur l'île Boudreau, on peut prendre un bain d'argile naturelle.

Les stations de plein air proposent aux familles des garderies et des camps pour les enfants.

Débutant

Entre les lagunes de la Grande Entrée, le bassin aux huîtres (3 km) forme un plan d'eau calme et fermé, parfait pour l'apprentissage des activités à voile. L'endroit est bordé de falaises sur l'un de ses côtés.

Expert

Des expéditions de kayak de mer sont offertes qui peuvent s'échelonner sur deux jours et jusqu'à sept.

Encore PLUS

- **Association touristique des Îles-de-la-Madeleine**
  Site Web : www.tourismeilesdelamadeleine.com
  Courriel : info@tourismeilesdelamadeleine.com
  Tél. : 1 877 624-4437
- **Superficie :** 202 km^2
- **Élévation de Big Hill :** 174 m
- **Sentiers pédestres :** Aux 300 km de plage s'ajoutent 46 km de sentiers divers, sans compter le grand nombre de sentiers non répertoriés.
- **Location :** Kayaks, canots, embarcations à pédales, planches à voile, équipement de plongée, vélos et cerfs-volants de traction
- **Autres services :** Guides, restaurants, transport maritime, agences de location d'autobus et de voitures.
- **Camping et hébergement :** Sept terrains de camping comprenant un total de 513 emplacements. Plusieurs auberges, résidences, une auberge de jeunesse et des gîtes touristiques. Quelques stations de plein air offrent un hébergement collectif. Les réservations de vols et d'hébergement se font très tôt en haute saison. Mieux vaut prendre ses précautions à ce sujet.
- **Autres activités :** Randonnée pédestre, cycliste et équestre; parcours de sentiers d'interprétation; baignade; excursions dans les grottes; visites de musées, de centres d'interprétation; théâtre et ateliers d'artistes.

Gaspésie

Parc national de l'Île-Bonaventure-et-du-Rocher-Percé

Un géant dans la mer

La première chose qui attire le regard lorsqu'on s'approche de Percé, c'est, bien sûr, cet immense rocher qui se dresse fièrement, tel un seigneur, tout au bout de la péninsule gaspésienne. Le rocher Percé n'a guère besoin de présentation tellement il a été raconté, peint et dépeint par de nombreux artistes qui viennent savourer, chaque année, la chaude hospitalité de la région. Façonné par le temps, le géant au cœur ouvert exerce depuis toujours un étrange magnétisme sur le témoin ébahi. Omniprésent, il se laisse facilement approcher, de près ou de loin.

À pied, on peut d'abord faire sa connaissance depuis le rivage ou profiter du lever du soleil pour le surprendre au détour des sentiers qui sillonnent le belvédère naturel qu'est le mont Sainte-Anne. Au fil des pas se succèdent grottes et crevasses; puis on rejoint le sommet, duquel on pourra apprécier la beauté rude du rocher dans toute sa gloire. Pour un contact plus intime, on profitera de la marée basse pour se rendre au rocher. En quelques minutes, on se retrouvera dans l'ombre du géant. Par respect pour cet auguste lieu, mais aussi par prudence, on se contentera de l'admirer des yeux sans trop s'en approcher, d'être bien chaussé, de humer les odeurs de la mer, d'écouter le gazouillis des oiseaux et la rumeur des vagues.

Pour bien s'imprégner de cette atmosphère maritime, rien de tel que de faire l'activité d'interprétation avec le naturaliste qui est sur la plage, à marée basse, lors de la saison touristique. De même, rien de tel que le **kayak de mer** pour l'admirer de toute part. Discret, celui-ci permet de créer des liens plus forts avec la faune marine qui anime les courants du fleuve dans la mer. Si, au printemps, la pêche au homard bat son plein, pour que ce crustacé puisse garnir notre table, les bancs de capelans, eux, ne tardent pas à venir mouiller dans les environs. Et comme les baleines se nourrissent de krill, elles ne se gênent pas pour débarquer en grand nombre. Après le festin de juin et juillet, elles s'attardent encore quelques mois, histoire de digérer un peu. C'est alors qu'elles sont occupées à se prélasser dans les eaux du golfe, au large de Percé et de l'île Bonaventure, qu'on pourra le mieux les observer, ainsi que nombre de phoques qui flânent à leurs côtés.

Fous sous observation

Un peu plus au large, semblant tout droit sortie des profondeurs de la mer, l'île faisant partie du Parc national de l'Île-Bonaventure-et-du-Rocher-Percé offre aussi un spectacle saisissant. Bordée de falaises abruptes, à l'image de son complice de toujours, le rocher, elle est accessible par la petite Anse-à-Butler, où la terre descend doucement dans la mer pour accueillir les ornithologues, apprentis ou érudits. En effet, si l'île a longtemps été la résidence d'été de familles de pêcheurs, elle revêt aujourd'hui le statut de parc national, afin de protéger la colonie de **fous de Bassan** qui a élu domicile dans le plus grand refuge pour oiseaux migrateurs en Amérique du Nord. Environ 40 000 couples de ces oiseaux marins sont au nombre des quelque 250 000 individus ailés qui reviennent chaque année nicher dans l'île. Que ce soit en kayak ou en foulant le sol au gré des quelques sentiers qui brodent l'île, on plongera au cœur du roman d'Anne Hébert *Les fous de Bassan*, propulsé aux premières loges des scènes du film qui a rendu célèbres ces volatiles.

Extra !

- **Vélo :** Plusieurs itinéraires sont possibles depuis Percé. On peut, par exemple, parcourir les petites rues du village et admirer leurs maisons pittoresques. Si l'on veut pousser l'aventure un peu plus loin, on peut se diriger vers l'Anse-à-Beaufils en longeant la côte sur environ neuf kilomètres. On pourra y faire la cueillette d'agates et de jaspes sur la plage, découvrir ce havre de pêche toujours bien vivant et en visiter son ancienne usine de transformation de poisson, ou encore étirer ce trajet en pente douce jusqu'au phare de Cap-d'Espoir. Les plus audacieux pourront s'attaquer à la route panoramique des Failles. Très escarpée et sinueuse, celle-ci fait le tour de Percé par les montagnes, longeant parfois des précipices à donner des frissons dans le dos.
- **Plongée sous-marine :** La richesse des fonds marins que l'on retrouve autour du Parc national de l'Île-Bonaventure-et-du-Rocher-Percé en fait l'une des destinations les plus prisées de la côte atlantique, non seulement par les oiseaux, mais aussi par les plongeurs; tapis d'anémones, algues et coquillages leur en font voir de toutes les couleurs. En compagnie des phoques, on peut plonger dans cette « mer froide » sans inquiétude, dans une eau oscillant entre 16 et 20 degrés Celcius. La seule chose qui pince dans ses profondeurs, ce sont les homards et les crabes qu'on peut y croiser.

Encore PLUS

- **Parc national de l'Île-Bonaventure-et-du-Rocher-Percé :** Tél. : (418) 782-2240 (sauf l'hiver). Site Web : www.sepaq.com.

Section île

- **Heures d'ouverture :** De 9 h à 17 h.
- **Services** d'interprétation et casse-croûte.
- Un réseau de **quatre sentiers** totalisant une quinzaine de kilomètres.

Section Rocher Percé

- 475 m de longueur, 90 m de largeur et 88 m de hauteur.
- **Le mont Sainte-Anne (Percé) :** Un réseau de neuf courts sentiers, au départ de l'église, totalisant une douzaine de kilomètres.

Section historique Charles-Robin

- Centre d'interprétation du parc, accueil, boutique nature.
- **Services offerts par des partenaires :** navette, kayak, plongée sous-marine, etc.
- **Saison :** De juin à octobre.
- **Camping :** La Sépaq gère le camping de la Baie-de-Percé, situé au coeur même du village.
- **Bureau d'information touristique de Percé** (saisonnier) : 142, route 132, Percé. Tél. : (418) 782-5448. Site Web : www.gaspesie.qc.ca/perce.
- **Club nautique de Percé :** Excursions en mer, location de kayaks de mer et de vélos, plongée sous-marine, etc. Tél. : (418) 782-5403. Site Web : www.percenautic.com.
- **Association touristique de la Gaspésie :** 357, route de la Mer, Sainte-Flavie. Tél. : (418) 775-2223 ou 1 800 463-0323. Site Web : www.tourisme-gaspesie.com

Gaspésie

Parc national de la Gaspésie

Quand la montagne fait des vagues !

L'immensité des montagnes de la Gaspésie ne laisse personne indifférent. Lorsque, depuis la route, on aperçoit pour la première fois le massif des Chic-Chocs, on ne peut retenir une exclamation de surprise. Au pied de ces éminents personnages, la somptueuse parure que revêt le paysage est des plus chics et le contraste est tout un choc. Ultime prolongement des Appalaches, ces crêtes arrondies par le passage des glaciers trônent aux côtés du majestueux fleuve Saint-Laurent. Cette dualité mer et montagnes ne fait qu'accentuer le caractère unique de la région.

Au cœur de la péninsule gaspésienne, la beauté sauvage de ces vagues pétrifiées sur le continent impose le respect. Depuis 1937, le parc national de la Gaspésie s'efforce de préserver la vie sur ces sommets, qui culminent bien souvent à plus de 1 000 mètres d'altitude, son climat hostile la rendant très vulnérable. Des vastes forêts de conifères qui ornent leur socle, on passe rapidement à la taïga et à la toundra. Sur les cimes dénudées, le vent souffle, les cristaux de neige et de glace attaquent la végétation comme un abrasif. Les arbres prennent la taille d'arbustes, les plantes se prosternent au sol.

Au sein de cet habitat fragile, nul n'échappe à la rigueur du climat, surtout l'hiver. Pas même les grands cervidés – l'orignal, le chevreuil et le caribou – qui occupent le territoire. C'est une lutte incessante pour survivre dont seuls les plus vigoureux sauront sortir vainqueurs.

Le silence règne, témoin de la pureté de ces lieux protégés. Le ciel, d'un bleu intense, laisse transparaître la blancheur des sommets. Leurs rondeurs invitent la caresse des **skis**. Ici, pas question de remontées mécaniques. Pour mieux apprécier le plaisir grisant de la descente, le skieur doit accepter les préliminaires, soit une ascension en **raquettes** (les skis sur le dos) ou avec des peaux de phoque. Au creux des courbes encore chastes, il connaîtra indubitablement l'extase. Bien connus des adeptes, les Chic-Chocs dictent la loi sur plus de 90 kilomètres. Le mont Albert y siège dans toute sa grandeur. À une heure et demie en raquette du Gîte du Mont-Albert, le sommet est un immense plateau, théâtre d'un spectacle saisissant. Cet énorme bol déborde de couloirs dont l'inclinaison va jusqu'à 60 degrés. Premier arrivé, premier servi !

Grisé par cette découverte, on effectuera la descente tout en douceur. On se dirigera lentement vers le lac aux Américains pour se laisser à nouveau séduire, cette fois par un magnifique cirque glaciaire. Puis, pas à pas, on verra les parois abruptes du mont Jacques-Cartier se découper au

Jour après jour, plusieurs sentiers de **ski nordique**, tous aussi riches en surprises, permettront à celui ou celle qui ne maîtrise pas la *mise à carre* de s'évader. De même, on peut se laisser tenter par la grande aventure et, de refuge en refuge, aller par monts et par vaux. Qu'on choisisse le secteur des Crêtes, qui sillonne les Chic-Chocs, ou celui des monts McGerrigle, des panoramas grandioses naîtront à coup sûr au détour de chaque virage. À l'apogée de ces abrupts sentiers, on pourra même, par temps clair, apercevoir le fleuve dans son lit givré, avant de se laisser doucement redescendre sur les pentes fraîchement poudrées. Alors que les heures passent et que le soleil pénètre de moins en moins profondément dans la forêt, on retrouvera volontiers la chaleur délicieuse de l'un des refuges de montagne du parc, véritables havres de paix.

La grande traversée

Bien que les cimes restent vêtues de neige une grande partie de l'année, elles finissent toujours, à force de chaudes persuasions, par se dénuder. C'est alors qu'on découvre toute la luxuriance de la végétation, au creux de la vallée de la rivière Ste-Anne. Au fur et à mesure que l'on remonte le long de ses courbes, cette dernière laisse tomber un à un les quelques habits qui la protègent encore des voyeurs, se faisant ainsi plus vulnérable.

On peut bien sûr se contenter d'une brève incursion dans l'intimité des montagnes, mais, pour faire durer le plaisir, on préférera la **grande traversée**, depuis le mont Logan jusqu'au sommet du mont Jacques-Cartier (1 268 mètres), la plus haute cime du Québec méridional. Sur la centaine de kilomètres qui séparent les deux antipodes du parc national de la Gaspésie, on aura tout le loisir de palper les charmes de ces dames au profil tantôt rebondi, tantôt plain. On passera des profondeurs de leurs gorges à la pointe de leurs mamelles. Au tournant du sentier, on en profitera pour faire l'ascension du mont Albert, où la récompense des efforts déployés sera servie sur un plateau de pas moins de 12 kilomètres carrés de toundra. Attention, même s'il en fait plusieurs fois la taille, il ne faudrait pas le prendre pour un terrain de football. On prendra donc soin de ne pas déranger les habitants un peu tordus des bois, les caribous, souvent de la partie.

Focus

Famille

L'exposition interactive et les nombreuses activités du centre d'interprétation sauront répondre aux mille et une questions des petits. À partir de là, on pourra emprunter, à pied ou en raquettes selon la saison, le sentier qui longe la rivière Ste-Anne et ses cascades, pour ensuite rejoindre le sentier de la Sapinière et boucler le tout par l'ascension de la Lucarne, une petite tour qui permet d'admirer la face nord du mont Albert et ses fameuses « marches de géant ». Le tout : deux kilomètres, ni plus ni moins, pour environ une heure et demie de balade, soit juste ce qu'il faut pour combler les grands sans épuiser les petits.

Débutant

Pour une courte randonnée, on peut se diriger du côté du lac aux Américains. À partir de la route 160, on en a pour une demi-heure tout au plus pour se retrouver devant le spectacle grandiose d'un cirque glaciaire. Au départ de la Galène, il est possible de prendre une navette qui nous mènera un peu plus en altitude et nous évitera ainsi des montées abruptes, avant de rejoindre à pied le sommet du mont Jacques-Cartier, en deux petites heures. Au programme : rencontre avec les caribous et panorama de choix sur une mer de montagnes. L'hiver, on peut chausser les raquettes pour se rendre au pied du mont Albert. Depuis le Gîte du Mont-Albert, on peut se diriger vers La Serpentine, un abri situé juste au-dessus de la ligne des arbres, d'où l'on pourra admirer la cuve du Diable. Une bonne petite journée, soit 12 kilomètres au total.

Experts

Tout pour inciter à tenter la grande traversée. D'un bout à l'autre du parc, cette longue randonnée saura combler les randonneurs comme les skieurs, même les plus insatiables. Pour des sensations fortes, on ira déchirer les champs de neige du côté des monts Hog's Back, Blanche-Lamontagne et les Champs-de-Mars.

loin. Dans ce monde de mystère, d'énormes cairns bordent le sentier qui mène vers le sommet du dôme. Éole, fidèle à son poste : les nuages se dissipent et le massif tout entier se dévoile sous les yeux ébahis du randonneur. Du haut de ce mirador, les nombreuses aspérités de ces lieux austères rappellent un paysage lunaire. Les plateaux ondulés sont troués de combes encaissées, tels les nombreux cratères qui maculent l'astre nocturne. Depuis le faîte de ces murailles revêches, l'impression d'apesanteur est plus que réelle. Cette planète secouée de reliefs semble bel et bien flotter au-dessus des nuages...

Extra !

- **Haute montagne et escalade de glace :** Les massifs des Chic-Chocs et McGerrigle se prêtent très bien aux activités de haute montagne. Dans les secteurs de Mines Madeleine, on retrouve de nombreux couloirs de neige, idéals pour pratiquer ses manœuvres de glacier. De nombreuses cascades de glace y voient aussi le jour chaque hiver. Celles-ci feront la joie des grimpeurs, à condition, bien sûr, d'aimer les marches d'approche d'au moins une journée !
- **Vélo de montagne :** On peut pratiquer cette activité sur des chemins forestiers, où circulent plus ou moins régulièrement des automobilistes. Le trajet le plus spectaculaire, du lac Thibault au mont Logan, enchaîne faux plat après faux plat. Au cœur de la forêt boréale, il n'est pas rare de croiser l'un des grands cervidés qui habitent le parc. Sur les versants abrupts du mont Logan, on peut entrevoir le fleuve ainsi que les grandes éoliennes de Cap-Chat.
- **Canot :** D'une longueur de quatre kilomètres, le lac Cascapédia offre aux canoteurs un milieu propice à l'observation des orignaux ainsi que des points de vue intéressants sur le versant sud des monts Chic-Chocs. Location d'embarcations au camping.

Encore PLUS

- **Parc national de la Gaspésie :** Tél. : 1 866 727-2427 ou Sépaq : 1 800 665-6527. Site Web : www.sepaq.com.
- **Gîte du Mont-Albert :** Hébergement en chambre et chalets de villégiature, forfaits, restauration, etc. Tél. : 1 866 727-2427.
- **Activités estivales :** Randonnée pédestre, interprétation de la nature, canot.
- **Activités hivernales :** Ski de randonnée, télémark, ski et planche à neige hors piste, raquette et camping d'hiver.
- **Étendue :** 802 km^2, 25 sommets de plus de 1 000 mètres, 135 km de sentiers pédestres et 190 km de sentiers de ski non entretenus.
- **Altitude :** 1 268 m pour le mont Jacques-Cartier, 1 154 m pour le mont Albert, 1 150 m pour le mont Logan.
- **Calibre :** Une bonne expérience de la montagne ainsi qu'une bonne condition physique sont des critères essentiels pour la longue randonnée, que ce soit à pied ou à skis.
- **Hébergement :** Auberge le Gîte du Mont-Albert, chalets rustiques, refuges en montagne et camping. Pour s'assurer une place, mieux vaut réserver longtemps à l'avance.
- **Autres services :** Centre d'interprétation, randonnées guidées, location et vente d'équipement, transport des bagages, navette, stationnements, cartes, etc.
- **Saison :** De juin à octobre (été et automne) et de décembre à avril (hiver). À noter que certaines restrictions s'appliquent pour ce qui est des monts Albert et Jacques-Cartier, secteurs de préservation du caribou.
- **Association touristique de la Gaspésie :** Tél. : (418) 775-2223 ou 1 800 463-0323. Site Web : www.tourisme-gaspesie.qc.ca.

Gaspésie

Parc national du Canada Forillon

Voyage au bout des terres

Balayée par le vent et rongée par les vagues, c'est à Forillon que la péninsule gaspésienne vient rendre son ultime hommage avant de s'échouer dans la mer. Laissant derrière elle de fascinantes sculptures — longues plages de galets, falaises abruptes, dunes de sable, caps rocheux et nombreuses petites anses —, elle marque ainsi d'un dernier soupir sa rencontre avec l'immensité du golfe de Forillon. Mais si en langue micmaque *Gespeg* signifie « la fin des terres », c'est aussi en ce même endroit, dans le berceau du Canada, que l'aventure commence. Du camping bercé par le chant des vagues à la randonnée pédestre en pleine nature, de la rencontre avec l'eau et la faune marine aux plages de sable fin, les tentations sont fortes.

Au détour de ses nombreux **sentiers de randonnée**, le parc national recèle et préserve des trésors d'une étonnante beauté. Sillonnées de petites rivières et de ruisseaux, ses vastes forêts échancrées par d'anciennes terres agricoles abritent une grande variété d'espèces animales, depuis les petits rongeurs jusqu'aux grands ongulés. Ainsi, il n'est pas rare d'y croiser un barrage de castors, un renard qui pavane sa flamboyante queue, un porc-épic qui dresse son armure épineuse, un lièvre qui détale à grandes enjambées, ou encore d'entendre la marmotte siffler son approbation ou le coyote hurler à la lune. À l'aube ou au crépuscule, il n'est pas difficile de s'imprégner de toute la quiétude de cette nature omniprésente.

Pour avoir un véritable aperçu de la grandeur qui nous assiège de toutes parts au parc Forillon, on se rendra au sommet du mont Saint-Alban qui domine l'horizon du haut de son perchoir. Au cours de cette ascension, le paysage joue à cache-cache, passant de l'intimité de la forêt au déploiement de la mer. Une **tour d'observation** permet d'embrasser le paysage. On y voit le golfe s'engouffrer dans la baie de Gaspé et, sous un ciel clément, on peut entrevoir, tel un mirage, l'île d'Anticosti ou le mythique rocher Percé. En poussant plus loin vers Cap-Gaspé, on peut même se rendre à la fine pointe de la Gaspésie. C'est sur cette étroite bande de terre bordée de falaises que les Appalaches terminent leur long périple. Haut perché sur la fin des terres, un phare veille sur les marins.

« C'est pas l'homme qui prend la mer, c'est la mer qui prend l'homme », fredonne âprement Renaud. Ces justes paroles prennent tout leur sens dans les eaux voisines du parc, alors que vents et marées insufflent les poumons d'air salin, que le fracas des vagues sur les parois rocheuses et la clameur des oiseaux marins transportent le navigateur bien au large du train-train quotidien. La presqu'île de Forillon semble pointer du doigt. À son extrême limite, le cap Gaspé fonce dans la mer tel un vaisseau titanesque. À bord de son kayak de mer, on se sent plus petit que David à côté de Goliath. Seul face à l'immensité de la mer, au milieu des géants, on largue les amarres.

La gent aquatique est au rendez-vous, y compris la légendaire **baleine bleue**, le plus grand mammifère marin de tous les temps. À tribord comme à bâbord, des détonations, qui ne sont autres que le souffle puissant de ces colosses, retentissent dans le silence des flots. Petits rorquals et rorquals communs jouent au magicien, s'éclipsant sous l'eau pour mieux réapparaître ensuite, alors que baleines à bosse les acclament d'un grand clapotis sans queue ni tête. Et que dire des multiples acrobaties des dauphins ! Les phoques, quant à eux, se contentent de contempler la scène depuis les grandes roches plates, où ils se prélassent sans se soucier de l'indice U.V. Levés avant l'aurore, les nombreux oiseaux — cormorans à aigrettes, guillemots à miroir, petits pingouins, mouettes tridactyles et goélands — qu'hébergent les falaises du littoral semblent eux aussi se moquer de tout ce théâtre mis en scène pour épater la galerie.

Hiverner sur la côte

Jouissant d'un climat plus doux que celui auquel on pourrait s'attendre sous une latitude aussi nordique, le parc national de Forillon se transforme, l'**hiver** venu, en véritable fête pour adeptes de **ski de fond** et de **raquette**. En effet, si la proximité de la mer tend à rafraîchir les esprits pendant la saison estivale, elle vient également modérer les rigueurs de l'hiver, laissant ainsi, aux amants de la nature, tout le loisir d'en apprécier les saveurs. Les

Extra !

- **Site patrimonial de Grande-Grave :** Témoins du mode de vie des familles de pêcheurs encore établies sur cette pointe rocheuse au début du XXe siècle, plusieurs bâtiments authentiques portent encore les marques et les odeurs salines de cette époque où la pêche représentait le pain quotidien. On y retrouvera le magasin général Hyman & Sons et la maison Blanchette, maintenant centenaire.
- **Vélo :** Pour aborder la nature sous un autre angle, les routes secondaires du parc (secteurs nord et sud) et le chemin menant à la plage de Penouille sont accessibles aux cyclistes. Les amateurs de vélo de montagne peuvent également emprunter les sentiers La Vallée et Le Portage ainsi que la route de gravier menant à Cap-Gaspé.
- **Plongée sous-marine** autonome ou en apnée : Les dessous de Forillon surprendront les plongeurs par leurs riches couleurs et l'intensité de la vie sous-marine que l'on peut y rencontrer. Il n'est pas rare de rencontrer le chaboisseau, un poisson qui, comme le caméléon, prend la couleur des fonds marins. Un soleil de mer épineux, une étoile de mer à 12 bras, quelques crabes araignées, des oursins, homards et anémones plumeuses peuvent aussi être de la partie. Aussi, dès le mois d'août, ce sont les phoques qu'il est possible d'observer de près en plongeant.
- **Raquette :** Certaines routes du parc sont fermées l'hiver. Bien enneigées, elles permettent néanmoins d'accéder à un autre secteur du parc, celui du camping Petit-Gaspé. On cheminera ainsi, raquettes aux pieds, entre la forêt et la côte, d'où l'on peut observer le mouvement des glaces sur la baie de Gaspé.

Encore PLUS

- **Parc national du Canada Forillon :** 122, boul. de Gaspé, Gaspé. Tél. : (418) 368–5505. Aussi, Parcs Canada : 1 800 463–6769. Site Web : www.parkscanada.gc.ca
- **Bureau d'information touristique de Gaspé :** (418) 368–6335 ou (418) 368–8525. Site Web : www.gaspe-forillon.com
- **Association touristique de la Gaspésie :** (418) 775–2223 ou 1 800 463–0323. Site Web : www.tourisme-gaspesie.com
- **Activités estivales :** Randonnée pédestre, kayak de mer, vélo, équitation, interprétation de la nature, observation des phoques, plongée sous-marine autonome ou en apnée, etc.
- **Activités hivernales :** Ski de fond, raquette, camping d'hiver, traîneau à chiens, observation d'oiseaux, etc.
- **Étendue :** 244 km^2, dont une partie englobe tantôt un milieu marin, tantôt un réseau de sentiers pédestres totalisant plus de 70 km ou encore une quarantaine de kilomètres de pistes entretenues pour le ski de fond.
- **Camping :** Emplacements semi-aménagés et camping sauvage. Pendant la période estivale, il est préférable de réserver au (418) 368–6050. Inscription obligatoire pour le camping de groupe et le camping d'hiver. Bois de chauffage disponible.
- **Autres services :** Centre d'interprétation, randonnées avec naturalistes, croisières aux baleines, centre récréatif et piscine, publications et cartes, stationnements, services adaptés pour les personnes handicapées, etc.
- **Saison :** Ouverture à longueur d'année. Par contre, une grande partie des sites ne sont accessibles que du début de juin à la mi-octobre.

paysages de Forillon, alors complètement transformés, offrent un cachet féerique particulièrement contrastant près de la mer. Cette dernière, prisonnière des glaces, permet de longues balades à ski sur la banquise, dans la baie de Gaspé. Au pied des falaises sculptées par les caprices de l'érosion, la neige se laisse à son tour façonner par le vent du large.

Et quand on tourne le dos à ces embruns salés, le parc ouvre la voie à de nombreuses découvertes. Par les sentiers Le Portage et La Vallée, c'est à pas feutrés qu'on pénètre dans la forêt pour ne pas troubler le sommeil des ours. Avec un peu de chance, on apercevra peut-être, du coin de l'œil, un lynx tapi dans l'ombre. Attention toutefois à ne pas confondre le panache d'un orignal au milieu de tous ces bois qui, à la tombée du jour, se feront notre hôte pour la nuit.

FOCUS

Famille

Le sentier La Chute, long d'un petit kilomètre en forêt, fera le bonheur des petits qui pourront se tremper les orteils au pied d'une cascade de 17 mètres. À Grande-Grave, ils pourront se familiariser avec le monde sous-marin du golfe de Forillon, voir les plongeurs s'habiller puis disparaître sous l'eau pour ensuite refaire surface avec quelques trésors. Les enfants pourront ainsi faire la connaissance de bernard-l'ermite ou serrer la pince aux crabes et homards. Oursins et étoiles de mer sont aussi au rendez-vous.

Débutant

L'été, le sentier Les Graves (7,8 kilomètres aller retour) permet de découvrir plusieurs anses et plages de galets jusqu'à Cap-Gaspé, au bout de la péninsule. Depuis son perchoir, on peut observer phoques et baleines s'ébrouer et, au loin, le rocher Percé. L'hiver, la piste de ski de fond La Vallée présente un parcours peu accidenté, à l'abri du vent, parfait pour l'initiation. Longeant une rivière bien en vie, elle offre un beau point de vue sur la vallée (d'où le nom) de l'Anse au Griffon.

Bas-Saint-Laurent
Parc national du Bic

L'immense petit parc

Il serait très facile, en roulant sur la route 132 en direction de Rimouski, de passer tout droit devant le parc national du Bic. Mais oublier ce petit parc de 33 kilomètres carrés serait presque un crime, car il compte parmi les plus beaux du Québec.

Le parc national du Bic ne doit pas son nom à une marque de stylos, mais découlerait plutôt d'une déformation du mot « pic », ce qui d'ailleurs cadrerait bien avec la géographie du lieu. Disons-le d'emblée, ce n'est pas le mont Jacques-Cartier ni les monts Valin. Les amateurs de plein air en quête d'un défi sportif n'y trouveront pas grand-chose à se mettre sous la dent. Tout au plus sueront-ils un bon coup en se rendant au belvédère du pic Champlain qui, à 346 mètres d'altitude, constitue le point culminant du parc.

Cela dit, rarement un parc a pu se targuer d'être aussi invitant et aussi riche en paysages variés, beaux à couper le souffle. À chaque tournant des sentiers tortueux, on découvre **une baie, une anse ou une nouvelle montagne** plus ou moins engloutie dans le fleuve selon le niveau des marées. Bientôt, on ne sait plus où est l'eau et où est la terre, ce qui est une île et ce qui ne l'est pas. En fait, le parc national du Bic possède tellement de petites montagnes qu'on s'y perd volontiers. Ce qui n'est pas bien grave puisque, contrairement à l'immense majorité des parcs québécois, le Bic est un parc à échelle humaine. En effet, on peut en voir le début et la fin dans une même journée, ce qui donne l'impression de traverser une terre à la fois accueillante et sauvage. Et, avec la brume du matin qui s'attarde longuement au-dessus des arbres et des montagnes, le paysage semble tout droit sorti d'une fresque traditionnelle chinoise.

Pour découvrir ce parc, rien ne vaut une balade à pied. **Vingt-six kilomètres de sentiers** s'offrent aux **marcheurs**, dont une partie est aussi accessible aux **cyclistes**. Il ne faut pas manquer d'aller faire un tour du côté de la baie du Ha ! Ha ! Cette immense plage, ceinturée d'un côté par le pic Champlain et de l'autre par la montagne à Michaud, est très agréable à parcourir tant à marée basse qu'à marée haute. En partant de la ferme Rioux (du nom de ses anciens propriétaires), on peut aussi emprunter le Chemin du Nord qui longe le fleuve sur 4,9 kilomètres et qui offre de magnifiques points de vue sur une multitude d'anses et d'îles. Si on est à **vélo**, on peut pédaler durant 5 kilomètres à travers les rosiers sauvages le long de la piste cyclable La Grève : un lieu magnifique. On peut aussi continuer son trajet en direction du cap à l'Orignal, situé à l'extrémité nord du parc, à 4,5 kilomètres de l'entrée. Le cap à l'Orignal est une formation rocheuse très particulière qui se détache de la montagne près de la mer et qui pointe vers le ciel. On raconte qu'un orignal poursuivi par des chasseurs aurait escaladé ce cap rocheux et s'y serait jeté

en bas pour échapper à ses poursuivants, d'où le nom du cap. Si le temps le permet, le coucher du soleil est un rendez-vous à ne pas manquer : la lumière d'or qui frappe la plage et les rochers met en scène un spectacle magique.

L'activité-vedette du parc national du Bic est sans conteste le **kayak de mer**, que l'on peut louer seul ou dans le cadre d'une sortie guidée. Le départ des excursions en kayak de mer se fait à l'extrémité est du parc, au quai du secteur Havre-du-Bic. De là, on peut aller plus au large et y découvrir l'île Brûlée, ainsi que l'île au Massacre, ou longer la côte pour se rendre à l'île aux Amours, nommée ainsi parce que de jeunes couples s'y aventuraient parfois à marée basse et étaient obligés d'y passer la nuit car la marée était remontée... En passant au nord du cap Enragé, on peut aussi se rendre au récif de l'Orignal et à l'anse à Voilier, des endroits souvent fréquentés par les phoques. Il est par contre interdit de pagayer plus au sud, car l'anse à l'Orignal est une zone protégée.

Fait intéressant, en juillet 2000, le parc a ouvert 50 sites de camping en milieu naturel dans le secteur de la ferme Rioux. Cet ajout est d'autant plus apprécié des amateurs de plein air que les seuls autres emplacements de camping disponibles sont situés dans le secteur de la Rivière-du-Sud-Ouest, près d'une voie ferrée...

L'hiver, une vingtaine de kilomètres de sentiers balisés, mais non tracés, sont mis à la disposition des **skieurs**, des **marcheurs** et des **raquetteurs**. On peut même se rendre jusqu'à l'anse à l'Orignal, c'est-à-dire à l'extrémité nord du parc. La plupart des sentiers ont un faible dénivelé et sont cotés de niveau intermédiaire. Mais comme le parc national du Bic est une destination familiale, disons que les sentiers seraient ailleurs considérés de niveau facile. Ceux qui veulent de plus grands défis pourront chausser leurs raquettes et s'attaquer aux 346 mètres du pic Champlain. Les visiteurs peuvent se réchauffer à l'accueil, situé à l'entrée du parc, ou au relais à 4 kilomètres de l'entrée principale.

FOCUS

Famille et débutant

Le parc national du Bic est l'endroit idéal pour les familles. Les sentiers sont bien dégagés et les dénivellations, peu importantes. Pourquoi ne pas aller faire un tour du côté de la baie du Ha ! Ha !? On peut y stationner tout près et des tables de pique-nique sont à la disposition des visiteurs.

Expert

Les experts peuvent tenter leur chance du côté du belvédère du pic Champlain en empruntant le chemin des Murailles, à l'extrémité ouest du parc. Le sentier est classé « très difficile », mais la plupart des randonneurs devraient pouvoir s'en sortir...

Encore PLUS

- **Parc national du Bic :**
  Tél. : (418) 736-5035 ou (418) 736-4711
  Le Centre d'interprétation est ouvert de juin à l'Action de grâce, de 9 h à 17 h.
  Tél : (418) 869-3502
- **Hébergement estival :** 190 emplacements de camping répartis sur 2 terrains
- **Hébergement hivernal :** 4 igloos, 8 emplacements de camping et 1 refuge (8 places)
- **Sentiers pédestres :** 11 sentiers pour une longueur totale de 26 km. Certains sont partagés avec les cyclistes.
- **Kayak :** location et sorties guidées de 3 à 4 heures, en journée ou au coucher du soleil.
- **Et quoi encore ?** Les amateurs de vélo de montagne et les randonneurs qui ont une journée libre à passer dans la région peuvent se rendre au canyon des portes de l'Enfer, à Saint-Narcisse-de-Rimouski. Dix kilomètres de sentiers pour la marche et le vélo de montagne sillonnent les abords d'un impressionnant canyon, que l'on peut traverser en empruntant la plus haute passerelle suspendue au Québec. Infos : (418) 735-6063

Région de Québec

Parc national de la Jacques-Cartier

L'Échappée belle

À 40 kilomètres de Québec, il est une terre de découvertes d'une formidable diversité. Montagnes, vallées profondes et plateaux ondulés cohabitent pour le plus grand bonheur des animaux et des hommes. Le parc national de la Jacques-Cartier est le lieu des contrastes, le point de rendez-vous des extrêmes. Le microclimat qui y règne favorise aussi bien la présence étonnamment nordique des érablières que les chutes de neige les plus importantes du Québec.

Toute cette beauté saute aux yeux et pourtant cette vallée a bien souvent été menacée. Au fil du temps, les coupes forestières, la drave et même un projet de barrage l'ont secouée de tous bords avant qu'elle ne devienne ce temple du plein air. Capitale du **canot**, haut lieu de la **randonnée** et de **l'observation** de la faune, le parc national de la Jacques-Cartier compte aujourd'hui parmi les destinations tous publics les plus attrayantes du Québec.

Pour se repérer dans ses 670 km² de nature, il faut commencer tout séjour dans ce parc par un passage au centre d'accueil. En été, un bref tour d'horizon du stationnement suffit pour cerner les activités vedettes. À droite, les canots sont hissés sur les services de navette. À gauche, les mamans lacent les chaussures de marche des petits, déjà tout excités à l'idée de voir l'orignal « promis ». Au fond, les amoureux finissent de préparer leur vélo. À côté, un vieux monsieur astique ses jumelles... **L'hiver**, le coin devient plus tranquille, mais les amateurs de raquette et de ski nordique savent que les sentiers, les chalets, les camps prospecteurs n'en seront que plus appréciables.

Si la descente de la Jacques-Cartier est devenue populaire dans les années 70, les Hurons et les Montagnais l'ont utilisée bien avant pour la pêche, la chasse et le piégeage des animaux à fourrure, et ce, jusqu'à la création du parc national des Laurentides, en 1895. Aujourd'hui, peu de canoteurs savent qu'ils empruntent exactement les mêmes sentiers de portage. Au total, dans une vallée aux allures de fjord, **26 kilomètres de rivière** peuvent être parcourus en une ou deux journées.

Le tronçon la Jetée-l'Accueil (19 kilomètres) représente la section école par excellence. Les rapides, distants et diversifiés en cotation, permettent d'alterner entre la détente contemplative et la tension grisante des franchissements de rapides. Les familles ou la bande de copains pourront opter pour le mini-raft, mais le canot et le **kayak** restent maîtres dans la vallée. Pour les néophytes, c'est l'apprentissage de l'autonomie, le doux frisson de la vie dans une nature où le loup, l'ours noir, le cerf de Virginie ou encore l'orignal ne sont pas très loin. Un vrai parfum d'expédition aux portes de la civilisation.

Le parc national de la Jacques-Cartier ne se résume pas seulement à sa rivière vedette. Un réseau de 50 kilomètres exclusifs à la **randonnée** (en plus des 50 autres partagés avec les vélos) permet d'accéder aux sommets et aux plateaux, qui comptent 95 lacs. La plupart des sentiers se parcourent à la journée, mais peuvent être cumulés pour de plus longues randonnées où les nuits se passent en camping. Ils ont été développés sur des sentiers de drave, d'anciens chemins forestiers ou encore à partir des sentiers qu'empruntaient les Jésuites au XVIIe siècle, guidés par les Hurons et les Montagnais, pour se déplacer entre Québec et le lac Saint-Jean.

Le **sentier des Loups** reste le plus populaire pour la vue panoramique qu'il offre du sommet de la montagne Sautauriski. Ce parcours « linéaire » de 10 kilomètres aller-retour fait grimper les randonneurs sur un dénivelé de 500 mètres en passant de la forêt de feuillus, en vallée, aux conifères des sommets.

526-3604

2070810

camp rustique
LA CACHÉE
#1

15H
11H

---

traiter. eau.
Filtreur.

Sydney, Nouvelle-Écosse B1P 6V6	* Traitement et émission des preuves, des lettres de recherche et des demandes de répudiation, de rétention et des demandes 5(2)(b) * Préparation des certificats * Archives de la citoyenneté
3 télécentres nationaux Vancouver, Toronto, Montréal	* Première ligne de contact avec le public * Enregistre dans le CRS les changements d'adresse et les premières indisponibilités inférieures à 2 mois * Donne des informations générales sur la citoyenneté (admissibilité, processus, situation des dossiers en cours) * Envoie les trousses aux clients (par l'entremise de Docu-Post)
Bureaux locaux de la citoyenneté	* Responsable de l'administration des examens, auditions et cérémonies * Suivi des cas criminels et enquêtes d'immigration * Analyse des cas complexes tel que les cas de résidence et les cas criminels

FOCUS

Famille

Court sentier d'auto-interprétation (1,7 kilomètre), le Confluent présente divers milieux humides de la vallée. Tout aussi court, l'Aperçu décrit les mécanismes de formation du paysage par le biais d'un petit cours d'eau. De nombreuses autres interprétations de la faune sont proposées (appel du loup et de l'orignal, observation des frayères à saumons, etc.).

Expert

En partant du Camp Mercier, on accède à un important réseau de ski de longue randonnée qui sillonne la vallée de la Jacques-Cartier, de la Sautauriski, et de la rivière à l'Épaule. Des refuges équipés d'un poêle à bois sont disponibles. Réservez vos places à l'avance : le circuit est très populaire.

Sur le plateau, les routes 12 et 14 permettent de relier le plateau Est aux secteurs Quatre Jumeaux et Sautauriski (attention aux voitures); 44 kilomètres linéaires à travers la forêt boréale, les tourbières et les plans d'eau.

Autre classique moins fréquenté, le sentier **la Croisée**, qui offre une ambiance visuelle et sonore très spectaculaire. Ici, les 500 mètres de parois se contemplent vus du bas, sur les bords d'une rivière plus fougueuse. Quatorze kilomètres, avec seulement 50 mètres de dénivelé, permettent d'accéder à la confluence de trois rivières dans un paysage engorgé.

S'ils sont prêts à partager la route avec les marcheurs et parfois les automobilistes, les cyclistes peuvent trouver plusieurs parcours intéressants. Avec un vélo hybride, le **Draveur Sud** est tout indiqué. Sentier linéaire de 15 kilomètres, il chemine à travers les érables et les merisiers de la vallée avant d'accéder à un pont qui offre une belle vue sur la rivière. Les adeptes du tout terrain préféreront sûrement le sentier linéaire de la rivière à l'Épaule, qui rejoint le plateau Est après 17 kilomètres pour 400 mètres de dénivelé. Emprunté par le Raid international Pierre Harvey, entre Chicoutimi et le lac Beauport, ce sentier offre au sommet de jolis panoramas de la vallée.

Le parc devient bien plus calme en **hiver**. La neige abondante (550 centimètres de précipitations annuellement) et de qualité réputée transforme les sentiers de marche en parcours à **raquette** et à **ski**, de courte ou longue durée. Si le sentier des Quatre Jumeaux n'est plus accessible, il est désormais possible d'effectuer un circuit de 53,5 km en passant par le Camp Mercier. En ski nordique, il faut compter trois jours avec des distances quotidiennes respectives de 20, 11 et 22,5 km. Le parcours plonge des hauteurs du Camp Mercier (700 mètres) à l'intérieur de la vallée et les couchers se font au camp prospecteur les Loups et la Cachée. La vallée offre également de nombreuses possibilités de randonnées, le plus souvent linéaires, où il est possible de faire transporter son matériel. Différentes options d'hébergement sont offertes. En **raquettes**, les randonnées se déroulent essentiellement dans la vallée. Longs ou courts, comme en été, la moitié des parcours sont indépendants de ceux des skieurs. La faune, tout aussi présente, est cependant moins démonstrative. Devant la quiétude du paysage, l'homme retrouve ses sens oubliés en suivant les traces du castor, de la loutre, du renard ou du loup.

Encore PLUS

- **Parc national de la Jacques-Cartier :** (418) 848-3169. Site Web : www.sepaq.com.
- **Hébergement :** 10 chalets (l'hiver, ils ne sont accessibles qu'en ski ou raquettes), 4 camps de prospecteurs, 10 sites de camping (rustiques, aménagés ou réservés au canot-camping) pour un total de 130 emplacements.
- **Randonnée pédestre :** plus de 100 km de sentiers.
- **Vélo :** 163 km de chemins, sentiers et routes de gravier, de niveau facile à très difficile.
- **Descente de rivière :** 26 km. Quelques chemins de portage permettent aux novices d'éviter certains rapides.
- **Raquettes :** 23 km.
- **Ski nordique :** 50 km.
- **Location :** canot, kayak ouvert (solo et double), mini-raft, casque, habit isothermique.
- **Services :** navette pour canoteurs et kayakistes, transport de bagages (l'hiver), casse-croûte.
- **Camp Mercier :** Tél. : (418) 848-2422 et www.sepaq.com.

Région de Québec
Mont Sainte-Anne

Un labyrinthe de sentiers !

Dans la région de Québec, une montagne surplombe le fleuve Saint-Laurent du haut de ses 800 mètres : le célèbre mont Sainte-Anne. Bien connue pour ses pistes de ski alpin, la station portant son nom offre aussi des parcours à faire frissonner les adeptes de vélo de montagne et suer à grandes eaux les fondeurs invétérés.

À Mont-Sainte-Anne, pas de monotonie dans les parcours — forêts, vallons et rivières sculptent le paysage. Les sensations fortes ou balades décontractées sont garanties par la diversité des sentiers, la carte des réseaux ressemblant à un véritable labyrinthe aux avenues infinies. Attention, certains sentiers sont toutefois dignes d'un parcours de Coupe du monde. D'ailleurs, Mont-Sainte-Anne est l'hôte de plusieurs compétitions nationales et internationales. De grands athlètes ont ainsi marqué le sol de leurs pneus à crampons ou de leurs semelles de ski de fond.

Que ce soit pour le cross-country ou la descente, le **cycliste** est choyé par les **200 kilomètres de sentiers toute catégorie**. Faux plat sur poussière de roche ou descente entre racines et rocs, chacun y trouve son compte. Un coup d'œil sur la carte montre bien les successions de virages de certaines pistes. Frissons garantis pour les adeptes ! Les sautes d'humeur de la météo transforment certains parcours en « zones sinistrées »; il faut donc s'informer à l'accueil avant de partir. Aussi, bien que les pistes soient patrouillées, il ne faut pas s'aventurer seul sur un sentier : le temps risque d'être long en cas de pépins. À Mont-Sainte-Anne, le vélo de montagne, c'est du sérieux. En effet, le port du casque est obligatoire, peu importe les sentiers parcourus. Pas de casque, pas de vélo !

Atteindre le sommet prend au plus 15 minutes en télécabine ou... une heure et demie en vélo. Deux pistes de descente sont offertes. Pour des sensations fortes, il y a la Grisante où les connaissances techniques sont mises à rude épreuve — virages en S, troncs d'arbre à sauter et pierres à contourner. Il y a aussi l'Échappée, pour les lendemains de pluie : 18 kilomètres que Dame Nature transforme en véritable piste à obstacles. En cross-country, le ruisseau Rouge et la boucle Saint-Nicolas représentent de véritables défis; 12 kilomètres en forêt, bien équilibrés en montées et en descentes avec quelques faux plats permettant de savourer le paysage.

Si le vélo a la vedette, la **randonnée pédestre** est aussi au programme : du sentier panoramique tracé au sommet de la montagne jusqu'à la chute Jean-Larose, il y a 32 kilomètres de sentiers à se mettre sous la semelle avec, en prime, de superbes points de vue.

Autre enfant chéri de la station : le **ski de fond**. Secret bien gardé, Mont-Sainte-Anne est la plus grande station de ski de fond du Canada. Les athlètes de haut niveau s'y entraînent. Quoi de plus inspirant que de voir ces muscles d'acier, moulés dans le spandex, attaquer les montées ! Juste la vue de la carte du réseau, avec ses sentiers qui se tortillent et s'entrelacent, interpelle le fondeur qui sommeille en chacun de nous. Les **224 kilomètres de sentiers** tracés, entretenus sept jours sur sept à l'aide de machinerie dernier cri, justifient le tarif plus élevé qu'ailleurs. En effet, beau temps, mauvais temps, les sentiers sont impeccables. Et que dire des sept refuges chauffés qui sont répartis aux quatre coins du circuit !

Patineurs et fondeurs classiques partagent plusieurs des sentiers, les pistes étant conçues pour que la cohabitation se fasse en harmonie : 20 pieds de largeur avec deux côtés tracés pour le pas classique. Pas de pistes étroites où les skis frôlent les troncs d'arbre, largeur de la machinerie oblige. Même celles consacrées uniquement au pas classique ont une largeur de 10 pieds. Résultat : une descente facilement maîtrisable en chasse-neige et une vue dégagée sur la piste.

Il ne faut pas sous-estimer la cote des pistes. Une piste « noire » est très difficile à Mont-Sainte-Anne; il faut s'échauffer les muscles avant d'en attaquer une. Descentes abruptes et rapides, montées en canard — les pistes à losange exigent maîtrise et bonne forme physique. S'écraser contre un tronc d'arbre n'est jamais agréable...

Les pistes bleues s'adressent aux skieurs intermédiaires avancés. La 13 s'avère une piste coulante avec de belles descentes harmonieuses et des montées en douceur. Un 12 kilomètres idéal pour s'échauffer.

Les adeptes du **ski nordique** se régalent dans la 36 : une montée de 2,7 kilomètres conduit à une élévation de 700 mètres. Un panorama à savourer avant de se précipiter à vive allure dans cette neige folle qui n'attend que les traces des skieurs.

De plus, en février de chaque année a lieu la course Loppet Mont-Sainte-Anne où les fondeurs de tout niveau s'affrontent dans le pas de patin et le style classique : 15, 25 et 50 kilomètres à parcourir dans un temps record. En 2003, deux volets ont été ajoutés à ce rassemblement : « La Relève », un 15 kilomètres style libre et le « Volet Populaire », un 15 kilomètres classique. Pour vivre l'aventure de la compétition et le dépassement de soi, c'est l'événement idéal !

Enfin, les adeptes de **raquette** ne sont pas négligés : 5 pistes totalisent ainsi 30 kilomètres aux bords de la station.

FOCUS

Famille

Tracée sur poussière de roche, la piste Jean-Larose offre une promenade en pleine nature. Ses 15 kilomètres aller-retour sont un vrai charme à parcourir : il s'y trouve des paysages fantastiques à découvrir alors qu'une rivière propice à la baignade fera la joie des enfants. À l'arrivée se trouvent des coins ombragés pour le pique-nique et de l'espace pour se délier les jambes, sans oublier la source d'eau potable qui dévale à travers les rochers.

Débutant

Pour la descente à vélo, la Familiale suit une piste de ski alpin qui zigzague dans la montagne. Pas de surprises, sauf un mur de pierres que la plupart franchissent à pied. On a le temps de savourer le paysage et la vue sur le fleuve. Malgré le nom de la piste, l'âge minimum des participants doit être de 13 ans. En cross-country, la Jean-Larose est fort agréable avec son faux plat de 7 kilomètres.

Expert

Pour des pistes très techniques, aux montées et descentes rapprochées, ce sont la St-Hilaire et la Vietnam qu'il vous faut. Inutile de décrire cette dernière, son nom dit tout. Aussi, pour faire un trip de boue et en ressortir tout de noir vêtu, il y a le Marécage.

Encore PLUS

- **Mont-Saint-Anne :**
  Tél. : 1 800 463-1568 ou (418) 827-4561
  Site Web : www.mont-sainte-anne.com
- **Étendue :** 224 km de sentiers, été comme hiver.
- **Nombre de pistes :** 22, toutes activités confondues.
- **Niveau :** De débutant à expert (4 « Extrême » pour le vélo de montagne).
- **Refuges chauffés :** Sept (sans restauration).
- **Autres activités :** Parapente (été comme hiver), cours de ski de fond, traîneau à chiens, patinage.
- **Camping :** Aires aménagées et aires sauvages.
- **Saison :** Fermeture en mai et du 15 octobre au 15 novembre.
- **Tarifs :** Prix variés selon l'activité et la tranche d'âge; possibilité d'abonnement.
- **Services :** Lave-vélo gratuit et douches publiques gratuites dans le chalet Saint-Julien. Boutique de sports alpins, centre de location et de réparation, école de ski et grande salle de fartage.

Charlevoix
Le Massif de Petite–Rivière–Saint–François

Montagne sur mer

Déjà connu des adeptes de ski et de planche à neige, Le Massif de Petite–Rivière–Saint–François est devenu, au cours des dernières années, le point de rassemblement d'un nombre grandissant de **télémarkeurs**. Ceux-ci, en raison de la plus importante dénivellation à l'est des Rocheuses canadiennes — près de 800 mètres depuis le sommet jusqu'à la mer —, peuvent s'en donner à cœur joie dans une station à leur image. Le Massif, c'est bien plus qu'une simple station de ski : c'est la nature à l'état pur ! En effet, il est situé dans la région de Charlevoix qui a été reconnue en 1989 par l'UNESCO comme faisant partie de la Réserve mondiale de la biosphère. C'est pourquoi, lorsque les promoteurs de la station ont décidé, en 1992, de remplacer les traditionnelles remontées en autobus par des télésièges, ils se sont engagés à respecter l'harmonie avec le milieu naturel ainsi que le cachet authentique qui font la force du Massif.

Qui plus est, les chalets de la base et du sommet du Massif offrent une **vue panoramique sur la montagne et le fleuve**. Les cafétérias et le restaurant Mer & Mont ne servent que des plats régionaux conçus à partir de produits du terroir et la plupart des espaces sont réservés aux non-fumeurs. L'amant de la nature ne peut demander mieux. Et que dire de la vue qui s'offre à ses yeux au détour des nombreux virages que permet le dénivelé du Massif ! À ses pieds, la vue du fleuve gelé s'étend dans toute sa splendeur jusqu'à l'île aux Coudres.

De la neige jusqu'aux genoux !

Ce côté nature ainsi que le dénivelé et les conditions d'enneigement dont jouit Le Massif font de cette montagne le site québécois par excellence pour la pratique du télémark. Aux abords du grand fleuve, Le Massif bénéficie de conditions de neige exceptionnelles : **650 centimètres par année**, c'est toute une moyenne ! Comme dans les Rocheuses, l'humidité en provenance de la « mer » gèle en montant et se transforme en neige pour recouvrir les pentes d'une petite couche de poudreuse qui fait chaque matin le bonheur des lève-tôt. Quand les flocons recouvrent les rues de la capitale, on peut être sûr qu'il y a encore plus de neige au Massif. Même les oiseaux en parlent ! En effet, lorsque le grand duc (un oiseau nocturne) sort de son nid en plein jour, il annonce la venue imminente d'une tempête de neige. Il profite alors des dernières heures de soleil pour partir à la chasse et ainsi assurer sa subsistance pendant le mauvais temps. Son flair indiscutable est encore plus fiable que bien des prévisions météo. Il suffit d'ouvrir les yeux…

Après une bonne bordée de neige, il ne faut pas manquer de laisser sa trace dans **la « 42 »**, une piste naturelle renommée dont l'inclinaison se fera sentir jusque dans les cuisses. À ceux à qui il restera encore un peu de jus après une telle descente, **le Sous–Bois**, une piste qui n'en est pas une (comme l'indique son nom), en fera voir de toutes les couleurs avec ses cinq hectares de poudreuse. Pour du ski de bosses, c'est dans le mur de **la Pointue** que ça se passe ! Ceux que les grandes courbes intéressent peuvent aller du côté de **l'Anguille**. Portant le nom des habitants de Petite–Rivière, cette véritable piste de course promet de grandes émotions. Quant à **La Charlevoix**, elle offre une descente vertigineuse. Longue de plus de 2 kilomètres, cette piste — homologuée par la Fédération Internationale de

Ski — permet à l'élite de s'entraîner dans l'est du Canada. C'est en outre le lieu idéal pour la tenue de compétitions d'envergure. Pour des descentes tout en douceur, **l'Ancienne**, une piste qui existait déjà au temps des autobus, est accessible à tout télémarkeur; **la Petite-Rivière** présente pour sa part une dénivellation constante en plus d'une vue imprenable sur le fleuve. Sur les pentes du Massif, l'évasion ne pourrait être plus totale.

Extra !

En 2001, un investissement de 24,8 millions de dollars a permis de nombreuses innovations comprenant l'aménagement d'une route donnant accès à la montagne par le sommet; la construction, au sommet, d'un nouveau chalet panoramique incluant les services de billetterie, de restauration, d'école de ski, de garderie ainsi que de location et d'entretien d'équipement; l'amélioration du système d'enneigement artificiel; l'installation d'une remontée mécanique quadruple à haute vitesse avec station intermédiaire et enfin l'intégration du Centre national d'entraînement de descente en ski alpin.

Encore PLUS

- **Le Massif de Petite-Rivière-Saint-François :** (418) 632-5876 ou 1 877 LE MASSIF (536-2774) Site Web : www.lemassif.com
- **Altitude :** 806 m
- **Dénivelé :** 770 m
- **Surface skiable :** 90 ha pour 36 pistes dont la plus longue fait 3,8 km
- **Pistes travaillées mécaniquement :** 75 % de l'ensemble
- **Niveau :** De débutant à expert, avec 80 % du domaine skiable coté de difficile à extrême (20 % facile, 36 % difficile, 23 % très difficile, 21 % extrêmement difficile)
- **Remontées :** Deux télésièges quadruples débrayables dont un avec station intermédiaire, un télésiège double fixe et deux fils neige
- **Capacité :** 6 500 skieurs par heure
- **Enneigement naturel :** 650 cm en moyenne (annuellement)
- **Enneigement artificiel :** 70 % de la superficie des pistes
- **Saison :** Du début de décembre à la fin d'avril (selon les conditions)
- **Services :** École de ski, de planche à neige et de télémark, cafétéria santé, restaurant et pubs, centre d'essai international Rossignol, location d'équipement, service de garde, services de groupes, forfaits ski-hébergement, etc.
- **Le rendez-vous télémark :** Chaque année, une fin de semaine entière est consacrée au télémark. Au cours de ce véritable festival qui accueille plus de 1 000 télémarkeurs venant de partout au Canada, nombre d'activités sont prévues : cliniques de formation de toutes sortes, essai gratuit d'équipement, compétitions de bosses et de sauts, Coupe du Québec de télémark, soirées rythmées, etc. Pour connaître le calendrier du circuit de la Coupe du Québec et des différents événements, se référer à Télémark Québec au site Web www.telemarkquebec.qc.ca ou au (514) 252-3089 (poste 9102).

Charlevoix

Parc national des Grands-Jardins

Grands, les jardins !

Avant 1990, seules les cannes à pêche prenaient place sur la banquette arrière des voitures des vacanciers au parc national des Grands-Jardins. Depuis, chaussures de marche, mousquetons, vélos de montagne font partie de l'équipement standard des visiteurs. Ici, les amateurs de plein air sont au cœur de la **réserve mondiale de la biosphère de Charlevoix**.

À 120 kilomètres de Québec, au nord de Baie-Saint-Paul, commence un paysage digne d'un **décor nordique**. Pas besoin de se rendre à la Baie-James : un îlot du Grand-Nord a élu domicile au parc national des Grands-Jardins. Depuis 7000 ans, le paysage est le même : épinettes noires éparses, cuvettes glaciaires, tapis de lichens.

Avec en moyenne 40 jours par année sans gel au sol, il faut un bon matelas de sol pour camper ici. Au camping de la Roche, en empruntant le sentier Hume-Blake, version courte (8,8 kilomètres) ou longue randonnée (8,8 ou 24 kilomètres) randonnée, envoûte le regard avec la vue sur la rivière Malbaie envoûte le regard. Du plus haut promontoire de sable, est-ce de la neige que l'on aperçoit à l'horizon ? Non, ce sont les étendues de lichens qui créent cette impression.

Le camping du Pied-des-Monts, situé à l'entrée du parc, 300 mètres plus bas que les autres campings, fait gagner aux plus frileux quelques degrés. Douches confortables et moustiquaires aux fenêtres sont le luxe de la fin de journée du randonneur. À l'avant-scène, la paroi rocheuse hante les rêves des grimpeurs.

La SEPAQ a pris à cœur son mandat de mise en valeur du parc. Au centre d'interprétation du Château-Beaumont, elle propose des circuits guidés d'une heure pour explorer les cuvettes des hauts plateaux de la taïga : humer, toucher, épier. C'est d'ailleurs une excellente façon de pouvoir marcher dans la taïga.

Parmi les épinettes noires éparses et les mélèzes ensoleillés, quelque 120 espèces de lichens et des bouleaux multicolores aux allures de bonsaï. Un lichen qui met 25 ans pour croître de 10 centimètres !

Le circuit Sainte-Anne est une boucle de 13 kilomètres réservée au **vélo de montagne**. Les routes forestières et les hauts plateaux donnent une vue d'ensemble du paysage, en régénération depuis les incendies de forêt de 1991 et de 1999. Le sol caillouteux requiert souvent plus d'attention que n'en demande le paysage. Carte et boussole sont de mise car la signalisation est insuffisante. À une intersection, le poteau est là, mais point d'écriteau. « Les ours et les porcs-épics attaquent la signalisation, confie le directeur du parc. Ils mettent les pattes dessus et cassent les panneaux ou encore les rongent au printemps. »

À l'est de la route 381, le secteur est plus fréquenté. Il est célèbre pour son fameux mont du Lac des Signes, devenu **mont du Lac des Cygnes**, la légende voulant que les dits volatiles couvent près d'un lac à proximité. Certains proposent une autre explication : le lac à l'avant plan rappellerait la forme de l'animal en question... Mystère. Quoiqu'il en soit, un sentier de 2,6 kilomètres permet d'accéder au **sommet** (980 mètres), avec une dénivellation totale de 480 mètres. Les premiers trappeurs qui ont balisé le sentier avaient le mollet athlétique !

Du sommet, on peut se métamorphoser en oiseau et partir à la conquête des lacs et du fleuve, que l'on aperçoit par temps clair. On peut aussi s'amuser à mettre un nom sur chacun des villages charlevoisiens au pied de la montagne, parmi lesquels Saint-Aimé-des-Lacs et Saint-Urbain. De la base, un sentier plus long (7 kilomètres) permet d'accéder

au sommet par l'ouest. De difficulté moyenne, le sentier comprend quelques cailloux bien placés pour garder le rythme. Avec quelques arrêts pour graver le souvenir des montagnes, une petite descente mène à la forêt des bouleaux tordus. Au refuge, un oiseau chante : c'est un pioui de l'Est, signe que nous sommes rendus dans la vallée du lac Pioui.

La cerise sur le gâteau

Pour ceux qui n'ont qu'une seule **randonnée** à faire dans le parc national des Grands-Jardins, le mont du Lac des Cygnes est un must. Le caractère nordique du parc ressort ici dans toute sa splendeur. Le sommet est recouvert d'une végétation clairsemée et rabougrie, et de roches apparentes exposées aux bourrasques. En hiver, la neige n'y est pas très épaisse du fait de ce vent violent. Elle est par contre très dure au point de se transformer en glace.

Quant au paysage, il va à l'encontre des bobards de ceux qui disent qu'il n'y a pas de « montagnes » au Québec. Collines ou montagnes (selon les perceptions de chacun !) ont été semées d'un jet de dé sur toute la région de Charlevoix. Le bruit court que par temps clair on peut voir facilement le Saint-Laurent...

Il faut environ une heure trente pour se rendre au sommet du mont du Lac des Cygnes. Le départ du sentier se fait à 500 mètres d'altitude, à l'entrée du parc, juste à côté de la route. **En hiver**, le court périple exige toute la compétence des skieurs et les peaux de phoque sont fortement conseillées pour la montée. Pour un autre type d'ascensions et de sensations, les **raquettes** équipées de crampons sont parfaitement adaptées à ce terrain, surtout sur le sommet verglacé. La fin du parcours se fait dans le bois, en contournant la montagne. On passe à côté du lac Georges, où un abri permet de se reposer. Vingt-cinq minutes plus tard, on arrive au sommet, à 980 mètres d'altitude. Panoramas marquants en perspective...

Famille et débutant

À l'entrée du parc, secteur Pied-des-Monts, on peut emprunter le sentier du Gros Pin, une boucle de 1,8 kilomètre qui s'enfonce dans la forêt. Les sentiers du Boréal et de la Pinède, tout près du Château-Beaumont, sont d'autres choix possibles. Les gardes-parcs naturalistes vont attendent pour vous livrer les secrets de la grande nature du parc.

Expert

Accessibles pour tout niveau technique, les parois du secteur des Monts (Gros Bras, de l'Ours et du Dôme) séduisent les mordus d'escalade. Elles sont comparables à celles de la région de North Conway aux États-Unis, sans l'achalandage. Il est recommandé de se procurer le guide pratique d'escalade de la région, qui indique le degré de difficulté des parois et rappelle les notions de sécurité.

Encore PLUS

- **Information générale** et réservation de chalets, de refuges et de terrains de camping. Tél. : 1 800 665-6527. Site Web : www.sepaq.com.
- **Le canot et le kayak** se pratiquent dans le secteur de la chaîne de lacs du lac Arthabaska. On peut louer des embarcations et des vélos de montagne directement au centre de plein air Arthabaska.
- **Hébergement :** 4 refuges, 13 chalets (dont un accessible uniquement par voie d'eau) et 6 sites de camping (pour un total de 80 emplacements environ).
- **L'endroit le plus proche pour faire ses courses :** Saint-Urbain.
- **Le poste d'accueil** Thomas-Fortin a été déplacé au kilomètre 31 sur la route 381 pour un meilleur accueil aux visiteurs qui fréquentent le secteur des Plateaux.

Charlevoix
Parc national des Hautes–Gorges–de–la–Rivière–Malbaie

Beautés sauvages

De bas en haut ou de haut en bas, c'est comme ça que se déguste le parc national des Hautes–Gorges–de–la–Rivière–Malbaie de la région de Charlevoix. Au ras des eaux pour commencer — celles de la rivière Malbaie —, il suffit de s'embarquer dans un kayak de mer ou dans un canot, de lever la tête et de contempler les cascades et les parois abruptes — un paradis.

Après quelques coups de pagaie, on a envie de voir tout cela de haut. On peut alors enfiler ses chaussures de randonnée et grimper l'Acropole des Draveurs, un **sentier** où les chèvres seraient plus à l'aise que les marcheurs : 5,5 kilomètres de sentier pour se rendre à 1 048 mètres d'altitude, quelque chose comme 800 mètres de dénivellation !

Au sommet, le spectacle est fascinant. « À nos pieds, la rivière serpentait tel un fil d'argent dans un ruban vert », écrivait William Blake, en 1890, dans son livre intitulé *The Camp at Les Érables*. Un siècle plus tard, les regards plongent avec toujours autant d'émotion dans un superbe paysage dessiné par des parois profondes (700 mètres) et des vallées étroites.

Au-delà de la grande beauté du panorama, la diversité des écosystèmes est certainement un attrait majeur du parc national des Hautes–Gorges. En une seule randonnée, on rencontre toutes les zones forestières du Québec. Le parc compte aussi cinq **vallées suspendues**[1], des ormes d'Amérique de 1,5 mètre de diamètre, des chutes de 100 à 200 mètres, et une toundra comme dans le Grand Nord. En deux mots, ce parc représente une véritable synthèse de plusieurs milieux écologiques. « Si on emprunte le sentier de l'Acropole des Draveurs, on a le privilège de traverser toutes les zones de végétation forestière du Québec », explique Charles Roberge, du parc national des Hautes–Gorges. Ainsi, de l'érablière à la toundra, en passant par la pessière, la pinède et la taïga, le parc permet de voir en une seule journée toute la richesse et la variété de la forêt québécoise. Pour avoir autrement accès à cette étonnante diversité (qui s'explique par d'importantes variations d'altitude), plusieurs voyages du nord au sud de la province seraient nécessaires.

Au fil de l'eau

Au parc national des Hautes–Gorges, la diversité caractérise l'environnement mais aussi les activités sportives que l'on peut y pratiquer. Vélo de montagne, kayak de mer, randonnée pédestre, camping et canot : tout y est !

En amont du barrage des Érables, la rivière Malbaie coule tranquillement et on peut y circuler sur huit kilomètres. Si doucement qu'il serait possible de remonter le courant à la seule énergie de ses bras. D'un **canot** ou **kayak de mer**, chaque détour réserve toutefois une surprise. Il y aura des cascades, un étang, des îlots et la Pomme d'or, une paroi de

350 mètres (qui fait particulièrement le bonheur des amateurs d'escalade de glace). Cette rivière est idéale pour donner ses premiers coups de pagaie en kayak de mer.

Quant aux amateurs de **vélo**, ils peuvent facilement longer la piste cyclable de 18 kilomètres (aller) située près de la rivière. Et pourquoi ne pas se rendre jusqu'au parc en vélo en mettant à l'horaire une visite du parc lors d'une excursion de cyclocamping dans la région ?

Les **marcheurs**, eux, ont le choix entre 8 sentiers pédestres cotés de niveaux facile (Érablière) à très difficile (Acropole des Draveurs). Chacun offre un intérêt particulier : une chute pour l'un, un belvédère ou une vallée suspendue pour l'autre.

Pour assurer la conservation d'une partie de la forêt, le ministère de l'Environnement a créé la réserve écologique des Grands-Ormes, un espace où la nature est la même qu'à l'époque de Jacques Cartier. On y trouve, entre autres trésors, des ormes de plus de 400 ans. Les randonneurs n'y ont pas accès mais les sentiers du Cran et Érablière permettent d'apprécier une forêt similaire à celle de la réserve.

Ici, les amateurs de plein air n'ont pas (encore) à craindre les foules. Le parc national des Hautes-Gorges compose l'une des aires centrales de la réserve de la biosphère de Charlevoix, une reconnaissance internationale accordée par l'UNESCO qui a le grand mérite de désigner les aires où protection et conservation se conjuguent avec activité humaine.

FOCUS

Famille

Plusieurs sentiers très courts et bien aménagés, parfois avec des passerelles de bois, permettent aux familles d'accéder à des points de vue intéressants. À ne pas manquer : le Belvédère (1,4 km) qui grimpe dans la forêt le long d'un ruisseau avant d'offrir une belle vue sur les gorges.

Expert

Il est possible de traverser la vallée de Charlevoix de bout en bout tant à pied qu'en skis de fond ou en vélo de montagne. Au programme : une centaine de kilomètres, des sommets de 650 à 800 m, des vallées de 200 à 350 m. Bref, un des plus difficiles sentiers de longue randonnée du Québec. Info : La Traversée de Charlevoix, (418) 639-2284. Voir le texte dans la section Longue randonnée.

1 Les vallées suspendues ont été créées par des glaciers s'étant formés au sommet des montagnes. Ces glaciers ont ainsi façonné ces dernières de sorte qu'il en est résulté des dépressions pouvant ressembler à un lac ou à une vallée. L'effet est impressionnant.

Encore PLUS

- **Parc national des Hautes-Gorges-de-la-Rivière-Malbaie :** Tél. : 1 866 702-9202 Site Web : www.sepaq.com
- **Accès au parc :** Pour préserver l'environnement, l'accès par les voitures est limité et les visiteurs à la journée doivent emprunter une navette (passage fréquent) pour circuler dans le parc.
- **Sentiers pédestres :** 15 km (de niveaux facile à difficile)
- **Vélo :** 18 km le long de la rivière (niveau facile)
- **Hébergement :** Camping (20 emplacements aménagés aux Pins blancs et 25 rustiques à l'Équerre, accessibles uniquement en vélo, à pied ou en embarcation).
- **Services :** Location de kayaks, canots, vélos et remorques à vélo. Dépanneur.
- **Interprétation :** À compter du début de la saison estivale 2003, le nouveau centre d'interprétation et d'accueil Félix-Antoine-Savard présentera, sur la formation de la vallée, une exposition thématique intitulée Sculpté par le temps, au pays de Menaud.
- **Saison :** Été seulement. En raison des travaux majeurs qui sont prévus dans le parc, s'informer des dates d'ouvertures et des services offerts.

Charlevoix

Parc régional du Mont Grand-Fonds

L'oasis blanche

Un bijou de montagne s'élève à plus de 700 mètres dans la région de Charlevoix. À 1h30 de Québec, le mont Grand-Fonds nous accueille en toute tranquillité dans l'arrière-pays. En skis de fond ou en raquettes, on y vit l'évasion suprême dans une oasis de neige loin du brouhaha des grands centres.

Chaque année, le ciel déverse plus de 650 centimètres de neige sur le mont Grand-Fonds. Résultat : des conditions de ski exceptionnelles, dans un décor féerique. Le réseau de sentiers de **ski de fond** apparaît tel un joyau blotti au milieu des montagnes. Lacs et forêts de conifères forgent le parcours qui sillonne une vallée. Quelques pistes traversent des forêts où certains arbres atteignent plus de 15 mètres de hauteur.

Avec ces arbres chargés de neige qui ressemblent à de grosses guimauves et ces maisonnettes de bois rond qui surgissent au milieu de la forêt, on se croirait au pays d'Hansel et Gretel ! Osez donc franchir la porte : il n'y a pas de méchantes sorcières au tournant, mais bien un bon chocolat chaud offert gratuitement (vraiment !).

Plus de 160 kilomètres de sentiers attendent les fondeurs de tout niveau. Les pistes pour le pas classique ont une largeur de trois mètres avec un tracé double ou simple. Ici, pas de virages serrés près d'un arbre ni de descentes abruptes : les circuits permettent des descentes tout en contrôle. Il n'y a pas non plus de traversées dans le grand vent puisque le parcours est tracé en forêt. D'ailleurs, l'entretien est fait tous les jours, ce qui assure des sentiers impeccables.

L'accès au réseau de pistes débute par des sentiers faciles : un bon moyen de se réchauffer les muscles avant d'attaquer les montées. La montée des Lions, sur un kilomètre en pente douce, met les cuisses au défi. Mais les efforts sont récompensés par la longue descente vers le Chalet Promenade. Les plus endurcis suivront les pistes qui relient et longent les lacs : un parcours vallonné de 20,4 kilomètres à travers bouleaux, érables et sapins, et qui croise trois chalets. Les quatre lacs jaillissent telles de grandes nappes blanches au milieu du paysage. L'image est surréaliste ! Au retour, il faut prendre la Hardy, qui offre une vue superbe sur la montagne de Grand-Fonds et sur ses pistes de ski alpin baignées par le soleil de l'après-midi.

Les adeptes du pas de patins sont choyés avec un sentier de 15 kilomètres qui leur est réservé. Côté **ski hors-piste**, ce sont 26 kilomètres de neige folle qui attendent les traces des adeptes. Une montée intensive jusqu'au sommet offre, par temps clair, une vue sur l'immensité du fleuve. Attention toutefois : cette section de la montagne n'est pas patrouillée et seuls les skieurs aguerris devraient s'y hasarder.

Les amateurs de **raquette** ne sont pas en reste, avec un circuit de 16 kilomètres situé au sommet de la montagne. À couper le souffle ! Deux façons d'accéder au sommet : en

remontée mécanique ou par le sentier du Trappeur, qui démarre à la base de la montagne.

Plusieurs petites attentions viennent agrémenter une journée de plein air au mont Grand-Fonds. Des bénévoles ont eu la bonne idée d'installer des mangeoires d'oiseaux près des refuges. Assis confortablement sur un banc orienté plein sud, on peut admirer le durbec des sapins, jaseur boréal qui batifole au milieu des graines. Les *must* chocolat chaud et café sont offerts gratuitement aux quatre refuges qui jalonnent les sentiers. On peut aussi faire un arrêt au Chalet des Lions les fins de semaine.

Famille

Le sentier La Promenade offre, comme son nom l'indique, une belle promenade de 4,5 kilomètres à travers une forêt de conifères. À mi-chemin, un chalet permet aux enfants une pause ravitaillement. Ils peuvent aussi nourrir les oiseaux. Peut-être les mésanges viendront-elles manger dans leurs mains !

Débutant

Toutes les pistes pour débutants partent du chalet d'accueil et ces derniers peuvent, à leur rythme, faire des boucles dans ce secteur.

Expert

Quel régal ! Pas de patin, pas alternatif, les pistes à losange offrent de belles montées et des descentes abruptes. Style montagnes russes, par exemple la 7 avec ses trois descentes endiablées.

Encore PLUS

- **Mont Grand-Fonds :** 1-877-665-0095 (sans frais) ou (418) 665-0095.
  Site Web : www.montgrandfonds.com
- **Étendue :** 160 km de sentiers (de niveau débutant à expert)
- **Altitude maximale :** 535 m
- **Altitude à la base :** 400 m
- **Nombre de pistes :** 15
- **Location :** Skis de fond, raquettes.
- **Autres services :** Salle de fartage chauffée, réparation de skis et de raquettes.
- **Hébergement :** Dortoir pour accueillir des groupes scolaires, hébergement à moins de 15 km de la station.
- **Autres activités :** Ski alpin, randonnée pédestre, vélo libre dans la montagne, télémark à la station de ski alpin, glissade sur chambre à air.
- **Saison :** De la mi-décembre à la fin mars. Sentiers accessibles durant l'été, mais pas de services offerts.
- **Tarifs :** 12 $ pour la journée, 10 $ pour la demi-journée.

Chaudière-Appalaches
Parc national de Frontenac

Le calme à portée de main

Qu'on soit en canot sur les eaux calmes du lac des Îles ou à pied à travers la forêt de bouleaux jaunes, le parc national de Frontenac est un havre de paix. Pas de plages bondées, pas de trouble-fêtes : que le cri mélancolique du huard qui rassure sa douce, de petites anses sablonneuses qui respirent la tranquillité... Que la paix, la paix et la Paix !

Situé dans le plateau appalachien, le parc national de Frontenac se faufile en longueur sur 30 kilomètres. Dans cette bande étroite, lacs, rivières, tourbières et forêts forgent le paysage. Le parc se divise en trois secteurs. Pour combler sa quête de tranquillité, on peut prendre la direction du secteur sud où les lacs courtisent les forêts de pins au milieu des dentelles de collines.

Trois lacs font le bonheur des **canoteurs**. Ils sont entourés du massif Winslow, véritable bouclier qui empêche les grands vents de balayer le secteur. Des sentiers de portage permettent de changer de lac en peu de temps.

Des sites de **camping sauvage** sont répartis ici et là aux abords des lacs. Ils sont bien numérotés et on peut les réserver tant à l'accueil que par téléphone ou par Internet. L'un d'eux est aménagé sur une île au milieu de la baie Sauvage — l'endroit tant recherché ! Aux aurores, il n'est pas rare d'apercevoir un orignal s'abreuver au lac.

Véritable cuvette naturelle, le lac des Îles surprend par la pureté de ses eaux. Comme les parois du lac sont en calcaire, la température de l'eau reste invitante. On peut y plonger sans hésiter même pendant les soirées fraîches de septembre.

Les immenses pins blancs qui bordent le lac donnent un air fantasmagorique au bain de minuit. Pas de plages de sable mais des baies rocailleuses où vos seuls compagnons risquent d'être une famille de canards huppés ou, survolant une proie, un pygargue à tête blanche.

Par un sentier de portage, on rejoint le lac à la Barbue, un vieux lac dont certaines parties se transforment lentement en marécages, attirant ainsi le grand héron qui y trouve nourriture en abondance. Voguer parmi les nénuphars a quelque chose de surréaliste. Le summum s'atteint en juillet quand une portion du lac se couvre de grandes fleurs mauves, les pontédéries à feuilles cordées.

La baie Sauvage est le prolongement du lac Saint–François. À l'embouchure de la rivière Felton, les derniers rayons du soleil qui frappent les flots offrent un spectacle de toute beauté. En canot, on peut débarquer à l'une des îles et savourer le coucher du soleil. Seul hic : des embarcations à moteur venant du lac Saint–François s'aventurent dans la baie, rompant la tranquillité du lieu. Bien que leur vitesse soit réglementée, il vaut mieux, pour la paix totale, rester sur les lacs voisins.

À vélo ou à pied

Juché sur un **vélo**, on peut emprunter plusieurs sentiers qui mènent à la découverte du parc. Zones marécageuses, barrages de castors, érablières à bouleaux jaunes — différents écosystèmes se dévoilent ainsi à chaque tournant. Le chemin qui longe les lacs permet des arrêts à des plages sablonneuses. Près du lac Maskinongé, un trésor se cache : une **plage** abritée par des feuillus. Elle se situe à 6 kilomètres du stationnement du sentier Le Massif et n'est pas surveillée. Juste à côté, 3 sites de camping rustique ajoutent à son charme.

Après 4 kilomètres de marais et d'étangs, le sentier Les Draveurs aboutit à la rivière Felton où l'eau dévale en cascade. Un coin idéal pour se reposer sur les rochers et savourer les doux rayons du soleil. Malgré les airs invitants de la rivière Felton, il n'est pas recommandé de s'y baigner : le fort courant risque de transporter le visiteur loin de ce paradis terrestre.

Dans le secteur Saint-Daniel, une nouvelle piste cyclable familiale de 8 kilomètres a été aménagée au bord du lac Saint-François. À proximité, un **sentier** d'auto-interprétation conduit à travers deux manifestations exceptionnelles de la nature : une forêt de conifères constituée de sapins, d'épinettes et de mélèzes qui fait ensuite place à une **tourbière**. Déambuler durant 5 kilomètres sur le Sentier de la tourbière parmi ces dizaines d'arbres géants qui émergent fièrement de ce tapis de tourbe, c'est magique. L'arrivée dans la tourbière, où la chaleur du microclimat nous assaille, est déroutante. La tourbière étant une zone protégée, la balade se fait sur des trottoirs de bois qui permettent de contempler les différentes espèces qui y évoluent. Parmi elles, une petite fleur, la sarracénie pourpre, est une digne représentante de la famille des plantes carnivores. Si l'occasion se présente, il ne faut pas manquer de passer par là un soir de pleine lune du mois d'août : la tourbière prend à ce moment-là des airs insolites. Cela s'avère une expérience unique que de marcher parmi les arbres rabougris aux allures de morts-vivants jaillissant du brouillard.

Le parc national de Frontenac est une propriété du gouvernement provincial, d'où ces zones de préservation, ces intouchables qui parsèment le parc. Cependant, plusieurs milieux aquatiques et forestiers restent accessibles, que ce soit à pied, à vélo ou en canot.

L'**hiver**, la grande magie blanche s'empare du parc. Trois sentiers y totalisent 32 kilomètres dédiés au **ski de fond**. Faciles, ce sont les sentiers estivaux de vélo et de randonnée pédestre. Quant à la **raquette**, huit sentiers pour adeptes débutants et intermédiaires lui font honneur sur 36 kilomètres.

Au moment de la rédaction du présent texte (à l'hiver 2003), le parc ne cesse de se développer. Ainsi, le sentier Les Grands Pins commence à prendre forme tandis que plus d'une centaine de sites de camping verront bientôt le jour aux abords de la baie Sauvage. De plus, une réglementation astreindra bientôt les embarcations à moteur à ne pas dépasser les 10 km/h dans cette zone et il ne sera permis de toucher terre qu'à neuf endroits précis.

Famille

Après avoir choisi un lac, la famille pourra ramer en cœur et s'arrêter sur une plage pour y faire un plouf ! Farniente pour les parents et jeux dans l'eau pour les enfants.

Débutant

C'est l'endroit idéal pour apprivoiser le canot et le kayak, pagayer à son rythme et savourer le paysage ! Ceux qui préfèrent la marche trouveront, dans le secteur sud, le sentier de l'Érablière qui les mènera découvrir la faune et la flore. Le point de vue sur le bord de la baie Sauvage est splendide, surtout lorsque le soleil livre un dernier salut avant de se perdre derrière les collines.

Expert

Pas de descentes de rapides ou autres manifestations houleuses.

- **Parc national de Frontenac :** Téléphone : (418) 486-2300 Site Web : www.sepaq.com
- **Superficie :** 155 km^2. 5 lacs principaux dont 3 avec sites de canot-camping.
- **Sentiers :** 50 km
- **Location :** Canots, chaloupes à moteur, kayaks simples et doubles ainsi que de lac et de mer, embarcations doubles et quadruples à pédales.
- **Hébergement :** Huit chalets (l'été) entièrement équipés avec vue sur le lac, sites de canot camping avec aires aménagées. Camping aménagé : 97 sites à Saint-Daniel et plus d'une centaine au secteur sud, aux abords de la baie Sauvage (dès l'été 2003).

Chaudière–Appalaches
Parc régional Massif du Sud

À déguster sans modération

Du savoureux « Mont Chocolat » aux intrigantes « Portes de l'enfer », des sommets culminant à 915 mètres aux profonds canyons, en passant par les abris sous roches et autres curiosités géologiques, le Parc Régional Massif du Sud se déguste à toutes les sauces. À pied, en vélo, à cheval, en ski ou les raquettes aux pieds, on apprécie ses charmes laissés au naturel.

Blotti au flanc des Appalaches, le terrain de jeu se déroule sur 120 km^2 de montagnes et de vallées. Sur les sommets, des tours d'observation et promontoires permettent de gagner encore quelques mètres pour profiter du panorama à des dizaines de kilomètres à la ronde.

Et dans les vallées, l'eau coule à flot pour donner naissance à de superbes paysages aquatiques. Ruisseaux et rivières, cascades, canyons et bassins naturels sont autant d'endroits paisibles et charmants auprès desquels on peut se promener ou camper. Ces différents environnements font du parc l'habitat d'une flore et d'une faune très variées. À mesure qu'on grimpe, on passe de la luxuriante végétation de feuillus installée au bord des cours d'eau aux sapinières des sommets : tout un dépaysement !

Au total, **30 km de sentiers pédestres** et **45 km de chemins de gravier multi-fonctionnels** sillonnent le territoire. D'autres sont en développement, à l'image du parc lui-même. Créé il y a quelques années seulement, le Parc régional Massif du Sud est plein d'ambition et de nouveaux projets, à commencer par le développement d'activités animées. Parmi elles, la populaire **randonnée aux abris sous roches** avec un naturaliste offre l'occasion d'en apprendre un peu plus sur ce phénomène géologique aux manifestations impressionnantes. Dans cet environnement très accidenté, il faut emprunter plusieurs échelles et se faufiler entre d'énormes blocs de pierre pour cheminer. Les enfants adorent ! Quant aux parents, ils apprécieront les beaux points de vue et l'adaptation spectaculaire de la végétation dans ce paysage rocheux. Régulièrement ou de façon ponctuelle, d'autres activités encadrées sont offertes gratuitement. Plusieurs ateliers payants sont aussi au programme : clinique d'initiation au taï chi, survie en forêt, atelier de préparation à la longue randonnée, entre autres.

Vous préférez le **vélo** ? Les chemins multi-fonctionnels mènent jusqu'aux sommets, à plus de 900 mètres, et offrent largement de quoi se faire plaisir sans toutefois être très techniques. En septembre, il est possible d'utiliser les remontes pentes de la station de ski et de redescendre par un chemin de 18 km. D'autres sentiers longent la rivière, sans grande dénivellation, et sont donc parfaits pour pédaler en famille. Les mêmes parcours peuvent être empruntés à cheval, avec des guides du ranch installé à l'entrée du parc.

L'hiver, le réseau est utilisé pour le **ski de fond** ou **la raquette**. Que ce soit pour grimper au mont du Midi (915 m) ou faire une promenade le long d'une rivière, chacun y trouvera un parcours à son niveau.

Tout autant que le dynamisme créé par toutes ces activités, on aime la fraîcheur de ce nouveau parc et son naturel. Car ici, on peut encore faire du camping sauvage pour la modique somme de 5 dollars ou utiliser les petits refuges rustiques pour le double, ici on peut toujours amener en vacances son compagnon à quatre pattes et profiter de l'eau revigorante d'un bassin naturel.

Cette belle offre touristique a valu au parc d'obtenir en 2002 le prix spécial du jury dans le Grand Prix du tourisme québécois de la région Chaudière-Appalaches.

FOCUS

Débutant

Pédaler sur un esker? Le sentier du Plateau est tracé sur un esker qui mène à un ruisseau où il fait bon pique-niquer. Comme le sentier est bordé de très jeunes arbres, le cycliste a l'impression de traverser un tunnel de feuillus. Pour prolonger le parcours, on peut emprunter ensuite le sentier des Mornes.

Intermédiaire

Pour ceux qui aiment les balades à vélo où la nature surprend à chaque détour, le sentier du Milieu et le sentier de la Vallée proposent des trajets sinueux dans la forêt où courbes et pentes surgissent soudainement. Comme le sentier est bien tracé, la balade se fait en douceur et en toute sécurité.

Expert

Ceux qui ont de bons mollets pourront attaquer de plein fouet la montée du sentier du mont Midi, puis revenir par les pentes de la station de ski. Sensations fortes assurées !

Encore PLUS

- **Parc régional Massif du Sud :**
  1989, route du Massif, Saint-Phillémon
  Tél. : (418) 469-2228
  Site Web : www.massifdusud.com/parc
- **Ouvert à l'année**, sauf du 1/11 au 15/12 et pendant la période de dégel
- Piste d'hébertisme
- **Hébergement :** 4 sites suggérés pour le camping sauvage et 4 refuges rustiques dispersés sur tout le territoire.
- Chiens en laisse acceptés.
- **Grande randonnée des sommets :** Fin de semaine de la fête du travail. Randonnée de trois jours à la découverte de sites de marche de la région : Parc régional Massif du Sud, camp forestier de St-Luc, Club sportif mont Bonnet de Ste-Sabine et Parc régional des Appalaches.
- Dimanches de septembre et jusqu'à l'Action de Grâces, **remontées mécaniques** de la station de ski ouvertes aux cyclistes de montagne et marcheurs. Descente par un sentier multifonctiel du parc long de 18 km.
- **Équitation :** Ranch Massif du Sud : (418) 469-2900 ou www.chevaux.com. Le ranch propose aussi une initiation à la recherche d'or...

Chaudière-Appalaches

Parc régional des Appalaches

Coffre aux trésors

Quand huit maires rassemblent leurs municipalités en un vaste parc et que chacune déploie ses charmes pour offrir aux visiteurs ce qu'elle a de mieux, le résultat est remarquable : un parc à vocations multiples, pareil à un coffre aux trésors.

Niché au milieu de la chaîne de montagnes du même nom, le parc régional des Appalaches a de quoi plaire aux visiteurs. Pas de monotonie dans les paysages. Le randonneur dispose d'un réseau de 100 kilomètres de sentiers à travers tourbières, rivières, forêts et montagnes. Le canoteur apprécie les escapades qu'offre le calme des lacs et des rivières. Même l'adepte de descente en eau vive sera conquis par certaines portions des rivières. L'hiver, l'amateur de **ski de fond** est comblé par les 60 kilomètres de sentiers (16 pour le pas de patin et 44 pour le ski classique).

Les adeptes du ski en sentiers tracés peuvent ainsi prendre la direction du Jardin des gélinottes, qui tient son nom de la grande variété d'oiseaux que l'on peut admirer tout au long du parcours. Pas de gros vents qui décoiffent ni de montées éreintantes, les pistes farfouillent en douceur dans la forêt et forment des boucles. Il ne faut pas rater l'Orignal et la Tour, un circuit de 15 kilomètres à travers vallons et forêts de conifères. Dans l'un des refuges qui longent les pistes, il est agréable d'admirer la grâce des mésanges et des pics qui batifolent aux mangeoires. Une seule piste, cependant, se prête au ski nordique, soit l'Inconnue — dix kilomètres dans la neige folle pour les amateurs aux rotules solides.

De leur côté, les adeptes de **randonnée pédestre** ayant un faible pour les parcours vallonnés seront aux oiseaux dans le sentier des Orignaux : 16 kilomètres à travers une forêt mixte entrecoupée de rivières et de lacs. Quoi de plus relaxant que de marcher au son de l'eau qui ruisselle parmi les rochers ! Il ne s'y trouve aucune rivière à traverser à gué puisque des ponts relient une rive à l'autre. Au loin, la montagne Grande Coulée apparaît seule, majestueuse au milieu des lacs qui l'entourent; possibilité de gravir cette ancienne station de ski (dénivelé de 363 mètres) jusqu'à une altitude de 853 mètres, à pied ou en **raquette** (sentier balisé).

Au départ de la municipalité de Saint-Fabien, la chute Devost offre des cascades qui dévalent sur 500 mètres. Dès le milieu de la matinée, le soleil règne en maître en ces lieux, et ce, pour le reste de la journée. Un moment à bouquiner sur les rochers ou à se détendre dans le bassin aux eaux tourbillonnantes est toujours apprécié, mais il faut songer à apporter une crème solaire !

Les amateurs du coup de pagaie pourront glisser leur **canot** sur les eaux calmes de la rivière Noire. Le trajet, qui mène au lac Frontière à une distance de 32 kilomètres, n'a toutefois pas besoin d'être parcouru en entier : des aires

d'embarquement permettent d'y accéder et d'en sortir à différents endroits. Par contre, c'est le portage obligé pour contourner certaines zones infranchissables ou pour éviter des rapides. Tout au long du parcours, des plages invitent à la détente et certaines comprennent même des aires aménagées de camping sauvage. Quel plaisir de planter sa tente en bordure de la rivière et d'y prendre le bain de minuit les soirs de pleine lune ! Et pour les soins du corps, pourquoi pas un bain de boue à l'une des plages de glaise ?

Enfin, pour éviter aux visiteurs de revenir sur leurs pas et pour leur faire profiter au maximum des installations du parc, le personnel propose un service de **navette.** Pour un coût minime, un employé du parc ramène leur voiture au point d'arrivée de l'excursion. Valet, S.V.P. !

FOCUS

Famille

Une balade sur le sentier du lac Talon offre une expérience tactile unique aux petits et grands. L'attraction principale est cette immense tourbière où flore et faune évoluent paisiblement. Les enfants apprécient admirer les barrages de castors et observer le grand héron monter le guet. Mais le pied, c'est de marcher pieds nus sur ce tapis de tourbe pareil à une immense éponge qui fait « scrounch, scrounch ! ». Le sentier représente 4,2 kilomètres. Les bottes sont nécessaires car, même si certaines parties du parcours sont pontées, il s'agit d'un milieu humide.

Débutant

Pour une marche à travers des érablières et sur des crêtes de montagne, le sentier du ruisseau des Cèdres est l'endroit idéal où entendre des chants variés puisque plusieurs espèces d'oiseaux nichent dans la forêt qu'il traverse. Le parcours de 6,2 kilomètres aboutit à une chute d'une trentaine de mètres et à un bassin à remous propice à la baignade. C'est l'occasion de remplir la gourde à la source.

Expert

Pour les téméraires, le sentier du Garde-Feu mène au sommet du mont Sugar Loaf (à ne pas confondre avec celui des États-Unis). Le sentier, qui est à même la montagne, tire son nom de l'époque où les guetteurs étaient en devoir pour repérer les éventuels feux de forêt. Avec ses 650 mètres, c'est le deuxième plus haut mont du parc. La montée, parfois abrupte, est récompensée par une vue sur 300 degrés, où huit clochers d'églises apparaissent tels que ceux de ces petits villages que l'on pose sous le sapin de Noël !

Encore PLUS

- **Parc régional des Appalaches :** 1 877 827-3423 (sans frais) ou (418) 223-3423; Site Web : www.parcappalaches.com
- **Superficie :** Parc regroupant dix sites naturels reliés entre eux par 100 km de sentiers pédestres.
- **Sentiers de ski de fond :** 60 km (16 km pour le pas de patin, 44 km pour le pas classique).
- **Sentiers de raquette :** 80 km
- **Location :** Canots, kayaks, embarcations à pédales, vélos, skis de fond, raquettes.
- **Autres services :** Salle de fartage chauffée, services de guide et de navette, bureaux d'information touristique.
- **Hébergement :** Sites aménagés pour le camping et aires sauvages pour le canot-camping; quatre refuges accessibles toute l'année.
- **Autres activités :** Interprétation de la nature, ornithologie, randonnée guidée.
- **Saison :** Ouverture à longueur d'année.
- **Tarif :** L'accès aux sites est gratuit, sauf à la base de plein air du lac Carré.
- **Autre :** Les chiens tenus en laisse sont admis dans le parc.

Mauricie

Parc de la Rivière–Batiscan

Pour la famille et les sportifs

S'étalant sur le territoire de trois municipalités (Sainte–Geneviève–de–Batiscan, Saint–Stanislas et Saint–Narcisse), le parc de la Rivière–Batiscan représente une destination estivale très prisée par les **cyclistes** et les **familles**. La particularité première du site, c'est la beauté du paysage : les sentiers longent la rivière alors que des passerelles de bois traversent les rapides et les terrains trop accidentés.

L'attrait familial du parc tient à la présence de sentiers accessibles qui, sillonnant le décor enchanteur des berges de la rivière Batiscan, en font une destination de choix pour les jeunes randonneurs. Ils font également la joie des adeptes de **vélo de montagne** de tout niveau qui désirent se laisser enivrer par des courbes rapides sans toutefois se casser la tête (ni les jambes !) avec d'interminables montées ou des descentes d'enfer.

Cela dit, le circuit est loin d'être ennuyant. Si les cyclistes augmentent la vitesse, les courbes sembleront plus serrées qu'elles ne le paraissaient au premier abord. Le rythme assez infernal auquel elles s'enchaînent est surprenant. Les sentiers du parc favorisent les cyclistes qui aiment mouliner et négocier les virages à haute vitesse plutôt que les amateurs de pistes de type « trial » (sorte de course à obstacles où l'équilibre joue pour beaucoup).

Les sentiers du parc de la Batiscan bénéficient de plusieurs atouts : situés le long des rapides, ils sont sinueux et en bon état, ce qui permet d'atteindre de hautes vitesses sur les plats. Dans les courbes, les dépassements deviennent électrisants. Frissons garantis ! Autre particularité très agréable : la **baignade**. On se déniche un petit coin tranquille et hop ! Les rapides sont encore plus magiques quand on les voit de l'intérieur...

FOCUS

Famille

Le parc de la Batiscan est conçu pour la famille ! Une randonnée pédestre peut commencer à l'accueil, dans le secteur du Barrage, car c'est dans cette section que l'on retrouve le plus grand nombre de sentiers réservés aux marcheurs et interdits aux cyclistes.

Expert

Ceux qui le désirent peuvent aller bourlinguer du côté de la chute des Ailes, en empruntant le sentier du Buis (4,3 km). Cette région est la plus escarpée du parc.

Pour ceux et celles qui veulent partir plus longtemps, il est possible d'explorer d'autres sentiers que ceux qui figurent sur la carte fournie à l'accueil. En résumé, le parc offre une variété étonnante de possibilités; il a l'avantage d'être peu fréquenté et on n'y retrouve pratiquement aucun moustique...

Vingt-cinq kilomètres de sentiers de **randonnée pédestre**, classés de niveaux facile à intermédiaire, sont répartis sur 21 sentiers dont 16 se partagent avec le vélo de montagne. Tous les sentiers longent la rivière Batiscan à l'exception du sentier du Portage qui s'enfonce en forêt pour aller rejoindre directement le secteur de la chute Murphy. Près de l'accueil, dans le secteur du Barrage, on peut observer le plus ancien barrage hydroélectrique de la Mauricie. Un des bâtiments est même classé monument historique. Il est également possible de faire du **canot** sur le plan d'eau de deux kilomètres de long qui est situé entre la chute des Ailes et le barrage hydroélectrique. L'activité est classée de niveau facile.

Une trentaine de sites de **camping rustique** sont aménagés dans le secteur du Grand Bassin, à Sainte-Geneviève-de-Batiscan. Ces sites sont très boisés et dotés de toilettes à proximité. Les sites ne sont pas directement accessibles en voiture, mais on stationne à une centaine de mètres de là. Il est possible de faire la location de canots à l'accueil du parc, situé dans le secteur du Barrage. Le parc est fermé durant l'hiver et le stationnement n'est pas déblayé. On sait par contre que les sentiers sont toujours là (!) et que certains malins en profitent pour y pointer le bout de leurs **raquettes**...

Encore PLUS

- **Parc de la Rivière-Batiscan :**
  200, chemin du Barrage,
  Saint-Narcisse (Québec).
  Tél. : (418) 328-3599;
  site Web : www.parcbatiscan.com

- **Et quoi encore ?**
  Vous avez envie de taquiner le brochet, l'achigan à petite bouche ou la barbue de rivière ? Sachez qu'il est permis de pêcher dans le plan d'eau situé entre la chute des Ailes et la Grande Chute, dans le secteur du Barrage.

Mauricie

Parc national du Canada de la Mauricie

Au rythme de la forêt

Le parc de la Mauricie pourrait se définir comme une vaste étendue de forêt, peuplée de mille et un conifères, bouleaux et érables, parsemée de nombreux lacs et ruisseaux déjouant tour à tour les méandres des collines. En plein cœur de la province, il nous fait découvrir une nature omniprésente, à laquelle même le plus inexpérimenté des coureurs des bois ne saurait résister. En 1970, cet imposant domaine prenait la vocation de parc national, mettant ainsi fin à 150 ans d'exploitation des ressources forestières et fauniques. Grâce à la protection de ce précieux échantillon des Laurentides, une **faune** discrète mais variée peut aujourd'hui vivre en toute tranquillité. Sur ce copieux plateau ondulé de collines, entrecoupé de vallées et paré d'une multitude de lacs, la vie s'écoule au rythme de la nature. En effet, le parc abrite 46 espèces de mammifères et 182 espèces d'oiseaux, en plus de 28 espèces de poissons. En dépit de sa latitude plutôt nordique, le parc protège aussi cinq espèces de reptiles et 14 espèces d'amphibiens. Les amis des bêtes sont assurés d'avoir de la compagnie, puisque le parc national de la Mauricie est une zone de transition pour la faune. Le coyote se pointe par le sud pendant que le loup retraite vers le nord. La gélinotte huppée abonde, alors que le tétras du Canada, plus rare, est confiné à quelques groupements de résineux. Le cerf de Virginie, à la limite nord de sa distribution, fréquente timidement le parc aux côtés de l'orignal, présent sur tout le territoire.

Bon nombre de ramifications permettent d'explorer les quatre coins du parc **à pied**. Sur ce territoire sauvage, la monotonie n'a pas cours. Au bout de quelques pas à peine, on tisse des liens étroits avec la nature, on s'imprègne des couleurs et des odeurs de la forêt, exubérante en ces lieux paisibles. Sur les sentiers des Deux-Criques et du Mekinac, les montées sont récompensées par des points de vue saisissants, et les descentes accompagnent souvent des ruisseaux en cascade où l'on peut avoir le bonheur de se rafraîchir. À certains endroits, on apercevra la majestueuse rivière Saint-Maurice, troisième affluent en importance du fleuve Saint-Laurent, qui porte dans ses eaux et sur ses berges toute la mémoire de la Mauricie. En d'autres lieux, comme sur le sentier de la Cache, on pourra observer la faune et, à l'aide d'un télescope, se familiariser avec les petites habitudes des orignaux. Chaque détour réserve une surprise. Sur le sentier du Vieux-Brûlis, on se mesurera à des arbres de taille remarquable.

Depuis l'automne 1998, un sentier de **longue randonnée** entraîne les marcheurs impénitents dans les quartiers les plus reculés du parc. Le sentier Laurentien, du long de ses 75 kilomètres, parcourt l'arrière-pays du parc dans sa partie la plus nordique. Ce secteur sauvage n'est fréquenté par aucune route et représente un véritable défi à l'autonomie. À sens unique, les aménagements y sont réduits à leur plus simple expression, quelques passerelles enjambant les ruisseaux les plus importants, les autres devant être traversés à gué. Tout en montées et en descentes, le sentier enchaîne plusieurs petits sommets et pénètre dans les profondeurs de la forêt. La faune, peu dérangée par la présence humaine, y est très présente. Ainsi, il n'est pas rare, dans l'obscurité de la nuit, d'être réveillé par les appels de la chouette ou par les hurlements plaintifs d'une meute de loups.

Glisser sur l'eau

L'eau tranquille des nombreux lacs, miroitant sous les chauds rayons de l'été, fait du **canot** le mode de déplacement privilégié pour découvrir toute la portée de ce territoire gorgé d'eau. À la manière des Amérindiens et des coureurs des bois, on se laissera glisser dans les méandres de ces cours d'eau sauvages pendant quelques heures... ou

quelques jours! Rien de mieux en effet que le canot-camping pour se retrouver en tête-à-tête avec la nature.

S'étirant au fond de vallées encaissées, certains lacs prennent plutôt des allures de rivières. C'est le cas du lac Wapizagonke, sans doute le plus élancé du lot. À ses hautes parois rocheuses succèdent de belles plages de sable doré, invitantes. Mais, si ces dernières sont le repaire des flâneurs, la faune aquatique, elle, affiche une préférence pour ses baies marécageuses. Après un portage de deux kilomètres, on verra ses efforts récompensés par le fabuleux jardin aquatique que représente le lac Anticagamac. On y fera la connaissance du garrot à œil d'or, du grand harle, du canard noir, du fuligule à collier et, bien sûr, du plongeon huard, fier représentant du parc national du Canada de la Mauricie. Ce magnifique plan d'eau est aussi fort apprécié

Encore PLUS

- **Parc national du Canada de la Mauricie :** Informations et réservations au (819) 538-3232. Ou Parcs Canada, au 1 800 463-6769. Site Web : www.parcscanada.gc.ca/mauricie.
- **Info-Nature Mauricie :** Pour réservation des gîtes Wabenaki et Andrew, au (819) 537-4555.
- **CLD de Shawinigan :** (819) 537-7249 ou 1 888 855-6673. Site Web : www.directioncm.net.
- **Tourisme Mauricie :** (819) 536-3334 ou 1 800 567-7603. Site Web : www.icimauricie.com.
- **Étendue :** 536 km2, parsemés de nombreux lacs et circuits de canot-camping.
- **Dénivelé :** Entre 100 et 450 m.
- **Sentiers pédestres :** Plus de 100 km (de niveau débutant à expert), souvent partagés avec les cyclistes. À noter que le sentier Laurentien s'adresse aux randonneurs expérimentés avec une bonne connaissance des premiers soins et des techniques d'orientation.
- **Sentiers de ski de fond :** 80 km de pistes tracées, dont 30 km pour le pas de patin.
- **Autres activités :** Vélo de montagne, canot et baignade.
- **Hébergement :** Gîtes Wabenaki et Andrew, 517 emplacements de camping semi-aménagés et 200 sites de camping sauvage. Possibilité de camping d'hiver.
- **Location :** Canots.
- **Autres services :** Centres d'accueil et d'interprétation, activités animées par des naturalistes (en canot rabaska, notamment), salle de fartage, rampes de mise à l'eau, casse-croûte, etc.
- **Saison :** De mai à octobre pour les activités estivales et de décembre à mars pour le ski de fond.
- **Accès :** Par l'entrée Saint-Jean-des-Piles (Autoroute 55, sortie 226) ou par l'entrée Saint-Mathieu (Autoroute 55, sortie 217). Stationnements disponibles.

Extra !

- **Vélo :** Un circuit d'une trentaine de kilomètres attend les adeptes de vélo de montagne. Les sentiers pédestres 3, 7, 8 et 9 font partie du réseau qui se partage la voie avec les cyclistes. Sur d'anciens chemins forestiers ou de petites routes en gravier, ces tracés longent plusieurs lacs, traversant de riches érablières depuis le camping de la Rivière-à-la-Pêche jusqu'aux abords du lac Édouard.
- **La Promenade :** Cette route sillonne le parc sur 63 kilomètres, traversant le secteur sud d'est en ouest et reliant ainsi les postes d'accueil de St-Jean-des-Piles et de St-Mathieu. Elle permet donc à l'automobiliste d'accéder à plusieurs sites propices à la pratique de la randonnée, du vélo ou du canot.

de l'orignal. À coups de rame, on débouchera enfin sur la rivière Matawin, autrefois utilisée pour le flottage du bois, qui nous entraînera sans trop d'effort dans son mouvement vers d'autres horizons.

Glisser sur la neige

Le parc national du Canada de la Mauricie, avec son impressionnant réseau de pistes de **ski de fond**, permet aussi de découvrir toute la quiétude des paysages hivernaux. Car, si la neige semble de plus en plus délaisser les centres urbains, ici, réchauffement de la planète ou pas, il n'y a pas de quoi s'inquiéter. Dès les premiers flocons, l'hiver s'installe en douce et, rapidement, occupe tout l'espace. Le chant du geai bleu, roi de la forêt, et de ses sujets, accompagne le pas tout au long de ces kilomètres de randonnée sous le soleil hivernal. Le grincement sourd des skis sur la neige cristallisée fait fuir les lièvres, invisibles dans leurs habits blancs. Reste à espérer qu'il ne tire pas du sommeil les ours, dans leur tanière !

Le choix de sentiers ne manque pas pour réveiller les muscles. Ainsi, on pourra partir du pavillon de services de la rivière à la Pêche faire le grand tour par les pistes 10 et 9, qui longent les lacs du Fou et Édouard, pour ensuite rejoindre la 7 et la rivière, qui murmure, emprisonnée sous les glaces. Physique ? À peine. Des haltes chauffées ornent les sentiers ici et là, sans oublier les copieux repas que l'on pourra se concocter, le soir venu, dans la chaleur des gîtes Wabenaki et Andrew, patrimoine hérité des clubs privés de chasse et pêche du siècle dernier. Bien sûr, le lendemain, après un tel festin, on aura un peu de mal à se remettre sur les planches, et les derniers kilomètres pour rejoindre la sortie de St-Gérard pourront parfois prendre des airs de montagnes russes. Histoire de s'épargner certaines descentes abruptes, on peut toutefois couper sur le lac gelé. Souvent balayé par le vent, celui-ci nous fera vite comprendre tout le sens d'un pas de « patin » !

FOCUS

Famille

Accessible par la route Promenade, le lac Édouard est à la portée de toute la famille. On peut y canoter paisiblement, se rafraîchir par un plongeon dans ses eaux limpides, s'amuser sur la plage et même y camper. On peut jouer au détective le long d'un sentier d'interprétation, celui du lac-Étienne, où l'on pourra observer la faune à l'aide d'un télescope et répondre à maintes questions. Cette petite boucle de 1,5 kilomètres a tout pour satisfaire la curiosité des plus jeunes comme des plus vieux.

L'hiver, on empruntera évidemment la Familiale (11) pour se dégourdir en famille, sur cette piste de ski de fond toute en douceur, qui fait à peine quatre kilomètres (lorsque la boucle est complète).

Débutant

Le lac Wapizagonke, long de 16 kilomètres, est l'endroit idéal pour découvrir les plaisirs du canot-camping. D'un bout à l'autre du lac, on peut naviguer au bord de falaises vertigineuses entrecoupées de plages où l'on pourra se reposer. Aucun portage au programme. Et un choix de sites pour le camping sauvage qui plaira à toute la famille. L'hiver venu, on pourra se rendre à la halte du lac Isaië par la 3, depuis le pavillon de services de la Rivière-à-la-Pêche. Toujours en pente douce, la 6 mènera, de son côté, à la halte du Lac-du-Pimbina. Les deux parcours totalisent chacun une dizaine de kilomètres aller-retour, tout au plus.

Expert

Le sentier Laurentien, 75 kilomètres de randonnée en autonomie.

Cantons-de-l'Est

Les Sentiers de l'Estrie

De forêts en sommets

Les Cantons-de-l'Est cachent entre leurs vallons le plus long et sans doute l'un des plus intéressants **sentiers pédestres** du Québec. Pour ceux qui aiment sentir les cailloux sous leurs bottes et à qui sourit l'idée d'enfourcher des souches et des troncs, et de traverser une occasionnelle mais généreuse nappe de vase, pour ceux qui cherchent une aventure, et non une simple promenade de santé, c'est l'escapade rêvée.

Les Sentiers de l'Estrie sont composés de huit sections: Chapman, Kingsbury, Brompton, Orford, Bolton, Glen, Echo et Sutton. Celles-ci occupent la région du nord au sud et on y trouve quelque **160 kilomètres de pistes** (il faut compter environ 10 jours pour les couvrir en entier).

L'accès des randonneurs à la forêt privée des Cantons-de-l'Est repose sur l'octroi de droits de passage. Il arrive cependant que les propriétaires fonciers mettent fin à l'entente ou encore qu'ils procèdent à des coupes de bois importantes. Ces situations entraînent parfois le déplacement du sentier, ce qui en transforme l'allure et le parcours. Il ne faut surtout pas s'attendre à marcher sur une voie pédestre parfaitement entretenue. Les Sentiers de l'Estrie sont rustauds: ils présentent des montées difficiles et sont parsemés d'obstacles naturels. Chaque section est entretenue par un petit groupe de randonneurs bénévoles. À la suite de grands vents, il pourrait arriver que les sentiers deviennent légèrement obstrués, le temps que tout soit dégagé avec les moyens du bord.

L'aspect sauvage des Sentiers de l'Estrie est d'ailleurs en partie responsable de l'attrait qu'ils exercent sur les randonneurs. En plus de goûter la nature à l'état pur, et de profiter de l'air et des panoramas offerts par les sommets, le marcheur peut s'offrir une randonnée des plus actives et un exercice physique où chaque pas est différent du précédent.

Chacune des huit zones que comportent les Sentiers de l'Estrie compte plusieurs points d'accès, ce qui permet au **randonneur** de choisir à sa guise les lieux et les distances qu'il souhaite parcourir. Bien que la dizaine de sites de camping rustique et les six refuges situés en bordure des sentiers permettent des expéditions s'échelonnant sur plusieurs jours, rien ne contraint le marcheur à enjamber la totalité du réseau.

Les divisions ont chacune leurs nuances. Dans Chapman (10 kilomètres), c'est une petite caverne au pied d'une muraille de roc. Pour Kingsbury (16 kilomètres) et Brompton (14 kilomètres), c'est le relief tranquille, le chant continuel d'un ruisseau, mais aussi les importantes coupes de bois.

Du côté d'Orford (26 kilomètres), ce sont les montagnes, les défis et les panoramas. Le sentier parcourt les crêtes rocheuses du **mont Orford** (853 mètres) mais, avant d'arriver au sommet, il faut jouer du mollet un bon coup. Aussi, puisque les Sentiers de l'Estrie traversent en cet endroit le parc du mont Orford, on peut décider de marcher un peu, ou beaucoup, sur les 80 kilomètres qu'offre l'endroit.

La zone de Bolton (30 kilomètres) est la plus longue et on y trouve de tout: forêt, escarpements, points de vue, cours d'eau. Une tour d'observation de 10 mètres trône au sommet du mont Foster et permet aux randonneurs d'apercevoir les monts Glen et Sutton, qui les attendent dans les sections suivantes.

La nature et les sentiers des sections Glen (13 kilomètres) et Echo (16 kilomètres) sont les plus sauvages. Les cerfs de Virginie abondent et les sentiers vagabondent entre les denses boisés et les pics élevés. Le tracé est noueux; il traverse des escarpements de pierre, un ruisseau et la lugubre Passe du diable.

Dernier droit avant les États-Unis, la portion Sutton (22 kilomètres) des Sentiers de l'Estrie file à travers le parc d'environnement naturel de Sutton et s'emboîte à ses 40 kilomètres de sentiers. Ici aussi les montées sont raides, mais les points de vue, spectaculaires. Ceux-ci offrent les meilleures vues sur le cortège montagneux des Appalaches.

Encore un peu d'énergie ? Le sentier Long Trail du Vermont n'est qu'à un pas. Il s'ouvre sur un réseau incalculable de sentiers et sur l'Appalachian Trail, qui à elle seule fait 3000 kilomètres.

En hiver, aucun entretien n'est effectué. Les responsables des zones font relâche. La **raquette** et le **ski de fond** s'y pratiquent néanmoins dans la plus pure tradition du **hors-piste** : roches, racines, arbres à contourner. À l'exception du sentier des Crêtes, dans le parc du mont Orford, tous les sentiers demeurent accessibles en raquettes pendant l'hiver, mais à ses risques et périls...

Ceux qui ont faim de nature et qui ont envie de croquer dedans à pleines bottes seront servis à souhait; les sommets des Sentiers de l'Estrie n'attendent que d'être foulés de leurs pieds.

Encore PLUS

- **Les Sentiers de l'Estrie :** (819) 864-6314. Site Web : www.lessentiersdelestrie.qc.ca.
- **Étendue :** 160 km.
- **Élévation maximale :** Sutton, 968 m. Orford, 855 m. Glen, 640 m. Bolton, 700 m. Brompton, 350 m. Kingsbury, 450 m. Chapman, 626 m.
- **Camping et hébergement :** Environ 10 emplacements de camping sauvage et 6 refuges. Auberges et campings à proximité.
- **Autres activités :** Raquette, ski de fond et hors-piste.
- **Saison :** Accessible toute l'année, sauf les deux semaines de chasse au gros gibier.
- **Les randonneurs doivent nécessairement être membres** des Sentiers de l'Estrie pour accéder aux pistes. L'affiliation est peu coûteuse et donne accès à l'ensemble du réseau pédestre. Tarifs (par année) : 20 $ par personne, 30 $ par famille.
- On peut se procurer un **topoguide** à jour avant de partir en expédition (coût : 40 $, incluant l'affiliation). Tous les points d'entrée y sont indiqués. Il peut également être bon de téléphoner aux responsables pour connaître l'état du sentier.
- Dans certaines sections, les **ronces** empiètent sur le tracé. Mieux vaut prévoir des vêtements longs.
- **Parc national du mont Orford :** www.sepaq.com.

FOCUS

Famille

Le comité des Sentiers de l'Estrie organise des randonnées guidées pour la population. Différents niveaux de difficultés sont offerts. Le guide de 150 pages inclus dans le topoguide suggère quelques randonnées familiales comportant des attraits particuliers susceptibles de récompenser les efforts des enfants.

Débutant

Kingsbury, Brompton et Bolton (secteurs Trousers à Bellevue) sont les zones les moins dénivelées du sentier. La randonnée pédestre y est plus accessible. L'hiver, on peut aussi y pratiquer la raquette et le ski de fond hors-piste sans rencontrer trop d'obstacles.

Expert

La zone Echo offre une traversée de 16 kilomètres. Si elle est entamée par le nord, elle demande un bon effort cardiovasculaire. Le tracé n'est pas très technique; il ne devient sinueux que sur une courte distance, à la Passe du diable. À cet endroit, on doit négocier une montée abrupte avant de se lancer enfin sur une descente.

Cantons-de-l'Est
Parc national du Mont-Orford

Les pieds à l'eau, la tête dans les nuages

Les Cantons-de-l'Est: voilà un bout d'horizon bien vert et vallonné auquel se sont attachées des générations d'amateurs de bottines à crampons, de sacs à dos et d'avirons. Véritable mine de plein air à ciel ouvert, les lacs et les monts permettent la nage, la grimpe, la marche, la glisse... somme toute l'aventure!

Voisin des monts Sutton, Bromont et Glen, et aussi cousin du mont Mégantic, lequel se trouve à un pâté de montagne plus à l'est, le mont Orford se dresse au milieu d'un parc national serti de collines boisées. Ses 58 kilomètres carrés n'en font pas un très grand parc, mais ils sont étonnamment suffisants pour rassasier les appétits avides de panoramas, de nature et d'activités « calorivores »!

Si tous les chemins mènent à Rome, tous les sentiers, eux, convergent vers le parc national du Mont-Orford. Deux importants réseaux québécois, l'un **cycliste**, l'autre **pédestre**, s'y croisent. Les Sentiers de l'Estrie permettent aux marcheurs de parcourir les coulisses des Cantons-de-l'Est sur plus de 160 kilomètres. Une section de 28 kilomètres de ces sentiers traverse le parc du nord au sud. Son tracé est généreux en dénivelés et gourmand de sommets. Les moulineurs ont, quant à eux, accès à la Route verte grâce au sentier la Montagnarde. La piste cyclable transquébécoise parcourt la région d'est en ouest et permettra prochainement de rejoindre Hull et Gaspé.

Avec les monts Orford, Alfred-DesRochers et Chauve, les pics de l'Ours et du Lynx, les **randonneurs** doivent s'attendre à fouler des sentiers plutôt escarpés. Des belvédères perchés sur les sommets offrent plusieurs panoramas qui se laissent pleinement savourer. Le sentier du mont Chauve et celui des Crêtes valent bien que l'on s'y chauffe les mollets. Le sentier des Crêtes mène à une vue de 360 degrés qu'offrent les pics du Lynx et de l'Ours. De là, le regard peut se promener d'île en île sur les lacs Fraser et Stukely, jusqu'aux vertes montagnes du Vermont. Le spectacle est encore plus saisissant à l'automne, alors que le vaste territoire couvert d'érables s'enflamme de rouges et de jaunes.

Au parc national du Mont-Orford, les **activités d'interprétation** se font en toute saison et de toutes les façons. Sur les feuilles ou sur la neige, sous le soleil ou sous les étoiles, à pied, en **canot** ou à bicyclette, les visiteurs

peuvent consulter les panneaux qui jalonnent les sentiers ou encore participer à des sorties animées. On peut écouter les chouettes, observer les rainettes ou participer à un rallye-nature avec sa progéniture...

Avec 80 kilomètres partagés en 13 sentiers, 4 refuges et des emplacements dédiés au camping d'hiver, les adeptes du **ski de fond** devraient trouver au parc national du Mont-Orford de quoi faire travailler leurs muscles et se reposer l'esprit. Même ceux qui pratiquent le pas de patin seront servis avec les 45 kilomètres de sentiers damés à leur intention. Toutes les pistes s'enfoncent profondément dans la forêt. Les tronçons se nouent les uns aux autres en proposant parfois le défi d'une montée. Un calme monastique règne sur la vallée.

Le parc national du Mont-Orford abrite également une station de **ski alpin**. Quatre versants, 52 pistes, un parc de neige pour les planchistes et beaucoup, beaucoup de sous-bois. La station s'oriente de plus en plus vers les calibres intermédiaire et expert. Les nouvelles pistes sont étroites, tordues, bossues, et la précision y est une obligation.

Encore PLUS

- **Parc national du Mont-Orford :** Tél. : (819) 843-9855. Site Web : www.sepaq.com
- **Étendue :** 58 km²
- **Élévation du mont Orford :** 855 m
- **Location :** Canots, chaloupes, kayaks, pédalos, bicyclettes, équipement de ski de fond, raquettes
- **Autres services :** Douches, dépanneur et casse-croûte
- **Camping et hébergement :** 433 emplacements aménagés, 21 rustiques, et 4 refuges
- **Auberges :** Centre de villégiature Jouvence; d'autres possibilités d'hébergement à proximité
- **Autres activités :** Baignade, escalade, vélo, raquette, golf
- **Saison :** Ouvert à l'année

FOCUS

Famille

Les familles trouveront deux plages surveillées (lacs Stukely et Fraser), des aires de jeux pour les enfants et des espaces de pique-nique à proximité. Des sorties d'interprétation pensées pour les jeunes sont aussi offertes.

Débutant

À la recherche d'une première escapade en vélo hors route ? Plus de 30 kilomètres de pistes granuleuses et sans grands obstacles s'offrent à vous. L'été et l'automne, les télésièges permettent d'accéder au sommet du mont Orford. Cette option est la meilleure quand on ne tient pas la forme. Le sentier des Crêtes y conduit aussi, mais il est difficile.

Expert

L'hiver, le mont Chauve n'est accessible qu'en raquettes. L'atteindre constitue une difficile expédition de 16 kilomètres. Peu de gens peuvent se vanter d'avoir vu l'hiver recouvrir l'Estrie de là-haut. Le sentier à gravir est raide et la neige abondante. Après avoir réservé, il est possible de camper au site le Vallonnier.

Cantons-de-l'Est

Parc national du Mont–Mégantic

Un esprit plein dans un corps tout terrain

Les parcs, peu importe leur juridiction, ont toujours un point en commun : la possibilité que l'on a d'y pratiquer une large gamme d'activités de plein air, cela souvent d'ailleurs sur des sols aux caractéristiques les plus variées. Au parc national du Mont–Mégantic, on pousse la variété un peu plus loin. En plus de pouvoir y faire toutes sortes de randonnées parmi les bouleaux, on peut, si on le désire, s'y titiller le ciboulot.

Les richesses naturelles, les singularités et les mystères sont nombreux à nicher dans les replis du mont Mégantic. Avec une composition rocheuse propre aux collines montérégiennes, mais localisée dans les Appalaches, cet imposant massif a quelque chose d'**énigmatique**. Ses crêtes aux flancs abrupts, au pied desquels s'est creusée une profonde vallée, ont souvent fait croire à un volcan endormi. Qu'en est-il au juste ? Comment se fait-il également que l'on y retrouve une telle diversité faunique et que de nombreuses espèces, tant animales que végétales, s'y soient donné rendez-vous ?

Ces intrigues et bien d'autres encore sont abordées au cours d'**activités d'interprétation** offertes par le parc. Un centre situé à la base du massif est voué à l'interprétation de la nature et de l'astronomie. Deux sentiers écologiques, de même que les sommets du mont Mégantic et du mont Saint–Joseph, sont coiffés de panneaux explicatifs. À cela s'ajoutent quantité de séances thématiques, présentées par une équipe de naturalistes-interprètes.

Les esprits avides constateront que le parc national du mont Mégantic, c'est plus que la soixantaine de kilomètres de sentiers qui s'étalent de son col jusqu'à ses pieds. Plus que le ski nordique, la raquette, le vélo, les courtes ou longues randonnées et les autres activités que l'on peut y pratiquer. Au-delà des pistes, des arbres et des panoramas, il y a un fascinant lopin d'écorce terrestre à rencontrer.

Que ce soit pour l'observation de la faune (orignaux, loups, cerfs de Virginie, renards roux, ours noirs, lynx roux et pas moins de **125 espèces d'oiseaux** étant à la portée du regard) ou pour le simple plaisir d'une promenade en forêt et sur les sommets, le parc national du Mont–Mégantic offre de belles randonnées, l'hiver comme l'été.

Avec 50 kilomètres de **sentiers** de toutes difficultés, il y a de quoi s'occuper. Plusieurs trajets se complètent en moins de deux heures, ce qui est commode pour les sorties en famille mais qui peut laisser les plus aguerris sur leur faim. D'autres sentiers gagnent les sommets. Parmi ceux-là, le sentier du ruisseau Fortier mène à la cime du mont Mégantic après 9 kilomètres de marche fort agréable dont une bonne partie est accompagnée par le chant d'un ruisseau. Au cours de la montée, on voit les feuilles céder la place aux aiguilles. Au sommet, il ne reste plus que des conifères (rabougris par le climat rigoureux), de la mousse et du vent. Beaucoup de vent et une formidable vue !

Debout sur un caillou sommital, on peut jeter un coup d'œil dans la cour de nos voisins du Sud. Les 1 105 mètres du mont Mégantic sont à trois pas de la frontière canado-américaine; une fois bien perché sur le pic, on aperçoit au loin les montagnes Blanches du New Hampshire et du Maine, le mont Washington, les monts Sainte–Cécile, Orford, Ham, Stokes, Sutton, Jay Peak... Une vue splendide s'offre aussi sur la région du lac Mégantic.

Les amateurs de **longues randonnées** trouveront 13 plates-formes de camping rustique et quatre refuges pour entrecouper leurs journées de marche. Un incontournable à mettre à l'itinéraire : le sentier des Trois Sommets et ses 15 kilomètres — longeant la couronne du massif — qui garantissent les meilleurs points de vue.

Les passionnés de neige et de liberté ont un endroit de plus à visiter. Depuis 1998, on peut pratiquer le **ski nordique**

sur les flancs du mont Mégantic ! Perché sur le versant nord, ce nouveau sentier, qui s'allonge sur 8,5 kilomètres toutefois non tracés, est réservé aux experts. Généralement étroit, il est technique à certains endroits. À trois ou quatre occasions, il vous lance des virages à négocier en descente où il vaut mieux prendre garde aux bouleaux. Ceinturant le mont Mégantic et courant généralement à plus de 900 mètres d'altitude, il offre au moins sept points de vue qui s'ouvrent tantôt sur la couronne du mont Mégantic, tantôt sur les blanches Appalaches.

Autre chose à noter, les « **momies** ». À plus de 800 mètres, les conifères deviennent si chargés de neige qu'on ne voit plus que des géants tout blancs. Un paysage qui a de quoi ravir et étonner. Par la suite, on peut compléter l'approche par les sentiers tracés. Et pourquoi ne pas passer une nuit en refuge ? Ainsi, tôt le lendemain, on aura accès aux pistes.

Les amateurs de **raquette** ne sont pas négligés avec 28 kilomètres de sentiers pour tous les niveaux et... deux confortables refuges aménagés exclusivement pour eux, au sommet des monts Mégantic et Saint-Joseph. Paysage époustouflant garanti !

- **Parc national du Mont-Mégantic :** Site Web : www.sepaq.com; tél. : (819) 888-2941
- **Étendue :** 55 km².
- **Dénivelé du mont Mégantic :** 1 105 m.
- **Sentiers pédestres :** 50 km (30 % de niveau facile, 45 % de niveau intermédiaire, 25 % de niveau difficile).
- **Sentiers de ski de fond :** 8,5 km nordiques (c.-à-d. non tracés), 28 km de sentiers tracés (de niveaux facile à très difficile).
- **Sentiers de vélo :** 28 km (de niveaux facile à intermédiaire).
- **Sentiers de raquette :** 28 km (de niveaux facile à difficile).
- **Location :** Raquettes, skis de fond.
- **Autres services :** Douches, casse-croûte, fartage de skis et produits de fartage, transport d'équipement.
- **Camping et hébergement :** 13 emplacements de camping rustique, 6 refuges. Possibilité de camping d'hiver.
- **Autres activités :** Observation des étoiles à l'ASTROLab, randonnées pédestres nocturnes.
- **Saison :** Ouverture à l'année.

Famille

Les naturalistes accompagnent le visiteur à la découverte de la faune.

Expert

Il faut attacher ses souliers avec de la broche car le réseau de sentiers du parc national du Mont-Mégantic est maintenant relié au corridor international de marche des sentiers Frontaliers. Ce couloir de 90 km permet d'accéder aux montagnes frontalières telles que la montagne de Marbre (900 m), le mont Saddle (967 m) et le mont Gosford (1 189 m). Dans un avenir prochain, il rejoindra le Sentier International des Appalaches, un sentier de plus de 3 485 km qui se termine à Sprigner Mountain, en Géorgie. Plus de six mois de marche et 13 États américains séparent ici de là-bas. Le sentier des Cohos (Cohos Trail – 241 km) du New Hampshire, qui mène au mont Isolation (un endroit qui mérite vraiment ce nom), sera alors accessible lui aussi.

Cantons-de-l'Est

Parc d'environnement naturel de Sutton

D'un mont à l'autre

La région des Cantons-de-l'Est est fabuleusement tapissée de collines, de monts et de pignons. Parmi les gratte-ciel, un géant à la tête usée par le temps : le massif des monts Sutton. On y randonne, on y fredonne. Ce très feuillu complexe montagneux est ficelé de la tête au pied par des kilomètres de sentiers.

À quoi bon s'échiner pendant des heures sur les sentiers si, en bout de ligne, on a l'impression de n'avoir rien vu lorsque l'on rentre à la maison ? Les layons du Parc d'environnement naturel de Sutton, eux, en mettent plein les prunelles toute l'année, et pas seulement en automne ! Les ruisseaux sont nombreux, les points de vue, spectaculaires, et la faune, variée et peu timide.

Du haut de ses **968 mètres**, Sutton tient comme des cordeaux ses 77 **kilomètres** de sentiers de randonnée en montagne, auxquels s'accrochent plusieurs plates-formes et belvédères. Si le paysage n'y était pas si beau, peut-être aurait-on pu reprendre son souffle plutôt que de se le voir coupé ! À perte de vue, d'énormes replis montagneux se succèdent. On croirait voir une mer d'arbres et de rochers, mer figée dans ses élans.

Parsemés de cailloux et de racines, le tout sur une trame passablement inclinée, les **sentiers de randonnée** qui mènent aux sommets de Sutton sont généralement difficiles. Avec son dénivelé de 535 mètres, le *Round Top* est particulièrement exigeant. Par contre, une fois qu'on est au

sommet, il suffit de lever un doigt pour toucher le ciel. On y est entouré d'irréductibles conifères maltraités par l'altitude. Devant s'allongent le mont Pinacle et les chaînes de montagnes américaines. Et, tout en bas, coule la rivière Missisquoi, sur laquelle flottent parfois quelques kayakistes.

Deux sites de camping rustique sont juchés sur la montagne, en bordure des sentiers. On peut les atteindre en empruntant le dernier tronçon du réseau des sentiers de l'Estrie, dont 20 kilomètres traversent le parc avant de rejoindre la *Long Trail*, aux États-Unis. Ces endroits bien perchés (le Nombril et la Falaise) promettent des couchers de soleil imprenables et un ciel nocturne chargé d'étoiles. Deux lacs en altitude (lac Mohawk et lac Spruce) sont également accessibles par les sentiers, tout comme un « trou d'eau » (le *Mud Pound*) complètement enclavé dans les rochers et qui fait penser à une énorme marmite.

Les sentiers du Parc d'environnement naturel de Sutton et le domaine de la station de montagne Au Diable Vert sont propices à l'apprentissage et à l'**observation de la nature** – ornithologie, mycologie, sentiers d'interprétation. Il est aussi possible d'y apercevoir certaines des hordes de cerfs de Virginie les plus populeuses au Québec.

Le massif des Monts Sutton est situé au cœur d'une zone d'enneigement privilégiée : « la ceinture des Appalaches ». Plus de trois mètres de flocons s'y accumulent chaque **hiver** ! Le couvert de neige dont bénéficie le mont Sutton n'est cependant pas l'unique élément qui attire skieurs et planchistes sur ses flancs. Le très enchevêtré réseau de 53 pistes qu'on y trouve est constitué à près de **40 % de sous-bois**. Parmi ces pentes où les arbres et les skieurs se côtoient, une section est dédiée au **ski « à l'ancienne »**. Dans ce secteur, les arbres sont plus resserrés et aucun travail d'entretien n'est effectué. Pas de remontées mécaniques; les amateurs empruntent un sentier d'un

Encore PLUS

- **Parc d'environnement naturel de Sutton :** Tél. : (450) 538-4085 ou 1 800 565-8455 (bureau d'information touristique).
- **Station de montagne Au Diable Vert :** Tél. : (450) 538-5639 ou 1 800 779-9090. Site Web : www.audiablevert.qc.ca.
- **Ski de fond Sutton-en-haut :** Tél. : (450) 538-2271.
- **Station de montagne Sutton :** Tél. : (450) 538-2339. Site Web : www.mt-sutton.com.
- **Tourisme Cantons-de-l'Est :** Site Web : www.tourisme-cantons.qc.ca.
- **Élévation du massif des monts Sutton :** 968 m.
- **Sentiers pédestres** (Parc d'environnement naturel de Sutton) : 77 km (de niveau facile à difficile).
- **Voies cyclables :** 86 km (de niveau facile à intermédiaire).
- **Sentiers de ski de fond** (Sutton-en-haut) : 40 km de sentiers tracés (de niveau facile à très difficile).
- **Sentiers de raquette :** 50 km au Parc d'environnement naturel de Sutton (de niveau facile à difficile) et 15 km au Diable Vert (de niveau facile à difficile).
- **Autres activités :** Canot, kayak, ski hors-piste.
- **Location :** Vélos, canots, kayaks, pédalos, raquettes, skis de fond, skis alpins, planches à neige.
- **Autres services :** Dépanneur, restaurants, casse-croûte.
- **Camping et hébergement :** Parc d'environnement naturel de Sutton : Deux aires de camping rustique et un refuge de 20 places situé au sommet de l'altitude 840 (seulement en été et avec réservation). Au Diable Vert : Auberge de montagne, 2 refuges et 25 sites de camping rustique.
- **Saison :** Ouvert à l'année.
- **Droits d'accès :** 4 $ par adulte et 2 $ par enfant.
- **Les chiens en laisse** sont admis dans les sentiers.
- **La carte des sentiers** est disponible à la guérite, au bureau d'information touristique de Sutton ainsi que dans les boutiques de plein air.
- L'accès aux pistes de ski alpin et de ski de fond est interdit aux **raquetteurs** et aux **randonneurs** durant la saison de ski.

kilomètre pour regagner à pied le sommet. Une expérience de ski pur et sauvage telle qu'elle était vécue à ses tout débuts, et telle qu'elle se vit encore par les adeptes de ski hors-piste.

Dans ces paysages chargés de neige, la **raquette** est aussi très appropriée à la découverte. Aux 50 kilomètres de sentiers offerts dans le parc s'ajoute le réseau de la station de montagne Au Diable Vert, située à 300 mètres d'altitude, sur le versant sud. Sur ses 200 acres, plusieurs boucles sont proposées. Le sentier du Squatter est idéal pour démarrer la journée. Au coeur d'un boisé, on croise des ruisseaux semi-glacés ponctués de petits ponts en bois. Avec un peu de chance, un animal sera aussi au rendez-vous... Le *lunch* et la pause du midi peuvent se prendre à même une grosse roche en bordure du sentier ou encore sur l'une des tables de pique-nique que la neige n'aura pas totalement enfouies. L'après-midi, on enchaîne par le sentier du Coureur des bois. Plus difficile, il grimpe la montagne et est assez escarpé. Au programme : chutes de glace, caps rocheux et un panorama bien ouvert sur la vallée.

FOCUS

Famille

En randonnée pédestre, le sentier le Dos de l'orignal est tout à fait adapté pour une sortie familiale ou une mise en jambes. Sans grandes difficultés, il offre 6 km que l'on peut parcourir d'un pas tranquille. On trouve aussi au Parc d'environnement naturel de Sutton des sentiers d'interprétation qui font environ 1 km. En hiver, deux patinoires situées dans le village sont à la disposition des petits et des grands.

Débutant

La rivière Missisquoi, qui coule au bas des monts Sutton, a un cours tranquille. Elle est idéale pour une initiation au canot ou au kayak. Pour faire corps avec la saison froide et vivre une première expérience de camping d'hiver en toute sécurité, direction Au Diable Vert : cette station de montagne possède des aires de campement à flanc de montagne. Celles-ci sont situées à quelques centaines de mètres du chalet principal.

Expert

Il faut bien connaître les sentiers du Parc d'environnement naturel de Sutton, être muni d'une carte et d'une boussole et être un expert de la raquette de montagne pour s'attaquer aux sommets enneigés de Sutton. L'ascension, déjà raide en été, devient carrément difficile en hiver.

En partant du stationnement de la station de ski situé à l'extrémité du chemin Schweizer, il faut prendre le sentier du lac Mohawk (4 km). On passe ainsi du versant nord au versant sud et on aboutit près du chalet du Diable Vert. En raquettes, l'aller-retour prend approximativement trois heures. Le sentier le Dos de l'orignal (6 km) offre, quant à lui, quatre points de vue à partir des crêtes et permet de découvrir des paysages magnifiques que peu de gens peuvent se targuer d'avoir vus. Le départ se fait à partir du stationnement situé à l'extrémité du chemin Réal, à l'altitude 520. En hiver, il faut prévoir environ deux heures pour l'ascension du Round Top. Pour experts seulement.

Cantons-de-l'Est

Parc national de la Yamaska

Intimiste et familial

Plutôt intimiste avec ses 13 km² de bois, de prairies et d'étendues d'eau, le parc national de la Yamaska offre une escapade nature faite sur mesure pour les familles. Ici, le temps s'arrête. Que ce soit pour une journée ou pour une fin de semaine, ce parc — situé à une heure de Montréal — représente un lieu très propice à la détente.

Centrées autour du réservoir Choinière, les activités sont variées. Si le vélo et le ski ont la vedette, la saison chaude rend aussi très populaires le **canot**, le **rabaska** et le **kayak de mer**. Sur ce lac assez vaste, une multitude de parcours permet de naviguer dans des paysages vallonnés d'où se détache la chaîne des Appalaches. Et quand le vent est de la partie, les amateurs de planche et de dériveur peuvent s'amuser à tirer des bords.

Les **cyclistes**, dès leurs premiers coups de pédales, arriveront au cœur de la forêt. Une vingtaine de kilomètres de pistes encercle le réservoir et offre une escapade rafraîchissante. Pour ceux qui veulent prolonger le parcours, la piste est aussi reliée à un vaste réseau cyclable qui rejoint Montréal. On peut ainsi faire travailler ses mollets pendant près de 170 kilomètres.

Pour les **marcheurs**, pas de gros défis : le réseau est le même que celui des cyclistes. Il est toutefois possible de s'aventurer dans les chemins non aménagés. C'est là qu'on a les meilleures chances de découvrir quelques unes des 500 espèces végétales et 200 espèces d'oiseaux qui peuplent les boisés. Et pourquoi pas, de croiser un cerfs de Virginie...

En **hiver**, l'ensemble du réseau s'étire et offre **28 kilomètres de randonnée à skis** au cœur de la forêt. La **raquette** et la **randonnée sur neige damée** sont aussi au programme sur quelques kilomètres.

FOCUS

Famille et débutants

On peut organiser ses circuits – courts ou longs, en vélo ou à pied – en fonction des enfants. Le faible dénivelé du terrain et les eaux calmes du réservoir font du parc un lieu idéal pour s'initier à toutes les activités qu'il propose.

Experts

Les cyclistes peuvent étirer leur randonnée comme ils le souhaitent, même sur plusieurs jours, le parc étant relié à la Route verte qui offre près de 170 km de pistes en Montérégie et en Estrie.

Encore PLUS

- **Parc national de la Yamaska :** www.sepaq.com ou (450) 776-7182
- **Altitude maximale :** 206 m
- **Vélo :** 19 km de pistes de niveau facile.
- **Randonnée pédestre :** possibilité d'emprunter les pistes cyclables ou de profiter d'un réseau de sentiers non aménagés, de niveau facile.
- **Ski de randonnée :** 28 km de pistesde niveau intermédiaire.
- **Raquette :** 7 km de sentiers de niveau facile.
- **Randonnée pédestre sur neige :** 4 km de sentier de niveau facile.
- **Location :** de canots, de kayaks, de vélos et de raquettes.
- **Activités d'interprétation.**
- **Camping** ouvert de la fin de juin à la fin d'octobre.
- **Trois relais** ouverts en hiver.

Laurentides
Parc national du Mont-Tremblant

Toutes saisons, toutes passions

Le parc national du Mont-Tremblant s'offre comme un îlot sport-nature-aventure complet, que l'on soit en vélo, en canot, en skis, en kayak ou à pied, sac au dos.

S'étendant entre les Laurentides et Lanaudière, il est l'aîné et le plus vaste des 22 parcs nationaux du réseau Parcs Québec. Ses 1510 kilomètres carrés couvrent un relief ondulant où se succèdent des sommets élevés, des gorges enclavant de tumultueux rapides ainsi que des vallées larges et tranquilles.

Baigné par 6 rivières et plus de 400 lacs et étangs, et tissé de plus de **160 kilomètres de sentiers**, le tout dans un environnement magnifique et bardé d'un millier d'emplacements de campement, le parc national du Mont-Tremblant a sans contredit été développé pour le plaisir des adeptes de la longue randonnée.

Des bottes et un sac à dos, un bâton et un proche, voilà le nécessaire pour filer par-delà les sentiers! Ceux que l'on trouve au parc national du Mont-Tremblant ont ceci d'intéressant : ils s'enchâssent les uns dans les autres et sont entrecoupés de nombreux refuges; génial pour apprivoiser la longue randonnée. Une fois raboutées, ces portions de sentiers faisant chacune entre 10 et 20 kilomètres permettent de traverser le parc d'est en ouest.

L'entretien des pistes est bien dosé. Juste ce qu'il faut pour marcher avec entrain sans pour autant rappeler les trottoirs urbains. Et le paysage? C'est une forêt épanouie, peuplée d'érables, de bouleaux jaunes et de conifères, qui entoure les marcheurs tout au long de leur périple. Les sentiers glissent le long des lacs et chevauchent les pinacles; ils offrent souvent des dénivelés de 100 à 400 mètres d'une piste à l'autre. L'effort est cependant récompensé par de nombreux et superbes points de vue.

Le sentier du Centenaire est particulièrement éloquent à cet effet. Il fait partie du Sentier national du Québec, au même titre que le sentier du Toit-des-Laurentides, et il propose une **superbe randonnée** de 9 kilomètres sur un dénivelé de 400 mètres (le retour – environ 3 kilomètres – se fait par la route 1). Ce parcours, qui emprunte la crête de La Vache Noire, croise une suite de neuf points de vue donnant sur les collines environnantes et d'où on peut plonger le regard sur les courbes de la rivière du Diable et sur les forêts de la Boulé.

Rien n'oblige cependant à marcher pendant une semaine. On peut se tricoter sur mesure une expédition d'une journée ou encore de quelques heures à peine, selon sa volonté. Le parc compte 80 kilomètres de sentiers aménagés pour la pratique de **courtes randonnées**. Certains mènent à des sites panoramiques spectaculaires : les sentiers de la Roche et de la Corniche, ceux de L'Envol et de la Chute-aux-Rats de même que celui du Lac-de-L'Assomption.

L'eau est omniprésente sur le territoire du parc national du Mont-Tremblant. Elle s'étend calmement – sauf entre le lac Laplante et les chutes Croches (où le canotage est interdit) – en lacs intimes entre les montagnes, et sert ainsi tant les

canoteurs que les kayakistes. On trouve sur les rivières du Diable et L'Assomption des rapides de niveaux I à IV. Des sentiers ont été aménagés en bordure pour pouvoir les passer à pied. Environ deux jours sont nécessaires pour effectuer le parcours de ces rivières aux cent visages.

Côté **vélo**, on a accès à 59 kilomètres de sentiers destinés à la famille – et non aux adeptes du vélo de montagne. À la base de la montagne, une piste multifonctionnelle nommée Villageoise s'allonge sur 11,4 kilomètres en suivant la rivière du Diable. Tranquille, malgré certains passages sinueux et pentus, elle permet aux marcheurs et aux cyclistes de gagner le parc linéaire du P'tit-Train-du-Nord. Ce tapis de gravier pourra conduire le visiteur vers le sud jusqu'à Saint-Jérôme ou vers le nord jusqu'à Mont-Laurier.

Les parcours dédiés à la **raquette** ne sont ni très longs ni très nombreux, mais les paysages hivernaux y sont toujours aussi magiques. Dans le secteur de la Diable, on peut pratiquer la raquette sur les rives du lac des Femmes et du lac Monroe. Il est également possible d'emprunter les sentiers de la Roche et de la Corniche, et ainsi évoluer à flanc de montagne en direction des belvédères. Ces deux sentiers sont reliés par le sentier de la Coulée, ce qui permet d'effectuer une boucle de 8 kilomètres. Du côté de la Pimbina, on a accès à une aire de raquette de cinq kilomètres. On peut refaire le plein à mi-chemin en se réchauffant près du poêle à bois du Geai-Bleu, un refuge où il fait bon s'arrêter pour casser la croûte.

FOCUS

Famille

L'ensemble des sorties à vélo, à pied et à skis est accessible aux familles. Une agréable sortie à vélo avec les petits : le sentier qui relie le camping de la Ménagerie aux chutes Croches (environ deux heures), dans le secteur de la Diable.

Débutant

Les difficultés se posent surtout en longue randonnée et dans les rapides des rivières du Diable et L'Assomption. Toutefois, la présence de refuges accueillants facilite une première expédition et la variété du profil de ces rivières en fait de bonnes écoles d'eau vive. De plus, les refuges situés en bordure des sentiers de courte randonnée sont facilement accessibles, aux débutants comme aux familles. La Renardière, par exemple, est à seulement 3,2 km d'un stationnement.

Expert

Les expéditions de longue durée en ski de fond promettent un bon challenge. En effet, tracer sa propre piste sur des dizaines de kilomètres, dans une neige profonde et sur un parcours comportant des dénivelés appréciables, n'est pas une sinécure !

Le **ski nordique** dans le parc national du Mont-Tremblant se pratique sur des sentiers ni damés, ni tracés, ni patrouillés. L'aventure à l'état pur sur 111 kilomètres de neige lisse et duveteuse ! Les fondeurs sur pistes trouveront des tracés aux accueils de la Diable et de la Pimbina (54 et 33 kilomètres respectivement). Tous auront beaucoup de plaisir à goûter le charme et les décors qu'offre l'hiver laurentien !

Pour ceux qui aiment faire corps à corps avec la froide saison, 25 emplacements dans le secteur de la Diable sont prévus pour le camping d'hiver.

Sous le soleil, sous les feuillages ou sous la neige, il y a toujours une expédition, une randonnée ou une évasion à réaliser à Tremblant.

Encore PLUS

- **Parc national du Mont-Tremblant :** 1 877 688-2289 ou (819) 688-2281. Site Web : www.sepaq.com
- **Étendue :** 1510 km^2.
- **Dénivelé** du mont Tremblant : 915 m.
- **Sentiers pédestres :** 160 km (de niveau facile à difficile).
- **Sentiers pédestres sur neige :** 2,5 km.
- **Sentiers de ski de fond :** 111 km en ski nordique, 87 sur sentiers tracés (de niveau facile à difficile).
- **Sentiers de vélo :** 59 km (de niveau facile à intermédiaire).
- **Sentiers de raquette :** 16 km (de niveau facile à difficile).
- **Location :** Vélos, canots, kayaks, pédalos, raquettes, skis de fond.
- **Autres services :** Dépanneur, casse-croûte, boutique.
- **Camping et hébergement :** 1068 emplacements de camping (la moitié aménagée sans service et l'autre de type rustique), 238 sites de canot-camping, 11 refuges, 11 chalets (dont deux ouverts toute l'année).
- **Autres activités :** « Sentiers de nature » (4 sentiers, 9 km), escalade de glace (30 à 100 m), baignade (une dizaine de plages, dont 2 surveillées).
- **Saison :** Ouvert à l'année.

Extra !

Le massif du mont Tremblant est situé à l'intérieur du parc, mais offre une tout autre atmosphère et est géré distinctement. On peut y pratiquer le vélo de montagne sur les sentiers au pied de la montagne, la randonnée, le patin à roues alignées, le patin à glace, le ski alpin, le télémark et la planche à neige. Au pied des pentes de la station, on trouve 100 kilomètres de sentiers de ski de fond entretenus mécaniquement, dont 55 sont tracés en double et 25 permettent le pas de patin.

Laurentides
Val-David

Patelin à tout faire !

Les grimpeurs diront que ce petit village des Laurentides est leur royaume; les skieurs de fond et les pagayeurs aussi. Si l'amateur de paysages d'automne, le cycliste et le randonneur en rajoutent, à qui peut-on alors se fier ?

Val-David, à 45 minutes de Montréal, c'est le patelin à tout faire. Quel que soit son élément de prédilection et quelle que soit la saison, les familles comme les plus dépendants à l'adrénaline peuvent venir se rincer l'œil dans un paysage des plus généreux. L'été des grimpeurs viennent s'initier à de nouvelles parois, tandis d'autres, plus aguerris, tente à nouveau de conquérir, sous l'œil impressionné des randonneurs partis à la chasse aux panoramas, cette satanée voie qui leur cause tant de maux de tête. En bas, les cyclistes et les canoteurs se rejoignent à la baignade. L'hiver, le matériel change mais les attraits restent les mêmes. Les planches remplacent les roues sur le sentier du parc linéaire; les collines s'atteignent en raquette ou en télémark.

La popularité de Val-David n'est pas nouvelle. Déjà, dans les années 1950, le mont Plante était la station de ski la plus populaire des Laurentides. Par train, des milliers de Montréalais y débarquaient chaque fin de semaine. C'est aussi à Val-David, à partir des années 1940, que le développement de l'escalade a eu lieu au Québec. De nombreux sentiers de ski de fond actuellement en service, dont le fameux Maple Leaf, qui joint Shawbridge à Sainte-Agathe, ont été ouverts par Herman Smith Johannsen, le célèbre Jack Rabbit. Aujourd'hui, le village prouve qu'il tient plus que jamais à sa couleur plein air en venant tout juste de regrouper les monts Condor, King et Césaire en un seul **parc régional**, celui de Dufresne / Val-David / Val-Morin.

Le plein air dans tous les sens

Avec plus de 550 voies répertoriées et cotées, **l'escalade** est certainement l'activité vedette à Val-David. Les parois, qui atteignent parfois 80 mètres de hauteur, se répartissent sur 6 massifs principaux : mont Condor, la Bleue, les Fesses, mont King, mont Césaire et Dame de cœur. Des multiples voies d'initiation jusqu'au mythique et ardu toit de Ben, le choix est vaste et permet au site de se présenter comme le plus important de l'Est canadien. Toutes les voies se situent à proximité du village et sont accessibles par des sentiers d'approche aménagés et balisés. Les amateurs de glace devront par contre faire le deuil de la tour construite au centre même du village : elle vient d'être détruite pour des raisons d'assurance…

Les grimpeurs ne sont pas les seuls chanceux à atteindre les nombreux points de vue. Des **sentiers** sinueux aménagés pour la marche et le ski de fond mènent au sommet des collines en passant près des parois. Les familles apprécieront notamment l'aiguille du mont Condor, qui offre une superbe vue sur le village. Ces mêmes panoramas sont accessibles en **raquettes** ou en **skis de fond,** activités qui l'hiver prennent la vedette l'hiver. Encore là, tous les profils y trouvent leur compte, puisque le domaine skiable offre autant de parcours aux débutants qu'aux pratiquants intermédiaires et aux experts. On compte 35 kilomètres de sentiers à Val-David seulement, bien que grâce à une entente avec le centre de ski voisin le FarHills, il est possible de boucler près de 73 kilomètres de ski de fond. Le circuit de 28 kilomètres qui mène à Piedmont – accessible **par le parc linéaire qui traverse le village** – est aussi l'un des plus grands classiques des Laurentides.

Val-David en offre aussi beaucoup aux **cyclistes** et aux **pagayeurs**. On ne parle pas ici des nombreuses rivières pentues qui font le bonheur des kayakistes au printemps, mais d'une section de 7,5 kilomètres tout en douceur où la rivière du Nord relie le village au lac Raymond (à Val-Morin). Il existe même un forfait permettant d'enfourcher les vélos dès la descente du canot, et rejoindre ainsi Val-David par le parc linéaire.

- **Bureau d'information touristique de Val-David :** 2501, rue de l'Église. Tél. : 1 888 322-7030, (poste 235). Site Web : www.valdavid.com.

Outaouais
Parc de la Gatineau

Multiplaisirs

On fait presque tout dans le parc de la Gatineau. Ce territoire vallonné de 363 kilomètres carrés compte assez de lacs et de sentiers pour qu'on puisse s'y occuper pendant des semaines. Endroit de choix pour la randonnée, le vélo de montagne, mais aussi pour la spéléologie et la raquette, ce parc est avant tout reconnu pour ses pistes de ski de fond et les sports hors sentier que l'on peut y pratiquer.

Le parc, c'est 200 kilomètres de sentiers tracés et entretenus pour le **ski de fond**, ce qui en fait l'un des plus importants centres en Amérique. Forêts, promontoires, pistes ondulées ou plates, montées et descentes, tous les skieurs y trouvent leur compte.

La variété des points de départ permet de composer un menu adapté aux goûts et à la condition physique de chacun, au temps qu'il fait et, si l'on peut dire, à l'humeur du moment. Que l'on désire faire plus ou moins de route pour s'y rendre, skier sur le plat ou dans les côtes, se balader en solitaire ou sentir l'ambiance de la foule, tout est possible.

Au départ de Kingsmere, une montée fastidieuse mène sur la piste 1. Certains, tout en sueur, regretteront peut-être d'être venus là. Mais une fois là-haut, on a accès au cœur du réseau, dont la piste 1 est en quelque sorte la colonne vertébrale. De là partent et arrivent une multitude de sentiers très diversifiés. Près du relais Huron, un embranchement mène au sentier 3. Vallonné, étroit, celui-ci est intime et très rythmé. De légères montées et des descentes se suivent inlassablement sur près de 20 kilomètres. Le retour peut se faire par la promenade Fortune, laquelle longe un marais endormi.

Le réseau de ski de fond du parc de la Gatineau en est un de destination. Chaque sentier dirige le skieur vers quelque chose de spécial : un ruisseau, un bout de forêt particulier ou encore une construction telle l'ancienne tour à feu. En empruntant les sentiers 5 puis 7 depuis le stationnement 1, on arrive à un très beau point de vue sur le lac Pink, la ville d'Ottawa et ses édifices parlementaires.

Le parc de la Gatineau comprend au-delà de 100 kilomètres de pistes aménagées pour le **ski de patin**. Durant la saison hivernale, les principales routes du parc sont fermées à la circulation automobile, ce qui permet d'y damer des pistes de cinq mètres de large. Ces autoroutes de neige donnent aux débutants en ski de patin tout l'espace nécessaire pour

trouver leur équilibre sans être dérangés par les skieurs plus expérimentés.

Ceux qui trouvent que ce n'est pas suffisant et qui ne sont pas intimidés par le froid peuvent planter tente et raquettes (ou skis) près du lac Philippe. L'endroit offre un contact privilégié avec une nature enfouie dans un silence de neige. Cinq sites où se trouvent bois, toilettes sèches et abris ouverts attendent les intrépides. Plusieurs pistes marquées mais non entretenues mécaniquement sont accessibles de cet endroit. Ceux pour qui la chaleur est un confort minimum opteront plutôt pour l'un ou l'autre des six refuges. Le réseau comprend également huit relais de jour où les skieurs peuvent manger et se réchauffer devant un poêle à bois.

La raquette et le ski hors des sentiers tracés offrent eux aussi de belles possibilités. Surtout situés dans le secteur nord, près du lac Philippe, les 32 kilomètres de sentiers de raquette comptent sur leur parcours quelques haltes où attendent des bancs et même un feu. De plus, il est permis aux batteurs de neige de circuler librement hors des sentiers (avec cartes et boussoles !). Quant au ski, on le pratique sur de longs et étroits cordons de neige non travaillés totalisant 50 kilomètres.

Le parc n'est pas plus ennuyeux l'été. **La randonnée pédestre** peut être pratiquée sur plus de 125 kilomètres; 90 de ceux-ci sont partagés par les randonneurs et les cyclistes, les 35 autres sont réservés aux marcheurs. La majorité des sentiers pédestres peuvent être parcourus en une journée. Celui de la chute de Luskville par exemple (5 kilomètres) grimpe jusqu'au sommet de l'escarpement Eardley, cette imposante paroi qui fait 30 kilomètres de long. La chute, impressionnante surtout au printemps, se trouve à la base. Les premiers mètres de l'ascension sont difficiles, mais arrivé au sommet on obtient une superbe vue: à l'ouest, sur la vallée de l'Outaouais; à l'est, sur le parc, ses lacs et le roulis de ses collines, et ce, jusqu'à la rivière Gatineau. Ce sentier et ceux de Champlain (1,3 kilomètre), du mont King (2 kilomètres, très abrupt), des Caryers (0,8 kilomètre), du lac Pink (2,5 kilomètres), du lac des Fées (1,5 kilomètre) et des Pionniers comportent tous des panneaux d'interprétation.

Les pistes du parc de la Gatineau sont reliées au réseau transcanadien. Pour l'instant, les marcheurs qui parcourent le parc peuvent rejoindre une partie du tronçon ontarien, le Rideau Trail, lequel aboutit à Kingston, 300 kilomètres plus loin.

En empruntant les sentiers 50 puis 54 depuis la plage Smith, au lac Philippe, non seulement on fait une balade où l'on profite d'une nature tranquille, mais aussi on peut atteindre la **caverne Lusk**. Creusée dans le marbre, cette caverne, âgée de plus de 12 500 ans, renferme 400 mètres de galeries. La partie nord est suffisamment vaste pour demeurer debout. Elle a même quelques puits de lumière qui créent des effets surprenants sur la paroi de marbre blanc. Pour explorer l'autre section, il faudra avoir avec soi des vêtements de rechange et une lampe (frontale de préférence). Le plafond est bas, et le niveau d'eau assez élevé par endroits. C'est un monde unique, de silence et d'écho, où l'on passe de longues minutes bien loin du quotidien.

À la portée de la majorité des pédaliers, les sentiers de **vélo de montagne** du parc de la Gatineau sont roulants et assez rapides. On y trouve beaucoup de montées et de descentes, si bien que par moments on se croirait sur des montagnes russes. Les parcours sont sans excès, et somme toute pas trop techniques. Quelques cailloux, quelques bonnes pentes, quelques racines et quelques trappes de boue, c'est tout. D'ailleurs, ceux qui aiment la boue peuvent prendre le départ à Wakefield par la piste 52, puis prendre la 50 et la 36 (arrivée au lac Meech). C'est un parcours enlevant qui offre de beaux points de vue et de quoi s'éclabousser les mollets à souhait ! Les sentiers qui parcourent les environs du lac Pink sont aussi à ne pas manquer.

Famille

Canot sur la rivière Valin. Courtes randonnées à pied (1,5 à 6 kilomètres) qui donnent accès à de superbes points de vue.

Expert

Un paradis pour les adeptes de longue randonnée en skis nordiques ou en raquettes.

Parapente sur le pic du Grand Corbeau (pratiquants autonomes seulement).

- **Parc de la Gatineau :**
  Site Web : www.capitaleducanada.gc.ca/gatineau
  Courriel : gpvisito@ncc-ccn.ca
  Tél. : (819) 827-2020 ou 1 800 465-1867
- **Étendue :** 363 km^2.
- **Élévation du mont King :** 396 m.
- **Location :** Canots, chaloupes, pédalos, vélos, raquettes.
- **Autres services :** Douches (au camping), dépanneur et casse-croûte (au camping), salle de fartage.
- **Camping et hébergement :** 280 emplacements aménagés, 69 rustiques, 6 refuges (hiver), autres possibilités d'hébergement à proximité.
- **Autres activités :** Randonnée, baignade, canot, kayak, vélo de route, patin à roues alignées, raquette, ski alpin, planche à neige.
- **Saison :** Ouvert à l'année.

Abitibi
Parc national d'Aiguebelle

Pour le corps et l'esprit

Abitibi en langue amérindienne signifie « le lieu où les eaux se séparent ». C'est exactement sur cette ligne de partage des eaux que se situe le parc national d'Aiguebelle. Connu pour ses phénomènes géomorphologiques parfois impressionnants, il attire aussi les visiteurs grâce à ses splendides points de vue accessibles en peu de temps. À l'intérieur de ses 270 kilomètres carrés de nature, les promeneurs peuvent aussi bien apprécier la tranquillité des sentiers que le cachet des constructions de bois rond superbement intégrées au décor naturel. Observer l'orignal, pagayer le long des falaises sur un lac « de faille », pratiquer le ski de fond, se mettre dans la peau des garde-feux d'antan ou même faire du kayak de mer entre les îles; familles et sportifs ont de quoi s'en mettre plein les yeux.

On vient d'abord au parc pour la beauté de ses paysages. En été, de nombreuses activités de plein air se déroulent autour des deux surprenants lacs de faille aux parois escarpées et aux eaux profondes. On peut en faire le tour à pied ou choisir de les découvrir en **canot**. Les randonneurs apprécient aussi la variété du relief. Les sentiers en boucles, où alternent montées et descentes, suivent des corridors étroits et empruntent parfois de surprenants chemins, faits de ponts, d'escaliers, de quais flottants. Certaines parties du parc ne se découvrent aussi qu'en kayak-camping, en deux jours ou plus.

L'hiver, le parc national d'Aiguebelle s'enorgueillit d'une neige abondante et impeccablement préparée pour **le ski classique.** Le parc peut alors être parcouru en courte ou en longue randonnée grâce aux nombreux camps rustiques accessibles également en **raquettes**.

Que la **géologie** passionne le randonneur ou le laisse froid comme la glace, une balade dans le parc national d'Aiguebelle lui en apprendra peut-être plus sur ce domaine que toutes ses années d'école. Pas besoin de microscope ou de longue-vue pour s'étonner des manifestations de la terre jalonnant le parc. Les plus impressionnantes sont le lac La Haie et le lac Sault. D'une quarantaine de mètres de profondeur, surplombés de parois d'une vingtaine de mètres, ces lacs sont nés d'une faiblesse de la croûte terrestre. Anecdote surprenante, ils sont situés de chaque côté de la ligne de partage et contiennent chacun une famille de truites grises qui ont évolué sans aucun contact depuis 8 000 ans.

Le sol basaltique du parc compte des roches parmi les plus vieilles de la terre : 2,7 milliards d'années sous les bottes ! Plus récemment, il y a 10 000 ans, l'eau tournoyante de la fonte des glaciers a créé ici de spectaculaires marmites, grandes vasques dont la plus imposante mesure 4,5 mètres de circonférence. Parmi les nombreux autres phénomènes, on reste surpris par les blocs erratiques poussés par les glaciers et perchés en haut des falaises.

Sentiers à prétextes

L'été, le parc est surtout apprécié pour ses courtes **randonnées** axées sur de multiples thèmes d'interprétation. Le sentier de la Traverse est certainement le plus célèbre. D'une longueur de 3 kilomètres, il met le randonneur pendant quelques instants dans la peau d'Indiana Jones en traversant une passerelle accrochée à 22 mètres de hauteur. De là-haut, la vue sur le lac est superbe. Puis le sentier longe la rive en traversant une multitude de petits ruisseaux avant d'atteindre un belvédère, où les naturalistes du parc proposent des activités d'interprétation sur le castor et l'orignal, dont on trouve ici une très grande concentration.

Encore plus court (1,6 kilomètre), le sentier des Paysages offre de superbes points de vue sur la plaine argileuse. On y emprunte aussi de remarquables ouvrages artificiels : un escalier hélicoïdal permet d'abord de descendre au fond de la gorge. Le sentier traverse ensuite un pont japonais pour aboutir sur un quai flottant sur le lac de faille. Le sentier des Marmites (1,8 kilomètre) est, quant à lui, axé sur l'interprétation géomorphologique de la glaciation et permet d'accéder à la marmite géante décrite précédemment. Tracé dans un autre esprit, le sentier des Garde-Feux (2 kilomètres) mène à une tour de 10 mètres de hauteur, reproduction d'une tour de garde autrefois située sur le « sommet » de l'Abitibi, malheureusement témoin de nombreux ravages causés par le feu dans les années 1950.

Pour ce qui est de la **moyenne randonnée**, les bons marcheurs apprécieront particulièrement la traversée du parc. Longue de 25 km, on l'effectue en empruntant des portions de sentiers de courte randonnée qu'on peut aussi parcourir séparément. Parmi eux, le sentier de l'Aventurier, d'une longueur de 9,5 kilomètres, fait le tour du lac de la Haie. Difficile et accidenté, le chemin longe la falaise avant de plonger dans la forêt. Les beaux panoramas sur le lac et les blocs erratiques feront certainement oublier les difficultés des montées. Le Nomade, long de 12,5 kilomètres, relie le lac Sault à la plaine argileuse. Une nuit passée dans un camp rustique permet d'apprécier pleinement cette balade en forêt mixte. Le sentier des Versants progresse exactement sur la ligne de partage des eaux. Le lac Sault choisit ici de s'écouler vers la baie James. Un peu plus loin, le lac La Haie opte pour le Saint-Laurent. Le randonneur, quant à lui, n'a d'autre choix que de se laisser aller dans l'insouciance des pentes douces de ce sentier de 10 kilomètres.

La Castorière est un nouveau sentier d'interprétation qui, comme son nom l'indique, porte sur l'habitat et le mode de vie du castor. Autre particularité : il est spécialement conçu pour les personnes à mobilité réduite. Quelque 760 mètres de trottoir en bois et de chemin en poussière de pierre permettent donc d'y circuler avec aisance.

Aiguebelle depuis l'eau

Si l'on compte 80 lacs dispersés dans le parc national d'Aiguebelle, seul le lac Loïs a l'originalité de proposer des randonnées en **kayak de mer** pendant un ou plusieurs jours. Long d'une quinzaine de kilomètres, il permet d'atteindre de nombreux sites de camping isolés et seulement accessibles à la pagaie. Une fois le matériel chargé, les kayaks (ou les canots selon les goûts) serpentent entre une quinzaine de petites îles où il fait bon flâner et pique-niquer. Les **cinq sites de camping rustique** ne comprennent que quelques emplacements chacun. Le premier est atteint en moins d'une heure, le dernier en quatre heures et demie. La plupart des randonneurs partent pour deux jours, mais il est possible de pousser plus loin la balade en gagnant le lac Chat. L'isolement des campings ainsi que la présence des hérons et de nombreux oiseaux font tout le charme de cette douce aventure. Pour une balade de quelques heures, on préférera sûrement la très populaire promenade en canot sur les lacs de faille permettant de pagayer au pied des escarpements.

Famille

Un des grands avantages de ce parc est d'offrir de courts sentiers qui recèlent tous un prétexte (passerelle suspendue à 22 mètres au-dessus de l'eau, marmites de géants, etc.) pour motiver les enfants... et combler les parents. Et comme plusieurs des refuges sont faciles et rapides d'accès tout en étant situés dans de petits coins de rêve, c'est l'occasion rêvée d'initier les plus jeunes aux joies d'un coucher rustique.

Accès pour tous

Les postes d'accueil, le centre d'interprétation et son sentier de 800 m ainsi que deux camps rustiques sont accessibles aux personnes à mobilité réduite.

L'hiver, le parc conserve ses vocations interprétative et sportive avec 20 kilomètres de sentiers tracés pour **le ski de fond**. En courte randonnée, le sentier du Renard serpente sur neuf kilomètres entre feuillus et conifères. Facile et familial, son thème d'interprétation porte sur les traces que laissent les animaux du parc sur la neige. Le sentier du Lièvre, beaucoup plus court (trois kilomètres), et donc accessible aux débutants, propose quant à lui le thème de l'hiver en Abitibi.

Pour la longue randonnée, un sentier de **ski nordique** de 30 kilomètres est balisé. Agréable à parcourir au printemps, il progresse sur la route et permet aux skieurs comme aux randonneurs de profiter pleinement des rayons de soleil. Pour sortir des sentiers battus, six camps rustiques ont été construits en divers endroits du parc. On les atteint à skis nordiques ou encore en **raquettes** grâce à un réseau réservé qui s'étend sur 40 kilomètres carrés. En hiver, le parc propose aussi des sorties guidées, où des naturalistes expliquent aux visiteurs certains phénomènes géomorphologiques. Et désormais, l'administration du parc offre également des forfaits d'hébergement en camp rustique allant d'une à trois nuitées et incluant ou non l'équipement nécessaire pour le séjour. Bref, au parc d'Aiguebelle, toutes les saisons sont bonnes pour allier nature et découvertes.

Encore PLUS

- **Parc national d'Aiguebelle :** Tél. :1 877 637-7344. Site Web : www.sepaq.com
- **Localisation :** Le Parc d'Aiguebelle est situé à 50 kilomètres au nord de Rouyn-Noranda et à 90 kilomètres de la frontière ontarienne. Compter 9 heures depuis Montréal.
- **Altitude maximale :** 566 m
- **Kayak et canot-camping :** 5 lacs canotables. Location sur place.
- **Randonnée pédestre et ski hors-piste :** 60 km de sentiers
- **Hébergement :** 10 refuges et un chalet situés au bord des lacs ou à flanc de colline, dont certains accessibles en voiture. 3 campings et plusieurs sites de canot-camping.

Abitibi–Témiscamingue et Outaouais
Réserve faunique La Vérendrye

Plaisirs sans frontières

Prétendre que la réserve faunique La Vérendrye est un **paradis pour les amateurs de canot-camping et de kayak de mer** est presque un euphémisme. Avec plus de 4 000 lacs et rivières reliés par 2 000 kilomètres de routes canotables, et disséminés sur un territoire sauvage faisant près de 14 000 kilomètres carrés (la moitié de la superficie de la Belgique !), il serait difficile de demander plus. Et pourtant, il y a plus.

Sur une carte, on peut trouver la réserve faunique La Vérendrye entre l'Abitibi-Témiscamingue et l'Outaouais, perchée à 100 kilomètres au nord de Mont-Laurier. On s'y trouve en plein Bouclier canadien. Terminées les ondulations des Laurentides ! Ici, le terrain est remarquablement plat, un relief qui a favorisé la création de lacs imposants. À ce titre, le réservoir Cabonga, avec ses 677 kilomètres carrés, fait plutôt penser à une mer intérieure ! La plupart des plans d'eau présentent des contours fort intéressants. Ils baignent de nombreuses îles et proposent plusieurs plages de sable isolées. De plus, ils sont agréables à explorer, car leurs formes irrégulières offrent un grand nombre de baies.

En plusieurs endroits, l'érosion a sculpté dans la masse rocheuse des passages en eau vive ainsi que des rapides de classe I à VI. Rien de suffisant pour une descente en rafting, mais tout ce qu'il faut pour donner du piquant à certains tracés et imposer des portages. D'ailleurs, à propos des portages, ceux de la réserve sont relativement courts. Aucun ne fait plus d'un kilomètre !

Initiation, balade d'une journée ou expédition d'un mois, la quantité et la diversité des circuits sont telles que seul le temps dont on dispose limite la durée du séjour. À l'accueil Le Domaine, Canot-camping La Vérendrye, en partenariat avec la Sépaq et la Fédération québécoise du canot et du kayak (FQCK), offre un service d'information touristique, de location d'équipement et de guides. On y trouve une salle de cartographie, où les cartes de tout le territoire sont disponibles. On peut utiliser ces cartes pour se créer un itinéraire au goût du jour. Il est à remarquer que les points de départ sont nombreux. Pour éviter la foule, mieux vaut partir plus loin que Le Domaine : parfois, une vingtaine de kilomètres suffisent pour « décrocher » en toute quiétude.

Le Domaine est situé en bordure du lac Jean-Peré, le point de départ le plus accessible et le plus populaire. De là, trois circuits en boucles s'offrent à vous : lacs Jean-Peré et Antostagan, 35 kilomètres et 3 portages; lac Jean-Peré et baie Ménard, 25 kilomètres; lac Jean-Peré, rivière des Rapides et lac Poulter, 45 kilomètres, 8 portages et 2 rapides. Pour un rythme de vacances, on doit compter une quinzaine de kilomètres par jour. Ces lacs, reconnus pour leurs belles plages, sont les plus fréquentés, surtout pendant les fins de semaine et durant le mois de juillet.

Ces circuits comptent de très nombreux campings : sur des plages, des pointes rocheuses, sous les pins, sur des îles. Il n'y a pas de réservations à faire pour les emplacements : on les occupe selon la disponibilité. En général, chaque emplacement peut recevoir de une à cinq tentes et, sur les circuits plus fréquentés, on aura peut-être à partager l'espace avec d'autres personnes. Une règle limite cependant l'usage d'un emplacement à une seule nuit, et ce, afin de permettre à tous de profiter des sites les plus intéressants. Ceux-ci sont aménagés pour le camping sauvage.

Sur les grandes étendues, comme celles des réservoirs Cabonga et Dozois, il est préférable de naviguer à proximité du rivage ou de prévoir un abri dans une baie ou derrière une île, sinon le vent de face vous forcera à donner de nombreux coups d'aviron. Par vent de dos, par contre, on aura beaucoup de plaisir à regrouper les canots et à transformer un double-toit en voile. Cartes et boussoles doivent se retrouver dans le paquetage. Il devient parfois difficile de trouver son chemin entre toutes ces îles et toutes ces baies.

Pour les canotiers chevronnés qui désirent gagner les endroits les moins fréquentés pour une évasion nature à son maximum, pour ceux qui désirent parcourir une quantité incroyable de kilomètres, contourner des obstacles, improviser un portage à la suite d'une crue printanière, marcher sur des sentiers qui ne sont pas entretenus et dormir sur des emplacements de camping on ne peut plus sauvages, la réserve possède ses petits coins secrets. Ruisseaux à peine plus larges que deux canots qui suivent les méandres entre les herbes hautes, étangs de castors où il faut parfois haler les canots dans la boue, dalles rocheuses, chutes...

Les amateurs de **rivières** pourront se régaler dans la partie nord de la réserve sur les rivières Chochocouane (100 kilomètres) et Capitachouane (175 kilomètres) : le niveau de difficulté de ces rivières est coté moyen. Pour ces deux rivières, il faut se rendre au point de départ par navette. La Chochocouane est une très belle rivière à canoter. L'aménagement est inachevé, l'entretien et la signalisation sont irréguliers, mais cette rivière comporte peu de difficultés. Il y a un très beau seuil en aval du lac Roceau. Avec ses grosses roches plates, c'est un très bel endroit

FOCUS

Famille

Deux campings aménagés offrent une vaste gamme de services. Au camping du lac de la Vieille, des embarcations sont en location. Une plage de sable et un terrain de jeu attendent les enfants. Le sentier d'interprétation La Forêt mystérieuse est situé à proximité. Il explore plusieurs thèmes, dont la création d'une tourbière. Autre sentier, celui des chutes du lac Roland, où l'on trouve les vestiges de l'activité des draveurs. Le camping du lac Savary est plus rustique, mais il repose sur l'un des plus beaux sites de la réserve.

Débutant

Des cours d'initiation au canot sont offerts à quatre occasions, entre juillet et août.

Plusieurs circuits ont été aménagés et balisés afin de plaire aux débutants. Ceux de Jean-Péré (24 kilomètres) et d'Antostagan (34 kilomètres avec légers rapides) se parcourent en deux ou trois jours. Ils ne présentent aucun danger du fait de la présence régulière de nombreuses autres embarcations.

Expert

Le circuit Rivière Gens de Terre : circuit linéaire de 70 kilomètres (18 RI, 21 RII, 5 RII-III, 4 RIII, 2 RIV, 3 RV, 1 RV-VI, 1 SIII, 1 SIII-IV, 1 SIV, 2 SV) et un maximum de 17 portages pour un total de cinq kilomètres (tout dépend des sections de rapides évitées). Le portage pour parer à la chute est périlleux. Circuit non aménagé, non entretenu et sans signalisation. Obstacles fréquents et passage non assuré. Les rapides sont longs et la reconnaissance est parfois difficile à cause des rives fortement escarpées. Avis aux pagayeurs experts, voilà quatre jours de sueurs...ou de plaisirs !

pour la baignade et un site exceptionnel pour camper. La Capitachouane offre, quant à elle, des sections légèrement plus difficiles à naviguer, et ce, dans un environnement ni aménagé ni entretenu.

On peut aussi accéder à la tête de la Dumoine (150 kilomètres) et de la Coulonge (275 kilomètres), rivières qui se jettent dans l'Outaouais. L'Outaouais supérieure offre, elle aussi, de belles possibilités de descente.

La période la plus propice au **canot-camping** s'étend de juin à septembre. Durant ces quatre mois, on assiste presque au passage de trois saisons. Au mois de mai, il y a encore des bancs de neige sur les bas-côtés de la route et de la glace dans certaines baies. Les bourgeons ne sont pas encore éclos. En juin, difficile de ne pas le sentir, c'est le mois des moustiques, des brûlots, des mouches noires : toute la panoplie est sur place. En juillet, enfin, c'est l'été. L'eau est plus chaude, mais il y a aussi plus de monde. Avec le mois d'août reviennent les nuits plus fraîches ou même froides, et quelques arbres sont déjà rouges. Le matin, le lac est couvert de brume ; tout est humide au lever. C'est aussi le mois des vents et la progression est difficile sur les grands lacs. À la fin de septembre, la réserve s'endort pour l'hiver.

Encore PLUS

- **Réserve faunique La Vérendrye :** Tél. : (819) 438-2017 (secteur Outaouais) et (819) 736-7431 (secteur Abitibi-Témiscamingue) Site Web : www.sepaq.com
- **Fédération québécoise du canot et du kayak :** (514) 252-3001. Site Web : www.canot-kayak.qc.ca
- **Étendue :** 13 615 km^2
- **Hydrographie :** 4 000 lacs et rivières
- **Parcours canotables :** 2 000 km
- **Sentiers pédestres :** 4,5 km de niveau facile
- **Location :** canots, kayaks de mer, chaloupes, moteurs.
- **Autres services :** animateurs, guides; buanderie, douches, casse-croûte, transport d'équipement.
- **À noter :** Canot-camping La Vérendrye offre des forfaits « aviron en main » pour environ 80 $ par jour, équipement et nourriture compris.
- **Camping et hébergement :** 300 emplacements canot-camping, 57 emplacements de camping aménagés, 192 emplacements semi-rustiques, 37 chalets.
- **Autres activités :** courtes randonnées pédestres, sentiers d'interprétation, baignade et aires de jeux, escalade, observation de la faune
- **Saison :** de mai à septembre.

Côte-Nord

Réserve de Parc national de l'Archipel-de-Mingan

Mer et monde

L'archipel de Mingan est sans conteste l'un des plus beaux endroits pour faire du **kayak de mer** en Amérique du Nord. C'est sous le signe de la découverte que l'on évolue parmi les anses et les baies magnifiques, et que l'on multiplie les allers et venues entre une quarantaine d'îles aux noms évocateurs: Île de la Fausse-Passe, Île du Fantôme, Grosse Île au Marteau... Impossible d'éviter les monolithes, ces incroyables colonnes de calcaire sculptées par la mer et qui font la renommée de la région.

Le bout du monde

En arrivant près de Havre-Saint-Pierre, la forêt se retire et fait place à d'immenses tourbières parsemées d'arbrisseaux et de petits plans d'eau. Pas de doute, la route 138 mène directement au bout du monde... À Longue-Pointe-de-Mingan, 30 minutes avant Havre-Saint-Pierre, on peut visiter la Station de recherche des Îles Mingan. Depuis vingt-cinq ans, des passionnés de l'environnement marin y accomplissent un travail digne des plus grandes enquêtes policières: photographier, reconnaître, répertorier et classer les données recueillies sur les différents individus rencontrés au cours de la journée, soit des baleines bleues, des bélugas, de petits rorquals..., des individus qui pèsent parfois plusieurs tonnes et dont on n'aperçoit bien souvent que quelques centimètres carrés de peau.

À Havre-Saint-Pierre, ce bourg de 3 500 âmes, on ne peut échapper aux coutumes locales, comme celle du jeudi soir, où c'est au bar l'Écoutille que ça se passe. Retraités, adolescents, camionneurs et médecins, tous se rendent à ce bar qui jouxte la plage pour s'amuser et danser jusqu'aux petites heures du matin au son de la musique d'une formation locale ou de passage. Mais on ne vient pas à Havre-Saint-Pierre pour son *nightlife*...

Une fois les pédales de son kayak ajustées et sa jupette tendue, on remarque l'Île du Havre. Avec son périmètre de 15 kilomètres, elle est plutôt difficile à manquer, d'autant plus qu'elle est située juste en face de Havre-Saint-Pierre. Essayer d'en faire le tour est facilement l'affaire d'une demi-journée, surtout que le côté exposé au large est souvent plus difficile à franchir en raison des conditions météo plus violentes. Il est possible de passer la nuit sur

Extra !

- Depuis 1984, la réserve du parc national de l'Archipel-de-Mingan assure la protection et la mise en valeur des îles de l'archipel. Chaque saison offre des attraits différents. Au printemps, les oiseaux migrateurs envahissent les îles; en juin, il y a la floraison des orchidées et une abondance de petits rorquals; au cœur de l'été, on voit parfois moins de mammifères marins, mais le soleil est à son meilleur; à l'automne, les oiseaux migrateurs font une escale dans les îles et, malgré une température encore clémente, l'achalandage touristique est à son plus bas. La mer a pour effet de tempérer le climat. L'été est donc moins torride qu'en ville, et l'hiver, plus doux.
- Il est possible de faire du **vélo de montage** dans les sentiers qui sillonnent l'arrière-pays. Seulement, il faut s'orienter à la carte et à la boussole, car les chemins sont mal balisés. On doit s'adresser aux résidents pour savoir quel chemin emprunter. Une piste cyclable relie Longue-Pointe-de-Mingan à Mingan, sur une distance d'environ 10 kilomètres. Elle se rend jusqu'à la rivière Mingan, où des belvédères sont aménagés. Aucun service de location de vélo n'est disponible sur place. S'il pleut, on peut toujours visiter le Centre culturel et d'interprétation de Havre-Saint-Pierre, situé près du port. Il retrace l'évolution sociale et technique de la Minganie. Tél. : (418) 538-2450.

le côté sud de l'île, dans les emplacements de camping réservés à cet effet.

Plusieurs autres îles sont aussi à portée de pagaie du Havre-Saint-Pierre. C'est le cas de la Petite Île au Marteau, qui possède un phare que l'on peut visiter, de l'Île à Firmin, et de l'Île du Fantôme, sur lesquelles on peut accoster. Sur la vingtaine d'îles de grosseur importante, six sont aménagées pour le camping. Certaines sont, en revanche, interdites d'accès durant l'été, comme c'est le cas de l'Île aux

Encore PLUS

- **Réserve de parc national de l'Archipel-de-Mingan** : (418) 538-3285.
- **Station de recherche des Îles Mingan :** (418) 949-2845.
- **Organisme de prévention et sécurité en kayak de mer** (OPS) : (418) 949-2877.
- **Parcs Canada :** 1 800 463-6769.
- **Association touristique de Duplessis :** (418) 962-0808 et 1 888 463-0808.

Goélands, où des milliers d'oiseaux ont élu domicile. En pagayant par temps brumeux, si ce n'était de la cacophonie indescriptible générée par les milliers de goélands qui y nichent, on pourrait facilement passer à côté d'elle sans même en soupçonner l'existence.

Météo, météo...

Au matin de la dernière journée de mon passage à Havre-Saint-Pierre, le nez dans mon bol de café, j'ai été surpris d'entendre notre guide annuler la sortie de kayak prévue pour l'après-midi. « Il y a trop de vent et les vagues sont trop grosses », a-t-il affirmé. Pourtant, il n'y avait qu'une légère brise, et les petites vagues qui venaient mourir sur la plage semblaient sortir tout droit d'une carte postale ! Bon ! Rabattons-nous sur une balade en Zodiac. « Non, monsieur, les sorties sont annulées à cause de la température », m'informe la préposée. Annulées ? Les gens d'ici seraient-ils tous des peureux ?

C'était oublier que Havre-Saint-Pierre ne s'appelle pas « havre » pour rien. En effet, la ville est protégée des vents du large par l'Île du Havre, située à quelques centaines de mètres du rivage et qui sert de bouclier naturel. Même lorsqu'une tempête fait rage, la côte est relativement épargnée, ce qui joue souvent des tours aux gens peu expérimentés... « Ajoute à ça les marées, les multiples courants marins et la brume qui se lève sans qu'on ait le temps de dire ouf, et tu as des conditions pas mal compliquées pour les kayakistes qui s'aventurent seuls sans connaître la région », explique Gilles Chagnon, guide et auteur d'une carte marine de l'archipel. Il dit ne jamais sortir sans sa boussole et son réflecteur de radar, au cas où une brume soudaine viendrait lui voler ses points de repère. Au bout du monde, la sécurité n'est pas à prendre à la légère...

FOCUS

Débutant

Il est conseillé d'avoir recours aux services d'un guide; services disponibles sur place.

Expert

Il est également conseillé de retenir les services d'un guide ou, à défaut, de parler avec eux pour connaître les conditions.

Manicouagan
Parc Boréal du Saint-Laurent

Pour l'éveil des sens

Les derniers rayons de soleil frappent les parois rocheuses des falaises pour inonder le littoral d'une lumière rouge orangé : voilà une des expériences sensorielles qui attendent le visiteur lors d'une escapade au parc Boréal, le dernier-né de la région de Baie-Comeau.

Sur cette ancienne exploitation forestière, plusieurs lacs et forêts ont été sacrifiés dans les années soixante pour favoriser l'expansion de l'industrie des pâtes et papiers. Mais aujourd'hui, la nature a repris le dessus et on peut profiter de sentiers pédestres dans la forêt de l'arrière-pays ou le long du littoral. Quant aux nombreux lacs, ils permettent des excursions en canot à travers des paysages où le vert des montagnes contraste avec la blancheur du quartzite. Et, sur le bord de la mer, des baies aux anses sablonneuses attendent les adeptes de kayak de mer.

Niché entre d'immenses falaises qui le protègent du vent, le havre Saint-Pancrace est de loin la baie favorite des **kayakistes**. Cet étroit fjord qui s'enfonce dans les terres n'a pas de plage de sable pour accoster mais un long quai de bois qui mène à des roches plates. Là, c'est une véritable oasis de paix qui attend le visiteur: chute d'eau dont l'imposante présence domine les lieux, petites cascades se jetant dans un bassin où il fait bon se rafraîchir les chaudes journées d'été. Et que dire des couchers de soleil, quand les falaises se colorent d'une teinte orangée avant de disparaître dans la noirceur !

Un arrêt à la baie du Garde-Feu permet d'observer une **héronnière**. Plus de 50 volatiles ont installé leur nid au sommet des bouleaux, et les surprendre en plein vol est un spectacle de toute beauté.

Quand vient l'heure du coucher, il faut savoir que le sol rocheux du havre Saint-Pancrace ne permet pas l'installation d'une tente. Pour passer la nuit, le lieu de prédilection est l'anse à Moreau, où l'on accoste en douceur sur une plage de sable. Il n'est pas rare d'y entendre **le souffle des baleines** durant la nuit ! Et, au lever du jour, la baie profite des premiers rayons du soleil grâce à son orientation sud-est.

À marée basse, on peut **marcher sur la batture** et y découvrir bigorneaux et autres crustacés.. Parfois, on peut même observer un petit rorqual qui vient souvent se nourrir aux parois rocheuses de l'anse, où abondent planctons et krills. Avec la marée, le recul des eaux permet de s'approcher des parois et d'observer l'animal en pleine action. L'anse à Moreau est aussi facilement accessible par un agréable sentier pédestre de 4 kilomètres à partir de l'accueil du parc.

La marque des glaciers

L'un des joyaux de la région est le Sentier des fossiles. D'une longueur de 5 kilomètres, il est facile à parcourir. Là, le retrait de la mer de Goldthwait a laissé **l'un des plus beaux sites fossilifères et coquillières du monde**. On y contemple 23 variétés de coquillages presque intacts sur un dépôt de 15 mètres. Un lieu qui fait la fierté du parc.

Envie d'une **randonnée** en bord de mer ? Le sentier qui relie la pointe Saint-Pancrace à l'anse à Moreau a de quoi séduire les randonneurs. Mais avant d'y accéder et de descendre au bord de l'eau, une marche de 8 kilomètres à travers la forêt boréale offre quelques montées abruptes et des sentiers bien dégagés. L'arrivée sur la pointe est spectaculaire avec une vue de 360 degrés sur l'immensité du fleuve et les multiples cargos étrangers ancrés dans la

baie des Anglais. La balade qui longe le littoral se fait sur un sol rocheux entrecoupé de petites anses de sable et de galets. Durant le parcours de 2,2 kilomètres, il n'est pas rare d'apercevoir **rorquals et loups de mer** qui batifolent au large. Selon les marées, certaines portions du trajet sont submergées; il est donc préférable de prendre des renseignements à l'accueil avant d'attaquer le sentier.

De l'anse à Moreau, le sentier du Canyon permet de voir de vieux spécimens d'épinettes blanches d'environ un mètre de diamètre qui témoignent du passé. Revers de la nature, celles-ci ont échappé à la coupe, parce que la machinerie n'a pu franchir les falaises qui les entourent.

L'aménagement du parc est en plein essor. Plusieurs installations sont prévues, dont l'aménagement d'aires de camping et d'un centre d'interprétation portant sur les mers postglaciaires (prévu pour 2005). L'avenir de ce parc est fort prometteur. Les responsables souhaitent développer un nouveau concept de parcours qui permettrait aux visiteurs de partir à la découverte des différents milieux du parc en utilisant successivement plusieurs moyens de locomotion : à pied, à vélo, en canot ou en kayak de mer. Des points de chute où on pourrait déposer vélos et embarcations serviraient de relais entre deux étapes. À suivre.

FOCUS

Famille

Le sentier de la baie du Garde-Feu conduit à un belvédère qui offre une vue superbe sur l'immensité du fleuve et sur le littoral, où le passage des glaciers a sculpté des croissants de lune dans le roc. On peut s'y rendre après avoir parcouru 4 kilomètres à travers une forêt de feuillus et de résineux. Sur le chemin, on peut même lever une perdrix ! C'est un sentier facile et des trottoirs de bois permettent aux enfants de circuler en toute sécurité.

Débutant

C'est l'endroit idéal pour pratiquer la randonnée pédestre et le kayak de mer. Les nombreuses baies échancrées permettent des arrêts fréquents aux kayakistes, et les sentiers pédestres ne présentent pas de dénivelés importants.

Expert

Les sections qui donnent accès à l'anse à Moreau et à la pointe Saint-Pancrace ont des pentes abruptes qui stimulent le cardio.

Encore PLUS

- **Superficie du parc :** 127 km^2.
- **Détail :** 97 km de sentiers pédestres, dont 21 km longeant le littoral et donnant accès à 71 lacs.
- **Calibre :** Facile à expert.
- **Location :** Kayaks de mer à la marina de Baie-Comeau. Pas de location de canots sur le site. Des excursions guidées sont offertes.
- **Hébergement :** Camping sauvage jusqu'à la mise en place de services (prévue pour 2004). Possibilité de loger à la ville de Baie-Comeau dans des infrastructures touristiques.
- **Autres activités :** Plongée sous-marine (pas d'équipements à louer sur place), vélo de montagne (partage des sentiers avec les randonneurs), escalade, raquette et ski de fond (club Norfond).
- **Saison :** Ouvert à l'année.
- **Tarif :** Gratuit en 2003.

Note importante : Certaines activités étant encore en développement, il est fortement recommandé de contacter le bureau d'informations touristiques de Baie-Comeau, afin de vérifier les renseignements. **Tél. :** 1 888 589-6497.

Les Trésors cachés

Exclusifs et intimes, *les Trésors cachés* présentent des petits bijoux souvent peu connus. Pour s'éloigner des grands centres et découvrir des perles rares.

Bas-Saint-Laurent

Les îles du Bas-Saint-Laurent

Un bijou au milieu du fleuve

À quelques kilomètres au large de Rivière-du-Loup se cachent les îles du Bas-Saint-Laurent, des petits morceaux de terre qui dorment à l'abri des foules. La plus grosse d'entre elles, l'**île aux Lièvres**, protégée depuis 1979 par la Société Duvetnor, une corporation privée sans but lucratif, est accessible au public depuis une dizaine d'années. C'est donc avec l'impression d'être les premiers à poser le pied sur celle-ci qu'on découvre cette île magnifiquement conservée.

La traversée dure environ 15 minutes pour se rendre sur l'île. À bord d'un bateau à moteur qui fait la navette, on quitte le port de Rivière-du-Loup accompagné de quelques inconnus qui deviendront notre seule « société » pour les prochains jours. Au moment de ma visite, nous étions six à nous partager ce joyau de 13 kilomètres de long sur 1,5 kilomètre de large.

Certains viennent y passer quelques jours seuls, d'autres en couple. Les séjours durent de une à cinq nuits et un bateau fait quotidiennement la navette avec Rivière-du-Loup. La seule façon de sortir de l'île, c'est d'être au rendez-vous.

Sur l'île, on vit au rythme des marées; il faut donc bien planifier ses promenades car le sentier périphérique peut être submergé à marée haute. Et, bien sûr, on marche. Au total, 40 kilomètres de sentiers s'offrent aux randonneurs de tout niveau.

Et les **sentiers** de l'île aux Lièvres sont magnifiques. Larges d'à peine un mètre, ils n'ont rien à voir avec certaines « autoroutes » que l'on voit souvent dans les parcs de la province. Et, comme la fréquentation en est contrôlée, les sentiers sont en parfaite condition : pas de problèmes d'érosion ! Ici, tout est plus sauvage et plus frais. À chaque détour, nos pas font décamper des oiseaux qui croyaient être les seuls à connaître l'existence de cette île perdue.

En se rendant à la pointe est de l'île par le sentier de la Mer, on marche le long du fleuve, entre l'eau et la végétation luxuriante. Le sol s'effrite sous nos pas; il est composé de millions de petites galettes de roche friable entassées les unes contre les autres. On a l'impression de marcher sur un immense puzzle que la nature est en train de compléter. Si l'achalandage sur l'île était important, le sentier serait sûrement érodé, mais les quelques centaines de marcheurs qui y viennent annuellement ne sont pas assez nombreux pour produire un impact sur le sol.

Arrivé au bout de l'île, surnommé le Bout d'en bas, on peut apercevoir la rive droite du fleuve, avec les majestueuses montagnes de Charlevoix. À moitié cachées par la brume, elles semblent avoir été peintes sur une toile cotonneuse et mouillée. « Psshhhhh ! » Un **béluga** et son petit descendent le long du fleuve et remontent sporadiquement à la surface tout en émettant chaque fois un énorme souffle. Debout, à l'extrémité de ce trait de végétation tracé au milieu du fleuve, on se croirait à la proue d'un navire immobile.

En continuant la balade du côté nord de l'île, on est tout de suite surpris par la brise. Comme pour les montagnes, le nord est le côté le plus exposé aux aléas du climat. De paresseuse et tombante qu'elle était du côté sud, la végétation est ici devenue dense et touffue. Les vagues viennent se heurter aux roches très friables qui se sont creusées au fil des années, ce qui leur donne aujourd'hui des formes élancées et très belles. Les photographes y lâcheront leur fou.

Famille et débutant

Le sentier qui fait le tour de l'île aux Lièvres est facile d'accès. Par contre, méfiez-vous des marées, car elles peuvent submerger le rivage.

Expert

L'intérieur de l'île offre quelques montées, ainsi qu'un point de vue sur la région de Charlevoix.

En coupant par les terres pour retourner au campement, on escalade une petite montagne, ce qui nous conduit à fouler le point culminant de l'île. Même si, à 40 mètres au-dessus du niveau de la mer, on n'est pas assez haut pour sentir les effets de l'altitude, c'est tout de même l'endroit idéal pour avoir une vue imprenable sur les montagnes de Charlevoix.

Les **ornithologues**, pros ou amateurs, auront également de quoi se rincer l'œil. Une multitude d'espèces nichent sur cette île. Pendant la période de nidification, il vous faudra suivre attentivement les instructions données par les gestionnaires afin de ne pas nuire à vos amis ailés. Mais ça ne devrait pas vous empêcher d'y observer le guillemot à miroir, le bihoreau à couronne noire, le cormoran à aigrettes ainsi que l'eider à duvet (la cueillette de son duvet a d'ailleurs inspiré le nom de la société de gestion). L'avifaune locale inclut également des garrots, macreuses, bernaches, canards noirs et autres palmipèdes.

Le soir, au campement, on s'apercevra que c'est sur la rive que se couche le soleil, et des montagnes que se lèvent les étoiles. Pendant son séjour sur l'île aux Lièvres, le visiteur apprend à modifier ses repères, comme s'il se trouvait de l'autre côté du paysage…

VARIANTES

- **L'île aux Basques** n'offre que 2 km de sentiers mais attirera les amateurs d'histoire. On y trouve, entre autres, des fours basques datant du xive siècle. L'île est ancrée à 5 km de la terre ferme et est accessible de juin à septembre.
  Infos : Société Provancher : (418) 851-1202
- **L'île Saint-Barnabé**, longue de 6 km sur 350 m de large, est accessible par bateau (4 km) de juin à septembre. On peut aller s'y promener sur une vingtaine de kilomètres de sentiers balisés.
  Infos : Office du tourisme et des congrès de Rimouski : 1800 746-6875 ou www.tourisme-rimouski.org

Encore PLUS

- **Duvetnor :** (418) 867-1660 ou www.duvetnor.com
- **Transport :** De mai à septembre, Duvetnor offre un service de navette entre les îles du Bas-Saint-Laurent et Rivière-du-Loup, ainsi que plusieurs croisières dans les îles. La traversée vers l'île aux Lièvres coûte une trentaine de dollars par adulte.
- **Hébergement :** Quatre sites de camping (15 emplacements au total) sont dispersés sur l'île aux Lièvres, dont un à proximité du débarcadère et les trois autres à 3 ou 4 km de celui-ci (accessibles à pied uniquement). Dans ces derniers, on est loin des bâtiments d'accueil (donc des douches) et l'on risque d'y voir plus de bélugas que de randonneurs. Camping ouvert de juin à septembre. Aussi offert à la location : cinq maisonnettes avec vue sur le fleuve et, pour les groupes de 7 à 12 personnes, un pavillon meublé.
- **Une source d'eau potable** coule sur l'île aux Lièvres.
- Pour une nuit hors du commun, optez pour l'île du Pot-à-l'eau-de-vie et son **magnifique phare** classé « édifice du patrimoine fédéral ». Les prix sont assez élevés mais la cuisine qu'on y sert tient de la gastronomie.

Bas–Saint–Laurent
Kamouraska

Les douceurs d'un fleuve

Amarrée au fleuve, nichée au pied des collines et gonflée de l'air du large, la région de Kamouraska respire toute la quiétude de la campagne. Parsemée de petits villages pittoresques, la plaine se la coule douce le long du littoral. Les marées dénudent le paysage jusque derrière les archipels et reviennent inlassablement lécher le rivage. Le vent vient balayer les champs dorés, imitant la houle sur l'eau salée du fleuve. Miroir des cieux, les flots s'amusent avec la lumière du jour avant d'interpréter les couchers de soleil les plus extravagants qu'il soit donné de voir sur les cimes lointaines de Charlevoix. Foi de commandant Cousteau !

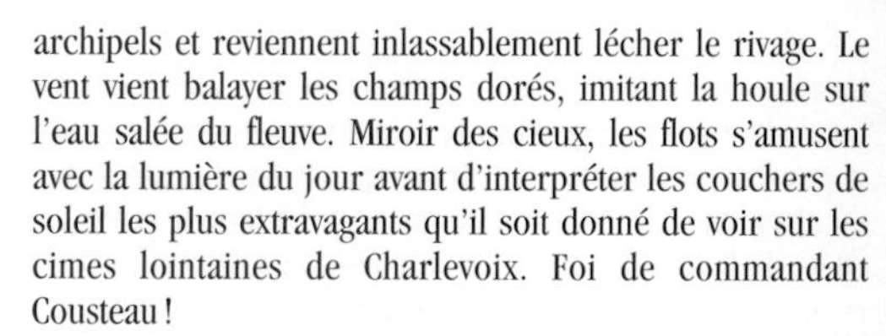

Et lorsqu'il s'agit de faune et de flore marines, pas besoin d'aller voir sous l'eau pour être servi. Il suffit d'un simple arrêt à la **Société d'écologie des battures du Kamouraska** pour en découvrir toute l'amplitude. À pied, sur la grève, les quelque 10 kilomètres de sentiers écologiques qui bordent le littoral sont déjà riches en rencontres : grand héron, bihoreau, pluvier, eider et bien d'autres battent des ailes pour saluer les promeneurs. À même le marais que laissent derrière elles les grandes marées du printemps, une vaste prairie d'herbes salines vient nourrir le regard de l'ornithologue « en herbe ». Et que dire des tête-à-tête dans lesquels on pourra se retrouver en poussant l'expérience jusque dans **l'archipel des îles de Kamouraska** ? À bord d'un kayak de mer, il est possible d'apercevoir les nombreux phoques qui peuplent l'endroit; ceux-ci se laisseront facilement observer en raison de leur curiosité. Il faut cependant faire attention à ne pas trop dériver dans la contemplation car on pourrait empêtrer ses pagaies dans les filets des pêcheurs d'anguilles !

Les **cyclistes**, quant à eux, trouveront leur bonheur sur la route 132, entre Rivière–Ouelle et Notre–Dame–du–Portage. Peu fréquentée, cette route donne accès à plusieurs localités sans demander trop d'effort. Véritables galeries d'art, nombre d'églises détournent notre regard du trajet à suivre. Maisons ancestrales, musées et vieux moulins viennent à leur tour témoigner d'un passé laborieux, riche de traditions trois fois centenaires. Le vélo devient ici le meilleur moyen de s'arrêter, de prendre le temps de découvrir cette région dont la culture est encore bien vivante. Tantôt à tribord, tantôt à bâbord (selon les chemins que l'on emprunte), le fleuve reste omniprésent.

Un « amphithéâtre » dans la falaise

Si on laisse le fleuve de côté, on remarquera aussitôt les pitons rocheux qui se découpent un peu partout sur la plaine. Ces monadnocks sont en fait d'anciennes îles, témoins de l'ère glaciaire. Atteignant parfois une centaine de mètres de haut, ils poussent çà et là comme des champignons, au plus grand plaisir des **grimpeurs**. L'action érosive de l'eau sur cette composition géologique à forte teneur en quartz a façonné de nombreuses prises dans la falaise qui prend des airs de gruyère et laisse place à la créativité des funambules. Par endroits, ce n'est pas un doigt ni même une main que l'on peut y coincer, mais le corps tout entier ! Le rocher laiteux se dore au soleil alors que les grimpeurs se donnent le vertige dans des surplombs « renversants ». Depuis leur perchoir, ils sont aux premières loges pour admirer la majesté du grand fleuve pendant que l'air salin se charge d'en transporter les effluves jusqu'à ce royaume de pierre, où les sueurs restent froides même lors des plus chaudes journées d'été.

ESCALADE à l'Amphithéâtre

- **Nombre de voies :** Près d'une centaine de voies équipées.
- **Niveau :** Entre 5,5 et 5,13a. Afin d'éviter la congestion entre les randonneurs et les grimpeurs, les sentiers ont été séparés. Au pied des parois, les pistes sont réservées exclusivement aux grimpeurs tandis que les marcheurs peuvent observer l'escalade à distance à partir de belvédères et des sentiers.
- Les grimpeurs peuvent progresser en moulinette sur environ la moitié des voies, l'autre moitié se prêtant uniquement à l'escalade en tête.
- **Accès :** Enregistrement obligatoire à la Halte écologique des battures. Tarif journalier : randonneurs, 3 $; grimpeurs fédérés, gratuit ; autres grimpeurs, 6 $. Possibilité de carte annuelle. Stationnement gratuit.
- **Topo** des voies offerte sur place et dans les boutiques de plein air pour quelques dollars.

Encore PLUS

- **Société d'écologie des battures du Kamouraska (SEBKA) :** 273, route 132 Ouest, C.P. 101, Saint-André-de-Kamouraska. Tél. : (418) 493-2604. Site Web : www.sebka.ca
- **Randonnée pédestre :** 12 km de sentiers, du littoral aux collines, en passant par le monadnock (petite montagne éloignée, en langue amérindienne).
- **Kayak de mer :** Possibilité d'apporter son propre kayak. Excursions de 3 h, 4 h et 5 h en saison (de juin à septembre et, hors saison, sur demande).
- **Vélo :** Halte de vélo de la Route verte. Carte du réseau cyclable de la région, distribuée gratuitement par Tourisme Bas-Saint-Laurent. Tél. : (418) 867-3015 ou 1 800 563-5268

- **Aussi :** Randonnées guidées d'interprétation de la nature, d'ornithologie, etc. (sur réservation)
- **Autres services :** Camping (50 sites avec aire de feu et table de pique-nique), douches, toilettes communes et un chalet d'accueil.
- **Saison :** Du début de mai à la fin d'octobre.
- *Guide d'exploration de la Halte écologique des battures de Saint-André-de-Kamouraska*, préparé par la SEBKA. Offert sur place.
- **Pour plus d'information sur la région :** CLD Kamouraska. Tél. : (418) 856-3340. Site Web : www.kam.qc.ca

Hautes-Laurentides
La Montagne du Diable

Le Diable au corps

À défaut de diable, il doit y avoir là un ange : à la mi-mars, alors que le Québec voyait sa neige fondre au soleil, les flancs de la montagne du Diable arboraient encore une belle poudreuse. Et pourtant, pas un chat pour en profiter. Mêmes les gens de la place semblent encore ignorer le potentiel qui les entoure.

Deuxième sommet des Laurentides après le mont Tremblant, la montagne du Diable culmine à 778 m. Un peu plus bas, il y a aussi Belzébuth (749 m) et le sommet du Garde-feu (756 m) qui contribuent à donner à la montagne sa forme allongée. Ajoutez à ces reliefs pulpeux la latitude de Mont-Laurier et voilà que la saison de ski et de raquette s'allonge sensiblement. Ici, les sports d'hiver s'étendent de la fin de novembre à la fin d'avril.

Mais pourquoi diable n'y a-t-il personne? Il faut dire que, si la montagne a toujours été là, un magicien vient tout juste de la prendre sous son aile. Ce magicien, c'est Romain : ancien technicien forestier, amateur de plein air et petit-fils du fondateur du village, il a choisi de changer de bord. Aux promoteurs qui voulaient débroussailler la montagne pour en faire une station de ski alpin, il a proposé mieux : un développement axé sur l'écotourisme quatre saisons.

Résultat : depuis un an, les sentiers poussent à côté des arbres. En 2003, pas moins de 50 km de sentiers étaient offerts pour la **raquette** et 25 km dédiés au **ski hors-piste**. Et, comme une journée ne suffit pas pour parcourir tout ça, deux refuges en bois rond ont fait leur apparition dans le décor. Construits sur les hauteurs, dotés de deux étages et d'une couverture en bardeaux de cèdre, ils hébergent de 8 à 10 personnes. Deux refuges de jour, en bois rond eux aussi, ont été aménagés. Et d'autres abris sont à venir l'automne 2003, à mesure que le réseau de sentiers s'étendra. Vous préférez le camping d'hiver? Plusieurs plates-formes sont offertes sur deux sites en toute saison.

Le réseau — essentiellement constitué de boucles et de sentiers reliés entre eux, du pied de la montagne jusqu'au sommet — a l'avantage de pouvoir combler tous les publics. Ainsi, les familles apprécieront un court sentier d'interprétation au milieu de plusieurs essences dont une érablière.

Les adeptes de raquette qui recherchent le charme des milieux aquatiques préféreront le sentier des ruisseaux. Longeant et enjambant plusieurs petits cours d'eau, ce trajet jouit d'un caractère particulièrement paisible. Et les constructions de glace qui se forment sur les bords représentent une source intarissable de sujets pour les photographes.

Quant aux **randonneurs** plus chevronnés, ils s'attaqueront aux itinéraires qui mènent aux sommets, après quelque 550 m de dénivelé. Ces sentiers, en plus d'offrir toute une gamme de végétation à mesure qu'on gagne de l'altitude — des feuillus à la forêt boréale —, donnent accès à des panoramas tantôt sur le village, tantôt sur le réservoir ou les lacs environnants.

Si la belle histoire de cette montagne n'est pas une légende, la présence du diable, elle, semble bien l'être. À défaut d'avoir montré le bout de sa queue, il a néanmoins laissé son nom à la montagne puisque le diable n'est autre que la traduction française du « mauvais esprit Windigo ».

- **Les Amis de la montagne du Diable :** www.montagnedudiable.com ou (819) 587-3882.
- **Droits d'accès :** 3 $ par jour / adulte (carte annuelle : 10 $) à acquitter au bureau touristique de Ferme-Neuve. Ouvert à l'année.
- **S'y rendre :** de Montréal, environ 270 km. Autoroute 15 puis route 117 jusqu'à Mont-Laurier et route 389 jusqu'à Ferme-Neuve.
- **Activités :** randonnée pédestre, vélo, raquette, ski hors-piste.
- **L'été**, une bonne option pour prolonger le séjour consiste à faire du kayak ou du canot-camping parmi les nombreuses îles du réservoir Baskatong.

Laurentides

Prévost

Un régal de dédale

Vous ne la connaissez pas et pourtant, c'est votre future destination de prédilection. Son petit nom : Prévost. Un parcours escarpés pour cyclistes aguerris.

À cinquante minutes de Montréal, il s'y trouve des centaines de kilomètres de sentiers. Carte et boussole en mains, les adeptes de sensations fortes trouveront de quoi se concocter des dizaines de parcours différents. Attention : au milieu de ce véritable dédale, les multiples intersections dans lesquelles on s'aventure conduisent parfois à l'extase ! Qui plus est, au printemps, on y croise rarement plus d'une poignée d'irréductibles. De quoi désirer se fondre dans la nature.

Si l'hiver a été clément, il est possible de se hasarder dans ce labyrinthe dès le mois d'avril. Toutefois, un amalgame de glace, de neige et de boue augmentera le niveau de difficulté du sentier et les cyclistes d'expérience — pas complètement dingues — s'équiperont de bons pneus à clous !

Voici un itinéraire d'une vingtaine de kilomètres, tout indiqué pour qui veut se mesurer à de grands défis. Un avertissement est toutefois de mise : les montées sont longues, abruptes et accidentées de sorte qu'on y invoque parfois tous les saints ! Que dire des descentes ? Le mot rocambolesque ne s'avère ici qu'un vulgaire euphémisme...

Pour amorcer votre périple, rendez-vous à la vieille gare de Prévost. Mieux vaut se procurer une carte car il est aisé de se perdre; plusieurs témoignages abondent d'ailleurs en ce sens. Il faut préciser que les sentiers, qui sont entretenus bénévolement par les membres du McGill Outdoors Club (MOC), ne sont pas tous balisés.

La mise en jambes commence au parc linéaire du P'tit train du nord (direction Sainte-Agathe) et s'arrête après quelques centaines de mètres, sur la droite, au pied de l'écriteau « MOC ». Point de départ d'une myriade d'autres sentiers, la MOC (7 km) est une route rocailleuse qui met à rude épreuve l'endurance cardiovasculaire. Après une exigeante montée, et c'est là un heureux prétexte pour faire une pause, on atteint le mont Belvédère qui culmine à quelque 350 m. Essayez donc de monter sans poser le pied au sol !

De là, empruntez la piste JE (Johanssen Est, 5 km). La descente est certes exaltante, mais elle est également assez technique. Ce sentier, de niveau intermédiaire, se resserre par endroits et offre sa part de défis : petites montées, descentes rapides et de bonnes roches qui occasionnent quelques

pirouettes. Il est possible de continuer sur la WZ (Wizard, 8 km) et sur la 6X (5 km) en direction du mont Olympia.

Les perspectives sont infinies mais il est préférable de remonter par la MOC, au nord du lac du Paradis. Pentu, sinueux, cahoteux, ce sentier est des plus accidentés. Par contre, il permet, à qui s'en donne la peine, d'accéder au sommet du mont Shaw, à 290 m, et à un autre superbe point de vue sur la région. Le chemin des pylônes mène ensuite à la 6X. On la parcourt jusqu'au bout afin de revenir par la MOC. À l'intersection de la WN (Wilson Nord, 3 km), une descente électrisante attend les cyclistes avides de sensations extrêmes.

Il ne s'agit là que d'une suggestion d'itinéraire parmi tant d'autres. Il faut dire que cette dernière est toutefois très prisée des initiés. On en ressort étourdi par l'aventure, les bras et les jambes meurtris, mais avec l'envie un peu folle d'y retourner dès le lendemain !

Encore PLUS

- **Route :** Prendre l'autoroute 15 Nord jusqu'à la sortie 45. Poursuivre sur la 117, en direction nord, jusqu'à la rue de la Station. Tourner à droite et continuer jusqu'au stationnement de la vieille gare de Prévost : (450) 224-7105. Environ 50 minutes depuis Montréal.
- **Une carte** – indispensable – est offerte sur les lieux (2 $) et au site www.pdn.ca/mage/mbk_map.html
- ***McGill Outdoors Club :*** http://ssmu.mcgill.ca/moc/
- **Nombre de kilomètres :** illimité.

Saguenay–Lac-Saint-Jean
Sentier des Murailles

Les grandes murailles du Saguenay

C'est le plus récent et le moins connu des sentiers de **longue randonnée hivernale**. En plein cœur des paysages accidentés du Bas-Saguenay, ses 70 km dévoilent les Murailles sous tous les angles. Du fond des vallées au bord des parois, en ski nordique ou en raquettes, il y a matière à se concocter des parcours de tous niveaux. À découvrir en avant-première…

Le voilà, ce lac tant attendu. Après 10 km en ski sur ce sentier non tracé, on imagine sa surface plane et glacée comme un répit. C'était oublier à quel point la progression semble lente sur une telle étendue ! Mais le moral est bon car on sait que le réconfort est au bout de cette ligne droite : un beau refuge et la chaleur d'un feu de bois.

En attendant de découvrir ce que plusieurs personnes décrivent comme « un vrai chalet ! », on comprenait le nom donné au lac : le lac Emmuraillé. Et pour cause : étroit et encadré de parois rocheuses infranchissables, il a pour seules issues ses deux extrémités.

C'est près de l'une d'elle que trône le refuge. Fait de bois rond débité sur place, c'est l'œuvre d'un passionné qui y a mis tout son coeur. Grande mezzanine, terrasse et balcon dominant le lac, comptoir pour cuisiner et vaste espace principal en font un petit coin de rêve que l'on regrette de quitter si vite.

Au matin, le lac nous invite à une dernière visite pour embrasser du regard ses parois ensoleillées. Puis, changement de décor : nous nous enfonçons dans le bois pour longer une rivière. Le soleil qui tente de percer entre les arbres dégarnis vient illuminer les formations de glace sur les bords du ruisseau. Magique...

Un défilé de paysages toujours renouvelés : c'est cela, le sentier des Murailles. Ici, un lac gelé bordé de formes étranges de neige soufflée et glacée par le vent, là un point de vue sur l'immense arrière-pays sauvage. Ailleurs, au lac Cardinal, c'est un cirque glaciaire qu'on découvre à mesure qu'on descend jusqu'à lui. Impressionnant, il talonne de près celui du lac aux Américains en Gaspésie. Cascades de glace, traces de lapins, d'orignaux ou d'autres animaux non identifiés apportent aussi leur lot de plaisir aux yeux. Et pour encadrer ces décors, tout au long du sentier, les parois rocheuses se laissent apprécier tantôt depuis leurs pieds, tantôt depuis leurs sommets.

Dans les noms de lac ou de rivière, comme dans les paysages, les Murailles sont partout. Formations géologiques

comparables, en miniature, à celle qui a créé le lit du fjord, elles donnent au Bas-Saguenay ses décors escarpés.

Et le fjord, direz-vous ? Ne comptez pas l'apercevoir depuis les Murailles : il ne fait pas partie de ces vallées. Pour le voir, il faut passer la frontière – la route – et emprunter le sentier des Caps dans le parc national du Saguenay.

À chacun son parcours

En plus d'être beau, diversifié et, jusqu'à présent, peu fréquenté, ce sentier est doté d'un avantage majeur : tout en étant très sauvage, il demeure accessible en plusieurs points. Ainsi, on peut le découvrir partiellement le temps d'une fin de semaine et choisir une portion selon son niveau. Car ici, il y a de tout. Du plus facile et confortable (quelques kilomètres sans relief pour rejoindre le refuge par son accès le plus rapide) au plus aventureux (des dénivelés de quelques centaines de mètres, avec coucher en abris sommaires ou tentes prospecteur).

Il faut toutefois garder en tête qu'en hiver, la difficulté d'un sentier non tracé est très variable. Elle dépend des conditions météorologiques, de la quantité de neige accumulée et du passage ou non d'autres groupes qui l'auront tracé ou tapé avant vous. Malgré l'interdiction des motoneiges sur le sentier, il arrive tout de même qu'elles l'empruntent. Aussi désagréable que puisse être leur passage, leurs traces facilitent le nôtre.

Autant le savoir : ce sentier sera bientôt un classique hivernal. Allez-y avant la foule !

Encore PLUS

- **Sentier des Murailles :** www.fjord-du-saguenay.qc.ca/murailles ou (418) 272-2393
- **Réservations :** 1 866 560-3737
- **Carte 1 : 100 000** disponible auprès de l'organisation et sur le site Internet
- **Longueur :** 70 km linéaires de sentiers balisés non tracés auxquels peuvent s'ajouter les 30 km du sentier des Caps du parc national du Saguenay (www.sepaq.com). Distance maximale entre deux hébergements : 12 km.
- **Hébergement :** refuge du lac Emmuraillé (10 à 12 places), tentes prospecteur (6 places) et abris sommaires (4 à 6 places). Pour une nuitée confortable avant ou après votre excursion, pensez aux chalets du parc du Saguenay, à Rivière-Éternité (www.sepaq.com).
- **Transport de bagages et de véhicules offerts.**
- **En février**, à l'occasion du Festival de télémark du mont Édouard, des sorties et événements spéciaux sont organisés sur le sentier des Murailles.
- **Amateurs d'escalade de glace**, n'oubliez pas votre matériel : il y a plusieurs cascades dans les environs de l'Anse-Saint-Jean, dont une à proximité du sentier.
- **Conseils pour la randonnée hivernale :** voir page 184

Gaspésie

Réserves fauniques de Matane et de Dunière

Crête de haute passion

Une brise rafraîchissante assèche les dernières sueurs de l'abrupte montée. On laisse ses jambes suivre mécaniquement le sentier qui sillonne la toundra alpine sans trop les regarder, car le panorama est à couper le souffle. Devant soi, au bout de la crête, un sommet arrondi et hérissé de conifères rabougris nous attend, à portée de main – ou plutôt de pied. Derrière lui, une profonde et étroite vallée nous sépare d'un abrupt pic à l'arête déchiquetée, qui lui-même s'interpose devant un mastodonte au crâne dégarni et rocheux. Au loin, sur notre gauche, l'éclat du soleil semble rebondir sur une étendue marine miroitante, où l'on devine la forme d'un lointain paquebot. Vers l'est, un tapis vert bosselé s'étend à l'infini.

On ressent un petit plaisir égoïste à l'idée d'avoir ce paysage pour nous seul, n'ayant croisé que deux randonneurs de toute la journée... Mais il ne faut pas trop se laisser distraire, car le sentier longe de très près le rebord d'une falaise qui se jette, quelques centaines de mètres plus bas, dans le lit d'une rivière agitée.

Vision idyllique d'un poète romantique ? Souvenir impérissable d'une randonnée dans les Rocheuses ? Texte un peu ampoulé tiré d'une brochure touristique ? Non, il s'agit bel et bien de ce qui attend ceux qui parcourront la portion du Sentier International des Appalaches qui relie les monts Collins et Matawees, dans la réserve faunique de Matane.

La partie occidentale des monts Chics-Chocs, dont le prolongement vers l'est a fait la renommée du parc national de la Gaspésie, constitue en quelque sorte l'épine dorsale de cette réserve de 1 280 kilomètres carrés gérée par la SEPAQ et située à 40 kilomètres de Matane. Jusqu'à tout récemment, cet immense et sauvage territoire forestier, giboyeux et constellé de lacs, demeurait l'apanage des chasseurs et des pêcheurs. Depuis l'achèvement en 2000 du SIA – sentier de 1 073 kilomètres qui relie le mont Kathadin, dans le Maine, au parc national du Canada de Forillon –, les amateurs de plein air ont enfin accès à un territoire encore peu exploré et qui regorge d'attraits.

L'activité vedette dans cette réserve demeure la **randonnée en montagne**. La section du SIA qui traverse la réserve compte 101 kilomètres et franchit plusieurs sommets importants, dont certains s'élèvent à plus de 1 000 mètres. Certains tronçons de ce sentier sont accessibles pour les **randonnées d'un jour**. Le sommet le plus populaire – amateurs de solitude, n'ayez crainte, populaire est un bien grand mot ici – est sans doute le mont Blanc (1 065 mètres), accessible par un sentier secondaire de 8 kilomètres. Le dénivelé, modéré mais constant, permet d'accéder sans effort surhumain au plateau sommital, traversé par le SIA. La vue dégagée qui donne au loin sur le fleuve et sur les éoliennes de Cap-Chat est superbe. Pour casser la croûte, un refuge stratégiquement construit sur le sommet permet de se mettre à l'abri du vent parfois incisif.

Les plus exigeants seront aussi comblés par le mont Nicol-Albert (890 mètres). Ce sommet imposant se dresse littéralement devant l'automobiliste qui entre dans la réserve par la zec de Cap-Chat. Avec une montée de 747 mètres sur une distance d'à peine plus de 6 kilomètres, le tronçon du SIA qui relie la route 1 et le sommet du Nicol-Albert présente l'un des plus forts dénivelés balisés du Québec. Pour randonneurs avertis, dont les efforts seront récompensés par de jolis points de vue et par la possibilité de se rafraîchir près de chutes et de cascades.

Ceux qui n'hésitent pas à partir en **longue randonnée** pourront visiter l'un des plus beaux segments de sentier de tout le Nord-Est américain – sans exagération –, soit le tronçon du SIA qui relie la route 1 au mont Logan, dans le parc national de la Gaspésie. Le moment fort de cette route, qui totalise plus d'une trentaine de kilomètres aller-retour, demeure l'arête dénudée qui relie les monts Collins et Mattawees, décrite plus haut.

Les aventuriers qui poursuivent plus loin devront descendre dans une profonde vallée, puis remonter l'abrupte face sud du mont Fortin, où plusieurs points de vue à couper le souffle sur les falaises du mont Matawees permettent de s'accorder une pause bien méritée. De là, une balade sur l'étroite arête sommitale, suivie d'une légère descente, permet d'entrer dans le parc national de la Gaspésie où une dernière – et superbe – montée dans une prairie alpine conduit au sommet du mont Logan.

Les amateurs de **vélo de montagne** ne seront pas en reste. Plusieurs routes secondaires de terre ou de gravier – sur lesquelles la circulation motorisée demeure minime – permettent de s'échauffer les mollets. La suggestion du chef en matière de vélo : la route 30, dont le parcours sinueux longe une jolie rivière et où, paraît-il, les chances sont élevées de voir l'un de ces gros quadrupèdes herbivores appelés orignaux, et qui pullulent dans le parc. Si vous avez plus de chance – ou de malchance, selon le point de vue... – un ours noir pourrait même venir parader en bordure du chemin. Pour observer la faune et la flore locale sans avoir à pédaler, il faut se rendre à l'étang à la Truite où un court sentier d'**observation des orignaux** donnera la chance d'admirer ces impressionnants colosses. Pour une meilleure compréhension de l'écosystème, des activités d'**interprétation de la nature**, avec guide, sont offertes par la SEPAQ.

Pour l'instant, la réserve faunique voit très peu d'enthousiastes vêtus de Gore-Tex et chaussés de skis ou de raquettes l'hiver venu, aucune route n'étant déblayée. Toutefois, cela pourrait changer très rapidement, et l'avenir semble prometteur pour les amateurs de plein air. On prévoit en effet pour très bientôt la construction d'un premier Ecolodge sur un sommet situé près de la chute

Hélène, et des monts Collins et Matawees. Si certains groupes verront leur séjour axé sur des activités d'interprétation ou artistiques, d'autres pourront également profiter de ce superbe environnement et s'adonner, entre autres, à la pratique de sports d'hiver comme la **raquette**, le **ski hors-piste** ou le **télémark**. La cuvette du mont Collins et les nombreux couloirs enneigés qui zèbrent les sommets environnants pourraient même permettre certaines manœuvres de haute montagne. Comme quoi l'**alpinisme** est aussi une réalité au Québec !

- **Réserve faunique de Matane :** (418) 562-3700 ou la SEPAQ au 1 800 665-6527 Site Web : www.sepaq.com
- **SIA :** www.sia-iat.com
- **Superficie :** 1 280 km^2
- **Activités estivales :** Randonnée pédestre, camping, vélo de montagne, observation d'orignaux (une des plus fortes densités au Québec)
- **Période d'accès recommandée :** Entre le 1er juin et la fête du Travail. Après la fête du Travail, s'informer auprès de la SEPAQ de la date exacte d'ouverture de la période de chasse, qui change chaque année.
- **Activités hivernales** (à venir) : raquette, ski hors-piste, télémark, alpinisme
- **Hébergement :** aires désignées de camping (généralement munies de plates-formes); 18 chalets pouvant loger entre 2 et 6 personnes, dont 7 sont situés près de l'étang à la Truite; 1 chalet d'une capacité de 11 personnes près du lac Matane. Réservez auprès de la SEPAQ. À venir : deux *Ecolodges*, le premier prévu pour 2004.
- **Deux principaux points d'accès :** 1– De Matane, suivre la route 195 (asphaltée) sur 35 km, tourner à gauche sur le chemin de la Réserve (la route 1 est large et recouverte de gravier). Le poste d'accueil John se trouve 5 km plus loin. 2 – De Cap-Chat, suivre la route (partiellement asphaltée) qui longe la rivière Cap-Chat jusqu'à l'entrée de la zec de Cap-Chat (frais d'entrée). Suivre le chemin étroit et sinueux (en terre battue) jusqu'à l'entrée Pineault de la réserve faunique.

Famille et débutant

Observation d'orignaux et activités d'interprétation avec guides à l'étang à la Truite. Pour les amateurs d'ornithologie, soulignons la présence, dans le parc, de pygargues, d'aigles dorés et d'aigles royaux. Randonnée vers la chute Hélène, d'une hauteur de 70 m (8 km aller-retour). Le sentier, qui comporte tout de même plusieurs petites montées et descentes, longe une rivière encaissée dans une profonde vallée et est bordé de pins blancs géants.

Expert

- Pourquoi pas la traversée complète de la réserve par le Sentier International des Appalaches ? Cette traversée de 101 km permet de fouler les principaux sommets et de vivre un intense moment de solitude. Les balises sont parfois difficiles à suivre, mieux vaut se munir d'une bonne carte et être en mesure de se servir d'une boussole. Plusieurs plates-formes de camping (avec toilettes sèches) ponctuent le sentier. Procurez-vous la carte topographique du SIA, section Réserve faunique de Matane, disponible dans plusieurs boutiques de plein air.
- Ceux qui ne veulent que le meilleur se doivent de faire au moins l'aller-retour entre la route 1 et le mont Logan. Cette randonnée de plus de 30 km est très accidentée et parfois difficile à suivre (à l'été 2002, une importante zone de chablis ralentissait la progression). Seuls les randonneurs très expérimentés, en grande forme et qui partent tôt arriveront à faire l'aller-retour en une journée. Les autres préféreront sans doute passer une nuit ou deux à l'aire de camping du ruisseau Bascon.
  Attention, il y a peu de points d'eau entre les mont Collins et Logan, hormis le ruisseau qui coule dans le col Matawees-Fortin.
  Notez qu'il est également possible de se faire raccompagner par la navette de la SEPAQ qui se rend au sommet du mont Logan (il est nécessaire de prendre un arrangement au préalable avec le personnel du parc). Ceux qui ont beaucoup de temps (et d'énergie !) pourraient même enchaîner avec la traversée du parc national de la Gaspésie.

Côte-Nord – Manicouagan
Les monts Groulx

L'extrême sud du Nord

Les monts Groulx s'adressent au coureur des bois qui sommeille en vous. Pas de préposé à l'entrée, ni de frais d'accès, de stationnement asphalté, de sentiers tracés et fléchés, mais **5 000 kilomètres carrés à parcourir en toute liberté**. N'étant ni un parc ni une réserve faunique, mais un territoire de la couronne, les monts Groulx n'appartiennent à personne et à tout le monde à la fois. Chacun est libre de planter sa tente où il veut. À l'aide d'une carte et d'une boussole, on devient ainsi maître de son destin. Complètement coupé du monde extérieur, on ne peut compter que sur soi-même. Seuls la toundra des plateaux, la taïga des vallées et le silence des lieux accompagnent les pas de l'explorateur, alors que la notion du temps semble se perdre au cœur de cette topographie indéfinie.

Troisième en importance au Québec en termes de superficie, le massif des monts Groulx compte plusieurs sommets de plus de 1 000 mètres, dont le plus haut point culmine à plus de 1 100 mètres. Pourtant, peu de gens connaissent encore aujourd'hui l'existence de ces vieilles montagnes.

De par son altitude et sa position géographique, au-delà du 51e parallèle, cette contrée sauvage offre un avant-goût du Grand Nord. Elle est certes la parcelle de terre arctique la plus au sud dans tout l'est de l'Amérique du Nord qui est accessible par une route. Depuis Baie-Comeau, la route 389, qui tranche la forêt d'épinettes en longeant la rivière Manicouagan et son immense réservoir, est un véritable pèlerinage. Après l'imposant barrage Daniel-Johnson – Manic Cinq pour les intimes –, le Relais Gabriel (km 318) fait non seulement office de dépanneur, hôtel, restaurant et station-service, mais constitue aussi le dernier contact avec la civilisation avant de pénétrer dans les Groulx, une vingtaine de kilomètres plus loin.

Bain mousseux pour les pieds

Dès la sortie de la voiture, on s'enfonce dans une forêt noire d'épinettes. Telles des sentinelles, elles semblent veiller sur les mystères de cette contrée sauvage. Un peu en retrait de la route, le camp Nomade (km 335) est la porte d'entrée d'une aventure dont on ne ressortira qu'une trentaine de kilomètres plus au nord. Une fois le seuil franchi, une nuée de mouches noires accueille le passant d'un bourdonnement de vie. On fait vite connaissance avant de disparaître dans les remous d'un sentier transitoire, vers la quiétude des **hauts plateaux balayés par le vent**.

On monte tranquillement, pataugeant dans une boue glissante, pour enfin atteindre le lac Castor, au pied du premier plateau. On étanchera sa soif au gré des petits étangs d'eau limpide dont il regorge. Des bleuets cueillis à droite et à gauche viendront, quant à eux, compenser la perte de quelques calories.

Les **sommets** dénudés se montrent déjà le bout du nez. À la limite des arbres, les épinettes ne sont plus que de frêles squelettes, témoignant ici et là de la violence des éléments. Seul le lichen semble bien accepter son sort. Sa texture spongieuse donne à chaque pas une étrange impression d'apesanteur. Comme pour parachever cette idée de ce à quoi doit ressembler une marche sur la Lune, la vaste circonférence du lac Cratère du réservoir Manicouagan se révèle au loin. Des cairns, pareils à de petits brigadiers de pierre, indiquent la voie à suivre jusqu'aux abords du lac Quintin. Puis, soudain, plus rien. Le sentier a disparu. Quelques traces de caribous, au mieux...

Les distances peuvent être trompeuses dans ce paysage encore pubère. Heureusement, la croupe du mont Veyrier, du haut de ses 1 104 mètres, offre une visibilité incomparable, à 360 degrés à la ronde, qui permettra de faire le point sur sa situation. Ne reste plus qu'à faire son choix parmi le copieux menu d'itinéraires que propose la carte. Par monts et par vaux, on pourra ainsi se laisser descendre jusqu'au pied du mont Jauffret, son jumeau de **1 065 mètres**, où l'on tentera de débusquer l'autre bout du sentier. Enfin, on distinguera une chaîne de cairns, qui semblent avoir été laissés là par le Petit Poucet pour retrouver son chemin. Un peu plus bas, le sentier devient abstrait, signe du peu de randonneurs qui osent venir jusqu'ici. Il s'engage dans une forêt compacte et sombre, où la nature reprend tous ses droits. Difficile de croire que tout cela mène vers un retour à la civilisation...

Les dunes d'un désert blanc

Arrive **l'hiver**, et les monts Uapashké, nom que les Amérindiens avaient donné à ces montagnes blanches, se transforment en un véritable désert laiteux. Connues aujourd'hui sous le nom des Groulx, en l'honneur d'un chanoine qui n'y a jamais mis les pieds, ces vieilles formes arrondies font partie de l'héritage le plus ancien qu'ont laissé derrière eux les glaciers : le Bouclier canadien. Recouvertes de neige plus de la moitié de l'année, elles prennent des allures de dunes de sable blanc. Sans les lacs et les forêts qui parsèment le territoire, on pourrait vraiment se croire dans un désert. Seule ombre au tableau : la température, qui peut chuter de quelques dizaines de degrés au-dessous de zéro sans crier gare, même en plein mois d'avril ! Ici, ce ne sont pas des tempêtes de sable qui menacent l'itinérant, mais plutôt un blizzard, qui vient noyer tous les repères dans un interminable hurlement blanc.

Lorsque le ciel se dégage, les arbres, recourbés sous le poids de la neige, ressemblent à de petits lutins blancs et rendent l'endroit féerique. Entouré de ce paysage d'avant notre ère, on se sent tout petit, tel un flocon de neige dans l'immensité blanche. Sur cette toile encore vierge, le skieur dessinera sa propre trace. Aucune balise, aucun signe de vie, sauf peut-être les quelques tentes-prospecteurs déposées ici et là chaque année par Michel Denis pour accueillir ses invités, seule entorse à l'autonomie complète. Lorsqu'à la tombée du jour la lumière rose et violette du coucher de soleil vient souligner les corniches à l'horizon, il fait bon s'y retrouver autour du poêle à bois. La nuit venue, des aurores boréales errent dans le ciel, pendant que dorment les pionniers sur un lit de sapinage, les effluves résineuses venant pimenter leurs songes.

Depuis le camp Matshishu, le repaire de celui qu'on surnomme « le loup des Groulx », on remonte un petit ruisseau, sorte de trouée naturelle dans la forêt, pour accéder à un plateau de sommets à saveur onctueuse pour

l'amateur de ski nordique. Le silence est tel que l'on peut entendre voler les perdrix, blanches comme neige. Un dernier vallon ouvre la porte sur un espace qu'on devine déjà sans limites. De multiples croupes prennent alors d'assaut le paysage. Piquetées de bosquets ou d'arbres solitaires, avant de faire place à la toundra sur les sommets, ces immenses meringues laissent place à l'imagination, offrant un choix de trajectoires incomparable à qui veut bien entamer le gâteau.

Mais pas de dessert avant d'avoir tout mangé ! Il faut d'abord penser à monter la tente. Le lac Boissinot, au pied du mont Jauffret, semble tout indiqué pour établir le camp de base. Ainsi, le lendemain, on pourra goûter à pleines carres le glaçage de ces cimes, vierges de toute trace, sans le poids du sac sur le dos. Il faudra se relayer plusieurs fois pour ouvrir la trace, car une bonne dose de poudre semble recouvrir leurs courbes plantureuses. Les efforts ne seront pas vains puisque, sur les crêtes de la toundra, les sommets se succèdent à perte de vue. Et si les montées sont exigeantes, les descentes, elles, sont grisantes.

Au fil des jours, on enchaînera tout naturellement la suite au creux des vallées, vers le mont Veyrier, pour y retrouver un autre havre de paix, un autre terrain de jeu. Puis, rassasié, on rejoindra la rivière Torrent par une série de petits lacs, pour suivre ses méandres au cœur de la forêt. On y cheminera avec circonspection, traversant délicatement les ponts de neige, au risque de se retrouver dans un bouillon glacé. C'est donc avec soulagement qu'on apercevra la route un plus bas, mais aussi avec une pointe de nostalgie au cœur.

- **Association touristique de Manicouagan :** Tél. : (418) 294-2876 ou 1 888 463-5319. Site Web : www.tourismecote-nord.com
- **Indispensable :** la carte « la route TransQuébec Labrador et les monts Groulx » offerte gratuitement à l'ATR Manicouagan.
- **Étendue :** 5 000 km^2.
- **Dénivelé :** Jusqu'à 1 104 m au sommet du mont Veyrier.
- **Sentiers :** Circuit proposé sur la carte de l'ATR. Deux sentiers sont « tracés » : mont Jauffret et lac Quintin.
- **Calibre :** Pour skieurs et randonneurs expérimentés et autonomes. Nécessite une très bonne forme physique. Des connaissances d'orientation avec carte et boussole, de survie en forêt et de secourisme en région éloignée sont essentielles.
- **Hébergement :** Aires de camping aménagées avec bois et eau potable au km 335 et au km 365, plate-forme de tente au lac Castor et un abri (3 murs) au lac Quintin.
- **Camping sauvage permis partout.**
- **Saison :** Randonnée pédestre de la fin de juin au début de septembre. Ski nordique dès la fin d'octobre, jusqu'au début de mai.

Grand Nord

Terres sauvages

Froid, banquise, toundra, isolement et inaccessibilité sont autant de mots qui peuvent être employés pour dépeindre les rigueurs du Grand Nord. Mais n'utiliser que ces derniers serait faire preuve d'un manque de connaissances. Féerie, immensité, aurores boréales et émotions sont aussi synonymes de ce que l'on peut trouver en explorant cette terre sauvage. Au-delà du 49e parallèle, une étendue qui couvre plus de la moitié de la province ne demande qu'à se laisser apprivoiser.

Même si l'homme blanc s'est depuis longtemps approprié ces vastes territoires, les véritables maîtres des lieux restent sans conteste les Cris et les Inuits. Premiers à arpenter l'immensité de ce froid pays qu'est le nôtre, ils ont su exploiter avec ingéniosité les ressources de cet environnement hostile pour assurer leur survie. Héritiers de riches traditions culturelles, ils partagent volontiers leur complicité avec la nature avec qui veut bien épouser leur mode de vie ancestral.

L'été, c'est en **canot** ou en **kayak** que l'on peut parcourir les cours d'eau en leur compagnie, tandis que **l'hiver** il faut tracer son chemin dans la neige en **raquettes**, avec l'aide des **chiens de traîneau** pour transporter le nécessaire à ces escapades dans le temps. Alors que l'on met les pieds dans des mocassins ou des kamik, c'est dans un tout autre monde que l'on se laisse glisser. Un monde sans taches, sans bruit, où les tracas du quotidien n'existent plus. Il ne reste plus qu'à se contenter de vivre, d'apprécier le moment présent et d'ouvrir les yeux devant ce que la nature a de plus beau.

Le soir venu, sous le tipi ou l'igloo construit de ses propres mains, confortablement installé sur un lit de sapinage ou une fourrure de caribou, repu après un bon repas traditionnel au coin du feu, près duquel une femme tanne une peau de bête, on se laisse doucement bercer par les histoires d'un aîné sculptant la pierre à savon, avant de s'endormir la tête pleine de légendes.

Baie James : terre de démesure

Parsemée de lacs et de rivières, cette immense portion de territoire n'est pas sans rappeler l'image du coureur des bois du siècle dernier, à l'époque de la traite des fourrures avec la Compagnie de la Baie d'Hudson. Depuis, plusieurs villages ont vu le jour, voués à l'exploitation des ressources naturelles, abondantes dans la région. D'autres villages ont disparu, mais le même sentiment de liberté reste présent face à la grandeur des éléments lorsque, par la route du Nord, on pénètre dans les profondeurs de la forêt.

L'expression « aller à Chibougamau » prend ici tout son sens, alors que tiré par une meute de chiens de traîneau, on voit s'éloigner les dernières traces de la civilisation sous un treillis d'épinettes noires, de pins blancs et de peupliers.

Tissée à même le lichen, cette cloison protège les trésors d'un sous-sol riche en minerais, mais aussi les secrets d'une faune généreuse, où lièvres, visons, hermines, loutres, martres, lynx, renards, loups, carcajous, ours noirs, orignaux et caribous jouent à cache-cache au gré des saisons.

Bien qu'elle représente une ressource forestière et minière quasi inépuisable, la baie James est avant tout une grande réserve d'eau. Au cœur de la plus grande réserve faunique québécoise – celle des lacs Albanel, Mistassini et Waconichi –, une véritable mer intérieure attend les amateurs de **kayak**. Atteignant les 176 kilomètres lorsqu'il s'étend de tout son long, et parfois jusqu'à 20 kilomètres de large, le lac Mistassini est la plus grande étendue naturelle d'eau douce au Québec. Ses côtes dentelées laissent au passage de nombreuses îles à explorer.

Outre ses étendues d'eau notoires, la baie James recèle d'autres trésors, moins connus ceux-là. C'est le cas des monts Otish. Culminant à plus de 1 000 mètres au-dessus de l'horizon, ces sommets enneigés une bonne partie de l'année dominent la région, faisant office de frontière naturelle entre la baie James et ses voisins, la Côte-Nord (Duplessis) et le Saguenay–Lac-St-Jean. Depuis ce poste d'observation élevé, les **randonneurs** peuvent apercevoir, au creux des vallées, des lacs aux tons de bleu et de vert, rappelant les eaux turquoise du lac Louise, en Alberta. En hiver, ces cimes sculptées dans le roc accrochent tous les nuages qui croisent leur chemin pour récompenser les rares skieurs de randonnée qui osent s'y aventurer d'une bonne dose de neige fraîche où les traces restent toujours à faire.

Histoire de redescendre sur terre, on peut aussi emprunter la route de la Baie-James pour partir à la conquête de l'Ouest. Au kilomètre 6, Matagami accueille tous les visiteurs sans exception. Un peu plus loin, un sentier sauvage permet d'atteindre le sommet du mont Laurier, véritable belvédère sur la forêt boréale et toute sa splendeur, sans oublier le lac Matagami, dont les plages de sable doré invitent à la détente sous le chaud soleil estival de la Jamésie.

Encore PLUS

Baie James

- **Tourisme Baie-James :** (418) 745-3969 ou 1 888 745-3969
  Courriel : info@tourisme-baie-james.qc.ca
- **L'Association Crie de Pourvoirie et de Tourisme**, ou la Cree Outfitting and Tourism Association (COTA) : (418) 745-2220 ou 1 888 268-2682
  Site Web : www.creetourism.ca
- **Autre site Web intéressant :** www.municipalite.baie-james.qc.ca
- **Les monts Otish :** Accessibles en skis, en raquettes ou à pieds. Il est toutefois recommandé de faire appel à un guide qui connaît bien ce territoire sauvage. Quelques chalets sont disponibles sur place, mais il faut d'abord s'y rendre en avion. Pour ce faire, contactez L'hôtellerie CEPAL en composant le (418) 547-5728 ou le 1 800 361-5728.
  Site Web : www.cepalaventure.com.

Mais ce n'est pas tout ! En matière de lacs et de rivières, la région de la baie James est intarissable. La rivière Rupert, avec ses rapides de gros calibre qui se jettent dans la grande baie, ravira les mordus d'**eau vive**. La baie elle-même, une fois la saison froide venue, se fige sous les glaces, au plus grand plaisir des explorateurs qui se lancent chaque année dans une longue traversée à skis de ce plancher flottant aux allures polaires.

Comme si ce n'était pas assez, on a cru bon d'inonder d'immenses territoires, pour ainsi assurer la survie de cette ressource précieuse qu'est l'eau pour l'homme. Passer sous silence des installations hydroélectriques monumentales comme le complexe La Grande reviendrait pour ainsi dire à parler de Paris sans mentionner la tour Eiffel. Un sentier pédestre aménagé le long du complexe Robert-Bourassa (LG2) permet d'admirer le génie québécois. Taillé à même le Bouclier canadien, l'évacuateur de crues, que l'on a surnommé l'« escalier du géant », surprend par sa majesté. Du haut du barrage, équivalent à un immeuble de 53 étages, le portrait est complet. Mais c'est en canot ou en kayak de mer que se dévoile l'ampleur de ce que l'on pourrait presque appeler « La Création ». Sur le réservoir La Grande 3, des kilomètres et des kilomètres d'eau retenue prisonnière s'ouvrent devant la proue du pagayeur, qui ne trouvera son repos que le septième jour...

Nunavik : au pays des Inuits

Pour les Inuits, la terre n'appartient à personne. Le Nunavik est le royaume incontesté de l'ours polaire, du phoque et du bœuf musqué, et le repaire du plus grand troupeau de caribous au monde. Ici, les animaux terrestres peuvent encore errer dans les vastes étendues de la toundra sans être perturbés par l'activité humaine. Dès les premiers pas hors du va-et-vient de Kuujjuaq, la « métropole » nordique, le dépaysement est total. Les arbres ne sont plus que l'ombre d'eux-mêmes et rampent au sol.

Bordé à l'ouest par la baie d'Hudson, au nord par le détroit d'Hudson et à l'est par la baie d'Ungava, le Nunavik n'est plus qu'un **désert blanc** lorsque l'hiver vient s'y installer. Le ciel se mêle à la terre pour ne former plus qu'un horizon sans fin. Les précieux rayons de soleil cèdent leur place au spectacle ensorcelant des aurores boréales, qui continuent d'illuminer le ciel arctique de ses couleurs chatoyantes longtemps après la tombée du jour. Les hurlements sauvages de cette terre lointaine, tapissée de paysages majestueux, sont seuls à venir troubler la sérénité qui règne en ces lieux au fil des kilomètres de banquise, qui glissent sous les skis ou les patins du traîneau tiré par une meute de chiens nordiques.

L'été, les fleurs sauvages bourgeonnent en une profusion de coloris, et une nuée d'oiseaux migrateurs revient égayer la région de son hymne à la vie. Tout redevient alors possible : suivre les traces laissées par les caribous en vélo de montagne, se balader en kayak de mer parmi les icebergs ou dans les eaux glaciales des fjords qui ornent la côte. Du morse bien dodu au jovial béluga, tous sont au rendez-vous, y compris le mystérieux narval. Les multiples rivières qui serpentent la nature sauvage du Nunavik offrent aussi d'innombrables possibilités à qui n'a pas peur de se mouiller, que ce soit en **canot** ou en **kayak de rivière**.

Les amateurs de vagues seront aussi heureux d'apprendre que le bassin aux Feuilles, sur le bord duquel le petit village de Tasiujaq est planté, rivalise avec la baie de Fundy en matière de marées. Bien que cette dernière détienne toujours le record des plus grandes marées au monde, les Inuits pourront peut-être bientôt se targuer de détenir ce titre, des mesures ayant été prises révélant quelques 10 centimètres au-dessus de la barre jusque-là fixée à 16 mètres. À suivre...

Les Inuits n'étant pas du genre à se pavaner pour faire étalage de leur patrimoine, la beauté naturelle du décor dans lequel ils se contentent de survivre depuis la nuit des temps s'en charge pour eux. Lorsqu'il s'agit d'épater la galerie, c'est le cratère des Pingualuit qui remporte la palme. Situé à près de 100 kilomètres au sud-ouest de Kangiqsujuaq, ce lac pratiquement circulaire, d'un diamètre d'environ 3,4 kilomètres et d'une profondeur de 267 mètres, dont la pureté de l'eau est reconnue de par le monde, a été formé par la chute d'une météorite, il y a de cela 1,3 million d'années.

Unique au monde, ce site d'une beauté incomparable, vaut à lui seul le déplacement. Il s'agit seulement de s'y rendre... à tire-d'aile ! Du moins pour l'instant, car cet auguste lieu est sur le point de devenir le premier des parcs provinciaux à être créés au Nunavik dans les prochaines années. D'ici là, on verra peut-être pousser quelques refuges le long d'un sentier qui pourrait devenir un défi intéressant pour les randonneurs qui daigneront user leurs souliers au cours de ses nombreux miles à pied.

Tout récemment, les dirigeants inuits ont conclu une entente avec le gouvernement du Québec pour développer un réseau de parcs, afin de protéger les richesses uniques que possède le Nunavik. Outre le cratère des Pingualuit, le lac Guillaume-Delisle et le lac à l'Eau Claire, tous deux situés près du village d'Umiujaq, aux abords de la baie d'Hudson, deviendraient ainsi le plus grand parc du Québec et, par le fait même, une destination de choix pour les amateurs de canot et de kayak.

Nunavik

- **Association touristique du Nunavik :** (819) 964-2876 ou 1 888 594-3424 Courriel : a.johannes@nunavik-tourism.com. Site Web : www.nunavik-tourism.com
- **L'agence de voyage officielle du Nunavik :** Voyages FCNQ, au 19950, avenue Clark Graham, Baie d'Urfé, H9X 3R8. Tél. : (514) 457-2236 ou 1 800 463-7610 Courriel : avanfcnq@total.net. Site Web : www.voyagesfcnq.com
- **Pour s'y rendre :** First Air offre des vols quotidiens depuis Montréal jusqu'à Kuujjuaq. Pour réserver, composez le 1 800 267-1247 ou écrivez à rerservat@firstair.ca. Air Inuit offre aussi des vols depuis Montréal vers la côte de la baie d'Hudson et assure la liaison entre les 14 villages du Nunavik. Pour réserver, composez le 1 800 361-2965 ou écrivez à tickets@airinuit.com.
- **Hébergement :** La Fédération des coopératives du Nouveau-Québec (FCNQ) possède des hôtels dans chacun des villages du Nunavik. Pour réserver, composez le (514) 457-9371 ou le 1 800 363-7610.
- Pour plus d'information sur le Nunavik, visitez le **Centre d'information du Nunavik**, au 1204, place Montcalm, à Québec. Tél. : (418) 522-2224. Courriel : nunavik@qc.aira.com
- Pour en savoir plus long sur le **développement des parcs provinciaux du Nunavik**, contactez l'Administration régionale Kativik (ARK) au (819) 964-2961.

Niché au creux de falaises escarpées, qui ne sont nulles autres que les cuestas les plus élevées de la province du haut de leurs 365 mètres de moyenne, cet endroit pourrait aussi faire le bonheur des grimpeurs, pour peu qu'ils connaissent les techniques de premier de cordée. Plus qu'un simple lac, l'immense plan d'eau parsemé d'îles qu'est le lac Guillaume-Delisle – que les Inuits appellent « Tasiujaq », à ne pas confondre avec le village du même nom – ressemble en fait à un fjord triangulaire, sa superficie atteignant les 712 kilomètres carrés. Mais ce n'est rien en comparaison avec son voisin, le lac à l'Eau Claire, qui lui porte le nom d'« Allait Qasigialingat » en Inuktitut. Constitué de deux bassins formés par un impact météoritique double, il atteint les 1 243 kilomètres carrés, ce qui en fait le deuxième plus grand lac naturel du Québec. Ce n'est pas tout ; cette immense piscine est aussi la propriété privée d'une population de phoques bien nantis, chose très singulière pour une nappe d'eau douce ! Bien que ce phénomène soit difficile à expliquer avec certitude, on croit que ces gentils loups marins y auraient échoué lors de la fonte des glaciers. Bref, avec tous ces atouts en main, il n'est pas étonnant qu'on veuille en faire un parc provincial !

À l'Est du Nunavik : les monts Torngat

Pour les Inuits, les monts Torngat sont la demeure des mauvais esprits. Se dressant à l'extrême droite du Nunavik, cette contrée hostile, patrie des neiges éternelles, est peuplée d'un cortège d'auges et de cirques glaciaires, de vallées suspendues et de fjords à n'en plus finir. Sa plus haute cime, le mont D'Iberville, monte la garde, comme pour protéger les âmes pures qui osent s'aventurer sur ces terres occultes. Du haut de ses 1 646 mètres, il est aussi le « sommet » du Québec, une des raisons pour laquelle ce coin de pays fera lui aussi l'objet d'un parc provincial, si l'on arrive à en chasser les fantômes qui le hantent...

En remontant la rivière Koroc au départ de Kangiqsualujjuaq, on se retrouve vite nez à nez avec cette barrière imposante, sorte de frontière naturelle entre la péninsule d'Ungava et le Labrador. Au creux de la vallée de la rivière Koroc, seul passage pour qui ne veut pas tenter l'impossible, les quelques pistes qui sillonnent la taïga offrent un contraste saisissant avec les crêtes dénudées, qui font place au silence sans fin de la toundra. Mais pour peu que l'on troque les bottes de marche pour des chaussons d'escalade, les sommets en aiguille réservent un panorama imprenable sur toute la chaîne de montagnes, la plus haute à l'est du continent.

Bien que l'été sous le soleil de minuit soit une saison fort appréciée des randonneurs, quoiqu'un peu courte, le **printemps** n'en demeure pas moins le « must » pour les traversées à skis. Tandis que les températures se font plus clémentes après le long hiver arctique, la neige reste encore très présente et les moustiques, eux, ne sont pas encore en service. La nature s'éveille doucement et il n'est pas rare de croiser des traces de loups sur son chemin ou d'apercevoir une horde de caribous en train de paître en bas dans le canyon.

Malgré ce que les Inuits peuvent en dire, les Torngat font preuve de bonne volonté lorsqu'il s'agit de charmer le regard. Mais bon, un randonneur averti en vaut deux ! Une carte et une boussole ne sont jamais de trop lorsque les « mauvais esprits » se mettent de la partie.

Basse–Côte–Nord

Briser l'isolement du littoral

Côtoyant le fleuve Saint–Laurent pour atteindre les limites du Labrador, la Basse–Côte–Nord réserve un accueil des plus chaleureux au visiteur qui veut bien s'en donner la peine. Depuis Natashquan, terre natale de Gilles Vigneault, aucune route ne relie les quelque 15 villages — francophones, anglophones ou montagnais — dispersés le long du littoral jusqu'à Blanc–Sablon.

L'hiver, le transport par bateau étant bloqué par les glaces, la motoneige permet aujourd'hui de briser cet isolement alors qu'autrefois, les gens demeuraient coupés du reste du monde pendant de longs mois. C'est ainsi que des hommes comme Jos Hébert, légende locale, s'en allaient distribuer le courrier en traîneau à chiens, semant la joie au cœur des familles autrement sans nouvelles de leurs proches. Sur les traces de ces hommes, il est désormais possible, en **traîneau à chiens**, de parcourir la banquise et les bras de mer gelés et d'aller ainsi à la rencontre des habitants, heureux de revivre ce passé — encore bien présent — avec le voyageur. Les plus valeureux pourraient même décider d'explorer ces grands espaces à **skis**, tirant une pulka (entre deux « portages » en forêt) sur les grandes étendues blanches que deviennent les baies. Bien que l'altitude excède rarement les 150 mètres, le paysage peut facilement prendre des airs de toundra et la vue, depuis le haut des plateaux fouettés par le vent, porte loin.

Lorsque au printemps les **icebergs** viennent à mourir, cette terre en apparence si dénudée reprend vie. La frange de ce littoral morcelé par les marées devient un véritable paradis marin dont seule l'incroyable liberté que procure le **kayak de mer** permet de percer les mystères. La beauté sauvage de la Basse–Côte–Nord ouvre alors grand ses bras, ses archipels se succédant l'un après l'autre, l'air salin se chargeant de conjurer le sort des navigateurs étourdis par tant de découvertes. Huards, pétrels, cormorans, eiders, petits pingouins, guillemots et macareux battent des ailes pour signifier leur enthousiasme, tandis que rorquals à bosse, épaulards, loups marins et marsouins viennent saluer de près les nouveaux venus. Quant à la **baleine bleue** qui règne sur les flots, elle est plus timide et préfère rester sous l'eau. Enfin vient le temps de se reposer, d'aller s'échouer quelque part sur un banc de sable, de prendre le temps de marcher, de lire ou de rêver, sur ces îles hors du temps.

Encore PLUS

- **Association touristique de Duplessis :** 312, av. Brochu, Sept–Îles, G4R 2W6 Tél. : (418) 962–0808 ou 1 888 463–0808. Site Web : www.tourismecote-nord.com
- **Tours Innu** offre des produits touristiques en compagnie de Montagnais du peuple autochtone occupant la région. Pour plus d'information, communiquer avec le (418) 843–5151 ou, en ligne, avec info@toursinnu.com
- **Par bateau :** D'avril à janvier, le *N/M Nordik Express* offre un service hebdomadaire et dessert la plupart des villages de la Basse–Côte–Nord à partir de Rimouski, Sept–Îles, Havre–Saint–Pierre ou Natashquan, selon le choix. Pour réservations, communiquer avec **Relais Nordik** Inc. soit au (418) 723–8787, soit au 1 800 463–0680
- **Par avion : Aviation Québec Labrador** dessert la plupart des villages de la Basse–Côte–Nord avec des vols réguliers à partir de Sept–Îles ou Natashquan, selon le choix. Pour réservations, communiquer avec le (418) 962–7901 ou le 1 800 463–1718. Aviation Québec Labrador offre aussi des vols nolisés au (418) 962–5163, ainsi que Aéropro au (418) 961–2808
- L'hiver, Transports Québec entretient un **sentier balisé** dès que les conditions d'enneigement et l'épaisseur de la glace le permettent. Pour plus d'information, communiquer avec le (418) 533–2353 ou, pour connaître la date d'ouverture du sentier, avec le (418) 295–4765

Méconnues ou négligées, les destinations près de chez soi nous procurent, pour quelques heures ou une journée, des évasions dont la diversité et la qualité impressionnent. Pour du grand air au bout des doigts !

Destinations éclairs

Montréal

Métro, boulot, plein air

Quiconque s'est déjà baladé à pied dans les sous-bois du mont Royal a déjà eu cette sensation d'être à la fois à l'autre bout du monde et à quelques kilomètres de chez lui. Autour, la végétation dense contraste avec la silhouette des gratte-ciel à l'horizon. À Montréal, une quantité impressionnante de parcs représentent autant d'endroits où l'on peut prendre plaisir à s'évader lors d'un après-midi de congé... ou lors d'un de ces week-ends où l'on n'a pas envie de faire des centaines de kilomètres avant d'arriver au sentier. Les parcs de la nouvelle Ville de Montréal (anciennement la C.U.M.) sont aussi des havres parfaits pour une balade en famille suivie d'un pique-nique. Été comme hiver, ces parcs offrent en effet un large éventail d'activités accessibles à tous.

Les parcs-nature

Le territoire de la nouvelle Ville de Montréal comprend un réseau de parcs-nature qui demeurent accessibles au public, été comme hiver. Ces parcs sont des endroits idéaux pour pratiquer des activités à caractère familial : la randonnée à pied ou à vélo et le pique-nique durant l'été, le ski de fond et le patin durant l'hiver. Bien qu'offrant un défi sportif limité, les parcs-nature permettent de passer d'un milieu urbain à un milieu naturel en quelques minutes, pour le prix d'un ticket de métro. Qui dit mieux? On peut se procurer une mine d'informations (activités, cartes) en se rendant au site Web http://services.ville.montreal.qc.ca/parcs-nature ou en appelant au (514) 280–PARC.

Plusieurs partenaires sont associés au réseau des parcs-nature de Montréal. Ils interviennent aussi bien au niveau de l'interprétation de la nature, comme avec le Groupe uni des éducateurs pour l'environnement (www.guepe.qc.ca), qu'au niveau des activités de plein air proprement dites comme le propose la Patrouille Nature (www.patnat.com). Vous trouverez également, sur le site Web de la Ville de Montréal, la liste des activités offertes par les huit entreprises partenaires des parcs-nature.

Parc-nature de la Pointe–aux–Prairies

Ce vaste parc de 261 hectares est situé à la pointe est de l'île de Montréal. On y retrouve de la forêt, des champs et des marais. Au total, 14 kilomètres de pistes cyclables sillonnent le parc, et il est possible de louer un vélo sur place. Le parc-nature de la Pointe–aux–Prairies est aussi un endroit magnifique pour la randonnée : 17 kilomètres de sentiers (de niveau facile) permettent aux randonneurs de parcourir les seuls boisés matures à se trouver à l'est du mont Royal. On peut y observer le grand duc d'Amérique ainsi que 150 autres espèces d'oiseaux. L'hiver, 23

kilomètres sont tracés pour le ski de fond et il est possible de louer sur place des skis et — pour les deux kilomètres de sentiers dédiés qui permettent d'en faire l'expérience — des raquettes. Tous les sentiers sont de niveau facile. On peut également profiter de la butte de glissade pour le plaisir des petits comme des plus grands.

- Chalet Héritage : 14905, rue Sherbrooke Est
  Tél. : (514) 280-6691

Parc-nature de l'Île-de-la-Visitation

Ce petit parc de 34 hectares est situé dans le secteur Sault-au-Récollet, près de l'angle que forment le boulevard Saint-Michel et le boulevard Gouin, au cœur du quartier Ahuntsic. Six kilomètres de sentiers sont dédiés à la randonnée pédestre durant l'été, et neuf kilomètres pendant la saison hivernale. La piste cyclable qui longe la rivière des Prairies traverse le parc sur une distance de 2,5 kilomètres. Il est également possible de s'initier au patin à roues alignées puisqu'il s'y trouve un service de location. L'hiver, huit kilomètres sont tracés pour le ski de fond : on peut louer des skis sur place. On peut aussi faire la visite de la maison du Pressoir et de la maison du Meunier, deux bâtiments historiques qui sont situés dans le parc.

- Chalet d'accueil : 2425, boulevard Gouin Est
  Tél. : (514) 280-6733

Parc-nature du Bois-de-Liesse

Situé sur le boulevard Gouin, à la hauteur de l'autoroute 13, le parc-nature du Bois-de-Liesse est une large enclave de 159 hectares de verdure au milieu de la ville. Douze kilomètres de sentiers de randonnée pédestre (de niveau facile) sont accessibles aux randonneurs durant l'été. Huit kilomètres de piste cyclable en terre battue sont aussi accessibles, avec location de vélos. L'hiver, 4,6 kilomètres sont réservés pour la marche, tandis que 18 kilomètres sont dédiés au ski de fond et 1,5 kilomètres à la pratique de la raquette. Dans le secteur de la Péninsule, situé près de la rivière des Prairies, une piste de deux kilomètres est réservée à la pratique de la technique du pas de patin. Par ailleurs, il est possible de louer des skis et des raquettes sur place. Près de l'accueil, on retrouve aussi une butte sur laquelle les enfants peuvent glisser.

- Maison Pitfield, accueil au public :
  9432, boulevard Gouin Ouest
  Tél. : (514) 280-6729

Parc-nature du Bois-de-l'Île-Bizard

Situé sur l'île Bizard, au nord-ouest de l'île de Montréal, le parc-nature du Bois-de-l'Île-Bizard regorge d'attraits exceptionnels comme une immense passerelle, longue de 406 mètres, que l'on emprunte pour franchir un marais, au départ des sentiers. Le parc est divisé en deux zones distinctes. Adjacent au lac des Deux Montagnes, le secteur de la Pointe-aux-Carrières représente le point d'accueil du parc : on y retrouve notamment une plage de sable naturel et la tête de tous les sentiers. On peut y louer des canots et des embarcations à pédales. Dans la partie sud du parc, on retrouve un secteur plus boisé où les marécages abondent. On y retrouve 10 kilomètres de sentiers pour la randonnée et le vélo (et des vélos se louent sur place). L'hiver, un total de 20 kilomètres est tracé pour le ski de fond (et des skis se louent également sur place). Une section de deux kilomètres est spécialement damée pour permettre la pratique de la technique du pas de patin.

- Chalet d'accueil : 2115, chemin du Bord-du-Lac (île Bizard)
  Tél. : (514) 280-8517

Parc-nature du Cap-Saint-Jacques

Avec ses 288 hectares, le parc-nature du Cap–Saint–Jacques s'avère le plus grand des parcs du réseau de la nouvelle Ville de Montréal. Situé dans le nord-ouest de l'île, il est moins connu que les autres parcs montréalais se trouvant plus près du centre-ville. Mais ceux qui s'aventureront jusque dans cette presqu'île isolée ne seront pas déçus : 17 kilomètres de sentiers de randonnée sillonnent le décor boisé du parc, situé à la rencontre du lac des Deux Montagnes et de la rivière des Prairies. Il est possible de louer un canot ou une embarcation à pédales pour aller voir de plus près l'environnement aquatique du parc. Une piste cyclable de 7 kilomètres y a été aménagée ainsi qu'une piste de 5 kilomètres pour la pratique du patin à roues alignées. L'hiver, le réseau des pistes de ski fond s'étend sur 32 kilomètres et le parc offre la location de skis. La piste la plus longue (10,5 kilomètres) fait le tour du parc en longeant les berges du lac des Deux Montagnes et de la rivière des Prairies. Avis aux intéressés : le territoire du parc compte même une cabane à sucre et une ferme écologique !

- Chalet d'accueil : 20099, boulevard Gouin Ouest (Pierrefonds)
  Tél. : (514) 280–6871

Parc-nature de l'Anse-à-l'Orme

Ce parc de 42 hectares (tout en longueur) situé à l'extrémité ouest de l'île de Montréal fait face au lac des Deux Montagnes. Les amoureux des sports nautiques pourront y pratiquer la planche à voile et le dériveur et profiter ainsi des vents dominants d'ouest. Une aire de pique-nique, des douches extérieures et deux rampes de mise à l'eau sont à votre disposition.

- Bureau administratif :
  190, chemin du Cap–Saint–Jacques (Pierrefonds)
  Tél. : (514) 280–6784

Parc du Mont–Royal

Quand on marche vers l'ouest sur l'avenue Mont–Royal, le regard se pose inévitablement sur la montagne qui bloque l'horizon. Enfin, si les Montréalais disent « montagne », c'est bien parce qu'à 233 mètres, leur mont Royal n'a pas beaucoup de compétition sur l'île. Un incontournable de la vie montréalaise, le mont Royal est un îlot de verdure planté au milieu des gratte-ciel. Jalousement préservé depuis 1876 des projets de construction qui auraient tôt fait de le défigurer, le mont Royal permet aux Montréalais de prendre la clé des champs et de goûter aux joies du plein air à quelques coins de rue de chez eux. Le mont Royal comporte trois sommets : la colline de la Croix (où sont situés les sentiers de randonnée), la colline d'Outremont et la colline Westmount. Une trentaine de kilomètres de sentiers s'offrent aux randonneurs. Des escaliers en bois ont été construits aux passages les plus abrupts, ce qui facilite grandement la randonnée. Il ne faut surtout pas manquer le belvédère, cette immense terrasse située au sommet, qui offre un point de vue unique sur les gratte-ciel du centre-ville. Pour s'y rendre, on emprunte le chemin Olmsted (6,5 kilomètres), une route en poussière de roche qui serpente jusqu'au sommet. Chemin faisant, il est possible d'emprunter des petits sentiers abrupts qui s'enfoncent directement dans le bois, vers le sommet. Le chemin Olmsted est également praticable en vélo : c'est d'ailleurs l'unique endroit du parc où les vélos sont tolérés. L'hiver, 20 kilomètres de pistes sont tracés pour le ski de fond. Pour

se rendre au sommet, le sentier le plus facile est celui qui longe le chemin Olmsted, tandis que les autres sentiers, comme le sentier du Piedmont, pénètrent dans le bois et sont plus accidentés. Près de la maison Smith (à laquelle on accède par la voie Camillien-Houde), on retrouve un anneau damé pour la pratique de la technique du pas de patin. Sur place, on peut louer des skis de fond ainsi que des raquettes. Il est aussi possible de patiner sur le lac aux Castors. Fermeture : minuit.

- Centre de la Montagne (maison Smith)
  Tél. : (514) 843-8240

Parc Jean-Drapeau

Situé au milieu du fleuve Saint-Laurent, le territoire du parc Jean-Drapeau (anciennement le parc des Îles) s'étend sur les îles Notre-Dame et Sainte-Hélène. Si ces îles sont d'abord et avant tout connues pour leurs attractions populaires comme la Ronde, le Casino de Montréal et le circuit Gilles-Villeneuve, elles n'en demeurent pas moins une destination prisée par les amateurs de plein air. Une multitude de sentiers plus ou moins définis sillonnent les îles : on n'a qu'à se laisser guider par ses pas ! Le vélo et le patin à roues alignées sont également très populaires. La plage des îles représente un incontournable : on s'y baigne dans l'eau du fleuve, qui est filtrée par une série de plantes aquatiques. Il ne faut pas non plus manquer le jardin des Floralies, un des plus spectaculaires de la région métropolitaine : en tout, 26 hectares sont aménagés par les plus grands architectes paysagistes du monde !

- Tél. : (514) 872-6120

Parc Maisonneuve

À deux pas du Stade olympique, dans l'est de Montréal, le parc Maisonneuve est une vaste étendue parsemée de quelques coins boisés. Il est traversé par un réseau pédestre

de 18 kilomètres de long. L'été, on peut y faire du vélo et de la marche; l'hiver, du ski de fond et du patin. On peut également en profiter pour visiter le Jardin botanique, situé juste à côté du parc.

- Tél. : (514) 872-6555

Parc Angrignon

Avec ses 140 hectares, le parc Angrignon est aussi vaste que le Vatican ! Mais, n'ayez crainte, il est beaucoup moins fréquenté. Situé près de l'ancienne ville de LaSalle, dans le sud-ouest de Montréal, le parc Angrignon comprend environ 10 kilomètres de sentiers de randonnée pédestre. Le relief y est plat, mais la végétation y est dense. L'hiver, les pistes sont aménagées pour la pratique du ski de fond. Attenante au parc, la ferme Angrignon offre une variété d'activités pour les enfants.

Tél. : (514) 872-3816

L'arboretum Morgan

Avec ses 245 hectares, l'arboretum Morgan est le plus grand du Canada. Situé dans l'ancienne ville de Sainte-Anne-de-Bellevue, sur la pointe ouest de l'île de Montréal, il appartient aujourd'hui à l'université McGill qui étudie la richesse de sa faune et de sa flore. Il a été légué à l'université par la famille Morgan qui était à l'origine des célèbres magasins du même nom. L'arboretum renferme plus de 150 essences d'arbres (bouleau, sapin baumier, tilleul, etc.) ainsi que 200 espèces d'oiseaux, tant sédentaires que migrateurs. Pourquoi ne pas réserver les services d'un des naturalistes du parc pour démystifier le tout ? On peut également se procurer une brochure d'auto-interprétation et se diriger soi-même à travers les 19 kilomètres de sentiers offerts pour la randonnée pédestre. L'hiver, on peut y faire du ski de fond sans compter que plusieurs activités sont organisées pour faire découvrir le parc à toute la famille.

150, chemin des Pins (Sainte-Anne-de-Bellevue)
Tél. : (514) 398-7811
Site Web : http://www.total.net/~arbo

Montréal et environs

Parc national des Îles–de–Boucherville

Partir en plein air à moins de 10 kilomètres des tours de bureaux du centre-ville? C'est ce que propose le parc national des Îles–de–Boucherville. Situé au milieu du fleuve Saint–Laurent, il offre un paysage varié allant des grèves rocailleuses aux champs étendus, des zones boisées aux aires aménagées pour le pique-nique et la détente. Lorsqu'on circule en **kayak de mer** ou en **canot** dans les chenaux, on jurerait être à des lieues de toute civilisation.

Le parc comprend **cinq îles:** l'île Sainte–Marguerite, l'île à Pinard, l'île de la Commune, l'île Saint–Jean et l'île Grosbois. Elles sont reliées par un bac à câble et par des petits ponts, ce qui en fait une belle destination pour la promenade. Le parc national des Îles–de–Boucherville est un endroit privilégié pour faire du vélo, du canot et du kayak ou tout simplement pour faire une marche dans le calme, sans voiture pour venir gâcher le paysage... En tout, **24 kilomètres de sentiers** permettent aux cyclistes et aux marcheurs de visiter trois des cinq îles du parc.

Aux îles de Boucherville, l'auto-interprétation est à l'honneur. Le long de la piste cyclable, 14 panneaux d'interprétation permettent aux visiteurs de se familiariser avec la faune et la flore environnantes. L'exposition *Un chapelet d'îles au cœur du grand fleuve*, située au Centre d'interprétation et de services, donne une vue d'ensemble des richesses et des particularités touchant le territoire du parc. Également, une brochure explicative permet aux canoteurs et aux kayakistes d'en apprendre davantage sur l'environnement aquatique. Plus d'une dizaine de kilomètres, sans difficulté particulière, leur sont ainsi accessibles.

Dès la fin d'avril, et ce, jusqu'à la mi-octobre, les gardiens du parc offrent la possibilité de participer à des randonnées guidées sur différents thèmes. Que ce soit à pied, en balade motorisée ou en rabaska (grand canot de 10 à 12 places), ils démystifient la vie animale, la vie végétale ainsi que l'histoire du parc.

L'hiver, en plus de pouvoir pratiquer de façon autonome leurs activités de plein air favorites (**randonnée pédestre sur neige, raquette et ski nordique**), les visiteurs bénéficient d'une programmation d'activités guidées d'interprétation de la nature et de plein air. Ainsi, *Pleine lune et raquette*, *La nature en hiver* et *Initiation à la raquette* représentent quelques exemples des activités offertes. Mais attention aux bourrasques: on les dit redoutables. Après tout, on est au milieu du fleuve!

Encore PLUS

- **Parc national des Îles–de–Boucherville:** Tél.: (450) 928–5088 Site Web: www.sepaq.com
- **Kayak:** Des cours d'initiation sont offerts (info au Centre d'interprétation et de services) et une rampe de mise à l'eau est mise à la disposition des kayakistes et des canoteurs possédant leur propre embarcation.
- **Location:** Vélo, vélo-remorque, remorque pour bébé, canot, kayak de mer et rabaska.
- **Famille:** Des modules de jeux sont situés près des tables à pique-nique, à proximité du stationnement.

Laval

Rivière des Mille Îles

La Belle inconnue

De Montréal, chrono en main, on met à peine 30 minutes pour se rendre dans le parc de la Rivière-des-Mille-Îles, sur les berges de la rivière du même nom. Rapidement, le **canot** est à l'eau et les premiers coups de pagaie font fuir un grand héron. Nous sommes au milieu de la rivière, entre deux îles. Seul un bruit de fond de circulation nous rappelle la présence de la ville toute proche.

La rivière des Mille Îles sert de frontière nord à Laval. Étonnamment, 210 espèces d'oiseaux, 50 espèces de poissons, 46 espèces de mammifères et 28 espèces de reptiles y ont élu domicile. Des zones dignes des bayous de la Louisiane, des érablières argentées, des herbiers, des marais; différents **écosystèmes** ont fait leur nid dans les méandres de la rivière et sur la centaine d'îles qui la parsèment sur ses 40 kilomètres.

À tribord, le pont Marius-Dufresne et la route 117; à bâbord, le pont Gédéon-Ouimet, qui supporte l'autoroute des Laurentides. Entre les deux, en dessous et débordant même vers l'est et l'ouest, le parc de la Rivière-des-Mille-Îles porte avec fierté le statut particulier d'îlot de nature au cœur de la ville. L'Indiana Jones urbain part à la découverte de la rivière en **rabaska** s'il a une famille nombreuse (jusqu'à 12 personnes), les couples partent en **canot** et les célibataires en **kayak**... ou encore en pédalo pour les amateurs de stabilité (location sur place). Pour faciliter la découverte des différents écosystèmes de la rivière, les gestionnaires du parc de la Rivière-des-Mille-Îles ont concocté des circuits guidés. Ceux-ci peuvent se parcourir en compagnie d'un naturaliste ou en solitaire à l'aide d'un plan détaillé.

Quand on donne ses premiers coups de pagaie, la rivière semble étroite. L'île Gagnon cache la berge opposée; elle fait simplement partie de la vingtaine d'îles qui parsèment le parc, dont une dizaine possèdent depuis 1998 le statut de refuge faunique. Quand le niveau de l'eau est élevé, il n'est pas rare de pagayer entre les érables, et la rivière prend alors des allures de bayou.

Plus à l'ouest, on peut accoster sur une **plate-forme flottante** au milieu d'un marais: en regardant d'un peu plus près, on est surpris de la vie qui anime ces eaux calmes, une manière de ne pas oublier que les marais agissent comme de véritables filtres. L'hiver, le parc de la Rivière-des-Mille-Îles gèle et il devient possible de faire du **ski de fond** d'une île à l'autre. Treize kilomètres de sentiers destinés à la pratique de cette activité traversent quatre îles. On peut également pratiquer la **marche**, la **raquette** et le pas de patin sur un circuit plat et damé de sept kilomètres. Une patinoire de un kilomètre est aménagée entre la forêt de l'île Darling et le village du vieux Sainte-Rose. On peut louer des luges sur place. On retrouve aussi un relais chauffé et des toilettes.

Les véritables adeptes de l'entraînement apprécieront le **laissez-passer saisonnier** valide au parc de la Rivière-des-Mille-Îles ainsi qu'au centre de ski de fond les Coureurs de Boisés, situé dans le bois Duvernay (également à Laval), où 25 kilomètres de sentiers attendent les fondeurs.

Encore PLUS

- **Parc de la Rivière-des-Mille-Îles :** 345, boul. Sainte-Rose, Laval. (450) 622-1020 – www.parc-mille-iles.qc.ca.
- **Le parc est accessible en transport en commun**. De Montréal, prendre le bus 72 de la STL à partir de la station de Métro Henri-Bourassa.
- **Famille et débutant :** Il est facile de passer la journée sur la rivière en emportant son pique-nique : sortie familiale par excellence.
- **Expert :** Les 40 kilomètres de la rivière se descendent sans trop de difficultés. De Deux-Montagnes au pont David (boulevard des Laurentides), la rivière est plutôt calme. Les seuls rapides plus sérieux sont ceux de Terrebonne et de Lachenaie.

Montréal et environs

Parc national d'Oka

Le parc national d'Oka concilie de façon originale plusieurs activités de plein air estivales et hivernales avec l'histoire et la découverte ornithologique. On le connaît l'été pour ses immenses plages familiales, l'hiver pour l'ampleur et la qualité de son réseau de pistes de ski de fond. Mais, au-delà de ces attractions-vedettes, le parc offre en toute saison un charme très particulier en raison de la variété de ses paysages et de ses forêts.

Situé à 45 minutes de Montréal, le parc est d'abord bien connu pour ses **oratoires et ses chapelles dispersés sur la colline du Calvaire**. Les prêtres de Saint–Sulpice les firent ériger entre 1740 et 1742, après avoir établi une mission au bord du lac. Le long des sentiers, on croise les quatre oratoires — quasiment intacts à ce jour — avant d'atteindre les trois chapelles qui sont perchées au sommet de la colline. Quel que soit l'intérêt que l'on porte à l'histoire, cette présence confère à la colline une ambiance spéciale couronnée par une vue imprenable depuis le sommet.

L'été, le parc se vit de bien des façons. Du farniente au bord du lac des Deux Montagnes à la bonne suée cycliste sur la colline, familles comme sportifs aguerris y trouvent leur compte. Interprétation de la nature, **vélo de montagne ou de sentier**, randonnée pédestre, observation de la faune des marais ou kayak de mer, là encore : tout est question de style et d'intérêt.

« Doux » qualifie bien l'ensemble du parcours cyclable du parc national d'Oka, à l'exception du sentier de 7,5 kilomètres dédié au vélo de montagne. Pentu et accidenté, ce sentier permet lui aussi d'accéder au superbe point de vue du Calvaire, d'où l'on peut apercevoir les Adirondacks par temps clair. En bas, la piste Vagabonde slalome sur une quarantaine de kilomètres entre pinèdes et forêts mixtes et relie le parc aux municipalités environnantes. L'été, il est même possible de partir en randonnée guidée à vélo pour découvrir les milieux forestiers et les différents habitats comme celui du castor.

À pied, le parc propose surtout des parcours de **courte randonnée**. Le sentier de la Grande Baie mène en peu de temps au grand marais (3 kilomètres aller-retour), où **une passerelle flottante et une tour d'observation** permettent d'approcher respectueusement la sauvagine (famille de canards) ou encore le grand héron. Ici, nombreux sont les ornithologues qui restent accrochés à leurs lunettes, mais le grand public peut aussi profiter des commentaires du gardien-interprète qui se trouve sur place. Plus long (5,5 kilomètres) et, cette fois, pentu, le sentier historique du Calvaire d'Oka présente un chemin de croix — unique en Amérique du Nord — qui nous plonge dans l'atmosphère particulière des chapelles en milieu forestier.

Sur le lac, en canot ou en kayak de mer, il est possible de se rendre en une heure à l'embouchure de la rivière aux Serpents, ainsi nommée en raison des couleuvres d'eau (inoffensives) qui y vivent, rarement surprises car plus peureuses que les humains. Bien que la remontée soit vite bloquée par les barrages de castors, la promenade en vaut au moins la peine pour apercevoir le clocher d'Oka et pour quitter un instant l'ambiance animée de la plage.

L'hiver, un réseau de 50 kilomètres de pistes entretenues est ouvert aux adeptes **de ski de fond** classique et de pas de patin. La qualité de l'entretien fait la fierté du parc. Une courte et plate section, entre la pinède et le lac devenu banquise, s'avère d'un cachet tout à fait particulier. Le sentier de la Colline aussi est recherché par les bons skieurs pour son niveau de difficulté. Quant aux noctambules, ils peuvent profiter (depuis l'hiver 2002) d'un **sentier illuminé**, long de 4 kilomètres et ouvert aux patineurs comme aux skieurs classiques. Et pour ceux qui souhaitent perfectionner leur technique, le parc offre des cours privés ou en groupe, qu'il s'agisse de ski classique ou de pas de patin. Il existe même un cours pour les enfants de 4 à 12 ans, lequel s'insère dans le programme de la ligue Jack Rabbit.

La **raquette** et la **randonnée sur neige tassée** sont aussi à l'honneur avec deux sentiers de 3 kilomètres réservés à chaque activité. Hormis le sentier de raquette qui grimpe au sommet de la colline, tous sont de niveau facile et sont très adaptés aux balades familiales.

Encore PLUS

- **Parc national d'Oka :** Tél : (450) 479-8365; site Web : www.sepaq.com
- **Autres activités :** Voile, glissade, patinage sur le lac.
- **Location :** Kayaks simples et doubles, canots, catamarans, planches à voile, vêtements de flottaison individuels, dériveurs, vélos hybrides, vélos avec suspension, équipements de ski de fond (pas classique et pas de patineur), raquettes, traîneaux des neiges Orby pour les enfants (sur réservation).
- **Autres services :** Nouveau centre de services Le Littoral, dans le secteur de la plage : Boutique Nature, boutique de ski, restaurant et salle à manger ainsi qu'une terrasse située face au lac, salle de fartage, salle de groupes, services de premiers soins et de sécurité, vestiaires. Centre communautaire : dépanneur et buanderie. La salle principale offre les activités d'interprétation avec capsules théâtrales.
- **Hébergement :** 800 sites de camping avec ou sans services. Forfaits « camping clés en main » été et hiver (incluant tout le matériel nécessaire).

FOCUS

Famille

En été, le sentier de la Grande Baie (3 km) est recommandé pour l'observation des oiseaux du marais depuis la tour et la passerelle. En hiver, le sentier de ski de fond illuminé (4 km) et les sentiers de marche sur neige tassée plairont aux enfants comme aux parents.

Experts

En vélo de montagne, en ski de fond ou en raquette, les surexcités du cardio se tourneront naturellement vers la colline du Calvaire : ses 150 m de dénivelé sauront les calmer !

Montréal et environs

Le Centre de la nature Mont St-Hilaire

L'Université McGill est l'actuel propriétaire du Centre de la nature Mont St-Hilaire, légué en 1958. Le site couvre 12 kilomètres carrés, et comprend cinq sommets. La moitié du territoire est une zone de préservation, donc non accessible. Ce secteur est composé d'une forêt qui n'a jamais été touchée par les activités de déboisement depuis les débuts de la colonisation. À proximité du point de départ, quelques spécimens d'arbres ont plus de 250 ans. En 1978, l'Unesco faisait de ce territoire la première des réserves de la biosphère au Canada.

Dans la partie ouverte au public, le **réseau de sentiers pédestres** comprend 24 km en tout, et **quatre sommets avec point de vue**. Depuis le centre d'accueil, Burned Hill se trouve à 1,3 kilomètre; le Pain de sucre, à 2,5 kilomètres; Dieppe, à 3,5 kilomètres et Rocky, à 4,8 kilomètres. Le dénivelé varie de 125 à 250 mètres; il offre un point de vue sur la vallée du Richelieu et jusqu'à la tour inclinée du Stade olympique! Les sentiers sont très adéquats pour la balade familiale: ce sont des chemins ou sentiers balisés et entretenus, dont la difficulté va de facile à intermédiaire. Le plus long, vers Rocky, est le plus sauvage avec ses parties boueuses et des arbres qui le traversent; il est aussi le moins fréquenté. On peut combiner plusieurs sentiers et découvrir différents attraits: ruisseaux et cascades, étangs, prés, de même que quelques sources d'eau potable. Au lac Hertel, on retrouve des tables à pique-nique, qui sont très appréciées pour reprendre son souffle avant de retourner à la voiture.

L'**hiver**, il est possible d'y faire du **ski de fond**: 10 km de sentiers sont tracés pour les skieurs de tout calibre. Vingt autres sont réservés à la pratique de la **raquette** et à la **marche**. Enfin, 10 km de sentiers non entretenus sont dédiés aux **skieurs hors-piste**. Sur place, on peut louer des skis de fond et des raquettes, et une carte des sentiers est disponible à l'accueil.

- **Accès :** Depuis St-Hilaire, dirigez-vous vers la montagne par les rues Fortier et Ozias-Leduc. De l'autoroute 20, suivez les indications pour le Centre de la nature (pancartes provinciales bleues). L'adresse est le 422, Chemin des Moulins.
- **Les vélos de montagne sont interdits.**
- **Informations :** Centre de la nature Mont St-Hilaire. Tél. : (450) 467-1755.
- **Heures d'ouverture :** Tous les jours de 8 h jusqu'à une heure avant le coucher du soleil.
- **Tous les dimanches** du mois de mai, le Centre ouvre à 6 h au lieu de 8 h pour favoriser l'observation des oiseaux. Au centre d'accueil, une exposition retrace l'histoire géologique et humaine du site.

Famille

Le Centre de la nature Mont St-Hilaire est un endroit idéal pour les familles. On peut y choisir un itinéraire en fonction de l'endurance du groupe.

Expert

Les experts pourront essayer le sentier du Pain de sucre (5 kilomètres aller-retour). Ce sentier se rend au sommet le plus élevé du parc, soit 415 mètres, qui offre un panorama à couper le souffle sur toute la région.

Montréal et environs

Parc national du Mont–Saint–Bruno

Situé à 15 minutes au sud-est de Montréal, le mont Saint–Bruno représente une destination de choix pour passer une journée à se balader en forêt. Accessibles été comme hiver, près de **30 kilomètres de sentiers**, de niveaux facile à intermédaire, serpentent dans les bois et contournent les cinq lacs du parc. Le sentier n° 1 décrit une boucle de 9 kilomètres qui permet d'avoir un bel aperçu de la faune et de la flore locales. En tout, plus de 200 espèces d'oiseaux, 40 espèces de mammifères et 600 espèces de végétaux ont été recensées dans le parc, une richesse qui donne lieu à des activités d'interprétation animées par des naturalistes.

Plus particulier à ce parc : le fait qu'on y retrouve également **850 pommiers**. Au printemps, lors de la floraison, c'est un bonheur pour les yeux et le nez; à l'automne, au moment de la récolte, c'est un plaisir pour la bouche puisqu'on peut faire de l'autocueillette.

L'**hiver**, un réseau de 35 kilomètres de sentiers s'avère à la portée de tous les adeptes de **ski de fond**. En effet, la plupart des pistes offrent un faible dénivelé et sont accessibles à tous. Une école de ski donne des cours aux skieurs débutants comme aux plus avancés : on y enseigne autant le pas alternatif que le pas de patin. De plus, un atelier d'entretien est en mesure d'effectuer des réparations sur place et il est possible de louer un équipement de ski. Enfin, la **randonnée pédestre hivernale** est aussi offerte sur les 7 kilomètres du chemin de service qui contourne le lac Seigneurial.

FOCUS

Famille

Le parc national du Mont–Saint–Bruno s'adresse aux familles, la vaste majorité des sentiers étant cotés faciles.

Expert

Le sentier n° 6, une boucle de 8 km, offre un dénivelé de 100 m dont les pentes et les courbes, paraît-il, font voir les arbres de près aux adeptes de ski qui s'y aventurent !

Encore PLUS

- **Parc national du Mont–Saint–Bruno :** 330, rang des Vingt–Cinq Est, Saint–Bruno–de–Montarville. Tél. : (450) 653–7544; site Web : www.sepaq.com
- **Patrimoine :** Il est possible de visiter un ancien moulin devenu l'hôte d'une exposition sur le patrimoine naturel et historique du mont Saint–Bruno. Pendant la saison hivernale, le moulin ouvre seulement les dimanches après-midi.

Québec et environs

Tout, tout près!

Si certains amateurs de plein air ont choisi de s'établir à Québec, c'est pour jouir d'un privilège fort appréciable : ne pas avoir deux heures de route à faire pour aller jouer dehors. Bordée par le fleuve Saint-Laurent, à l'ombre des Laurentides, regorgeant de lacs et de rivières, la région permet la pratique d'activités variées, au rythme des saisons et dans un petit rayon (moins de 45 minutes du centre-ville). Randonnée pédestre, ski de fond, vélo de montagne, canot, parapente, escalade, kayak, raquette, traîneaux à chiens... tout y est!

Plaines d'Abraham

En plein cœur de la Vieille Capitale, les plaines d'Abraham (ou parc des Champs-de-Bataille) servent de terrain de jeux aux citadins. On imagine difficilement l'affrontement entre les empires britannique et français dont ce lieu fut le théâtre autrefois, tant il respire la paix aujourd'hui. Sur ses 108 hectares, été comme hiver, on pratique des activités sportives tout en contemplant un magnifique décor historique : les murs de la Citadelle, les tours Martello et le fleuve Saint-Laurent qui coule tranquillement...

Si la partie du parc la plus fréquentée est l'anneau multisports en face du Musée du Québec, le plus intéressant se trouve ailleurs. Le sentier aménagé dans le boisé sur le bord du cap, de la côte Gilmour jusqu'à la Citadelle, permet un meilleur contact avec la nature, loin des foules. On y marche ou l'on y court. Pour une minirando encore plus authentique, délaissez le chemin de pierres concassées pour emprunter la multitude de petits sentiers qui serpentent entre les arbres.

L'hiver, les fondeurs trouvent sur les Plaines **15 kilomètres de pistes** (faciles, intermédiaires et pour le pas de

patin), une salle de fartage et des relais chauffés. On peut y louer l'équipement et y suivre des cours. Les amateurs de raquette peuvent aussi pratiquer leur sport, bien qu'on puisse généralement marcher sur les sentiers battus. Et les enfants s'en donnent à cœur joie en dévalant les vallons en toboggan! Sans parler de toutes les activités qui y sont offertes durant le Carnaval, au début du mois de février.

L'été, un pique-nique agrémenté d'une bonne bouteille, avec le fleuve à perte de vue, remporte la palme...

- Parc des Champs-de-Bataille : (418) 648-4071 www.ccbn-nbc.gc.ca/accueil.html
- État des pistes de ski de fond : (418) 648-4212 Location et cours : (418) 649-6476

Domaine Maizerets

Difficile de croire qu'une telle oasis de verdure se trouve dans le quartier Limoilou. Sis au milieu du quadrilatère formé de l'autoroute Dufferin, du boulevard Sainte-Anne, de l'avenue d'Estimauville et du boulevard Henri-Bourassa, le domaine Maizerets surprend agréablement. Ses 27 hectares renferment des **marécages**, un anneau d'eau d'où émerge une île, un arboretum, une **volière à papillons**, des boisés, des jardins...

Des sentiers (niveau facile) permettent de découvrir les milieux naturels sauvages et aménagés. On peut s'y balader à pied, en raquettes ou en skis de fond. L'hiver, le plan d'eau se transforme en patinoire. L'été, on peut se rendre au Domaine en vélo ou en patin à roues alignées par la piste cyclable du Littoral, qui longe le site. Le décor champêtre se prête aussi à un simple pique-nique.

Les amateurs de flore trouveront à l'**arboretum** plus de 1 000 arbres, 16 000 arbustes et plantes vivaces, un labyrinthe de cèdres, une zone d'enrochement unique et une ormaie naturelle. Ces peuplements d'arbres masquent d'ailleurs les bruits de l'autoroute juste à côté!

Bref, pas de grand défi sportif au domaine Maizerets, mais un site idéal pour une journée de plein air en famille.

2000, boul. Montmorency, Québec
Tel. : (418) 641-6117
www.ville.quebec.qc.ca/fr/ma_ville/6.shtml
Arboretum : (418) 641-6346

Baie de Beauport

Plutôt endormie l'hiver, la baie de Beauport s'anime à la belle saison. Rendez-vous des **véliplanchistes** et des capitaines de catamarans ou de dériveurs, le plan d'eau se couvre alors de voiles colorées, surtout si Éole souffle de l'est-nord-est. Que la mer soit calme ou agitée, la baie offre aux matelots un décor magnifique avec, en toile de fond, le Château Frontenac, le Vieux-Lévis et l'Île d'Orléans. Il s'agit également d'un endroit de choix pour s'initier à la voile. Deux options : des cours à l'école de voile ou des sorties – de quelques heures ou d'une journée – avec un capitaine privé. Les marins d'expérience peuvent quant à eux louer des embarcations à voile. Les **kayakistes** et **canoteurs** ne sont pas en reste puisque l'Association nautique loue aussi des canots et des kayaks simples ou doubles. Enfin, les cyclistes peuvent passer par ici en empruntant la piste du Littoral.

Tél. : (418) 666-2364
www.baiedebeauport.qc.ca

Parc de la Chute-Montmorency

La fameuse piste cyclable du Littoral se termine au parc de la Chute-Montmorency. Lieu très touristique en saison estivale, le parc offre des sentiers de 0,5 à 3 kilomètres au nord-est de la chute pour de très courtes randonnées. Mais les amateurs de plein air connaissent surtout l'endroit pour l'escalade de glace qui se pratique sur la falaise gelée par l'embrun de part et d'autre de la chute.

Réputé comme l'un des plus beaux sites d'**escalade de glace** au monde, le parc offre des parois de 25 à 50 mètres de haut, avec de 50 à 90 degrés d'inclinaison. Les

grimpeurs autonomes peuvent y accéder moyennant les frais d'entrée dans le parc. Quant aux novices, ils ont la possibilité de suivre une formation d'initiation ou de perfectionnement avec l'école d'escalade qui opère sur le site.

- Parc de la Chute-Montmorency
  2490, av. Royale, Beauport
  Tél. : (418) 663-3330
  www.sepaq.com
- Escalade de glace : 1 800 762-4467 ou
  www.rocgyms.com

Camping municipal de Beauport (activités hivernales)

Toujours dans l'arrondissement Beauport, mentionnons le camping municipal pour ses activités hivernales. Les sentiers de **ski de fond** mènent à des écosystèmes très variés: la forêt mature et ses pins blancs gigantesques, le marais et ses quenouilles, de gros sapinages, une coulée, le lac Délaissé et les berges de la rivière Montmorency. Le camping offre 15 kilomètres linéaires de sentiers pour le pas classique et un kilomètre pour le pas de patin. De plus, un sentier éclairé sur 1 kilomètre permet aux fondeurs de skier jusqu'à 21 heures, histoire de prendre une petite bouffée d'air frais avant le dodo. Par ailleurs, le site comprend 2 pistes de **raquette** totalisant 4 kilomètres, un sentier de patinage (500 mètres) à travers les arbres, une aire de glissade, un chalet et une salle de fartage. Un beau petit site à 6 kilomètres du centre-ville.

95, de la Sérénité, Beauport
Tel. : (418) 666-2228 (en fin de semaine);
(418) 641-6500 (en semaine)
www.campingquebec.com/beauport/

Centre d'aventures Le Relais

Suivant la tendance observée dans les centres de ski, le Relais du Lac-Beauport (à 15 minutes du centre-ville) est récemment devenu un centre de loisirs quatre saisons. En juin 2002, le centre a inauguré un parcours d'aventures dans les arbres de 1,2 kilomètre. On y retrouve des classiques de l'**hébertisme** tels que ponts de singes, ponts népalais, étriers volants et tyroliennes.

L'été, le site est surtout reconnu en tant que Centre d'entraînement cycliste de Québec en **vélo de montagne**. Les 30 kilomètres de sentiers proposent en effet de bons défis ! Même les pistes qualifiées de « faciles » donnent du fil à retordre aux cyclistes amateurs avec de bons dénivelés et des racines à profusion ! Les plus expérimentés trouvent également de quoi s'amuser dans les sentiers « difficiles » et « très difficiles ». Les adeptes de descente disposent de quatre pistes accessibles par la remontée mécanique. Les plus casse-cou s'exercent quant à eux dans le parc

d'habileté ou sur la piste de descente extrême (*Four Cross*). Les BMX ont aussi leur coin réservé. De plus, le centre loue des vélos, vend des accessoires et répare les bécanes. Enfin, un sentier pédestre (5 kilomètres) invite les randonneurs à faire le tour de la montagne.

L'hiver, en plus du ski alpin, on y pratique maintenant la raquette à neige. Trois sentiers sont accessibles par la remontée mécanique : un facile (45 minutes à 1 h 30), un intermédiaire (1 h 30 à 2 h 30) et un difficile (2 h 30 et plus). Le centre fait également la location de bottes et de raquettes.

Tél. : (418) 849-1851
www.skirelais.com

Les marais du Nord

Destination estivale (de mai à octobre), les Marais du Nord plairont aux amateurs d'ornithologie et plus généralement aux amants de la nature.

Les **3,6 kilomètres de sentiers pédestres en milieu humide**, parsemés de passerelles et de points d'observation, permettent d'apercevoir une grande variété de plantes aquatiques et quelque 152 espèces d'oiseaux, dont le canard colvert, le grand héron, le balbuzard pêcheur, le plongeon huard, le martin-pêcheur d'Amérique et le carouge à épaulettes.

L'Association pour la protection de l'environnement du lac Saint-Charles (APEL) y offre des randonnées pédestres guidées, des fins de semaine thématiques et des excursions en canot rabaska sur la rivière des Hurons et sur le lac Saint-Charles.

433, rue Delage, Lac-Saint-Charles
Tél. : (418) 849-9844
http://pages.infinit.net/apel

Centre Castor

Parce qu'il est situé sur la base militaire de Valcartier, à 15 minutes au nord de Québec, certaines personnes hésitent à se rendre au Centre Castor, qui est pourtant ouvert au grand public. Ces timides se privent d'un excellent site de ski de fond et de vélo de montagne !

Les fondeurs, en ski classique ou en pas de patin, apprécient les **94,5 kilomètres de sentiers** répartis sur 13 pistes, dont deux faciles, six intermédiaires, trois difficiles et deux très difficiles. Un relais chauffé se situe à l'autre extrémité du site permettant une agréable pause avec vue sur les montagnes avoisinantes. Le chalet d'accueil offre les services de fartage, de location et de restauration.

Le centre a récemment tracé un sentier de 5 kilomètres pour les adeptes de la raquette. Les experts peuvent également se rendre au sommet du mont Brillant (259 mètres de dénivelé) qui était dédié au ski alpin jusqu'en 2002.

L'été, les mordus de **vélo de montagne** s'en donnent à cœur joie dans les sentiers peu fréquentés. La boucle des pistes 4, 5, 6, 7, 9 et 15, qui monte sur le mont Brillant, vaut le détour. On passe alors près d'un champ bien particulier : il accueille un élevage d'autruches. Très bucolique ! Petits bémols : certaines pistes du côté nord de la rue Jean-Brillant ne sont pas accessibles à cause du golf à proximité et le chalet n'offre pas de services aux cyclistes.

Tel. : (418) 844-3272
www.centrecastor.com

Sentier Le Hibou

Le sentier national de marche, qui sillonne la province, a ouvert plusieurs tronçons dans la région de Québec, dont Le Hibou. Ce sentier linéaire de **24 kilomètres** relie Lac-Delage au parc de la Jacques-Cartier, en passant par la station touristique Stoneham. On peut aller y marcher pour une journée ou pour plusieurs jours.

Un camping a été aménagé près du départ de Lac-Delage et un autre sur le parcours, à environ 2 kilomètres au nord de Stoneham. Le sentier est également accessible en **raquette** l'hiver, mais, par contre, le ski hors piste n'est pas recommandé.

De niveau intermédiaire, ce sentier en est plutôt un d'ambiance. On n'y rencontre pas vraiment de points de vue à couper le souffle, mais le calme de l'endroit très peu fréquenté vaut le déplacement. Les randonneurs qui ne voudraient pas parcourir le sentier en entier peuvent se rendre à la station touristique Stoneham et choisir d'aller vers le sud ou vers le nord pour revenir sur leurs pas, ou encore effectuer la boucle de 8 kilomètres qui monte dans la montagne et fait le tour du centre de ski.

Au départ de Stoneham, Le Hibou Nord longe d'abord pendant 2 kilomètres la rivière du même nom, qui coule en cascades sous le couvert des feuillus, l'enjambant parfois grâce à de petits ponts en bois. Progressivement, le sentier se fraye un chemin dans les montagnes en longeant les courbes de niveau, ce qui évite les montées ou les descentes trop abruptes. Les feuillus cèdent graduellement leur place aux conifères, la rivière aux lacs. Il faut compter entre 5 et 6 heures pour rejoindre le parc de la Jacques-Cartier (13 kilomètres). Le Hibou Sud, entre Lac-Delage et Stoneham, totalise quant à lui 11 kilomètres.

Pour la randonnée linéaire d'un jour, mieux vaut garer une voiture au départ et une autre à l'arrivée, car il n'existe pas encore de navette officielle. Toutefois, on peut prendre aussi des arrangements avec le taxi de Stoneham.

- Sentiers Trans-Québec : (418) 840-1221
  www.fqmarche.qc.ca/sen_nat.html
- Taxi Stoneham : (418) 848-6666

Camping polaire et traîneaux à chiens à Saint-Léonard-de-Portneuf

Pour une expérience digne du Grand Nord, prenez la direction de Saint-Léonard de Portneuf, à 40 minutes de Québec, un peu après Saint-Raymond. Le camping Les Quatre Temps, qui offre 50 emplacements l'été, se transforme l'hiver en camping polaire pouvant accueillir une vingtaine de personnes. Installé en forêt près du lac Simon, le campement est composé de **tentes polaires**, de **tipis amérindiens**, d'**igloos**, d'un **abri boréal** pour les repas et d'installations sanitaires chauffées.

Selon votre degré d'audace, vous déciderez alors de dormir dans le confort d'une tente polaire (4 à 6 places) ou d'un tipi Sioux (3 places), meublés d'un poêle à combustion lente, de lits de camps, tables, chaises et fanaux d'éclairage. Les plus braves choisiront un igloo Inuit (2 places) ou Eskimo (4 places) où ils coucheront sur des lits de neige au parfum de sapin à une température constante de - 4 degrés Celsius. Par ailleurs, les campeurs autonomes peuvent planter leur tente sur l'un des sites à l'écart.

Tant qu'à y être, pourquoi ne pas vivre l'aventure nordique du traîneau à chiens ? Un chenil s'associe au camping pour offrir ce sport au lac Simon. Les mushers et leurs huskies sibériens peuvent ainsi vous emmener en balade d'initiation ou encore en « skijöring » (ski de fond assisté d'un chien aussi appelé « ski-loup »), pour une heure ou pour plusieurs jours. L'expérience totale !

- Camping Les Quatre Temps (été) : (418) 337-2680
- Camping polaire Lac Simon : (418) 337-4440 et (418) 571-0899 – www.campingpolaire.com
- Traîneaux à chiens (Chenil Taïga) : (418) 844-1076 ou www.cheniltaiga.com

Centre de plein air Dansereau

Le Centre de plein air Dansereau constitue une autre occasion de plonger dans la nature, à 25 minutes de Québec. Situé à Pont-Rouge, près de la rivière Jacques-Cartier, il offre des sentiers de **ski de fond** classique (33 kilomètres), de **raquette** (4 kilomètres) et de **randonnée pédestre**. Il donne également accès à la piste cyclable (28 kilomètres) qui relie Sainte-Catherine-de-la-Jacques-Cartier, Shannon et Rivière-à-Pierre. De plus, les kayakistes d'**eau vive** y trouvent une rivière intermédiaire et peuvent jouer dans le « rouleau du Président », ainsi que dans d'autres rapides propices au rodéo.

- 30, Dansereau, Pont-Rouge (418) 873-4150 (hiver)
- Loisirs de Pont-Rouge : (418) 873-2817 http://iquebec.ifrance.com/dansereau/

Le Bras du Nord

Une autre portion du sentier national du Bras du Nord se situe à Saint-Raymond-de-Portneuf (40 kilomètres au nord de Pont-Rouge). De l'accueil Cantin (via les rangs Saguenay et Sainte-Croix), vous pourrez effectuer une boucle (6-7 kilomètres) d'environ trois ou quatre heures. Le sentier grimpe dans la montagne pour en faire le tour par le sommet et offre ainsi plusieurs points de vue intéressants sur la vallée et la rivière Bras-du-Nord. L'hiver, on peut également faire une balade en raquettes, mais il faut alors prévoir plus de temps.

Deux autres options, des sentiers linéaires utilisés surtout l'été, s'offrent aux randonneurs. L'un d'eux, qui se rend dans le secteur La Mauvaise, prend environ cinq heures (aller seulement). L'autre mène au débarcadère de canot du quai Shannahan (25 kilomètres) et dure entre 5 et 10 heures (aller seulement), selon la condition physique des marcheurs. Pour une randonnée d'un jour, mieux vaut laisser une voiture au départ et une autre à l'arrivée. Un service de navette sera disponible dès l'été 2003.

À 5 kilomètres de l'accueil Shannahan, juste en haut des chutes Delaney, on peut louer un « yourt », une tente de Mongolie qui accueille six personnes et sert de refuge en toute saison. La coopérative récréotouristique qui gère le site souhaite également développer un réseau de refuges dans le secteur. Elle offre par ailleurs des excursions en canot et des randonnées équestres.

Comme le départ des sentiers n'est pas facile à trouver, il est préférable de passer d'abord au centre d'information touristique de Saint-Raymond pour obtenir la carte ! Celle-ci vous indiquera comment vous rendre à l'accueil Cantin.

Ce coin de Portneuf est aussi reconnu pour le canot et le kayak d'eau vive qui se pratiquent sur les rivières Bras-du-Nord, Sainte-Anne, Batiscan et Neilson. Et en hiver, des grimpeurs viennent user leurs piolets sur les parois de glace... Bref, voilà une vallée qui possède un immense potentiel. À surveiller !

Tourisme Saint-Raymond : (418) 337-2900
Coordonnateurs des sentiers : (418) 337-3635

Québec et environs

Camp Mercier

Véritable paradis du ski de fond, le Camp Mercier séduit au premier regard. Des forêts qui s'étendent à perte de vue et un paysage vallonné rappellent que nous sommes dans la réserve faunique des Laurentides... et nous font oublier que la ville de Québec est à 50 kilomètres.

Avec plus de 600 centimètres de neige chaque année, le Camp Mercier s'avère un terrain de jeu rêvé pour les amateurs de **ski de fond** et de **raquette**. Alors qu'à la mi-avril, tant de lieux voient déjà la couleur de l'herbe, il reste ici plus d'un mètre de neige au sol. Qu'on se le dise!

70 kilomètres de sentiers linéaires, tracés et patrouillés forment **un réseau de 190 kilomètres**. Les 15 pistes de tous les niveaux serpentent à travers des épinettes et des sapins qui, couverts de neige, ressemblent à de gros fantômes. Pour les férus de ski nordique, des sentiers balisés mènent jusqu'au parc national de la Jacques-Cartier. Du Camp Mercier, le refuge le plus proche est à 16 kilomètres. Les raquetteurs aussi trouveront de quoi se dégourdir les jambes: 15 kilomètres leur sont réservés au beau milieu de la forêt. **L'été**, les sentiers de ski de fond accueillent les **randonneurs** et les lacs, les **canots et kayaks**.

Un incontournable en toute saison : passer la nuit dans un des **chalets du lac à Noël**. Inaugurés à l'hiver 2002, ce sont de véritables bijoux de maisonnettes. Construits en bois rond et entièrement équipés, ils offrent une vue imprenable sur le lac. Les amoureux apprécieront les chalets 2 places alors que tous les publics se réjouiront de voir les sentiers commencer à leurs pieds.

- **Camp Mercier:** (418) 848-2422 et www.sepaq.com
- **Sentiers:** 15 sentiers ski de fond (70 km linéaires qui forment un réseau de 190 km), tracé double dont 12 km pour le pas de patin. L'été, la randonnée pédestre se fait dans les sentiers de ski de fond. 4 sentiers de raquette offrent un total de 15 km.
- **Hébergement:** 18 chalets disponibles l'hiver, mais seulement 9 l'été.
- **Activités:** Ski de fond, raquette, randonnée pédestre, canot et kayak ; aussi, seulement pour les locataires de chalets, glissade et patinage.
- **Location:** Skis de fond, raquettes, canots, kayaks, chaloupes.
- **Services:** Cafétéria, salle de fartage, 6 relais dont 5 chauffés.
- **Saison:** Ouverture à longueur d'année

Famille et Débutant

Ici, les pistes sont en boucle, principe idéal pour la famille et les skieurs débutants. Essayez les pistes 1, 2, 3 qui mènent au relais La Sitelle et forment un circuit de 7,7 kilomètres. Si le rythme est bon, vous pouvez continuer sur la piste 4 qui mène à un deuxième refuge; autrement, vous pouvez revenir en longeant le lac à Noël. De plus, les enfants s'amuseront à reconnaître les pistes d'animaux sauvages qui tournicotent autour des sentiers. Lièvres, renards, belettes: ils sont nombreux à trouver refuge dans cette belle sapinière.

Experts

La piste n° 14 qui passe par la forêt Montmorency mettra vos cuisses au défi avec ses successions de descentes et de montées. Si vous y accédez par la piste no 13, ne ratez pas la halte Le Pic qui offre une vue plongeante sur la rivière Montmorency. Au loin, c'est le mont Sainte-Anne qui vous saluera du haut de ses 800 mètres.

Québec et environs

Forêt Montmorency

Gérée par l'Université Laval depuis 1964, la forêt Montmorency est un centre voué à l'enseignement et à la recherche sur l'écosystème boréal. Des sentiers d'interprétation aux ateliers donnés par des naturalistes, une balade en ses terres représente un bon moyen de découvrir cette forêt qui fait (ou faisait) la richesse de notre pays.

Située dans les contreforts des Laurentides (à 70 kilomètres au nord de la ville de Québec), celle qu'on surnomme la forêt mosaïque a su planifier ses coupes de bois pour conserver une qualité exceptionnelle de paysages. Dans ce décor privilégié, plus de 60 kilomètres carrés sont accessibles pour la pratique du plein air. L'**hiver**, les **fondeurs** ont rendez-vous sur 6 pistes entretenues qui forment un réseau de 80 kilomètres. De niveaux facile à très difficile, elles sillonnent des boisés de sapins et d'épinettes, les deux espèces-vedettes de la forêt boréale. Les amateurs de **ski nordique** trouveront aussi de quoi se mettre sous la semelle avec près de 35 kilomètres de sentiers balisés non tracés qui donnent accès à plusieurs refuges. À cela s'ajoutent 21 kilomètres de sentiers pédestres destinés, selon les saisons, aux adeptes de **raquette** ou de **randonnée**. Après une ascension au cœur de paysages accidentés où collines et rivières façonnent le paysage, deux belvédères constituent de belles récompenses.

L'**été**, 120 kilomètres de chemins forestiers font le bonheur des **cyclistes**. C'est d'ailleurs l'endroit de prédilection pour ceux qui recherchent une bonne séance d'entraînement car

les routes de gravier et leurs montées abruptes offrent quelques défis de taille.

Été comme hiver, **la chute de la rivière Noire** est l'un des attraits du parc. En pleine chaleur, on vient se rafraîchir sous les éclats de l'eau qui se précipite d'une hauteur de 28 mètres tandis que l'hiver, on vient écouter la coulée, qui brise le silence de la forêt, de l'eau sous la glace. Il n'est pas rare d'y apercevoir des loutres qui trouvent festin à ses pieds. On peut aussi dormir au Refuge de la chute, une maisonnette accrochée à la falaise et dont la terrasse surplombe la vallée.

Famille et débutant
La piste n° 6, qui s'étend sur un circuit de 6,4 kilomètres, conduit à la Halte de l'étang, endroit idéal pour casser la croûte avant de poursuivre la balade.

Expert
Les skieurs plus aguerris ne rateront pas la piste n° 15 qui relie le réseau au Camp-Mercier. C'est un sentier jalonné de descentes et de bonnes montées, qui offre le plus haut point de vue sur la vallée de la rivière Montmorency. À mi-parcours, la Halte des eaux volées permet de se réchauffer avant de poursuivre son chemin.

- **La forêt Montmorency :** (418) 846–2046 et www.sbf.ulaval.ca/fm
- **Étendue :** 66 km²
- **Ski de fond :** 25 km linéaires répartis en 6 pistes qui forment un réseau de 80 km
- **Ski nordique :** 35 km (2 pistes)
- **Raquette et randonnée pédestre :** 4 sentiers pour un total de 21 km
- **Vélo :** 120 km de chemins forestiers
- **Location :** Skis de fond, raquettes, canots et cannes à pêche
- **Autres services :** 2 haltes chauffées, salle de fartage, cafétéria
- **Hébergement :** Huit refuges rustiques. Pavillon de 55 chambres avec service de cafétéria. Autre pavillon pouvant accueillir 18 personnes. Pas de camping.
- **Autres activités :** Patinage sur le lac, glissade, canot, initiation à la pêche à la mouche.
- **Saison :** Ouverture à longueur d'année.

Québec et environs

Les Sentiers du Moulin

Que ce soit pour le ski de fond l'hiver ou pour le vélo de montagne l'été, les Sentiers du Moulin, à Lac-Beauport, gagnent à être connus. D'autant plus que le site offre également une foule d'autres activités, dont le traîneau à chiens, le coucher en igloo, la raquette, la randonnée pédestre, le camping hivernal et estival (rustique ou aménagé), une piste d'hébertisme... et le tout à seulement 15 minutes de Québec!

Le centre a surtout bâti sa réputation grâce aux fondeurs sportifs, qui ont résolument adopté l'endroit. Les montées, les descentes et les longues distances garantissent une bonne dépense d'énergie!

Au total, côté **ski de fond**, le centre offre aux skieurs de tous niveaux 56 kilomètres de sentiers linéaires qui forment un réseau total de 148 kilomètres répartis en sept pistes faciles, cinq intermédiaires et deux de niveau expert, toutes pour le style classique. Les sentiers sillonnent la forêt en terrain plat et vallonné, longent les lacs du Capitaine (nº 5), Poulin (nº 5) et des Pins (nº 30). Petit bémol : des pistes de motoneige croisent les sentiers à certains endroits et occasionnent une pollution sonore plutôt désagréable.

Le centre compte cinq refuges chauffés au bois. On peut y faire halte ou y dormir. Les amateurs de **raquette** disposent quant à eux de 10 kilomètres de sentiers balisés (deux pistes de 5 kilomètres) qui rejoignent deux des refuges. L'un des sentiers, qui a été ouvert récemment dans le secteur Tourbillon, mène à un refuge offrant une belle vue sur une partie du lac Beauport et sur la ville de Québec.

L'été, 50 kilomètres des pistes de ski de fond se transforment en sentiers de **vélo de montagne**. On y roule alors à travers la forêt boréale laurentienne dans un territoire peuplé de gibier. Pour la **randonnée pédestre**, le centre a aménagé un sentier de 5 kilomètres qui mène au camp du Marais, où l'on peut passer la nuit. Les randonneurs peuvent également accéder à un tronçon du sentier national (Trans-Québec), qui se rend jusqu'à Sainte-Brigitte-de-Laval (11 kilomètres) vers l'est et au centre Le Saisonnier (15 kilomètres) vers l'ouest.

Famille

Les sept pistes faciles (B-1-3-4-5-7-9) sont des boucles imbriquées les unes dans les autres. On a donc souvent le choix de revenir vers le chalet si le p'tit dernier traîne de la patte ou alors de continuer encore un peu si tout le monde est en forme. Vous pouvez ainsi parcourir de 0,6 à 9,8 km.

Expert

C'est le paradis des experts! Les pistes 15 et 30 leur offrent un bon défi avec des distances respectables (18 km et 30 km), ainsi que de longues montées et descentes.

Piste inter-centres : les plus expérimentés peuvent emprunter la piste inter-centres qui se rend jusqu'au refuge de Saint-Adolphe. Un aller-retour de 50 km!

Encore PLUS

- **Sentiers du Moulin :** 99, chemin du Moulin, Lac-Beauport (418) 849-9652 ou www.sentiersdumoulin.com
- **Hébergement :** Tentes de prospecteurs, refuges, camping, tipis, igloos.
- **Traîneau à chiens et expérience amérindienne** (coucher en tipi, mets amérindiens, contes et légendes, excursions en forêt) : Les Excursions Ondiawich : (418) 842-5413 (Michel Picard)
- **Village Igloo :** (418) 648-8228 et www3.sympatico.ca/villageigloo
- **Sentiers Trans-Québec :** (418) 840-1221

Québec et environs

De tout pour tous!

Station écotouristique Duchesnay

Le moins que l'on puisse dire, c'est que la Station écotouristique Duchesnay offre une foule d'activités en toute saison! Canot, kayak, pédalo, baignade, escalade, tir à l'arc, randonnée pédestre, vélo, ski de fond, raquette, traîneau à chiens, patinage, glissade, interprétation de la faune et de la flore, divers cours d'initiation, villégiature... Tout y est à seulement 20 minutes de Québec. Un véritable paradis pour les familles!

Situé en bordure du lac Saint-Joseph, le territoire de 89 kilomètres carrés est constitué d'une forêt laurentienne où dominent les érables et les bouleaux jaunes. On y trouve aussi 12 autres petits lacs. Le tout abrite une faune diversifiée qu'on peut observer été comme hiver, seul ou en se joignant à une randonnée d'interprétation. Au total, les marcheurs peuvent sillonner un réseau de sentiers de 19 kilomètres dans un relief faiblement accidenté. Les **sentiers pédestres** traversent plusieurs sites expérimentaux rattachés à l'aménagement forestier. Par exemple, la promenade jusqu'à l'arboretum permet de croiser 52 espèces d'arbres, des résineux et des feuillus provenant pour la plupart d'autres pays. Le sentier de la Tourbière fait quant à lui découvrir une flore riche et plusieurs espèces d'oiseaux. Le sentier du Rocher mène à des abris sous roches formés de nombreux blocs erratiques. Les enfants adorent!

La Station offre également une vaste gamme d'**activités encadrées**, pour adultes ou enfants: initiation aux techniques de canotage, survie et orientation en forêt, tir à l'arc, escalade sur paroi naturelle et sur une tour en sont quelques exemples. Un bémol: en fin de semaine surtout, les activités aquatiques et les randonnées sur le bord du lac sont un peu ternies par les bateaux à moteur et les motomarines qui sillonnent le lac en tous sens.

Fait intéressant, les **cyclistes** peuvent partir du centre-ville de Québec et se rendre à vélo à Duchesnay en empruntant le Corridor des cheminots, puis la piste cyclable Jacques-Cartier–Portneuf. Ils ont aussi la possibilité de rouler sur le Chemin de la liseuse qui longe la rivière Jacques-Cartier sur 13 kilomètres.

L'hiver, le **ski de fond** prend la vedette à la Station, qui entretient 125 kilomètres pour le pas classique et 25 kilomètres pour le pas de patin. Les fondeurs peuvent glisser sur 14 parcours, dont 5 pour la famille, 3 intermédiaires, 4 de niveau expert et 2 pour le pas de patin. Quant aux adeptes de la **raquette**, ils ont le choix de s'aventurer hors des pistes ou dans les 10 kilomètres de sentiers balisés bordés de mangeoires. Skieurs et marcheurs peuvent faire halte dans l'un des cinq refuges chauffés. Et le grand chalet en bois rond au départ des pistes offre plusieurs services.

Encore PLUS

- **Station écotouristique Duchesnay**
  143, route Duchesnay,
  Sainte-Catherine-de-la-Jacques-Cartier
  Tél.: (418) 875-2711 ou 1 877 511-5885
  Site Internet : www.sepaq.com (rubrique Centres touristiques)
- **Hébergement:** chambres en pavillon, chalets au bord du lac et, en hiver, hôtel de glace.
- **Autres services:** grand restaurant, plusieurs forfaits incluant ou non des activités.

Québec et environs
Escalade de roche

Grimper sans voyager

Une petite grimpe sur paroi naturelle en sortant du travail, le rêve ? À Québec, c'est une réalité ! Voilà cinq bonnes raisons de ne pas traîner le soir au bureau, dont deux dans l'enceinte même de la ville.

Le Pylône

Site idéal pour une grimpette après le boulot, le Pylône se situe juste à côté des ponts de Québec et Pierre-Laporte. Très pratique puisqu'on peut se stationner quasiment au pied de la paroi. La trentaine de voies est équipée d'ancrages au sommet pour la moulinette. On y retrouve cependant peu de possibilités pour les ascensions en premier de cordée. Les niveaux de difficulté s'échelonnent de 5.1 à 5.12+ et les plus longues voies ont environ 13 mètres de hauteur.

Accès : par l'autoroute Henri-IV, sortie boul. Champlain. Un petit stationnement a été improvisé dans l'herbe à gauche de la barrière. Il faut laisser l'accès libre aux camions de la voirie.

Le Champlain

Situé sous les ponts, ce site est aussi facile d'accès que le Pylône. Toutefois, les grimpeurs aguerris trouveront ici plus de défis. Le niveau de difficulté de la trentaine de voies va de 5.6 à 5.13, mais la majorité d'entre elles sont de calibre 5.10 et plus. Le site d'environ 10 mètres de hauteur est également équipé d'ancrages au sommet et offre quelques ascensions en premier de cordée sur protection naturelle.

On se stationne en bordure du boul. Champlain, sous les ponts.

Domaine des Bois (Val-Bélair)

Seul site de la région assuré par la Fédération québécoise de la montagne et de l'escalade (FQME), le Domaine des Bois jouit d'un environnement magnifique, en particulier au coucher du soleil ! Les grimpeurs en moulinette ou en premier de cordée y trouvent une quarantaine de voies d'environ 30 mètres de hauteur, cotées de 5.7 à 5.12. Malgré la présence de voies plus faciles, la FQME classe ce site dans la catégorie intermédiaire. On y fait de l'escalade

mixte ou sur protection naturelle, mais les parcours ne sont pas équipés pour l'escalade sportive.

Accès : par l'autoroute Henri-IV Nord. Rendus à Val-Bélair, tournez à gauche sur la rue Montolieu (3e feu de circulation). Allez jusqu'au bout, puis tournez à droite sur le chemin Bélair. Après 5 kilomètres, face au 801, vous apercevrez les parois à gauche de la rue, au fond du champ. Stationnez-vous sur le côté gauche de la route et suivez le petit sentier en direction de la falaise. Vous êtes à 5 minutes du site.

Mont Wright

Situé à Stoneham, dans le parc de conservation du mont Wright, ce site en offre pour tous les goûts: moulinette, premier de cordée, faces, fissures, toits, blocs... Une quarantaine de voies de 5.5 à 5.12+, atteignant de 8 à 15 mètres de hauteur. La beauté de ce site s'explique par sa verticalité, son emplacement naturel en montagne et son orientation sud (une partie est cependant à l'ombre). La marche d'approche (de 15 à 30 minutes) et les moustiques au début de l'été rebutent toutefois certains grimpeurs !

Accès : par l'autoroute Laurentienne (73), puis le boul. Talbot (175) vers Chicoutimi. Tournez à droite sur la rue de la Randonnée. Le sentier débute au bout de cette rue, mais surtout ne stationnez pas là (on ne compte plus les contraventions) ! Examinez bien les indications avant de laisser votre voiture.

Vieux Stoneham

Seul site près de Québec qui se grimpe uniquement en premier de cordée, il offre des parois de 15 à 75 mètres de hauteur. Comme il est encore en développement, mieux vaut redoubler de prudence. La protection y est relativement bonne, mais apportez quand même des bicoins et des friends. Une dizaine de voies a été répertoriée, mais il existe d'autres possibilités et variantes. Les deux blocs erratiques d'environ 5 mètres de hauteur qui se trouvent sur le bord de la route combleront les amateurs de bloc.

Accès : par l'autoroute Laurentienne (73), puis le boul. Talbot (175) vers Chicoutimi. Tournez à gauche sur la 1re Avenue (en face du mont Wright) et continuez sur environ 1 kilomètre. Vous verrez les blocs erratiques à droite. Stationnez à cet endroit.

- **Fédération québécoise de la montagne et de l'escalade (FQME) :** (514) 252-3004, www.fqme.qc.ca
- *Le Guide québécois de l'escalade*, de Yannick Girard et Stéphane Plamondon, Éditions Oxygène, 2000, 120 pages, 18,99 $.
- **Journées guidées :** L'Ascensation, (418) 647-4422, 1-800-762-4467, www.rocgyms.com

Québec et environs
Eau vive

Jouer de la pagaie aux abords de la ville

Arrosée de toutes parts, la région de Québec a de quoi faire tourner la tête des amateurs d'eau vive. Pour jouer de la pagaie à seulement quelques kilomètres de la Vieille Capitale, suivez le guide.

Saint-Charles

Située en pleine ville, la rivière Saint-Charles fait le bonheur des kayakistes experts. La Haute-Saint-Charles (secteur Kabir-Kouba) est une petite section encaissée, alors que la Basse-Saint-Charles est un tronçon pagayable au printemps seulement.

Montmorency

Une rivière à l'eau claire dans une belle vallée. On y trouve deux sections : l'une pour les intermédiaires (section A) et l'autre pour les débutants (section B).

Sautauriski et Cachée

Deux petits torrents (*creeks*) situés dans la vallée de la Jacques-Cartier. Ils sont particulièrement intéressants après de fortes pluies. Un incontournable pour les descendeurs aguerris.

Neilson

Une section d'environ 11 kilomètres pour experts (R-IV) dans la zec Batiscan-Neilson, au nord de Saint-Raymond-de-Portneuf. On y trouve un profil en escaliers – sans longs plats entre les rapides – qui ressemblent pour la plupart à des pentes à bosses...

Batiscan

Haute-Batiscan : Près de Rivière-à-Pierre, dans Portneuf, c'est une belle section à gros volume pour pagayeurs avancés. Il y a cependant beaucoup de plats et la navette est longue. Il est possible de s'y rendre en train.

Basse-Batiscan : À Sainte-Geneviève-de-la-Batiscan, section facile d'accès avec de bons rapides et quelques chutes pour les plus téméraires.

Jacques-Cartier

Petit bijou de rivière, la Jacques-Cartier possède neuf sections réparties sur 177 kilomètres qui font l'envie des kayakistes de toute la planète ! Facilement accessible sur

presque tout son parcours, elle prend sa source dans les Laurentides pour déboucher 30 kilomètres à l'ouest de Québec.

Section du Taureau : Située dans la réserve faunique des Laurentides (près du lac Jacques-Cartier), considérée comme l'une des plus difficiles en Amérique du Nord, 25 kilomètres de R-IV et R-V, pour experts seulement. Il paraît que dompter le Taureau est une expérience que l'on n'oublie jamais !

Vallée de la Jacques-Cartier : Section pour débutants située dans le parc de la Jacques-Cartier (voir texte en page 30). On peut y louer des embarcations et profiter du service de navette. Superbe paysage.

Chutes à Pageau : Petite chute pour intermédaires située à l'entrée de la ville de Tewkesbury. On y voit encore des kayakistes lorsque la majorité des rivières sont en étiage (à sec).

Tewkesbury : Jolie section de 8 kilomètres entre Tewkesbury et Saint-Gabriel-de-Valcartier, pour intermédaires avancés. Endroit populaire dans la région en raison de sa proximité et de son niveau de difficulté. De plus, cette section est toujours intéressante, même quand les débits sont bas, et elle comporte plusieurs sites de jeu.

Vague Qualimucho : Belle petite vague en aval du pont à Saint-Gabriel-de-Valcartier. Intéressante lorsque la rivière est en crue.

Shannon : Court rapide suivi d'un grand plat, sous le pont à Shannon. Un bon site pour l'initiation.

Grand-Remous : Section intermédaire entre Grand-Remous et Pont-Rouge. Son côté un peu plus technique en fait une agréable transition vers des sections plus difficiles.

Rouleau du Président : Situé à la fin de la section Grand-Remous, site très populaire pour le rodéo. Petit rouleau où l'on peut pratiquer des *cartwheels* et autres figures. Compétition provinciale en juillet.

Pont-Rouge–Donnacona : Paradis du surf en période de crue. Des vagues, des vagues et encore des vagues ! Section d'environ 9 kilomètres idéale pour l'initiation en débit moyen ou bas. Le centre de la section est entouré de parois impressionnantes : un « petit Grand Canyon » à 30 minutes de Québec !

Encore PLUS

- **Fédération québécoise du canot et du kayak :** (514) 252-3001 et www.canot-kayak.qc.ca
- Toutes ces rivières (et de nombreuses autres pour un total de 27 700 km de voies canotables) sont détaillées dans le ***Guide des parcours canotables du Québec***, tome II : Nord du fleuve Saint-Laurent excluant le bassin de l'Outaouais. Publié par la Fédération québécoise du canot et du kayak aux Éditions Broquet, mars 2001, 268 pages.
- **Fédération québécoise de canoë-kayak d'eau vive :** (514) 252-3099 et www.kayak.qc.ca
- **Cartes de canot-kayak :** www.cartespleinair.org

Destinations thématiques

En plus des *Intrépides* qui donnent des pistes et des conseils pour s'initier à des activités relativement audacieuses, la présente section regroupe de nombreuses destinations reliées aux activités suivantes :

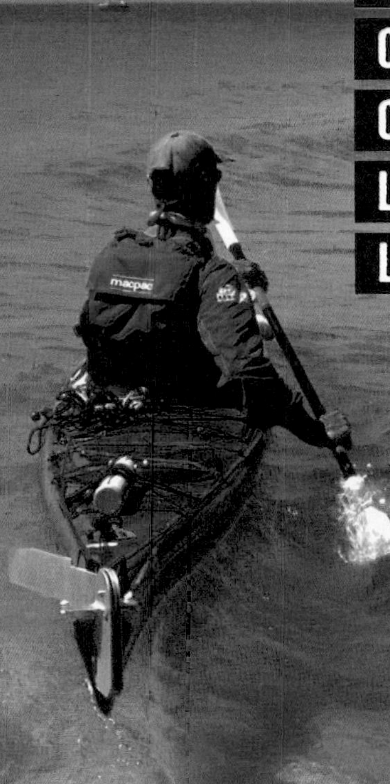

Kayak de mer
Cyclotourisme
Canot
Longue randonnée
Les Intrépides

- Canyoning
- Télémark
- Deltaplane et parapente
- Traîneau à chiens
- Kayak de rivière
- Escalade de glace
- Kayak hivernal
- Équitation
- Ski tracté
- Camping d'hiver
- Canot à glace
- Longue randonnée hivernale
- Spéléologie

Kayak de mer

Pagayer dans les îles

Combien de provinces, combien de pays peuvent se vanter d'héberger les perles de beauté que sont les îles du Québec ? On dirait qu'elles se sont cachées pour mieux exprimer leur majesté, comme si le merveilleux devait rester secret. Mais les phoques et les fous de Bassan ne sont plus les seuls à profiter de leur charme et de leur quiétude. Le kayak de mer permet de flirter avec leurs côtes et de bénéficier de points de vue que les piétons ignoreront toujours.

Répertorier les îles accessibles au kayak de mer fait tourner la tête. Elles sont si nombreuses ! On pense tout de suite aux vedettes, à ces Anticosti, Mingan et autre Madeleine dont on ne prend pas complètement conscience de la beauté tant nous vivons « proche » d'elles.

Vedettes ou discrètes, toutes ne sont pas facilement accessibles. Certaines sont privées, d'autres protégées ou réservées aux pagayeurs experts en raison des courants. D'autres encore ne peuvent être visitées que par l'intermédiaire de sociétés qui en ont obtenu l'exclusivité d'accès.

Pour éviter de nous emmêler la pagaie dans les « si » et les droits d'accès, nous avons pris le parti de ne présenter qu'un choix restreint d'îles aux styles et aux intérêts variés, et dont l'accessibilité reste relativement « ouverte ». Urbaines ou perdues au bout du monde, populaires ou insoupçonnées, ces îles reste offrent une expérience originale pour à qui veut les visiter en kayak de mer.

Trois citadines, près de Montréal

Les îles de Boucherville

Il faut bien débuter un jour ! Pour ce faire, le parc national des Îles-de-Boucherville se prête à merveille. En louant un kayak ou en prenant un cours d'initiation, il est possible de suivre un parcours plutôt insolite pour un plan d'eau si proche de Montréal. Effectuée à la tombée du jour, la balade proposée est même assez originale.

En remontant la Grande Rivière, on aboutit dans les marais où la ville se fait totalement oublier pendant un kilomètre. Un petit couloir de deux mètres de largeur progresse dans

les herbes hautes. Glissant sur les lenticules, entre nénuphars et quenouilles, on croise canards, bécassines et troglodytes des marais. Puis, c'est l'arrivée dans le chenal du Courant. On peut alors rebrousser chemin ou faire le tour de l'île de la Commune (7 kilomètres) en passant par l'île Pinard et l'île Saint-Jean (zone de préservation).

- Parc national des Îles-de-Boucherville
  Tél. : (450) 928-5088
  Site Web : www.sepaq.com

Les mille îles

Toujours dans la région de Montréal, le parc de la Rivière-des-Mille-Îles représente un intérêt d'un cran supérieur. Tout d'abord, les embarcations à moteur y sont rares, mais, surtout, le parc peut presque se vanter d'abriter des bayous... à la québécoise! Potentiellement, tout est accessible en kayak, mais on pourra préférer suivre l'un des quatre circuits balisés qui nous amènent parmi une dizaine d'îles.

Le premier circuit est axé sur l'histoire des îles. Le deuxième se concentre sur les marais et leur aspect écologique. Le troisième nous fait pénétrer dans le secteur de l'île des Juifs, refuge faunique abritant un grand nombre d'espèces de plantes comme la lesardelle penchée ou la renouée écarlate dont les feuilles kaki et les fleurs roses forment un genre de petit radeau. Au mois de mai, quand les eaux de la rivière montent, ce secteur devient le clou du spectacle, car il est alors possible de pagayer au milieu des érablières argentées! Un bayou aux portes de Montréal: l'expérience est à vivre. Le quatrième circuit attirera les plus sportifs, car c'est celui qui nous mènera le plus loin.

- Parc de la rivière des Mille-Îles :
  Tél. : (450) 622-1020
  Site Web : www.parc-mille-iles.qc.ca

L'île Bizard

À l'ouest de Montréal, l'île Bizard est une destination méconnue dont la beauté est inattendue. L'île abrite l'un des parcs de la Ville de Montréal qui attire ornithologues et familles en quête de dépaysement. La location de kayaks se fait sur l'île, mais les kayakistes autonomes pourront aussi entamer cette balade d'une petite journée à partir du cap Saint-Jacques.

À l'embouchure du lac des Deux-Montagnes, l'ambiance est tout de suite « grand large ». Le vent dans le dos, on atteint l'île Bizard en une vingtaine de minutes, et les rives boisées nous font décrocher du quotidien. L'endroit est tranquille et parsemé de petits chalets. Les hérons nous accompagnent en rasant les grandes herbes. L'ambiance est alors à l'exploration. En s'arrêtant sur la plage, il est bon d'aller se dégourdir les jambes dans le parc. En reprenant la pagaie, on rejoint le pont Bizard pour aboutir à des points de vue uniques sur quelques-unes des plus belles maisons de la région. On pourra continuer la balade autour de l'île ou poursuivre encore pendant une heure jusqu'au Bois-de-Liesse, mélange de verdure, d'oiseaux et de maisons de prestige.

- Parc-nature du Bois-de-l'Île-Bizard
  Tél. : (514) 280-8517
  Site Web : http://services.ville.montreal.qc.ca/parcs-nature

Quatre vedettes

Les Îles-de-la-Madeleine

Ce n'est qu'à la pagaie que l'on peut découvrir le caractère insolite des Îles–de–la–Madeleine. En embarquant par exemple à Gros-Cap, on a la chance de progresser dans des eaux abritées et peu profondes que le soleil prend le temps de réchauffer. Les faibles courants et marées permettent de progresser devant les falaises de grès rouge travaillées par le vent et la mer. Au bout de trois ou quatre kilomètres, on accède alors à de véritables grottes où nichent les guillemots à miroir et les goélands. La profondeur de ces grottes atteint parfois une soixantaine de mètres. Du côté de la Belle Anse, à Fatima, on les a nommées la « Cathédrale », la « Lessiveuse » ou encore le « Ventre du dragon ». Sur la Cormorandière, île située à trois ou quatre kilomètres au large, on progresse dans des tunnels en « L » avant d'aller observer la colonie de phoques gris et de phoques communs. Après quelques heures ou plusieurs jours, tous ceux qui ont pagayé aux Îles-de-la-Madeleine reviennent avec une drôle de lueur dans les yeux, comme s'ils avaient eu la révélation du secret le mieux caché du Québec.

- Bureau d'information touristique
  des Îles-de-la-Madeleine
  Tél. : 1 877 624-4437 ou (418) 986-2245
  Site Web : www.tourismeilesdelamadeleine.com

Les îles Mingan

Pour un grand nombre d'adeptes du kayak de mer, l'archipel de Mingan est le plus bel endroit de la province. Pour en être convaincu, il faut s'embarquer et gagner quelques-unes des 40 îles calcaires qui composent l'archipel, un chapelet d'environ 95 kilomètres de longueur où tout n'est cependant pas accessible, car il s'agit d'une réserve de parc national.

En partant de la Longue Pointe, on a tout de suite l'impression d'être en pleine mer. À peine embarqué, il se peut que vous croisiez une demi-douzaine de petits rorquals. Puis, c'est la découverte des îles dont la majorité comporte d'impressionnants monolithes de calcaire en forme de champignons de 5 à 10 mètres de hauteur, que les gens du pays nomment par les formes qu'ils évoquent: « Bonne femme », « Nixon », « Tête d'Indien »... Les autres vedettes sont les macareux, présents de la mi-avril jusqu'à la fin d'août.

Malgré la rudesse du climat, l'archipel contient presque 500 espèces de plantes, dont une centaine dites rares. Autour des îles, l'eau est incroyablement claire. Vu de haut, on dirait une barrière de corail. Tant de beautés qu'il est vraiment conseillé d'aborder en compagnie d'un guide. Tout d'abord, parce que de nombreuses zones sont protégées, mais aussi parce que la météo est on ne peut plus capricieuse. Le courant du Labrador rôde dans les parages, les 4 °C de l'eau vous le rappelant sans arrêt.

- Réserve de parc national du Canada de l'Archipel-de-Mingan
  Tél. : 1 800 463-6769 ou (418) 538-3285 (en saison)
  Site Web : www2.parkscanada.gc.ca

L'île Bonaventure

L'île Bonaventure est bien connue des touristes en pèlerinage à Percé, mais sa visite en kayak est peu populaire. Tout d'abord, parce que la traversée depuis Percé peut être mouvementée et encombrée de bateaux, mais aussi parce que l'île, comme le rocher, fait partie d'un parc provincial d'où l'on en contrôle l'accès. À partir de 2003, il sera possible de louer une embarcation sur l'île ou d'opter pour une visite guidée avec le Club Nautique (www.percenautic.com). L'île est plutôt petite (5 kilomètres de circonférence), mais elle abrite un microcosme écologique d'une richesse impressionnante.

Pour une balade de quelques heures, on progresse le long des anses et des falaises rougeâtres tout en observant les canards arlequins, les mouettes tridactyles ou encore les goélands argentés... En regardant bien, vous pourrez apercevoir, depuis votre kayak, l'épave que les plongeurs aiment visiter. Le clou du spectacle, c'est la colonie de fous de Bassan la plus accessible au monde. La zone étant interdite aux pagayeurs, c'est depuis la côte qu'on pourra l'observer. Si juin est le mois le plus propice pour voir les oiseaux et les pêcheurs de homards, septembre sera le moment idéal pour l'observation des mammifères marins.

- Parc national de l'Île-Bonaventure-et-du-Rocher-Percé
  Tél. : (418) 782-2240 (en saison seulement)

- Association touristique régionale de la Gaspésie
  Tél. : 1 800 463-0323 ou (418) 775-2223
  Site Web : www.tourisme-gaspesie.com

Anticosti

Anticosti a un statut bien étrange : c'est l'île la plus vaste du Québec (222 kilomètres sur 56 kilomètres) mais on dirait que la pratique des sports de plein air y est encore à un stade embryonnaire. À part les adeptes qui ont le courage de venir par bateau avec leur kayak, il faut faire appel aux services de la SEPAQ pour avoir le privilège de pagayer dans l'île (de juin à la fin d'août).

Au départ de l'auberge Carleton, on propose des balades de une demi-journée à trois jours. Encore là, l'expérience est unique : on pagaie dans une eau limpide, le long de falaises blanches. Côté mer, c'est la rencontre avec les loups marins, les phoques, les baleines et parfois même les requins pèlerins. Au bord, les chevreuils pullulent. Du ciel, l'aigle à tête blanche vous guette. En direction de la baie de la Tour, passé l'embouchure de la fameuse rivière Vauréal, les baies se succèdent et on finit par apercevoir la colonie de cormorans perchée sur sa falaise. Et puis, avec un peu de chance, le kayakiste se retrouveront retrouvera au milieu d'une « échouerie », où l'on compte parfois les phoques par centaines !

- Bureau d'information touristique d'Anticosti
  Tél. : (418) 535-0250
  Site Web : www.anticosti-ile.com

- Bureau de la SEPAQ à Anticosti
  Tél. : (418) 535-0156
  Site Web : www.sepaq.com

Deux discrètes

Sept-Îles

Que les Sept-Îliens ne le prennent pas mal : le port de Sept-Îles est loin d'être l'endroit le plus charmant du Québec. Mais quel contraste à quelques centaines de mètres de là ! La Grande Basque est la vedette de l'archipel des Sept-Îles, un petit temple insoupçonné de plein air. En quittant le port, on commence par une expérience peu ordinaire : pagayer le long des paquebots géants. On atteint l'île en une demi-heure. Le côté Ouest est le plus accueillant et le plus surprenant. Les côtes rocheuses alternent avec les plages de sable. Le long de la côte, d'exotiques taches d'eau turquoise contrastent avec l'aridité des petites collines.

La balade peut se faire en une journée, mais pourquoi ne pas prolonger le charme et profiter de l'un des six campings aménagés ? On peut alors prendre le temps de vivre, de se dégourdir les jambes sur 12 kilomètres de sentiers, ou encore de rayonner vers les îles environnantes (Grosse Boule, Petite Boule...) en se laissant surprendre par les baleines.

Au mois de juillet, en vous levant tôt, vous apercevrez peut-être la brume encerclant le sommet de la Grosse Boule : c'est à ce moment que les gens du coin disent que « la Boule a mis son capuchon ». Pour couronner le tout, le retour au port se fera en naviguant d'une déferlante à l'autre. Sensations fortes garanties que les débutants préféreront éprouver en étant guidés...

- Corporation touristique de Sept-Îles
  Tél. : 1 888 880-1238 ou (418) 962-1238
  Site Web : www.ville.sept-iles.qc.ca/tourisme

L'île Verte

Pendant que Tadoussac croule sous les touristes, on dirait que le temps s'est arrêté de l'autre côté du Saint-Laurent. L'île Verte est un coup de cœur ! Comme pour de nombreuses îles du Bas-Saint-Laurent, une bonne partie est privée et il faut respecter les droits des propriétaires ainsi que l'intimité de la faune. Cependant, plusieurs débarquements restent possibles. Avant de partir depuis la rive sud, un premier préalable : la visite du centre d'interprétation de la réserve nationale de faune de la Baie-de-l'Isle-Verte, où l'on découvre les espèces que l'on s'apprête à croiser.

Depuis le village, à marée basse, on progresse le long du dernier kilomètre de la rivière. À l'embouchure, dans les grandes herbes qui servaient autrefois au rembourrage des matelas, il n'est pas rare de voir une centaine de hérons. Dans les zones marécageuses, on peut même avoir la chance d'apercevoir le courlis à long bec, sorte de kiwi du Québec gros comme une perdrix, mais affublé d'un bec long de 15 à 20 centimètres. Puis, c'est la traversée vers l'île (2 kilomètres). Le quai en est le centre névralgique. Les fumoirs de bois délavé lui donnent un cachet particulier.

Vers l'ouest, on pagaie le long des récifs bordeaux zébrés de gris. Au sommet des épinettes, les bihoreaux à couronne noire, sortes de hérons trapus, se reposent en attendant la nuit. Entre la pointe ouest et le phare (côté nord), la marée basse découvre d'immenses plages au bord desquelles on peut camper. Et puis, c'est l'arrivée au phare et la visite de son musée. La vue sur le Saguenay y est imprenable. C'est aussi dans ce secteur que l'on a les meilleures chances de voir de petits rorquals et des bélugas.

- Association touristique du Bas-Saint-Laurent
  Tél. : 1 800 563-5268 ou (418) 867-3015
  Site Web : www.ileverte.net
- Traversier
  Tél. : (418) 898-2843
  Site Web : www.inter-rives.qc.ca
- Bateau-taxi
  Tél. : (418) 898-2199

Trésors cachés pour le kayak de mer

Des perles à découvrir

Dans l'ombre des grandes destinations classiques, une myriade de destinations inconnues font le bonheur de quelques pagayeurs privilégiés. Généreux, certains ont rompu l'omerta et accepté – avec déchirement (sic !)– de partager le secret de leur trésor caché. Maintenant, silence, on rame !

L'oasis

Refuge d'oiseaux migrateurs des îles de la Paix – Montérégie

Au premier regard, on doute de leur présence. Au milieu du lac Saint-Louis, les îles sont si planes qu'elles semblent irréelles. Il faut s'approcher en kayak pour confirmer leur existence et celle d'un marais en leur centre. En périphérie, dans les zones où l'eau est peu profonde, des nénuphars jaunes, des nymphéas, des bidents discoïdes, des prêles et autres belles-angéliques émergent de toutes parts. Le ton est donné. Il s'agit bien d'un mirage !

Parmi les 1 115 hectares (121 hectares terrestres et 994 hectares aquatiques) qui constituent la superficie des îles de la Paix, une faune ailée diversifiée s'offre au regard des

Encore PLUS

- **Mise à l'eau :** Par les parcs riverains contigus aux îles de la Paix
- **Site Web du Service canadien de la faune :** http://lavoieverte.qc.ec.gc.ca/faune/faune/html/rom_iles_de_la_paix.html
- **Tourisme Montérégie :** (450) 469-0069. Site Web : www.tourisme-monteregie.qc.ca
- **Chasse :** À l'automne, s'informer des périodes de chasse à la sauvagine.

pagayeurs. Canards barboteurs, canards noirs, canards branchus et colverts cohabitent avec les sarcelles d'hiver, les hirondelles bicolores, les grèbes à bec bigarré ou encore les hérons verts. Les amateurs d'ornithologie seront comblés.

Situées à une vingtaine de kilomètres au sud-ouest de Montréal (devant les municipalités de Beauharnois, Maple Grove et Léry), dans un milieu fortement urbanisé où les rivages sont accaparés par les villes et leurs industries, les îles de la Paix font figure d'oasis pour les kayakistes. Sur les rives avoisinantes, les saules contribuent à donner au paysage un aspect bucolique. On revient de ces îles avec la certitude que l'on va y retourner un jour, pour peu qu'elles existent réellement...

La loi de la jungle

Réserve nationale de faune du Lac Saint-François – Montérégie

Au cœur de ce vaste marais, on se faufile au gré des canaux qui débouchent dans les eaux calmes du lac. Les petits reptiles aquatiques qui peuplent les sous-bois et les lianes donnent des allures de brousse à ces marécages. Parmi les habitants, plus de 220 espèces d'oiseaux, 40 espèces de plantes rares, et 16 espèces de reptiles et d'amphibiens colorent les lieux.

Ici, les eaux sont parmi les plus chaudes du Québec. Ce microclimat favorise la prolifération de plus d'une centaine d'espèces de plantes vasculaires, et les anoures y pullulent. Sur une grosse roche, une salamandre prend un bain de soleil. Plus loin, une tortue serpentine espionne un canard.

À 40 kilomètres en amont de Valleyfield, cette destination, rebaptisée affectueusement « Everglades du Québec » par les initiés, en offre plein la vue. Située dans la région du Suroît, à la lisière des États-Unis, les kayakistes de tous les niveaux y trouveront leur compte pour une sortie d'une journée à travers plus de 16 kilomètres de canaux et de chenaux émaillés sur 1 347 hectares. Un bain de brousse à quelques kilomètres à peine de Montréal.

Encore PLUS

- **Les amis de la Réserve nationale de faune du Lac Saint-François** (AMAPRE) offrent des visites guidées. Renseignements et réservations : (450) 370-6954.
  Site Web : www.amisrnflacstfrancois.com
- **Tourisme Montérégie :** (450) 469-0069.
  Site Web : www.tourisme-monteregie.qc.ca

Marin d'eau douce

Réserve faunique de Papineau-Labelle – Laurentides

C'est le calme plat. En pagayant discrètement, on observe un cerf de Virginie qui s'abreuve au rivage. Plus près, un castor clapote de la queue à la vue du kayak, tandis qu'un huart surprend par son chahut : on aurait cru au grand méchant loup ! La faune est bien vivante dans la réserve faunique de Papineau-Labelle. La réserve constitue, avec les plans d'eau qui la couvrent, le principal attrait de cette incursion au cœur d'une nature qui est loin d'être morte.

Le lac des Sept Frères s'avère un point de départ intéressant qui permet d'explorer une multitude de petits lacs parmi les 746 qui inondent littéralement les quelque 1 628 kilomètres carrés de la réserve.

C'est à une véritable course à obstacles qu'est convié le kayakiste, et les courts portages auxquels il s'adonne contribuent à le faire pénétrer dans un dédale de lacs inextricable. Après avoir parcouru les 6 kilomètres du lac des Sept Frères dans un corridor étroit, un premier portage d'environ 200 mètres mène au lac Diamond. Et l'aventure ne fait que commencer : au bout de ce lac, un portage de 300 mètres débouche sur le lac Lartigue, puis un autre sur le lac Ogilvy. Soif de découvertes, ou à l'opposé, chair de poule : on ne reste pas de marbre en avançant dans cet environnement de plus en plus sauvage.

Ici, pas de baleine, de phoque ou de dauphin à flanc blanc... Le spectaculaire prend plutôt la forme du silence et d'une infinité de possibilités. On s'attarde dans les petites baies. On longe les falaises. Disséminés sur les berges qui jalonnent la forêt, les terrains de camping sauvage contribuent à l'atmosphère authentique qui émane de ces lieux.

Encore PLUS

- **Réserve faunique de Papineau-Labelle :** (819) 454-2011, poste 33.
  Site Web : www.sepaq.com
- **Débutant :** Il s'agit d'une destination tout indiquée pour s'initier au kayak de mer. L'eau est calme, il n'y a pas de marées et l'organisation logistique est moins importante que pour une sortie en mer.

Facteur humidex

L'archipel du Lac Saint-Pierre – Mauricie

C'est à travers des champs de quenouilles, de sagittaires et de rubaniers que doit s'orienter le kayakiste pour naviguer entre la centaine d'îles qui constellent le lac Saint-Pierre. Il faut dire que si l'endroit est idéal pour les oiseaux, les batraciens et les reptiles, il l'est également pour celui qui désire découvrir les joyaux de ce milieu aquatique, classé réserve mondiale de la biosphère par l'UNESCO depuis juin 2001.

Au gré des chenaux qui relient les îles entre elles, il fait bon s'aventurer dans des couloirs parfois plus étroits, entre les joncs et les nénuphars qui enjolivent la surface des eaux. La flore abonde, et il se dégage des prairies humides une fraîcheur rédemptrice. Dernier bassin d'eau douce du fleuve, le lac Saint-Pierre inonde littéralement les basses terres du Saint-Laurent, au printemps, quand sa superficie passe de 480 à 660 kilomètres carrés.

Ici, même lors d'une sortie en solitaire, on ne sent jamais seul : plus de 300 espèces d'oiseaux se pointent le bec au printemps, et 167 d'entre elles sont constituées d'oiseaux nicheurs. Le héron prédomine dans les chenaux attenants à la Grande Île, la plus importante héronnière en Amérique du Nord. On y trouverait un échantillon de 3 000 échassiers qui pêchent, dans les tréfonds du lac, leur grasse et abondante nourriture. De quoi ravir les amateurs d'ornithologie !

Situé à 45 minutes de Montréal, l'archipel du Lac Saint-Pierre s'étend de Saint-Joseph de Sorel au pont de Trois-Rivières, entre Sorel et Berthierville. Il s'agit donc d'une destination idéale pour une excursion d'une journée. Il est également possible de camper sur une des îles ou dans un camping de la région.

Encore PLUS

- **Association touristique régionale de la Mauricie :** 1 800 567-7603.
  Site Web : www.icimauricie.com
- **Niveau :** Destination éclair idéale pour la famille et le débutant. La partie nord de l'archipel est sans conteste la plus intéressante à parcourir.
- **Mise à l'eau :** Par Saint-Barthélemy ou au camping du Chenal-du-Moine. Il est préferable de se munir d'une carte.
- **S.A.B.L.** (organisme à but non lucratif qui organise des excursions) : (450) 742-3113 et 1 877 742-3113. Site Web : www.sabl.qc.ca
- **Chasse :** S'informer des périodes de chasse à la sauvagine.

Exercice de style

Baie des Rochers – Charlevoix

La baie des Rochers est enchâssée parmi les falaises rocheuses de la rive nord du Saint-Laurent. Les montagnes, le fleuve et le kayak se complètent pour y former une œuvre d'art. On y (re)vient donc pour ses paysages grandioses !

C'est entre Saint-Siméon et Baie-Sainte-Catherine que la baie des Rochers expose ses charmes indéniables. Il est possible de mettre son kayak à l'eau à partir d'un quai, et ainsi, de profiter d'une splendide excursion de quelques heures. Le kayakiste déambulera à travers des rochers, des battures, et accédera à l'île située au centre de la baie. Par marée basse, elle est accessible à partir de la plage, car la baie se vide littéralement et permet aux marcheurs de profiter de plus de six kilomètres de sentier pédestre. Il est donc impératif de s'informer des heures de marées.

Enfin, le kayakiste plus expérimenté pourra s'aventurer plus loin dans les eaux du fleuve et suivre la côte charlevoisienne. Au nord, on longera avec plaisir le cap du Basque, et au sud, le cap de la Tête au Chien. Pour une randonnée de quelques heures, cette destination plaira aux pagayeurs de tout niveau.

- **Association touristique de Charlevoix :**
  1 800 667-2276
  Site Web : www.tourisme-charlevoix.com

La mer intérieure

Archipel de L'Isle-aux-Grues – Chaudière-Appalaches

Si près de la ville de Québec... et pourtant, tellement loin. Ici, les marées ponctuent le rythme de la vie comme un métronome celui d'une symphonie. Le paysage est grandiose : au sud, la plaine du Saint-Laurent inspire la réflexion, le recueillement, et au nord, les caps érodés de Charlevoix motivent les élans d'enthousiasme les plus grandiloquents. Et puis, comme les centaines de milliers d'oiseaux migrateurs qui font une halte dans ce coin de pays, le kayakiste pourra migrer, parmi les 21 îles et îlots qui constituent l'archipel. Une balade de 25 kilomètres qui fait oublier qu'on se trouve à 40 minutes de Québec !

Mise en garde : en se faufilant entre les îles, les bancs de sable, les battures, les anses et les plages désertes, il est normal de se sentir enivré par la vue, l'air salin du large, de même que par les exhalaisons de foins qui parcourent les champs attenants l'île aux Grues ! Il y a aussi, sur cette dernière, quelque 250 insulaires qui font de l'endroit l'un des plus accueillants du Québec.

Il faut savoir qu'il est malheureusement interdit de poser, ne serait-ce que le petit orteil, sur les autres îles, car elles sont privées. Toutefois, leurs noms évocateurs (Grande-Île, Madame, Patience, Sottise, Longue, Ronde ou encore à Deux Têtes) contribuent à donner une teinte particulière au voyage.

Située devant Berthier-sur-Mer et Montmagny, l'archipel s'étire de l'île aux Oies jusqu'à l'île Madame. Les mises à l'eau se font notamment au quai de Saint-François et à celui de l'île aux Grues. La traversée la plus stimulante se déroulerait, de l'avis de plusieurs, de l'île d'Orléans à l'île aux Grues. Il est également possible de partir de la rive sud de Montmagny, mais de forts courants ascendants, provenant du chenal Saint-Thomas, rendent l'aventure plutôt périlleuse.

Encore PLUS

- **Association touristique Chaudière-Appalaches :** 1 888 831-4411
  Site Web : www.chaudapp.qc.ca
- **Kayak :** Quelques sociétés organisent des excursions et louent des embarcations.
- **Niveau :** Les débutants devraient être accompagnés d'un guide. Que l'on soit de niveau intermédiaire ou avancé, il n'est pas recommandé de pagayer seul dans l'archipel.
- **Mise à l'eau :** Le meilleur accès est à l'Auberge des Dunes.
- **Marées :** Les plus grandes sont de 6.00 m.
- **Camping :** Le seul terrain est situé à 1 km du quai. Tél. : (418) 248-8060
- **Transport :** Des traversiers permettent aussi d'accéder à l'île aux Grues.

Être aux petits oiseaux !

Refuge faunique de l'Île-Laval – Manicouagan

Située à une centaine de kilomètres à l'est de Tadoussac, dans la baie qui porte le même nom, l'île Laval est sans conteste le lieu de nidification des oiseaux marins le plus méconnu du Québec. C'est donc avec l'impression d'être un découvreur qu'on met son kayak à l'eau pour y associer navigation et ornithologie.

Avec une superficie de 31,5 hectares et 75 mètres d'altitude, l'île Laval abrite sur ses falaises rocheuses et escarpées une faune aquatique ailée très variée. C'est dans le souci de la préserver de la prédation humaine que tout accès à l'île est interdit. La balade en kayak de mer s'avère par conséquent le moyen le mieux adapté pour faire le tour de l'île et multiplier les découvertes.

Le caractère fermé de la baie Laval en fait une destination idéale pour donner ses premiers coups de pagaie. On s'y trouve à l'abri du vent, et par conséquent, des vagues déferlantes.

Jumelles en main, l'observateur découvrira une importante colonie de mouettes tridactyles, une cormorandière, une héronnière, des goélands argentés, des eiders à duvet, des macreuses, des canards noirs et des kakawis. Avec un peu de chance, des petits pingouins (les seuls de l'espèce capables de voler) pourraient aussi être au rendez-vous. Qui plus est, si l'on s'aventure autour de l'île durant la période de nidification de la faune ailée, qui s'étend du mois de mai à la fin juin, on décuple ses chances de faire des observations surprenantes.

C'est au bout !

Ragueneau – Manicouagan

Situé à 600 kilomètres de Montréal, sur la Côte-Nord, Ragueneau est la porte d'entrée de Manicouagan et un lieu très propice à l'observation des mammifères marins, et de la faune ailée typique de l'embouchure du Saint-Laurent. Ici, le terrain de jeu comprend quatre îles et une dizaine de récifs qui sertissent l'archipel. Et c'est à coups de pagaie qu'on rend visite à leurs habitants : plus de 5 000 cormorans, des sternes, des macreuses, des bécasseaux et de petits pingouins, pour ne nommer que quelques espèces parmi les 200 présentes ici. Les phoques sont aussi de la partie à tel point qu'il n'est pas rare de voir de jeunes phoques communs (ou loups marins) venir taquiner le bout de votre pagaie. Quant aux phoques gris découverts par la marée descendante, ils se rassemblent par dizaines sur les bancs de sable des récifs. Les entendre chahuter est un moment unique qui restera gravé dans les mémoires !

Encore PLUS

- **Association touristique de Manicouagan :** (418) 294-2876 ou 1 888 463-5319. Site Web : www.tourismecote-nord.com
- **Mise à l'eau :** Quai de Ragueneau, à l'embouchure de la rivière aux Outardes
- **Niveau :** Accessible aux néophytes et même aux familles. Le kayakiste plus expérimenté pourra laisser voguer son embarcation jusqu'au parc-nature de Pointe-aux-Outardes, et même y passer la nuit en camping.
- **Parc nature de Pointes-aux-Outardes :** (418) 567-4227

L'Odyssée réinventée

D'Harrington Harbour à Blanc-Sablon – Duplessis

Dans ce pays insulaire, les villages qui jalonnent la côte – Harrington Harbour, Tête-à-la-Baleine, Saint-Augustin, Brador, Blanc-Sablon – séduisent par leur caractère immémorial. Sertis de maisons de pêcheurs blanches ou pastelles juchées sur des trottoirs de bois, ils ne se sont pas laissé envahir par le bitume. Ici, le temps semble au beau fixe depuis des millénaires.

D'Harlington Harbour à Blanc-Sablon, c'est plus de 300 kilomètres de littoral accessibles par une multitude de parcours sinueux. Les centaines d'îles qui forment des havres permettent même au débutant d'y faire ses premiers pas.

La faune y est diversifiée et colorée. En partant à l'aube, on est parfois surpris par le regard d'un rorqual bleu. Des marsouins émergent subitement des profondeurs ou encore des loups marins touchent, du bout de leur nez, celui du kayak. La faune ailée aussi est omniprésente. On trouve, en Basse-Côte-Nord, la plus grande concentration de balbuzards au monde, soit 9 couples nicheurs aux 100 kilomètres carrés, qui partagent les lieux avec des macareux, des guillemots et des petits pingouins. Dépaysement garanti !

Au fil des jours, les villages ponctuent le parcours. On passe par Tête-à-la-Baleine, où les îles, amoncelées par milliers dans l'archipel du Petit Mécatina, rendent le parcours stimulant, tout en protégeant le kayakiste des affres du vent. À la Tabatière, située au centre de l'île du Gros Mécatina, il est possible de dormir dans un camp d'été. Ces petites maisons ouvertes aux passants, pourvues d'un poêle et de bois, sont disséminées ça et là sur la côte. Il n'en coûte rien pour y passer la nuit, sinon la politesse de laisser l'endroit aussi propre qu'on l'a trouvé. Plus loin, Saint-Augustin offre à la vue des paysages exquis. Falaises escarpées, forêts bigarrées et plages sablonneuses galvanisent le kayakiste au gré des coups de pagaie. Le Petit Rigolet, de par son étendue de 18 kilomètres, s'apparente au fjord du Saguenay. En son enceinte, la marée désarçonne autant qu'elle mystifie. Il importe de la considérer lors des arrêts, sans quoi il pourrait être nécessaire de revenir par la terre ferme…

Par-delà l'archipel du Vieux Fort (l'île aux Chiens, pour les habitants de la région), et jusqu'à Blanc-Sablon, des icebergs peuvent faire partie du paysage. Et comme partout en Basse-Côte-Nord, on continue à faire son chapelet à travers la kyrielle d'îles qui rompent la monotonie du parcours.

Voilà un pays fait de démesure, de découvertes, où il fait bon rencontrer des gens accueillants à l'abri du tourisme préfabriqué. Vraiment atypique, l'expérience permet de vivre une odyssée au gré d'un parcours constamment réinventé.

Le dilemme de la location

Louer avant le départ ou, au contraire, à l'arrivée : voilà le dilemme de tout pagayeur sans kayak. Avant de s'y confronter, il est bon de vérifier que la location est bien offerte sur le lieu de destination. Cette option est intéressante, car le transport d'un kayak est contraignant : les débutants doivent la privilégier. Toutefois, dans le cas d'une destination lointaine, il peut être intéressant d'avoir un bateau sous la main (ou plutôt sur le toit de l'auto) pour pouvoir faire des pauses nautiques en chemin. Découvertes imprévues et sentiment de liberté en prime !

Encore PLUS

- **Tourisme du 50e Parallèle :** (418) 766-4414 ou 1 888 766-6944
- **Association touristique de Duplessis :** (418) 962-0808. Site Web : www.tourismecote-nord.com
- **Par bateau :** Relais Nordik inc. Permet de découvrir 11 localités de la Basse-Côte-Nord : (418) 723-8787 ou 1 800 463-0680. Il est possible d'apporter son kayak sur le bateau pour ne faire qu'une partie du littoral.
- **Woodward-MS Apollo** est le traversier qui relie Blanc-Sablon à St. Barbe (Terre-Neuve) : 1 800 563-6353.
- **Débutant :** Tête-à-la-Baleine est une destination tout indiquée pour le néophyte.
- **Intermédiaire/avancé :** Les autres municipalités énumérées représentent des destinations qui offrent leur part de défi, surtout si l'on s'aventure dans le Golfe.

Fjord du Saguenay

Des sites de camping d'un charme incomparable, la magie des rencontres avec les bélugas, la majesté et la hauteur des parois ; bref, le dépaysement est total. Telles sont les images que les initiés du fjord du Saguenay gardent en mémoire après un périple en kayak de mer. Ce n'est qu'à la pagaie que l'on peut vraiment vivre la beauté de ce corridor étroit, dont la partie la plus encaissée s'étend sur près de **75 kilomètres**. Attraction phare du Québec, le fjord continue à surprendre ses plus fidèles visiteurs.

Surprenant fjord, d'abord parce qu'on ne réalise pas toujours la singularité d'un tel phénomène naturel dans son propre pays, et ce, à moins de trois heures de Québec. Surprenant aussi parce que même les hommes qui côtoient le fjord n'ont pas encore percé tous ses mystères. Les courants, la météo et les rencontres qu'on y fait le rendent imprévisible. Il est pourtant depuis toujours un lieu d'échange, tant pour les eaux du St-Laurent qui se mêlent à celles du Saguenay que pour les Amérindiens et les colons d'autrefois qui s'y rencontraient pour le commerce. Aujourd'hui temple touristique, il permet notamment au pagayeur de s'intégrer en toute discrétion dans une nature au caractère aussi fort qu'inspirant.

Géographiquement parlant, le fjord du Saguenay se divise en trois bassins distincts entre St-Fulgence, à quelques kilomètres de Chicoutimi, et le haut-fond du Prince supportant le phare de la Toupie, un peu au-delà de l'embouchure avec le St-Laurent. Très visibles sur une carte marine, ces trois bassins se remplissent à chaque marée, ce qui expliquerait en partie la puissance de certains courants par endroits. De 10 mètres de profondeur vers St-Fulgence, le fleuve plonge à plus de 270 mètres près de Cap-Éternité. Et, curieusement, la hauteur des parois du fjord est inversement proportionnelle à sa profondeur : près de 300 mùètres aux endroits les plus hauts.

Six jours sur le Saguenay

Embarquement pour la descente du fjord. Entre St-Fulgence et Tadoussac, les 100 kilomètres se parcourent en quatre à six jours. Il existe de nombreuses possibilités d'embarquement le long du fleuve, ramenant le parcours à deux ou trois jours, et peu de pagayeurs embarquent plus en amont que St-Fulgence. La première section de 25 kilomètres mène à Ste-Rose-du-Nord. Cette mise en bouche est plus naturellement fréquentée par les gens en provenance de Chicoutimi. Elle est facile car protégée des vents par le cap de l'Est. L'eau y est aussi plus chaude qu'en aval.

Le vrai dépaysement ne commence qu'à Ste-Rose-du-Nord, un joli et pittoresque petit village composé de trois anses. Là, il est possible de camper à la fin de la première journée. La deuxième section mène à la belle plage et au camping de la baie Trinité, et ce, après 15 kilomètres de pagayage. Le paysage devient de plus en plus escarpé. Paradoxalement, ce n'est pas cet impressionnant encaissement qui charme le plus les kayakistes. Sur les 12 kilomètres de la troisième section menant jusqu'à Baie-Éternité, on progresse sur un corridor en ligne droite entre les plus hautes parois du fjord. Le vent circule librement et peut être fort. Autrefois, le bateau d'un voyageur de commerce qui passait par là fut pris dans une tempête. Il promit d'ériger une statue de la Sainte Vierge s'il se sortait de là. Cette statue veille aujourd'hui sur les sommets de la baie Éternité.

L'arrivée dans la baie ramène dans un monde plus fréquenté. Les bateaux de touristes s'y arrêtent pour rendre visite à la Vierge. Il est toujours intéressant de profiter de cette halte pour visiter le Centre d'interprétation du fjord. Un joli sentier de randonnée permet aussi de se dégourdir les jambes. Vaste et bien abritée, la baie permet de pagayer durant une demi-journée si le vent se montre capricieux et empêche de pousser plus avant. Elle cache aussi une colonie de phoques communs, présence étonnante à près de 50 kilomètres de la confluence avec le St-Laurent.

Crescendo

Les guides en kayak sont unanimes : la descente du fjord est comme une suite logique. Plus on progresse et plus le paysage est beau. La quatrième section mène à l'anse St-Jean, après 15 kilomètres de descente. On peut aussi continuer jusqu'au Petit-Saguenay (6 kilomètres de plus). Cet arrêt dans la première monarchie d'Amérique du Nord vaut le détour ! Au-delà de ce titre plutôt « attrape-curieux », ce petit village plein de vie mérite une visite.

La cinquième partie de la descente fait découvrir les îles du Saguenay. Sur les 10 kilomètres reliant Petit-Saguenay à la baie Ste-Marguerite, on se promène entre les hauteurs de l'île St-Louis et la caverne cachée de la Petite île. Dans un paysage tout en relief, on pagaie de baie en baie pour atteindre celle qui est tant attendue par la majorité des randonneurs.

Pour parler de la baie Ste-Marguerite, on est partagé entre l'exaltation d'une rencontre unique et la volonté de protéger ce spectacle si fragile. Car c'est ici que l'on observe la plus grande concentration de bélugas. Le matin, on peut compter jusqu'à une trentaine de ces mammifères qui semblent avoir choisi le lieu pour jouer ou s'y reposer. Pour des raisons de protection, la navigation est maintenant interdite dans la baie. On les observe soit depuis l'anse au Cheval (en face de la baie), soit depuis l'observatoire perché sur les caps, accessible par un sentier de trois kilomètres.

La blancheur éclatante des mammifères ne doit pas non plus faire oublier le charme de la baie Mill, sa superbe plage et ses jolis campings peu fréquentés. Ici on est en présence d'un petit village qui fut autrefois témoin de la colonisation du fjord, qui a débuté vers 1840.

La sixième et dernière section est plus souvent parcourue en deux jours. Trente kilomètres à flirter avec les parois rocheuses des falaises, à observer leurs couleurs et leurs dessins, à écouter le grognement étrange des bélugas. Ici encore, les campings aménagés comme celui de la Pointe à la Passe-Pierre s'intègrent superbement au décor.

Avant de mettre fin à ces journées de décrochage avec la civilisation, il est encore temps de flâner dans l'anse de Roche, près de Sacré-Cœur, et de se laisser aller au charme de sa marina et des petits chalets aux alentours. Encore quelques parois vertigineuses et c'est l'arrivée dans le St-Laurent. Selon les marées, ce passage est presque à considérer comme un franchissement de rapides. Un moment intense donc avant de terminer dans la baie de Tadoussac qui, avec un peu de chance, nous accueille par la présence d'un petit rorqual en pleine alimentation.

Encore PLUS

- **Association touristique du Saguenay-Lac-St-Jean :** Tél. : 1 800 463-9651
  Site Internet : www.atrsaglac.d4m.com
- **Réservation de campings rustiques :** le parc national du Saguenay centralise les réservations. Il est aussi responsable de l'environnement et de la faune du parc.
  Tél. : 1 877 272-5229.
- **Parc marin Saguenay-St-Laurent :**
  Tél. : 1 800 463-6769.
  Site Internet : www.parcscanada.gc.ca.
- **Le Fjord du Saguenay :**
  Site Internet : www.fjordsaguenay.com.
- **Parcours de kayak à la journée**
  Il existe de nombreuses possibilités : Cap-Jaseux, Rivière-Éternité, Anse-St-Jean, Anse-St-Étienne, Tadoussac.
- **Sécurité et navigation :** la navigation dans le fjord comporte de véritables conditions de mer. Les courants sont forts, imprévisibles, et la météo est capricieuse. Les kayakistes autonomes doivent donc prendre toutes les précautions nécessaires avant de partir. La carte de randonnée nautique (4 $) indique notamment les kilométrages précis chaque jour et les tables des marées. Prévoir suffisamment de temps pour parcourir l'itinéraire prévu chaque jour.
- **Infos météo :** (418) 235-4771.

Manicouagan
Bergeronnes

Pagayer avec les géants

Bergeronnes est l'un des lieux les plus merveilleux de la planète pour rencontrer les **mammifères marins**. Ni plus ni moins ! Quel autre endroit permet l'observation quasi continuelle de plus de cinq espèces passant à quelques mètres du rivage, et cela, à plus de 1 200 kilomètres de l'océan ? Bergeronnes, Cap-de-Bon-Désir, le camping du même nom ou celui du Paradis marin : ces noms évoquent plus un pèlerinage qu'une simple destination touristique. Les familles se contenteront peut-être d'y camper et de contempler le spectacle depuis le bord de mer, mais nul besoin d'être un sportif ou d'avoir le pied marin pour tenter l'aventure en kayak de mer.

Alliant nature et découvertes, cette partie du parc marin du Saguenay–Saint-Laurent fait de l'**observation** son activité principale. À une vingtaine de kilomètres à l'est de Tadoussac, entre juin et octobre, le fleuve accueille une concentration impressionnante de mammifères marins. Petits rorquals, bélugas, marsouins, rorquals communs et rorquals bleus sont les plus communément observés. Il n'est pas rare d'y voir aussi le rorqual à bosse, le cachalot ou le dauphin à flanc blanc. Et bien sûr, les phoques qui, curieux, pointent souvent leur tête hors de l'eau quand ils ne se prélassent pas sur un rocher au soleil.

Camper au bord de l'eau est déjà une expérience magique qui met les sens en éveil. Contemplation le jour, chant des baleines la nuit : un beau programme ! D'autres choisiront le **kayak de mer** pour aller plus loin dans le flirt. Une bonne occasion de constater que ce sport s'intègre parfaitement au milieu et n'est pas toujours synonyme de courbatures.

Si vous souhaitez vivre pleinement l'expérience de l'observation des baleines, voici deux suggestions. D'abord, effectuer une petite visite de l'excellent Centre d'interprétation des mammifères marins (CIMM) de Tadoussac (des panneaux d'interprétation sont également présents sur les sites). Là, on apprend à connaître et à reconnaître les espèces qu'on rencontre en mer. Ensuite, faire confiance à l'une des compagnies de kayak de mer locales et embarquer pour un ou – pourquoi pas – plusieurs jours de randonnée côtière. Car ici, pas de grande traversée à se faire sauter les bras, tout se passe à proximité de la rive. La présence immédiate des baleines, l'absence d'îles à visiter et le tempérament changeant du fleuve poussent le kayakiste à évoluer tranquillement le long des rochers.

Retenir son souffle

Une fois le b.a.-ba du pagayage expliqué, le guide démontre qu'un kayak de mer se propulse sans trop d'effort. De toute façon, les trajets sont courts (une dizaine de kilomètres par jour) et l'accent est mis davantage sur la découverte que sur

le sport lui-même. Le plus grand travail du guide, c'est d'inculquer les bonnes manières ! Ici, on ne court pas après la première baleine rencontrée. Un périmètre de 400 mètres doit être respecté, sauf si les cétacés en décident autrement.

Une fois embarqué, le kayakiste apprend à s'effacer et à attendre. Il se laisse pousser par le vent et guette. Les premières rencontres sont parfois rapides. On se fait remuer les entrailles par un souffle soudain : une dorsale vient de fendre l'eau et on sursaute. L'excitation fait oublier le paysage et on se découvre allergique au moindre bruit de bateau à moteur (heureusement, ils sont bien plus rares à Bergeronnes qu'à Tadoussac).

C'est entre Bergeronnes et Les Escoumins qu'on a le plus de chances de rencontrer les mammifères en kayak. En pagayant sur ce chemin qui est le leur, il serait étonnant de n'en croiser aucun, à moins que le vent et les vagues ne rendent l'observation plus difficile. À Cap-de-Bon-Désir, à quelques mètres de la rive, le fleuve plonge à près de 100 mètres de profondeur et offre aux baleines un incomparable garde-manger. Confortablement assis dans son kayak, on glisse sur un gigantesque entonnoir de nourriture remontant le zoo-plancton et le phyto-plancton des profondeurs. Et en choisissant une sortie à l'heure du souper – qui correspond, pour notre plus grand plaisir, à celle du coucher du soleil – on s'assure un souvenir inoubliable.

Ce n'est pas vraiment pour la beauté de la côte que l'on choisit de pagayer à Bergeronnes. Les trois souffles du petit rorqual avant de plonger, les ébats de la baleine à bosse, l'éventuelle visite du curieux béluga, voilà les images qui incitent à tenter l'aventure. Et pour la prolonger, rien ne vaut une nuit en camping dans cet environnement de rêve. Le plus difficile ? Choisir entre les deux terrains qui sont désormais disponibles. Étendu à flanc de rivage, dans un décor verdoyant parsemé de petits lacs, le camping Bon Désir offre des sites éparpillés et une vue plongeante sur le fleuve. Plus petit, le camping du Paradis marin reste l'un de ces endroits privilégiés où, loin de la foule et dans une ambiance de roc, on peut planter sa tente tout près de la mer et emporter le souffle des baleines dans son sommeil. Mais, chut, il ne faut le dire à personne...

FOCUS

Famille

Le site d'observation de Cap-de-Bon-Désir et le camping Bon Désir. Le sentier polyvalent cyclable et pédestre entre le Paradis marin et le quai de Bergeronnes (12 kilomètres).

Encore PLUS

- **Centre d'interprétation et d'observation du Cap-de-Bon-Désir et Corporation touristique de Bergeronnes :** (418) 232-6326
- **Centre d'interprétation des mammifères marins (CIMM) :** 108, rue de la Cale-Sèche, Tadoussac. Tél. : (418) 235-4701. Site Internet : www.gremm.org
- **Inventaire des mammifères marins** observés dans le Saint-Laurent, actualisé chaque jour : www.baleinesendirect.net
- **Parc marin du Saguenay–Saint-Laurent :** Tél. : (418) 235-4703 ou 1 800 463-6769. Site Internet : www.parcscanada.gc.ca
- **Kayak :** Pour des raisons de sécurité dues aux conditions de navigation à cet endroit du fleuve, les entreprises de kayak de la région n'offrent généralement pas la location de matériel, mais proposent plutôt des excursions guidées. Comptez environ 50 $ pour une demi-journée et 80 $ à 90 $ pour une journée. Des sorties sont parfois proposées au coucher du soleil : magique !
- **Paradis marin :** Camping (75 sites), tipi, kayak de mer, plongée sous marine. Tél : (418) 232-6237 Site Internet : www.ihcn.qc.ca/paradismarin
- **Camping Bon Désir** (170 sites) : (418) 232-6297

Cyclotourisme et cyclo-camping

Et que ça roule !

L'idylle vélocipédique liant 7 millions de Québécois, plus de 4 millions de bicyclettes et plus de 3 000 kilomètres de circuits bituminés se poursuit. Et c'est sans parler des routes non balisées. La plus belle façon de comprendre cet engouement, c'est encore d'entonner les changements de pignons ! Voici certains des circuits les plus jubilatoires du Québec.

Abitibi-Témiscamingue

De Ville-Marie à Angliers, vous trouverez un joli bout de la Route verte appelé La ligne des Mocassins. Et la balade peut se poursuivre sur route à condition d'accepter d'emprunter des voies publiques, avec ou sans accotement. Comme on peut s'y attendre dans ce coin, la beauté y est sauvage et parsemée de nombreux parcs, lacs et rivières, le tout baignant dans un air pur à souhait.

Une section de 30 kilomètres relie maintenant D'Alembert à Destor et une autre de 15 kilomètres va du secteur Taschereau à Rivière-Loïs. Les prochains développements devraient permettre de joindre Rouyn-Noranda, Amos et Val-d'Or sous peu. Nous vous conseillons de bien vérifier les trajets avant le départ, car la plupart des tronçons se conquièrent plus facilement en vélo de montagne ou hybride qu'en vélo de route.

Info pratique
www.48nord.qc.ca
Tél. : 1 800 808-0706
Demandez la brochure « À vélo sous le 48e nord ».

Bas-Saint-Laurent

La route des Navigateurs s'étend de La Pocatière à Sainte-Luce, un parcours de 190 kilomètres. Peu fréquentée jusqu'à Cacouna, cette portion de la route 132 côtoie à bâbord le fleuve, et à tribord une ribambelle d'attraits maritimes et champêtres. On peut visiter un phare, observer baleines et petits pingouins, ou encore apprendre la pêche à l'anguille. Les paysages fluviaux sont magnifiques et les petits villages ancestraux typiquement québécois qui leur font face rivalisent en beauté. Plusieurs belvédères, quais et campings jalonnent le tracé.

Passé Cacouna, on peut prendre le traversier et aller rouler sur l'île Verte (12 kilomètres linéaires sur chemin de terre) ou encore continuer jusqu'au parc national du Bic. Dans le premier cas, c'est un retour au siècle dernier qui nous est proposé, alors que dans le second, ce sont d'autres paysages à couper le souffle (mais davantage de circulation). De Saint-Simon à Saint-Fabien, la route longe des pics et des barres rocheuses. Le fleuve réapparaît ensuite entre les montagnes pour former l'un des plus beaux paysages de la région.

Pour le retour, ceux qui optent pour la route des Hauts Plateaux seront moins exposés au vent de l'ouest et profiteront d'une vue panoramique sur la région et sur le fleuve.

Une autre façon agréable de visiter le Bas-Saint-Laurent est d'emprunter la piste cyclable le Petit Témis, qui relie Rivière-du-Loup à Edmundston, au Nouveau-Brunswick, sur une distance de plus de 135 kilomètres.

De Rivière-du-Loup à Cabano, le tracé sillonne une nature riche et intacte où forêts, lacs et rivières se succèdent. Ensuite, changement de décor. De Cabano à Edmundston, la piste suit plus souvent qu'autrement les abords du majestueux lac Témiscouata sur plus d'une quarantaine de kilomètres. Les occasions de débarquer du vélo pullulent, puisque ce secteur, plus fréquenté, offre de nombreux services (restauration, hébergement, loisirs, etc.).

Établi sur le chemin d'une ancienne voie ferrée, le parc linéaire interprovincial Le Petit Témis jouit d'une dénivellation qui ne dépasse jamais 4 %. Parfait pour Papi ou la petite famille.

Info pratique
www.tourismebas-st-laurent.com
Tél. : 1 800 563-5268.
Demandez la carte vélo

Cantons-de-l'Est

Les Cantons-de-l'Est regorgent de paysages dignes de cartes postales. La boucle Mystic-Pigeon Hill en est un exemple éloquent. Avec son pont couvert, sa grange dodécagonale, ses villages oubliés par le temps, ses champs et ses vignobles verdoyants, ce coin de pays est un véritable havre de beauté et de tranquillité.

Le trajet de 50 kilomètres commence au village de Mystic, à l'auberge-restaurant-chocolaterie-salon-de-thé *L'Œuf*. Il sillonne des routes de campagne peu inclinées mais parfois dépourvues de revêtement. Toutes sont cependant bien entretenues. À Stanbridge, on peut admirer l'église anglicane St. James the Apostle et, plus loin, visiter le Musée Missisquoi. Au retour, par Bedford, le cycliste aperçoit les Appalaches et Jay Peak.

À faire dans le sens horaire. Il est conseillé d'apporter des provisions, car il y a peu d'endroits pour acheter de la nourriture en chemin.

Info pratique
www.tourismecantons.qc.ca
Tél. : 1 800 355-5755

Centre-du-Québec

Jalonné par le fleuve Saint-Laurent au nord, paré de vastes plaines au centre et embelli par les vallons des Appalaches au sud, le Centre-du-Québec charme les randonneurs à vélo par sa beauté et ses multiples reliefs. Empruntez la **Boucle des vergers** dans la région de Drummondville, un circuit familial d'une journée d'environ 28 kilomètres côtoyant le réseau cyclable de la Route verte : le Circuit des traditions.

Pour les mollets plus durs, **la Route panoramique** vous suggère un circuit de 90 kilomètres sillonnant l'arrière-pays des Appalaches, par lequel vous découvrirez le village de Chesterville, surnommé « la Petite Suisse du Québec ». Vous roulerez quelques kilomètres dans le parc linéaire des Bois-Francs, réseau cyclable de la Route verte. Une tournée à vélo au Centre-du-Québec, c'est plus de 1 000 kilomètres qui vous permettront de dénicher des petits coins de pays typiques et tout un tas de produits régionaux pour refaire le plein d'énergie.

Info pratique
www.avelo.ca
Tél. : 1 888 816-4007

Charlevoix

Charlevoix à vélo, c'est un ensemble de paysages paradisiaques auxquels on accède après des montées d'enfer. La route du Fleuve prend le départ de Baie-Saint-Paul et suit la route 362 jusqu'à La Malbaie, un trajet d'environ 50 « longs » kilomètres. Environ huit côtes inclinées de 14 % à 16 % attendent les mollets endurcis. La halte du cap aux Corbeaux donne sur le village de Baie-Saint-Paul et sur le fleuve, alors que, sur la route des Éboulements, par une visite au domaine Charlevoix, on obtient une vue inimaginable sur l'île aux Coudres.

Après avoir traversé le village des Éboulements, où plusieurs artistes ouvrent les portes de leur atelier, les cyclistes peuvent aller se rafraîchir à la plage du cap aux Oies. Une bouchée à Saint-Irénée, sur le quai de pierre, puis c'est une

dernière montée importante (il reste quand même des montées avant d'entamer la descente) avant la sublime et panoramique descente en lacets qui mène à La Malbaie.

L'île aux Coudres : 3,6 kilomètres de large, 10,4 de long, et 26 kilomètres d'une route cyclable reposante, bercée par les vagues du Saint-Laurent. Beaucoup plus facile à rouler que le tracé précédent, on y voit des maisons du 19e siècle, des moulins, des foins salés et des musées présentant l'histoire de l'île. Il est recommandé de rouler contre le sens horaire.

Info pratique
www.tourisme-charlevoix.com
Tél. : 1 800 667-2276

Chaudière-Appalaches

Chaudière-Appalaches, c'est une nature généreuse où le fleuve côtoie des vallées fertiles, paradis du cyclotourisme et de l'observation des oiseaux. Dans cette région, c'est la route des Navigateurs qui attire le plus les rouleurs. Comme pour le tronçon du Bas-Saint-Laurent, le tracé emprunte l'accotement de la route 132 et longe le fleuve sur environ 200 kilomètres. À Lévis, le Parcours des Anses est constitué d'une piste multifonctionnelle de 15 kilomètres en bordure du fleuve. Plus de la moitié de ce circuit permet de pénétrer dans de petits villages pittoresques où jardins floraux, richesses culturelles et patrimoine architectural se succèdent et attirent l'attention du cycliste.

Info pratique
www.chaudapp.qc.ca
Tél. : (418) 831-4411 ou 1 888 831-4411

Côte-Nord

Entre Sept-Îles et Natashquan, il y a 450 kilomètres de routes côtières, un petit millier d'îles et des paysages à faire tomber de vélo. Outre la succession de baies, d'anses et de récifs sur lesquels viennent s'échouer les vagues du Saint-Laurent, il y a des falaises abruptes tranchant les montagnes, des rivières animées suivies de lacs polis comme des miroirs, et des forêts qui s'effacent devant les lichens et la toundra. Partout, des plages de sable fin, des eaux bleu clair, d'incroyables œuvres abstraites sculptées à force de vents et de marées à même les rochers. Puis, dans l'immensité de ce décor, de petits villages sympathiques, figés dans le temps, grouillants de pêcheurs.

Il faut faire une visite dans l'archipel de Sept-Îles. Une randonnée y permet l'observation des petits pingouins et des « marmites ». Les baleines fréquentent assidûment la région et peuvent être approchées par bateau. Il en va de même à l'archipel de Mingan. Il est préférable d'utiliser le kayak pour découvrir cet endroit. On est alors beaucoup plus libre et on peut prendre le temps voulu pour explorer ces îles au visage insolite.

Environ 75 kilomètres après Maliotenam, le fracas étourdissant des chutes de la rivière Manitou vient nous sortir de nos pensées. Si on a l'âme du découvreur, on peut enfiler ses souliers de randonneur et prendre le sentier non aménagé à droite, tout de suite après le pont. En une vingtaine de minutes, on atteindra le pied d'une spectaculaire chute de 85 mètres. Beaucoup plus loin, c'est Natashquan. Ce village ancestral s'étire sur un bord de mer enchanteur où alternent galets et sable fin. C'est aussi à cet endroit que prend fin le voyage, la route 138 devenant un sentier.

Il faut compter une dizaine de jours pour tout parcourir. La circulation sur la 138 est modérée et les automobilistes sont courtois. L'étape entre Maliotenam et Manitou comporte de nombreuses côtes, et il vaut mieux ne pas s'y lancer lorsque des vents forts se mettent à les dépoussiérer.

Info pratique
www.tourismecote-nord.com
Tél. : 1 888 463-0808 (Duplessis)
ou 1 888 463-5319 (Manicouagan)

Gaspésie

Le tour de la Gaspésie : un périple côtier allant de Sainte-Flavie à... Sainte-Flavie, et couvrant la bagatelle de 885 kilomètres de macadam. Si vous avez deux semaines de liberté (trois pour vraiment en profiter), le parcours vaut le détour. La Gaspésie, c'est plus qu'un caillou avec un trou.

Comme le chemin longe le littoral, ce sont de magnifiques panoramas donnant sur le fleuve et le golfe Saint-Laurent qui accompagnent les cyclistes. De chaque côté du bitume, des phares centenaires, de petits villages colorés perchés sur des caps et, si la chance est au rendez-vous, un phoque ou une baleine passant au large.

Il est préférable de circuler dans le sens horaire. Les vents dominants venant de l'ouest, leur aide sera appréciée dans les régions montagneuses. Passé Mont-Saint-Pierre, la route, surplombée de falaises élevées, se colle à l'estuaire. Si près que les vagues peuvent venir nous éclabousser !

Rivière-la-Madeleine lance le bal des montagnes. D'interminables montées s'enchaînent pour ensuite nous propulser dans de folles descentes. Ce tronçon s'illustre également par ses écarts de température. Dix degrés vont et viennent entre les espaces ouverts et ceux protégés par la forêt. Vient ensuite le parc Forillon, superbe et propice à de nombreuses activités de plein air. Prévoir une pause d'un jour ou deux ! Un peu plus loin, c'est Percé. On peut s'accorder une escapade en bateau jusqu'à l'île Bonaventure. Les 250 000 oiseaux offrent un véritable spectacle.

Cet itinéraire est difficile. La voie empruntée étant la route 132, elle doit être partagée avec les automobilistes. Il faut donc éviter les semaines de congé de juillet, quand la route est très fréquentée. Si on planifie soigneusement son voyage, on pourra participer à une kyrielle de festivals au passage. Le défi est grand, mais les paysages en valent amplement le coup.

Info pratique

www.tourisme-gaspesie.com – Tél. : 1 800 463-0323

Îles-de-la-Madeleine

De bout en cap, l'archipel fait 65 kilomètres. A priori, un visiteur à la pédale fébrile pourrait craindre qu'une si petite surface ne puisse assouvir ses appétits, mais il faut savoir qu'avec l'omniprésence des vents, chaque tour de manivelle est un peu plus coton sur les tendons. Second facteur d'élongation kilométrique : le paysage. Celui-ci déborde d'eau, de vagues, de phares, de caps, de sable, de ciel, d'oiseaux, de falaises rougeoyantes. Résultat : difficile de rouler bien longtemps sans s'accorder un arrêt, histoire de se graver quelques souvenirs sous les paupières.

Pour voir le meilleur des îles, on peut relier Cap-aux-Meules et l'anse de l'Étang du Nord en prenant le chemin panoramique de Gros-Cap. Ce chemin longe les falaises. À l'anse, on voit un port de pêche et une importante épave. Ensuite, direction dune du Havre aux Basques sur une route dotée d'un large accotement. Une saucette en passant ? Mieux vaut aussi en profiter pour casser la croûte. Mine de rien, il y a déjà une vingtaine de kilomètres « des îles » au compteur.

Puis de Portage-du-Cap on prend le chemin de la Montagne pour traverser les bois et franchir quelques collines. Des falaises de l'étang des Caps, on descend par le chemin du Bassin pour finalement aller prendre un rafraîchissement à la Grave. Et toc ! 55 kilomètres ! En partant à huit heures du matin, on arrive vers six heures du soir (si le vent est doux). Si vous le désirez, un forfait de randonnée « vélo-hébergement-guide » est disponible pendant les mois de juin et septembre.

Info pratique

www.tourismeilesdelamadeleine.com
Tél. : 1 877 624-4437

Lanaudière

Du côté de Lanaudière, vous trouverez la beauté, la diversité de paysage et le défi cycliste. Par contre, les familles avec des enfants en bas âge aimeront moins le partage des routes empruntées avec la circulation motorisée, et ce, sur une grande partie du territoire. Mais certaines villes, comme Le Gardeur et Repentigny, possède un petit réseau local de pistes destinés aux cyclistes. Les bandes cyclables, en bordure de la 138, demeurent une option intéressante. À partir de Berthierville, vous pourrez entrer dans les terres par la Route verte, empruntant l'ancien chemin du Roy en direction du village de Saint-Barthélemy. Vous y découvrirez un patrimoine bâti digne d'intérêt. Une boucle est possible en passant par Maskinongé et en revenant à Berthierville par la 138. À un rythme de baladeur, le tour complet vous prendra environ une heure.

Info pratique

www.tourisme-lanaudiere.qc.ca
Tél. : (450) 834-2535 ou 1 800 363-2788

Laurentides

À la fin des années 1800, le Petit Train du Nord était le moteur de la colonisation des Laurentides. Cent ans plus tard, la voie ferroviaire est devenue une voie cyclable, et c'est maintenant à vélo que l'on s'approprie les paysages laurentiens. De Saint-Jérôme, 30 minutes au nord de Montréal, à Mont-Laurier, au nord de Tremblant, il y a 200 kilomètres de sentiers à parcourir.

Au départ, le paysage est tissé de villages, de rivières bucoliques, et orné de chalets. Ici, la grande ligne droite domine. Plusieurs sections se perdent dans les feuillus et d'immenses rochers jalonnent le sentier. Une légère montée allant de Sainte-Adèle à Ivry-sur-le-Lac culmine à Saint-Faustin pour ensuite descendre joyeusement sur 15 kilomètres. Autour de Tremblant se découvre un arrière-pays de style européen. Champs de culture et fermes d'élevage pittoresques font ensuite place à la forêt. Jusqu'à Mont-Laurier, celle-ci se fait de plus en plus dense. En descente faible mais constante, on aperçoit ruisseaux, rivières et lacs. Ici, la route est à nouveau constituée de lignes droites.

Faite de fin gravier (sauf 4 kilomètres asphaltés récemment), la piste est parfois assez molle sur les 40 kilomètres allant de Nominingue à Lac-Saguay. Il faut considérer l'utilisation d'un vélo hybride ou, à tout le moins, d'un vélo de route chaussé de pneus pas trop étroits. Par week-end ensoleillé, la popularité du coin entraîne parfois une congestion à Val-David.

Info pratique
www.laurentides.com
Tél. : (450) 436-8532, (514) 990-5625
ou 1 800 561-6673

Laval

La Route verte traverse maintenant l'île Jésus par l'axe nord-sud. Au total, 133 kilomètres de pistes sont disponibles. Le réseau lavallois longe plusieurs berges, des boisés, tels que le boisé Papineau, et des parcs, dont le Centre de la nature. Le passage piétonnier du pont du Canadien Pacifique, dans le quartier Laval-des-Rapides, ainsi que celui du pont Viau donnent accès à l'île de Montréal. Au nord, les cyclistes peuvent maintenant emprunter les ponts Marius-Dufresne ou Athanase-David pour se diriger vers les Laurentides. Plus à l'ouest, dans le quartier Laval-sur-le-Lac, le barrage des Moulins permet aux cyclistes de se rendre à Deux-Montagnes, et un traversier peut aussi les déposer sur l'île Bizard, un endroit enchanteur dont on parle un peu plus haut.

Info pratique
www.tourismelaval.com – Tél. : 1 800 463-3765

Mauricie

Entre Trois-Rivières et le parc national de la Mauricie, la Route verte traverse la vallée de la rivière Saint-Maurice, un territoire peu accidenté, agréable à explorer à vélo. On trouve au centre-ville de Trois-Rivières tous les services nécessaires au cycliste. Il vous est possible aussi de partir de Maskinongé et de vous rendre jusqu'à Sainte-Anne-de-la-Pérade en empruntant la 138, dont les accotements sont asphaltés. Cette route, qui est aussi le chemin du Roy, traverse les jolis villages de Champlain et de Batiscan, et enjambe les rivières Batiscan et Sainte-Anne sur des ponts étroits.

La Tournée des lacs est aussi un circuit très intéressant. Il évolue principalement en milieu rural et forestier. De Shawinigan, il emprunte des voies secondaires sur une soixantaine de kilomètres, traversant les municipalités de Saint-Mathieu et de Saint-Élie avant de regagner son point d'origine. Sur le parcours, le vélo randonneur longe plus d'une demi-douzaine de plans d'eau. Il les côtoie les uns après les autres, et les surplombe à l'occasion. L'ensemble présente un dénivelé variable.

Info pratique
www.icimauricie.com – Tél. : 1 800 567-7603

Montérégie

La Montérégie se targue d'être la plus grande région vélo du Québec. C'est sans doute vrai, puisqu'on y trouve 500 kilomètres de piste, d'asphalte et de poussière de pierre, qui empruntent tantôt une ancienne voie ferrée, un chemin de halage ou des routes peu fréquentées. Sur une telle longueur, vous trouverez évidemment de tout : sites historiques, cours d'eau, paysages champêtres. Plusieurs municipalités possèdent également leur propre réseau cyclable qui, souvent, rejoint la Route verte à certaines jonctions.

Entre autres circuits intéressants, le circuit des Écossais (70 kilomètres) court de Coteau-du-Lac à Saint-Télesphore, et longe tour à tour les rivières Delisle et Beaudette. Il est

délicieusement sinueux, campagnard et tranquille. Sur ses routes bordées de prés blonds, on risque tout au plus de croiser un tracteur solitaire. À Sainte-Justine, on peut voir les ruines d'un antique moulin à eau.

Un peu plus loin, dans la localité de Dalhousie, une église abandonnée attend que les cyclistes viennent s'y reposer. Une seconde pause peut être prise sur la plage de Saint-Zotique, histoire de s'y mouiller le bout des orteils. Après un passage dans les bois, les cyclistes débouchent sur la piste du canal de Soulanges. Ici et là, des murets de pierre, des vestiges de ponts et des maisons centenaires. Doucement vallonné, ce circuit, à l'instar de l'ensemble du circuit montérégien, est accessible à tous, mais il est préférable de le parcourir contre le sens horaire. Il offre des accents des vieux pays, tout juste à 45 minutes de Montréal.

Info pratique
www.loisir.qc.ca
Municipalité de Coteau-du-Lac – Tél. : (450) 763-2398

Montréal et ses environs

Bien que plutôt urbains et assez fréquentés, les 350 kilomètres de voies cyclables de la métropole ne sont pas strictement confinés au cœur de la ville et mène à des endroits des plus intéressants. Le circuit Île-Bizard–Île-Perrot, par exemple, est relativement près du centre-ville tout en s'éloignant des plantations de béton. Les cyclistes peuvent rouler sur deux boucles à l'île Bizard. La première fait la circonférence de l'île et partage la route Cherrier avec les automobilistes, alors que la seconde, beaucoup plus petite, parcourt un parc nature de 178 hectares situé à l'intérieur de la précédente.

Composé d'érablières, de cédrières et de marais, ce parc permet aux visiteurs d'épier tortues, canards, castors et hérons. Après avoir achevé la tournée de l'île Bizard, le tracé longe le lac des Deux Montagnes sur la pointe ouest de l'île de Montréal. On passe alors devant le cap Saint-Jacques et l'anse à l'Orme. Vient ensuite l'île Perrot, dont le circuit, toujours en côtoyant la rive et en roulant en compagnie des véhicules, mène à la pointe du Moulin par le boulevard Gouin. Au printemps, cet endroit est très prisé par les oies, les canards et les huards. On peut également y visiter des bâtiments historiques. Voilà qui fait plus de 75 kilomètres. Il faudra donc se lever tôt, où encore ne pas trop s'arrêter !

Info pratique
www.velo.qc.ca – Tél. : 1 800 567-VELO (8356)

Nord-du-Québec

Bien que la Route verte ne s'étende pas jusqu'au Nord-du-Québec, qu'il n'y ait pas de réseau reliant les villes entre elles et que ce soit certainement plus le paradis du vélo de montagne que de route, vous trouverez à l'occasion, comme à Chibougamau, des bandes réservées aux cyclistes ou un joli bout de piste (Lebel-sur-Quévillon possède un 5,5 kilomètres bordant le lac Quévillon). Autrement, les pistes sont multifonctonnelles. Même si vous y partagerez la route avec d'autres amants de la nature, il y aura suffisamment d'aurores boréales pour tout le monde…

Info pratique
www.tourisme-baie-james.qc.ca – Tél. : 1 888 745-3969

Nunavik

Le cyclotourisme n'est sans doute pas leur spécialité. En revanche, vous pourrez aller à vélo de montagne partout où votre condition physique vous le permettra.

Info pratique
www.nunavik-tourism.com – Tél. : 1 888 594-3424

Outaouais

Le parcours des chemins de la Seigneurie, d'une longueur de 100 kilomètres, se présente sous la forme d'une large boucle couchée au creux de vallées serties de montagnes. Les paysages qui flirtent avec la route se composent surtout de vastes champs richement colorés. En plus des cultures, on y voit des fleurs sauvages et des animaux occupés à brouter. L'environnement rappelle les racines seigneuriales de la région et confère un cachet vaguement helvétique à l'endroit.

La rivière de la Petite Nation se manifeste périodiquement en cours de route et montre un visage tantôt tranquille, tantôt tumultueux. À Saint-André-Avellin, une statue se baigne en son milieu. On y découvre également un musée et un sentier historique. Somme toute, un superbe paysage sillonné de routes calmes offrant un faible dénivelé.

Info pratique

- www.veloroutesoutaouais.qc.ca
  Tél. : 1 800 265-7822
- Maison du vélo : (819) 997-4356
- Cycloparc PPJ : www.cycloparcppj.org

Québec

Depuis peu, le corridor des Cheminots (22 kilomètres) et la piste Jacques-Cartier–Portneuf (68 kilomètres) sont reliés. On peut ainsi rouler de Québec à Rivière-à-Pierre.

Recouvert d'asphalte, le corridor accueille marcheurs, cyclistes et patineurs. Aisé et urbain, il quitte le domaine de Maizerets et va de Charlesbourg à Valcartier, là où la piste Jacques-Cartier–Portneuf, une piste de poussière de pierre aux accents forestiers, prend le relais. Le tracé emprunte une dizaine de ponts rappelant son passé ferroviaire. La piste touche plusieurs lacs, rivières et marais, et est pratiquement toujours enfouie dans les bois. Elle traverse la station écotouristique Duchesnay, où l'on peut accéder à des sentiers pédestres et d'interprétation. Les endroits les plus intéressants pour casser la croûte sont le pont de pierre de Saint-Léonard et la chute de l'Ours. Plus loin, la piste sort des bois et traverse quelques pâturages. À l'horizon, on peut voir des escarpements et, tout près, des vaches, des chevaux et des fruits des champs. Puis, retour dans les bois où les castors et leurs barrages sont à l'honneur. Ils sont si près de la piste qu'on peut les voir travailler.

L'île d'Orléans ? Oui. Pour les pommes, les fraises et le plein air à vélo. Au milieu du fleuve, en face de la chute Montmorency, se trouve cet îlot de paix et d'agriculture ceinturé d'une route cyclable de 67 kilomètres. Plusieurs cultivateurs et artisans offrent leurs produits tout au long du chemin, si bien que l'on peut en quelques arrêts se préparer un pique-nique tout ce qu'il y a de plus frais. La circulation est cependant très dense au cours des week-ends des pommes. Ces circuits sont faciles.

Info pratique

- Corridor des Cheminots : (418) 649-2636
- Société de la piste Jacques-Cartier–Portneuf : (418) 337-7525
- Île d'Orléans : (418) 828-9411 ou 1 866 941-9411 www.iledorleans.com

Saguenay–Lac-Saint-Jean

Les bleuets du Lac-Saint-Jean sont impressionnants, mais la Véloroute des Bleuets l'est tout autant ! Ceinturant cet énorme lac qui a donné son nom à la région, le nouveau circuit cyclable de 256 kilomètres traverse 15 municipalités et la communauté montagnaise de Mashteuiatsh. Officiellement ouverte en juin 2000, elle concrétise un rêve de cyclotourisme.

Malgré son important tour de taille, cette boucle n'est lourde ni sur le moral ni sur les mollets. Docile, le tracé est accessible à tous, et tant de choses y sont à voir et à faire qu'il est difficile de s'y ennuyer. Allant de ville en village, la piste s'ouvre sur des paysages tantôt riverains, tantôt ruraux. À plusieurs reprises, la vue qui donne sur le lac est phénoménale. Souvent, celui-ci prend des airs de mer et, le soir venu, le soleil vient l'enflammer en s'y noyant. On atteint l'un de ces points de vue exceptionnels après avoir traversé les champs de Métabetchouan–Lac-à-la-Croix.

À mentionner également : le marais de Saint-Gédéon; Val-Jalbert, sa superbe chute et son village fantôme; Roberval, où l'eau vient presque taquiner les pédales; la superbe rivière Péribonka; les vallons bucoliques de Delisle; et la fameuse « friche » du nord du lac. Sans oublier les plaines agricoles de Saint-Prime et le parfum des champs de bleuets de Dolbeau-Mistassini.

Parmi les attraits touristiques qui s'immiscent entre les paysages et agrémentent le voyage : le Jardin zoologique de Saint-Félicien, le parc de la Marina de Roberval, le Centre Astro de Dolbeau, le Musée Amérindien de Mashteuiatsh, les bleuetières, le parc national de la Pointe-Taillon et les Grands Jardins de Normandin. Une escapade d'environ une semaine sur ce circuit permet de goûter à un peu de tout, et ce, en couchant tout près.

Info pratique

www.veloroute-bleuets.qc.ca – Tél. : (418) 668-4541

Les grands circuits

La Route verte, c'est plus de 3 000 kilomètres de sentiers cyclistes courant du nord au sud et d'est en ouest. Ce réseau devrait atteindre 5 000 kilomètres en 2005 et devenir ainsi le plus important du genre en Amérique. La Route verte déborde même de nos frontières, puisqu'elle communique avec des circuits états-uniens, ontariens et des provinces maritimes.

Avec une grande dorsale courant de Hull à Gaspé et des transversales plongeant dans les Cantons-de-l'Est, la Montérégie, les Laurentides, Lanaudière, les Bois-Francs, l'Abitibi, la région Chaudière-Appalaches et le Bas-Saint-Laurent, les cyclistes d'un jour et ceux au long cours peuvent déjà s'approprier les plus beaux paysages et s'offrir une quantité phénoménale d'attraits touristiques au passage. Les tronçons les plus connus : la Campagnarde (79 kilomètres) et l'Estriade-Montérégiade en Montérégie (104 kilomètres), le Petit Témis dans le Bas-Saint-Laurent (135 kilomètres), le Corridor du Cheminot à Québec (68 kilomètres), le parc linéaire des Bois-Francs au Centre-du-Québec (77 kilomètres).

Passant de tronçon en tronçon, puis de région en région, les cyclotouristes découvrent les charmes et la diversité de circuits thématiques tels la route des Vins, le circuit des Pommes, le chemin des Pionniers, la route des Fleurs, la route des Érables ou encore la route des Antiquaires. La Route verte emprunte de petites routes de campagne, des tronçons de voie ferrée recyclée, des pistes le long des rivières et des accotements pavés. Elle traverse parcs et forêts, passe par villes et champs. La Route verte, c'est la conquête tranquille d'un nouvel espace touristique, culturel et récréatif.

Info pratique

- La Route verte : 1 800 567-VELO (8356). Site Web : www.routeverte.com
- Vélo Québec : 1 800 567-VELO (8356). Site Web : www.velo.qc.ca
- Fédération québécoise des sports cyclistes : (514) 252-3071. Site Web : www.fqsc.net

Les routes des vins

Destinations vélo pour saison cycliste bien arrosée !

Les Cantons-de-l'Est, la Montérégie, les basses Laurentides, Québec. Au cours des 20 dernières années, ces régions drapées de campagnes magnifiques ont vu leurs coteaux se charger de raisins. Entre les érables et les pommiers, plus d'une trentaine de vignerons ont commencé à planter, à cueillir, à presser et à soustraire de la « purée septembrale » l'enivrant liquide aux reflets pourpres et dorés. Ils ont réussi à élaborer des vins de cépages poussant dans un sol gelé quatre mois par année, un exploit qui confère à ces pinards tirés du froid un certain exotisme.

Plusieurs vignobles devant se partager les quelques bouts de ces régions où le climat se fait plus favorable, de véritables voisinages viticoles se sont constitués. Cette concentration a ouvert devant les cyclistes un brin épicuriens des rubans de bitume inexplorés. Ces chemins nouveaux ont permis, au fil d'un itinéraire ponctué d'arrêts bachiques, d'ajouter au plaisir d'une sortie en plein air celui de la découverte d'une culture champêtre riche en histoire et en saveurs.

N° 1 Farnham, Brigham, Dunham, Mystic

Cantons-de-l'Est
Distance : 68 km
Niveau : Intermédiaire
Départ : Parc Émile-Pollender, Farnham

Comprenant six vignobles sur son chemin, ce parcours présente la grappe cyclo-viticole la plus élaborée de toutes. La région étant également le berceau de la renaissance du vin au Québec, et la route profitant d'une excellente signalisation, cet itinéraire s'impose comme l'un des grands circuits québécois.

Malgré un kilométrage important, ce tracé demeure envisageable dès le début de la saison, alors que les muscles sont encore somnolents. Sans être tout à fait plat, il ne comporte aucune pente à vous flamber les guiboles. On y rencontre un seul raidillon digne de ce nom et une seule montée relativement interminable. Le reste s'enchaîne en une agréable succession de buttes et de vallons.

Dès les premiers kilomètres, l'environnement montre un visage paisible et campagnard. D'abord les pâturages verdoyants, les moutons, les vignobles, puis les vergers, suivis de vastes prés blonds et de quelques minuscules villages affichant à pleins volets leur passé loyaliste. Cette région fruitière aux accents de Nouvelle-Angleterre montre son premier vignoble, celui de La Bauge, après une dizaine de kilomètres. Les propriétaires ne font pas qu'élever des raisins, ils élèvent également des sangliers, des lamas, des yacks, des faisans, bref, une belle ménagerie que l'on peut parcourir après s'être rincé le gosier des quelques échantillons de vin.

Après avoir parcouru un chemin désert bordé de champs, de granges anciennes et de quenouilles – une voie qui fait penser à une vieille couverture tant elle est rapiécée – c'est l'arrivée à Dunham. Au cœur de ce village aux maisons de pierres des champs bâties il y a plus de cent ans, on trouve côte à côte un antiquaire, un fromager et un confiseur. Chez

ces derniers, le cycliste peut emballer terrine, pain de miche, fromages et chocolats (tous des produits locaux) en guise de gueuleton de mi-journée. Vient ensuite le noyau vigneron du Québec. Quatre vignobles en rafale !

Dans le lot, celui des Côtes d'Ardoise, un vignoble au cachet européen, dont le bâtiment principal, adossé à ses vignes, est le point de départ d'un court sentier menant à un érable plusieurs fois centenaire. Sous les branches noueuses de l'arbre, on peut voir les rangs des cépages s'allonger sur le dos de la colline. Au comptoir, sept vins différents ne demandent qu'à être goûtés. À peine le temps de remonter en selle que l'on est déjà aux Blancs Coteaux. L'endroit idéal pour pique-niquer. Sur place sont offerts des paniers contenant vin, fruits, fromages et un pain bien particulier, un mélange de seigle, d'oignon, de cidre et de romarin. On peut déguster le tout entre les pommiers, le regard tombant sur les ceps. Si vous y êtes fin mai, vous aurez droit à un lunch parfumé puisque le verger est alors en fleurs. Produit unique à l'endroit : un mélange de cidre de glace et de brandy de pomme faisant 20 ans d'âge.

Tout juste à côté, L'Orpailleur, le plus important vignoble du coin et le seul Économusée de la vigne et du vin au Québec. Depuis peu, certains de ses produits sont distribués à la Société des Alcools du Québec, mais vous pourrez profiter d'une visite des lieux pour repartir avec une bouteille de son excellent vin de glace.

Le parcours présente ensuite deux villages si incroyablement tranquilles qu'on les croirait déserts : Stanbridge et Mystic. Le premier ne semble pas avoir changé d'un bardeau depuis le siècle dernier, particulièrement son magasin général (aujourd'hui musée). Le second, avec ses 70 habitants, est l'hôte de cet établissement un peu spécial : l'auberge-café-bistro-chocolatier-resto *L'Œuf,* ainsi que d'un bâtiment insolite, une grange dodécagonale. Chez l'un comme chez l'autre, la verdeur déborde de partout et des arbres énormes s'étendent au-dessus des rues.

Le dernier tiers est dominé par les champs. Si l'état du bitume y est parfois exécrable, sa longue course entre des terres couvertes d'herbes blondes est quant à elle fort agréable. Et si vous doutez encore de la vocation agricole de l'endroit, mettez un pied à terre au bout du rang Sainte-Anne, puis comptez les silos pour voir.

N° 2 Dunham, Frelighsburg, Saint-Armand, Pike-River

Cantons-de-l'Est
Distance : 56 km
Niveau : Expérimenté
Départ : Parc récréatif de Dunham

Vous cherchez une variante qui a du punch, une randonnée à saveur viticole assez corsée ? Voici un circuit à vous faire fondre en sueur. Impossible de vous dire combien il y a de côtes, on croirait qu'il n'y a que ça. Ce qu'il y a d'heureux, c'est que ces pentes mènent toujours soit aux portes de villages pittoresques soit à de superbes points de vue sur les vallées maraîchères. Et parfois elles sont descendantes, ce qui n'est pas pour déplaire.

Depuis Dunham, on prend vers le sud, en direction de Frelighsburg. En moins d'une minute, c'est le premier face à face avec une écrasante montée. Au milieu, une église où l'on peut prier le saint patron des cyclistes et, en haut, un premier vignoble dont l'imposante résidence fut bâtie en 1836. Le tracé permet de voir la route descendant et ondulant à travers des prés piqués d'arbres et arpentés par les vaches et les moutons. Toujours très vert, le paysage enveloppe les champs découpés par les forêts ainsi que les maisons de fermes ancestrales, et il borde la route de deux grands bras feuillus.

Une longue descente mène au village de Frelighsburg. Ne négligez pas vos freins, sinon vous irez baigner avec les brochets dans la rivière qui traverse la municipalité. Ça descend ferme ! Les villages des Cantons-de-l'Est semblent s'être tous inscrits à un concours de beauté. Leur charme classique et propret invite à d'interminables balades. Pigeon Hill est le prochain arrêt. On y arrive en se tapant d'abord une côte qui, à priori, ne semble pas trop pénible, mais qui, de l'autre côté d'un virage, révèle qu'il reste encore le quadruple à mouliner en montée.

Pigeon Hill, avec ses grands arbres, ses maisons colorées aux moulures stylisées, est un autre de ces hameaux plein de caractère. Ce village marque également l'endroit où la route commence à modérer ses éclats topographiques et où elle devient agréablement méandrique. La voie empruntée pour le retour est la même qui mène aux principaux vignobles.

N° 3 Oka, Saint-Benoît, Saint-Eustache, Saint-Joseph-du-Lac

Basses Laurentides
Distance : 90 km
Niveau : Expérimenté
Départ : Parc national d'Oka

Il n'y a que trois vignobles sur ce parcours et chacun est considérablement éloigné des autres. Le cachet propre à ces établissements viticoles et l'environnement qui meuble l'espace entre eux valent toutefois que l'on y roule aussi longuement. Le tracé offre son lot de paysages forestiers et agricoles, mais ce qui retient l'attention, c'est l'abondance d'érablières, les vergers à perte de vue ainsi que tous ces villages restés à l'écart du temps qui passe. Si le patrimoine architectural de ces derniers ne revêt pas la sophistication des foyers anglo-saxons des Cantons-de-l'Est, l'harmonieuse simplicité des maisons et des fermes canadiennes du début du 19e siècle ne manquent pas pour autant d'élégance. Ici aussi, en roulant, on se surprend à rêver de ruralité. La rue de Belle-Rivière, la montée Robillard et le chemin de la Rivière-Nord – avec leurs arbres énormes, leurs petites églises de campagne, leurs maisons de pierres et de bois portant fenêtres à carreaux et lucarnes ornementées – offrent certains des plus beaux coups d'œil.

Sur ce parcours, on rencontre quelques côtes à faire se tortiller sur les cale-pieds. Elles se concentrent cependant principalement dans le secteur de Saint-Joseph-du-Lac. Devant elles, difficile de savoir si l'on doit sourire ou soupirer. Par deux fois, la route présente des cuves : de superbes descentes qui se terminent... par de tout aussi « superbes » montées. Petite consolation : au printemps, on y est rafraîchi par une brise fleurie. C'est au trois quarts de l'une de ces côtes que le vignoble la Roche des Brises étend ses vignes. Ici, on peut aussi visiter et déguster des vins médaillés. Depuis la terrasse, l'estomac réchauffé par le vin, on peut voir les champs et les vergers tapisser la vallée. Les Vignobles de Négondos et ceux de la rivière du Chêne lui ressemblent par leur faste, mais les premier sont plus effacés dans les bois alors que les seconds se trouvent entourés de superbes demeures champêtres.

De retour par le chemin d'Oka, il est possible de faire un arrêt à La Trappe (l'abbaye d'Oka) pour acheter un fromage, du miel, de la compote... ou encore des indulgences.

Encore PLUS

- **La route des vins des Cantons-de-l'Est** est la première signalisée au Québec. Pour les autres itinéraires québécois du genre, les tracés que proposent l'Association des Vignerons du Québec et les associations touristiques suivent surtout le goudron et s'adressent davantage aux conducteurs de voiture qu'aux cyclistes. Nous avons ajusté ces circuits à la pratique cycliste en modifiant leur parcours afin que les voies les moins fréquentées soient empruntées.
- **Impératif :** munissez-vous de cartes routières détaillées des régions visitées. Une copie de la carte produite par l'Association des Vignerons du Québec est également utile ainsi que la Carte-vélo produite par l'Association touristique des Cantons-de-l'Est.
- **Partez tôt.** Ces sorties couvrent des distances considérables et il y a beaucoup à voir et à goûter !
- **Préférez un vélo de route**, mais apportez le nécessaire à crevaison. Certaines voies de campagne sont rongées par le temps.
- **Conseil :** Dans les endroits où les automobilistes peuvent vous voir de loin, n'hésitez pas à rouler à plus d'un pied du bord de la route. Lorsque vous vous tenez près de la ligne d'accotement, les automobilistes sont tentés de vous dépasser sans attendre que la voie inverse soit libre et ainsi vous frôlent dangereusement.
- **Le saviez-vous ?** Il existe entre 70 et 100 vignobles au Québec. Plus de 30 sont ouverts au public, les autres sont utilisés pour une production familiale ou, plus rarement, sont la propriété de communautés religieuses.
- **Association des Vignerons du Québec :** (450) 787-3766.
  Site Web : www.vignerons-du-quebec.com
- **Association touristique des Cantons-de-l'Est :** 1 800 355-5755.
  Site Web : www.tourismecantons.qc.ca
- **Association touristique des Laurentides :** 1 800 561-6673.
  Site Web : www.tourisme-laurentides.com

Charlevoix
La Malbaie

Au pays des géants

On associe souvent la pratique du canot à une activité empreinte de calme et de sérénité. Un coup d'aviron, une inspiration, un coup d'œil sur un groupe de canetons, une expiration, puis un autre coup d'aviron... Pourtant, avec la même embarcation, on peut tout aussi bien aller s'exciter les pagaies dans les rouleaux et les bouillons !

Au fond de l'étroite vallée du parc national des Hautes-Gorges, dans Charlevoix, on trouve la rivière Malbaie. Un cours d'eau qui, avec ses rapides de classe R-I et R-II, n'a rien pour vous coller le trouillomètre à son maximum, mais qui saura tout de même agréablement vous secouer, ainsi que vos préjugés, si vous en avez, à propos de la bonhomie du canot.

Entre le barrage des Érables, situé à l'entrée du parc, non loin du village de Saint-Aimé-des-Lacs, et celui qui se trouve près de Clermont, il y a 42 kilomètres d'eau vive : clapotis, cascatelles, quelques cailloux saillants et beaucoup de mouvement. Certains ont pris le temps de compter : ils ont identifié 13 R-I, 11 R-II, 5 R-III et 1 superbe seuil (S-IV). Heureusement, le tout est entrecoupé de sections où le courant se fait docile. Il est alors possible de laisser glisser le regard sur un paysage de géants, balisé de montagnes et d'arbres parfois tricentenaires. C'est la beauté de ce coin de pays ainsi que l'accessibilité de cette descente classée intermédiaire qui font de l'endroit une destination prisée autant par les débutants que par les initiés.

Trois jours à se la couler... dru !

En approchant du barrage des Érables, où les canots sont mis à l'eau, on est immanquablement subjugué par la taille des falaises. Prenant la forme d'un énorme « V », les parois inclinées des Hautes-Gorges jaillissent du sol et se lancent à plus de 1 000 mètres vers le ciel. Entre leurs pieds ondule la rivière Malbaie qui, à partir de cet endroit, ruisselle vers un relief qui s'aplanit rapidement plutôt que de traverser les gorges. Néanmoins, le paysage à venir n'a rien de monotone.

Jour 1 – Le chant de la Malbaie

On atteint le site de camping rustique en quatre heures environ. L'idéal est donc d'appareiller vers l'heure du dîner. Du barrage des Érables au pont du même nom, il y a 8 kilomètres de beaux rapides d'une difficulté moyenne (surtout R-I et R-II). On rencontre quelques cailloux et le secteur est légèrement manœuvrier. La suite est plus tranquille. Vers la fin de l'après-midi, les canotiers arrivent devant les chalets de la traversée de Charlevoix. Le terrain pour camper se trouve juste de l'autre côté de la rivière. Une fois les tentes montées et le feu allumé, c'est le moment d'étaler ses « exploits » de la journée. Il n'y a aucun service à cet endroit. On est seul avec la nature et on s'endort bercé par le chant de la Malbaie.

Jour 2 – Le calme et la volupté

Départ entre 9 h et 10 h. Un peu à l'image de la veille, la deuxième section s'annonce belle et relativement tranquille. Coulante, on s'y laisse glisser sur un courant se maintenant à 3-4 kilomètres-heure. Il n'y a pas d'obstacles majeurs obligeant à jongler avec les avirons, mais quelques traîtres remous menacent tout de même de vous faire voir le fond. Sur les rives, des petites plages et de gros rochers où l'on peut prendre une pause et une bouchée sous le soleil. Du pont des Érables au camping : 27 km. L'arrêt pour la nuit se fait à l'ancienne décharge de « pitounes », inutilisée depuis la fin du flottage du bois en 1985.

Jour 3 – L'euphorie

Dès le petit matin, l'excitation est palpable. Plus loin mijotent de gros rapides et, dès les premiers coups d'aviron, le plaisir est de la partie. Cette dernière section est animée de vagues et de bouillons sur tout son long. Le niveau de difficulté est ici relevé d'un cran et certaines zones s'avèrent passablement énergivores. Après quelques kilomètres vient le clou de l'expédition : le seuil. Deux impressionnants paliers dont le tumulte s'allonge sur environ 70 mètres. Selon le niveau de l'eau, une ou deux voies de passage sont envisageables. Selon votre propre appréciation, il se peut aussi qu'il n'y en ait aucune. Auquel cas, vous pourrez *cordeler* par la gauche. La veine de droite est moins profonde que celle de gauche. On doit se donner une certaine propulsion pour arriver à défoncer le rouleau qui se trouve à sa base. À gauche, c'est un trou et un rouleau à rappel qu'il faut traverser. Les chances de *sous-mariner* sont bonnes de ce côté. Avant de vous y aventurer, prenez un instant pour observer les rapides et établir votre stratégie.

Finalement, toute bonne chose ayant une fin, voilà l'arrivée au barrage de Clermont. C'est la mi-journée, ce qui laisse aux uns le temps d'aller chercher la voiture restée au départ, pendant que les autres se baignent ou se font dorer sur de grandes roches aplaties. Euphorie, jubilation : à leur retour, certains parlent même de paradis.

Alternative

Il est possible d'ajouter une journée de plus au précédent trajet en mouillant le canot 17 kilomètres en amont du barrage des Érables. On peut ainsi glisser au fond des Hautes-Gorges, sous les falaises orangées, et voir ce surprenant paysage où quantité de chutes et de cascades se jettent des parois depuis des hauteurs souvent supérieures à 100 mètres.

Toutefois, quelques bémols s'imposent. Pour arriver au débarcadère, il faut emprunter un chemin à vous dévisser alternateur, moteur et « Caliper ». De plus, il n'est conseillé de s'y aventurer que par beau temps. Sinon, les sommets se cachent dans la brume et vous risquez de devoir vous coltiner un vigoureux vent de face. Enfin, lors du déluge de 1996, plusieurs beaux paysages ont été abîmés. Malgré tout, l'endroit conserve sa magie et demeure très impressionnant. Après 7 kilomètres de R-II soutenus viennent 10 kilomètres de planiol, dans le secteur des Eaux mortes. Un peu plus loin, le barrage achève cette section.

Infos pratiques

- **Parc national des Hautes-Gorges-de-la-rivière-Malbaie :** www.sepaq.com
  Tél. : 1 866 702-9202
- **Descente Malbaie :** Tél. : (418) 439-2265
- **Descente accessible** à la plupart des gens qui ont fait quelques sorties après leur initiation ou encore lors d'un stage avec moniteur.
- La rivière Malbaie bénéficie d'un **débit assez constant** au cours de l'été. Généralement entre 25 et 75 mètres cubes d'eau par seconde. À moins de 14 m^3/s, le canot se fait allègrement gratter la bedaine, tandis qu'à 100 m^3/s il devient passablement plus difficile de le manier à son gré.
- L'eau est plutôt fraîche et ne reste pas que dans la rivière... Assurez-vous que votre paquetage est bien à l'abri dans des sacs étanches.
- Avec l'autorisation de la SEPAQ, vous pouvez **stationner** une voiture à l'entrée du parc et une autre à l'arrivée, sur la rive droite, un peu en aval du pont de ciment de Clermont.
- **Pour s'y rendre :** De Québec, prendre la 138 (direction Sainte-Anne-de-Beaupré) et traverser Baie-Saint-Paul. Avant La Malbaie, tourner à gauche vers Saint-Aimé-des-Lacs (dernière chance de faire le plein). Après le village, une route étroite et sinueuse totalisant une trentaine de kilomètres mène jusqu'au parc national des Hautes-Gorges. Il faut compter une distance d'environ 400 kilomètres de Montréal.
- **Location :** canots et kayaks de mer.
- **Autres activités :** vélo tout-terrain, camping, randonnée pédestre, baignade, croisières en bateau-mouche.
- Le parc est ouvert du début de juin à la mi-octobre.

Gaspésie

Rivière Bonaventure

La Gaspésienne aux yeux clairs

C'est à s'y méprendre. Sommes-nous bien au Québec? Oui et en plein cœur de la Gaspésie. Les pêcheurs l'aiment pour ses saumons, les canoteurs pour ses **126 kilomètres de parcours sans portage**. La Bonaventure fait l'unanimité par la surprenante clarté de son eau. Sa couleur cristalline tendant au vert émeraude, la classe dans les perles rares des rivières est-canadiennes et justifie à elle seule le voyage.

De la balade de deux heures en canot à la descente intégrale en six jours, de la promenade familiale en rabaska avec guide à la solitude la plus profonde d'une aventure en canot-camping, les charmes de la Bonaventure sont multiples et plairont à tous les publics. Depuis le lac Bonaventure dans les profondeurs des Appalaches au village de Bonaventure dans la baie des Chaleurs, la façon de la découvrir n'est qu'une question de style.

La Bonaventure populaire se trouve en bas, à la confluence de la Big Ouest et de la mer. À proximité du village côtier, la principale compagnie d'aventures a installé un camping surprenant où se côtoient les tipis, les points de location de canots et les points de vente de visites en rabaska, le tout sur fond de culture et de fierté acadiennes. La stabilité de ces grosses embarcations et la présence de guides conviendront à merveille aux familles et aux personnes âgées, qui pourront ainsi voir de près les « barachois », ces zones de libre-échange entre les eaux douces et salées, riches en herbiers, en poissons et en oiseaux.

D'autres préféreront l'une des trois balades en canot (3,5 ou 8 heures) arrivant toutes à la base. Là, l'ambiance est à la quiétude et à l'observation des saumons au fond des fosses couleur émeraude. La remontée à pied des petits affluents permet de faire une pause, de s'émerveiller devant l'eau et

de voir les moindres détails de son lit. En partant de la Big Ouest, 60 kilomètres en amont, la section basse peut être parcourue en trois petits jours. L'endroit est déjà plus tranquille mais, si l'isolement n'est pas suffisant, il faut oser l'intégrale.

Avoir le plaisir de descendre une rivière « de la tête aux pieds », retrouver le dépaysement, connaître l'ambiance « expédition », telles sont les motivations les plus entendues de ceux qui ont descendu les 126 kilomètres en six jours. Et puis bien sûr, toujours cette eau. Sa pureté serait due à la présence de roches calcaires, la calcite restant en suspension dans l'eau et réfléchissant la lumière.

De chaotiques sentiers de bûcherons permettent l'accès au lac Bonaventure, en plein cœur des Appalaches. Les premiers 25 kilomètres après le lac installent une ambiance fantomatique : les feux de forêt de 1995 ont tout dévasté, ce qui crée un spectacle saisissant. Les trois jours de navigation jusqu'à la Big Ouest sont les plus impressionnants. Ici tout est **sauvage** : ni pêcheurs ni moteurs, une eau encore plus limpide qu'en aval. L'attention alterne entre les petits défis des rapides restant relativement faciles (R-III maximum) et les paysages, dont le superbe canyon d'un kilomètre de long qui marque la fin du troisième jour. Le soir, en bivouaquant au bord du lit de cette Gaspésienne aux yeux clairs, on se dit que, s'il est une bonne aventure à vivre, c'est peut-être celle-là.

Encore PLUS

- **Association touristique régionale de la Gaspésie :** 357, route de la Mer, Sainte-Flavie. www.tourisme-gaspesie.com Tél. : 1 800 463-0323
- **Cime Aventure :** www.cimeaventure.com Tél. : 418 534-2333
- **La partie du haut** (les premiers 67 km) demande beaucoup de préparation et de connaissance en expédition. La partie du bas (59 km), plus facile, peut s'aborder en ayant suivi un cours d'initiation ou un stage avec moniteur.
- La rivière Bonaventure est généralement **canotable** de la fonte des neiges jusqu'aux environs du 15 juillet. Par la suite, le niveau de la rivière est souvent trop bas pour être navigable.
- **Des sacs étanches** sont toujours de mise pour ce genre d'expédition.
- **Stationnement :** Cime Aventure (200, chemin A. Arsenault, Bonaventure).
- **Pour se rendre à Bonaventure :** À partir de Québec, suivre la 20 Est jusqu'à Rivière-du-Loup. Ensuite, prendre la 132 Est jusqu'à Sainte-Flavie. Tourner à droite à l'église de Sainte-Flavie (la 132 faisant le tour de la Gaspésie, on peut la prendre dans les deux sens, mais le sens horaire vous allonge de 200 km). Garder la 132 Est jusqu'à Bonaventure.
- **Accès à la rivière Bonaventure :** 150 km de chemins forestiers. Il faut être équipé d'un 4 x 4 pour ce genre de route et, idéalement, d'une radio à ondes courtes en cas de besoin. Cime Aventure se propose de faire la navette pour ceux qui ne disposent pas d'un tel équipement.
- **Location :** canots et kayaks de mer. Si vous décidez de faire la rivière en solo, vous pourrez louer un téléphone (relié par satellite), pour une plus grande sécurité.
- **Autres activités :** vélo tout-terrain, camping, randonnée pédestre, baignade, pêche en haute mer, équitation, spéléologie.

Laurentides

L'évasion accessible

Le Parc national du Mont-Tremblant

Activités vedettes au parc national du Mont-Tremblant (le plus grand et le plus vieux parc national du Québec), le canot-camping et le canotage profitent de 1510 km² de terrain de jeu ! Situé à 145 km au nord de Montréal, le parc est parsemé de 400 lacs et de six rivières, dont deux sont canotables (La Diable et L'Assomption). Au passage, les yeux grands ouverts, vous y verrez peut-être le grand héron, le castor ou le huard s'amuser du bouchon de circulation provoqué par l'orignal qui ne veut pas bouger !

À l'intérieur du parc, le trajet de la **Rivière du Diable** (46 km) est divisé en deux sections et comporte au total onze rapides de niveaux I et II et un rapide de niveau III. On compte aussi, surtout dans la première section, quelques passages en eaux vives. La première section, d'une distance de 25 km, débute au lac aux Herbes et se termine au lac Laplante. À partir de ce lac, la Diable s'engage dans une série de rapides qui s'acheminent vers la chute du Diable. Ce secteur est donc interdit à toute embarcation.

Les points de départ de la première section du parcours sont au camping du lac aux Herbes et au site de pique-nique du Pont-Brûlé. On y retrouve 12 terrains de canot-camping pouvant accueillir de 5 à 30 canots. La deuxième section commence 7 km au sud du lac Laplante. Un service de transport y est disponible. D'une distance de 21 km, elle débute aux chutes Croches, traverse le lac Monroe et termine sa course dans les méandres qui longent les parois de la Vache Noire. Un seul terrain, le Fer-à-Cheval, est offert sur cette section.

VARIANTES

Apprentissage. Le parcours de la **Rivière L'Assomption** s'étend sur 15 km à l'intérieur du parc ; cette rivière est considérée comme une excellente école. Des niveaux variés permettent de passer en revue la plupart des manœuvres de base du canotage de rivière. Après un départ en eaux calmes, on rencontre deux passages en eau vive, alternant avec des rapides de niveau I, puis un rapide de niveau III-IV, suivi de deux rapides de niveau II-III. Trois terrains de canot-camping sont aménagés le long de la rivière.

Agréable et tranquille. Le canot-camping de séjour sur lac s'avère parfait pour la petite famille ou les amis citadins. Quatorze terrains, comportant trois à huit emplacements chacun, sont aménagés sur les rives sablonneuses de trois lacs : **Rossi**, **de la Savane** et **de**

L'Assomption. Vous pourrez y séjourner jusqu'à trois nuits consécutives. La distance à parcourir en canot, entre le stationnement et votre emplacement de canot-camping, varie de 0,7 à 4,1 km. Si vous êtes trop rapide, vous pouvez toujours explorer les environs. À toute heure du jour, on n'a jamais fini de découvrir les merveilles de la nature.

Pressé. Vous n'êtes en visite que pour une journée ? Ne manquez pas le trajet entre le **lac Chat** et **la Vache Noire**. Cette portion de la rivière ne comporte qu'un seul rapide, facile à franchir, après la traverse du lac Chat (vous pouvez d'ailleurs l'éviter par un sentier de 300 m). Après, ce ne sont que méandres tranquilles, rives sablonneuses, érablière argentée et la spectaculaire paroi rocheuse de la Vache Noire, que la rivière vient effleurer. Un décor féerique et très accessible.

- **Informations et cartes :** www.sepaq.com ou 1 877 688-2289.
- **Tous les terrains de canot-camping** sont de type rustique (toilettes sèches, carrés pour les tentes, quelques foyers de cuisson et tables de pique-nique, trous à feu communautaires et supports à nourriture).
- **Les canoéistes-campeurs** doivent apporter leur bois ; le ramassage de bois mort et la coupe d'arbres sont interdits.
- **Un service de location** de canots et de vestes de flottaison est offert pour tous les trajets. Location de canot : 35 $ par jour, incluant les vestes de flottaison.
- **Pour les lacs** Rossi et de la Savane ainsi que la rivière du Diable, un service de transport des canoteurs, des bagages et des canots est également offert. Les tarifs varient selon le trajet.
- **Autres activités et services :** Randonnée pédestre, interprétation de la nature, randonnée à vélo, longue randonnée pédestre avec coucher en refuge, baignade, pique-nique, pêche, ski de fond, raquette, ski nordique avec coucher en refuge, randonnée pédestre sur neige, camping, chalets.
- **Ouverture du camping :** Début mai à la mi-octobre. Le parc est ouvert à l'année.
- **Tarifs :** Emplacement de canot-camping : 20,75 $ par nuit, incluant l'autorisation d'accès au parc.

Accès au parc :

- **Secteur de la Diable** (rivière du Diable, lacs Rossi et de la Savane) : Autoroute 15 et route 117, sortie Saint-Faustin-Lac-Carré, en direction de Lac-Supérieur.
- **Secteur de L'Assomption** (rivière L'Assomption et lac de L'Assomption) : Autoroute 25 et route 125 jusqu'à la route 337 via Rawdon, ensuite route 343 jusqu'à Saint-Côme.

Mauricie

Agent de conservation

ZEC Tawachiche

À seulement 80 km au nord de Trois-Rivières, la ZEC (zone d'exploitation contrôlée) Tawachiche offre d'étonnantes possibilités. Située sur un territoire de 318 km², elle barbote dans plus d'une centaine de lacs et de rivières. Par la route, on peut accéder au Lac Canard, où deux camping rustiques avec toilettes sèches et aires de feu nous permettent de passer la nuit afin d'attaquer la randonnée dès les premières lueurs du jour. On accède rapidement au plus grand lac de cette chaîne, le Hackett.

Sur cette étendue d'eau, vous trouverez l'île du Club Coo-Coo, ancien club de chasse et pêche qui exploite des chalets et une auberge. En s'annonçant à l'avance, les moins aventuriers peuvent mettre de côté les gamelles et s'y restaurer. En cas de gros grains, les gestionnaires ont prévu une salle communautaire au rez-de-chaussée, avec toilettes à eau, à l'extrémité nord du lac. Mais si le beau temps et l'envie de pagayer vous pousse de l'avant, vous n'avez qu'à passer le pont qui mène au Lac Traverse et à vous rendre au camping du Lac Héloïze, en passant par le Lac Long (ou Logique) et le Lac Garneau. Tout ça peut paraître imposant, mais, en réalité, depuis le matin, vous n'aurez avancé que d'une dizaine de kilomètres. Ce deuxième campement offre un confort comparable à ceux du départ. Un superbe trajet qui séduira davantage les contemplatifs que ceux à la recherche de défis aquatiques.

VARIANTES

Pantouflard. Si Éole vous tombe dessus à bras raccourcis (surtout par le nord), vous pouvez vous rendre en auto jusqu'au pont du Lac Traverse et ainsi déjouer son courroux, car, à partir de ce point, vous profiterez de l'abri des arbres et des montagnes pour rallier le camping du Lac Héloïze.

Défi. Pour les extrémistes de la rame, un parcours de plusieurs jours débute en amont de la rivière aux Eaux Mortes. À la moitié du parcours, vous trouverez le poste de contrôle de cette rivière qui, on s'en doute, s'avère assez calme, sauf pour une section (au nord) de niveaux I et II. Une quinzaine de kilomètres vous mèneront à la rivière du Milieu qui, elle, se jette dans le lac Mékinac (Cap-à-l'Aigle), en territoire libre. Vous rejoindrez alors Saint-Joseph-de-Mékinac et pourrez poursuivre jusqu'au Saint-Maurice. Le tout prendra plusieurs jours, selon votre rythme.

Encore PLUS

- **ZEC Tawachiche :** www.multimania.com/zectawachiche ou (418) 289-2059.
- **Cartes disponibles** à www.fapaq.gouv.qc.ca.
- **Association touristique régionale de la Mauricie :** www.icimauricie.com ou 1 800 567-7603.
- **Randonnée en eau calme** accessible à la plupart des gens. Lors de grands vents nordiques, le Lac Hackett devient difficile à naviguer.
- **L'eau** y est potable et d'une température propice à la baignade dès juin. Présence de plages dans la chaîne du Hackett.
- **Droit de passage :** 5,50 $ par véhicule + 3,00 $ par nuit.
- **Location d'embarcation :** 10 $ par jour au poste d'accueil, 15 $ par jour sur les lacs (incluant vestes et avirons). Réservez d'avance afin d'éviter les pénuries.
- **Pour s'y rendre :** Pour cette section du territoire, vous êtes mieux d'accéder à la ZEC par le sud, au poste d'accueil Audy. Vous y arriverez via l'autoroute 55 puis par la route 153 jusqu'à Hervey-Jonction, et, finalement, par le chemin forestier du Lac-au-Coeur (à gauche au stop). Le poste Audy est situé à 10 km de Hervey-Jonction.
- **L'accueil** est ouvert de 6 h à 22 h, mais ne dispose pas de terminaux pour cartes de crédit et Interac. Le troc n'est pas accepté non plus...
- **Bouffe :** Vous pourrez trouver tout le nécessaire à Saint-Tite, à Sainte-Thècle et au dépanneur de Hervey-Jonction.
- **Ne vous étonnez pas** de voir de petits hors-bords lors du trajet : ceux jusqu'à dix forces sont permis.
- **Autres activités :** Vélo tout terrain, camping et hébergement, randonnée pédestre, baignade.
- **Ouverture :** De fin avril à la mi-novembre (basée sur l'ouverture de la pêche et la fermeture de la chasse).

Mauricie

La renaissance

Rivière Saint-Maurice

Depuis que la Rivière Saint-Maurice s'est débarrassé de ses débris de flottage et que les municipalités environnantes traitent leurs eaux avant déversement, la qualité de son eau s'améliore d'année en année. Une expédition de 6 ou 7 jours nous invite à descendre de Windigo à Trois-Rivières. Une première section, de Windigo à La Tuque, traverse un territoire plus sauvage en 2-3 jours. Des portages raisonnables permettent de franchir les barrages hydroélectriques. Lorsque le niveau d'eau baisse, les rives dévoilent de nombreuses plages permettant de fréquents arrêts. À partir de La Tuque, la rivière suit fréquemment la route. Le bruit occasionnel des camions dérange un peu, par contre il est facile de se ravitailler ou de trouver un abri s'il y a un os. Dans le bout de Grandes-Piles, on peut observer le grand vautour à tête rouge et plusieurs autres oiseaux sur la route (aigle à tête blanche, aigle pêcheur, grand héron, martin-pêcheur...) ainsi que des castors. Muni d'un permis, on peut aussi taquiner la truite par endroits et tenter de poêler un brochet ou un doré. La beauté de ce mini Saguenay offre une excellente initiation aux novices puisqu'on y rencontre un courant constant et rien de plus décoiffant qu'un R-II.

Encore PLUS

- **ATR de La Mauricie :** www.icimauricie.com ou 1 877 213-1234.
- **Région du Haut-Saint-Maurice :** www.mrchsm.org ou (819) 523-6111.
- **Location :** Maika Aventure : www.maïka.ca ou 1 877 694-7010.
- **Randonnée en eau calme** accessible à tous. Il n'y a que certains endroits, dans la première section et à Grandes-Piles, où vous pourrez rencontrer des couloirs de vents, mais le courant vous permettra de couvrir de bonnes distances.
- **Plus l'été** avance, plus le niveau d'eau baisse, donnant ainsi accès à de belles plages et à de petites îles.
- **L'eau** est potable au réservoir Windigo, mais ailleurs, sa consommation n'est pas conseillée.
- **Plusieurs possibilités** de stationnement gratuit, selon votre itinéraire.
- **Pour s'y rendre :** À partir de Trois-Rivières, prendre la 55, direction Nord. La 55 devient la route 155. Suivre cette route jusqu'à La Tuque. Une fois à La Tuque, prendre la rue Saint-François à droite, et la suivre jusqu'à la rue Bostonnais (à gauche). Se rendre jusqu'à la fin de cette rue et suivre les indications pour La Croche. Après 28 km, vous arriverez à la route forestière 10 : la suivre sur 53 km (gros panneau l'indiquant) et tourner à gauche à l'embranchement. Suivre les indications de la pourvoirie Windigo.
- **Ouverture :** Du dégel au gel.

Outaouais

Prenez tout votre temps

Le Réservoir du Poisson Blanc

Ce réservoir propose une vaste étendue d'eau faisant partie du bassin versant de la rivière la Lièvre. Il y a plusieurs lacs interreliés à l'aide de sentiers de portage se déployant en un des plus important réseau de canot et de kayak d'eau douce au Québec. Avec la création du barrage des Cèdres sur la rivière la Lièvre, la forêt a diminué en superficie, mais elle a conservé un fort potentiel, par sa quantité de pins et son abondance en truite grise, en plus de créer un réservoir ayant plus de 30 km de long et une largeur pouvant atteindre les 7 à 8 km. Étant principalement constituées des terres de la Couronne, les berges et les îles sont accessibles à tous ceux intéressés à y planter leur tente et ainsi y passer la nuit. Les sites de camping offrent beaucoup de possibilités et il est facile d'y rester pour au moins une semaine, si votre agenda le permet. La base de plein air des Outaouais se veut le lieu d'accueil sur le réservoir. On y retrouve plusieurs canots à louer ainsi que des cartes topographiques du réservoir et des sites de camping.

Encore PLUS

- **Site Web :** www.tourisme-outaouais.org.
- **Tél. :**1 800 265-7822.
- **Base de plein air des Outaouais :** www.aireaubois.com ou 1 800 363-4041.
- **Randonnée** en eau calme accessible à la plupart des gens. Lors de grands vents, le lac devient difficile à naviguer.
- **Plus l'été** avance, plus le niveau d'eau baisse (peut varier de 3 m) et donne accès à de belles plages.
- **L'eau** y est potable et d'une température propice à la baignade dès la mi-juin.
- **Stationnement :** Sans location, 6,75 $ par véhicule par jour. Gratuit avec location.
- **Pour s'y rendre :** À partir de Gatineau, prendre la 50 Ouest jusqu'à la 307 (Nord). Après le village de Saint-Pierre-de-Wakefield, surveillez le chemin Voyageur à votre gauche. Au bout, tournez à gauche pour prendre le chemin du Poisson Blanc (à droite). Ce chemin mène au chemin Base de plein air. (Indications disponibles sur le site Web de la base de plein air des Outaouais, dont l'adresse est mentionnée plus bas.)
- **Location :** Canots (50) et kayaks de mer.
- **Autres activités :** Vélo tout terrain, camping et hébergement, randonnée pédestre, baignade.
- **Ouverture :** De la mi-avril à la mi-novembre.

Saguenay-Lac Saint-Jean

Le défi des débutants

Rivière aux Écorces

À l'intérieur de la Réserve faunique des Laurentides, à mi-chemin entre Québec et Chicoutimi, on trouve un superbe parcours de 34 km menant du Lac aux Écorces à la route 169. Ce parcours présente des atouts de taille pour des débutants sportifs : rivière sauvage mais facile d'accès, sites de camping rustiques (toilettes sèches, tables, trous à feu et poubelles) et une douzaine de rapides de niveau II, en moyenne. Suffisamment sportif pour vous faire apprécier la balade, sans être trop technique et pouvant décourager des néophytes. La randonnée sur cette rivière au courant et à la largeur moyennes se déroule dans un paysage résineux et enchanteur. Vous pourrez tracer la route jusqu'à l'accueil en une seule journée, mais, pour bien vous imprégner du coin, campez au site de camping des Bouleaux, à 19 km du départ. Ça vous permettra d'explorer les environs et de taquiner la truite aux endroits réservés à cette fin. Le profil discontinu de la rivière ne cache rien de bien dangereux ; cela dit, ceux qui passeront sous le pont de la route 169 devront faire gaffe à d'éventuels débris résultant de la réfection du pont.

- **Randonnée** en eau calme accessible à la plupart des gens. Pour plus de sensations, continuer au-delà de la route 169. Cette portion n'est pas entretenue par la Sépaq. Les treize premiers kilomètres offrent une difficulté moyenne, qui augmentera par la suite jusqu'à l'embouchure du Pikauba.
- **Éviter la période d'étiage** (plus bas) et les crues dans les sections difficiles (après la route 169).
- **Plusieurs portages** sont disponibles tout le long de ce segment.
- **L'eau** y est potable et la pêche permise le long du parcours avec un droit d'accès.
- **Stationnement** gratuit.
- **Pour s'y rendre :** À partir de Québec, prendre la route 73, devenant la route 175. À une trentaine de kilomètres de l'Étape, tourner à gauche à la route 169 et se rendre jusqu'à l'accueil rivière aux Écorces (52 km). Un chemin forestier mène au départ du circuit.

Saguenay-Lac Saint-Jean

Sur la route des Jésuites

Rivière Métabetchouane

L'autre parcours de la réserve faunique des Laurentides demeure un grand classique. Il fut utilisé par les autochtones et est devenu, par la suite, un segment du « Sentier des Jésuites ». Son exploration permet de s'imaginer dans la peau d'un découvreur du temps de la colonisation.

Le tracé est très bien entretenu, les portages (16), bien situés et les aires de repos (17), judicieusement disposées. Pas besoin d'être un expert pour effectuer cette randonnée, mais la longueur de l'expédition (68 km en 4 jours) incite à partir à deux embarcations pour plus de sécurité. La première journée vous permettra de traverser le grand lac Métascouac et le lac Berthiaume, beaucoup plus étroit. Si vous partez tôt, vous pourrez *luncher* au Chalet Hirondelle. Ce n'est que par la suite que vous rencontrerez vos premiers rapides (de R-I à R-IV). Peu après le lac Thétis, vous atteindrez le lac Goizel, où vous pourrez passer la nuit. Le trajet du lendemain vous fera traverser une section où l'on peut jeter une ligne et espérer pêcher son dîner, que l'on prendra au refuge Métascouac. Le dodo se fera près d'une chute de 7 mètres qui exigera plusieurs centaines de mètres de portage. Une autre chute, encore plus haute (10 mètres), pourra être contemplée lors du jour 3 ; une autre zone de pêche nous y attendra. En ce qui concerne le paysage, cette section s'impose sans doute comme la plus variée. Le coup d'envoi de la dernière journée se donnera du lac Long. Ouvrez grand les yeux, car ce coin abrite une faune assez dense. Vous aurez une dernière chance de pêcher avant votre arrivée au refuge du rapide croche.

- **www.sepaq.com** ou (418) 528-6868.
- **Cette randonnée** offre deux possibilités d'hébergement : Camping rustique (tel que décrit au parcours de la rivière aux Écorces) ou refuge (premier arrivé, premier servi).
- **Lors de grands vents**, le lac Métascouac (départ) devient difficile à naviguer. Choisir une journée calme pour entamer le voyage.
- **Préférer** les moyennes et hautes eaux.
- **Stationnement :** Gratuit ; vous pouvez stationner une voiture près du refuge du Rapide croche et aller chercher celle restée au refuge Taillefer.
- **Pour s'y rendre :** Suivre les indications pour l'accueil Rivière aux Écorces. Une fois arrivé, vous n'aurez qu'à rouler 58 km sur une route forestière pour atteindre le refuge Taillefer (carte disponible).
- **Ouverture :** De mai à septembre (appelez afin de connaître la date précise).

Extra !

Quelques canons de beauté

Bien sûr, tout classement d'apparence demeure très subjectif, mais vous trouverez ci-dessous quelques endroits qui font à peu près l'unanimité en ce qui a trait à la magnificence du paysage. Une bonne partie des endroits les plus prisés s'adresse surtout à des experts. Nous avons donc sciemment évité d'y inclure les grandes « lessiveuses » afin de rendre les suggestions accessibles à un plus grand nombre de contemplatifs.

Rivière Jacques-Cartier : du Camp 3 au pont de Tewkesbury

Malgré sa proximité, cette section offre un superbe coup d'oeil encastré dans la vallée sertie d'une forêt mixte. Le coin est à la fois sauvage et aménagé pour faciliter son accès. Ces 38 km permettent aussi bien la courte balade que la randonnée plus étoffée. En amont et en aval, vous trouverez des sections parmi les plus costaudes au Québec, mais celles-ci s'avèrent accessibles à un intermédiaire. Faites gaffe à la chute à Pageau !

Le Saguenay : de Chicoutimi au Fleuve Saint-Laurent

La route a beau être longue (111 km), il vous sera difficile de vous ennuyer au milieu de ce paysage de fjord aux allures océanes et de ses habitants qui ne se lasseront pas de vous ébahir. Prenez garde aux grands vents et à la circulation maritime ; vous ne serez sans doute pas seul à profiter des charmes du coin.

La Rivière Eastmain : du Lac Bréhat à la Rivière Shigami

Le paradis n'est malheureusement pas accessible à tous, mais les bienheureux auront tout le loisir d'exorciser les stigmates citadines lors de la découverte de ce coin de la Baie James. L'expédition est longue mais n'a rien d'un purgatoire : 303 km d'un autre monde peuplé de tourbière, d'une pessière, de montagnes et de vallées. Le camping y est réellement sauvage et sans équipement adéquat, de minuscules diables ailés pourraient bien vous faire perdre votre ciel.

La Rivière Moisie : du Lac Ménistouc au Fleuve Saint-Laurent

On parle ici d'une véritable expédition : 400 km où il est préférable d'éviter les grandes crues. Les nombreux panoramas d'une beauté indescriptible paveront votre route et vous marqueront à jamais. Vous traverserez plusieurs gorges et admirerez parmi les plus beaux spécimens de forêt boréale et de taïga de l'Amérique du Nord. Ce périple s'adresse à des canoteurs expérimentés. La perfection, ça se mérite.

La Rivière Sainte-Anne-du-Nord : de la Réserve faunique des Laurentides à la Chute Sainte-Anne

Ici, c'est vraiment la beauté de la vallée et de ses parois qui vaut le déplacement. La première section de 50 km s'adresse aux intermédiaires, mais vous devrez bien vous informer des contraintes administratives de cette descente avant de partir. À partir des Sept Chutes, une plus grande dextérité est requise pour courtiser le superbe canyon. Prenez garde de ne pas dessaler trop près de la chute.

Autres perles :

La Rivière Cascapédia (Gaspésie) : Le jumeau méconnu de la Rivière Bonaventure.

La Rivière Bazin (Outaouais) : Pour son alternance de calme et de sport ainsi que ses plages sablonneuses dans un environnement sauvage.

Les Îles-de-la-Madeleine : Pour l'horizon qui se prolonge et la liberté d'accoster où bon nous semble. Attention aux conditions météorologiques et aux courants.

La Rivière Noire (Outaouais) : Versatile et accessible, l'endroit offre beaucoup d'eau et d'aires de repos sans que l'on ait à se coltiner trop de portage.

La Rivière Gens de Terre (Outaouais) : Elle présente un volume d'eau sportif et de fréquents portages, mais propose un environnement sauvage et un superbe canyon.

Encore PLUS

- **Fédération québécoise de canot et de kayak :** www.canot-kayak.qc.ca. Tél. : (514) 252-3001
- **Les Portageurs :** www.portageurs.qc.ca. Tél. : (514) 858-1183.
- **Les sites de canot-camping au Québec :** www3.sympatico.ca/louis.verrette.
- **Club L'Aval :** www.webnet.qc.ca/clublaval/gerantkayak.html.
- **Club Canot-camping des Pays-d'en-haut :** www.cccph.com.

Traversée du parc national de la Gaspésie

100 km au milieu d'une mer de montagnes

« Une mer de montagnes », promet la publicité de la Gaspésie. C'est exactement l'impression qu'on a en parcourant la traversée de son parc. Avec 100 km de sentiers à travers les monts Chics–Chocs et McGerrigle, c'est sans conteste l'une des plus belles longues randonnées du Québec. Il faut dire que tous les ingrédients y sont : un sentier à une altitude moyenne de 700 m et trois sommets mythiques au dessus de 1 100 m (les monts Logan, Albert et Jacques–Cartier) qui comptent parmi les plus hauts de la province. Et, bien sûr, tous les attraits de la montagne : des points de vue fabuleux sur les reliefs, vallées et escarpements, une flore arctique-alpine variée et de bonnes chances d'observer des caribous. Bref, c'est l'occasion de parcourir une belle section du sentier international des Appalaches (SIA).

Un panorama de 360°

En théorie, la traversée du parc peut s'effectuer dans les deux sens mais, la navette n'étant offerte que dans un seul, la quasi-totalité des randonneurs marchent d'Ouest en Est, soit du mont Logan en direction du mont Jacques–Cartier. Comme pour mieux faire apprécier la marche et le calme qui vont suivre, la traversée commence donc par 4 h houleuses de camionnette sur les chemins d'accès (interdits aux véhicules de particuliers).

Contrairement aux autres sommets du parc, celui-là n'a pas d'intérêt en lui-même : on y vient pour la vue. Le panorama s'étend sur 360°, plusieurs dizaines de kilomètres à la ronde. Au Nord, on découvre le Saint–Laurent, les éoliennes de Cap–Chat ainsi que Saint–Anne–des–Monts. À l'Ouest et au Sud, on voit la réserve faunique de Matane et, à l'Est, les Chics–Chocs qu'on s'apprête à traverser. Ici, on est vraiment devant la « mer de montagnes » et le territoire est tellement immense qu'il est difficile d'imaginer le parcourir à pied.

Pour profiter plus longtemps de ce panorama, on peut passer la nuit dans le refuge du « Pic de l'Aigle ». Situé quelques mètres sous le sommet, il offre le luxe de pouvoir contempler le paysage depuis son lit ! Le soir, par temps dégagé, on aperçoit même les lumières de la côte Nord. Et, pour occuper l'après-midi, il suffit de mettre le cap à l'Ouest (alors que le sentier international des Appalaches se poursuit dans la réserve faunique de Matane) ou encore de guetter les caribous puisqu'un des deux troupeaux du parc s'est installé dans le secteur du Logan. Deux autres refuges, situés 3 km en contrebas, permettent de dormir sur les hauteurs mais on peut aussi bien choisir de progresser directement vers le prochain camp.

La traversée du parc de la Gaspésie se fait presque exclusivement sur de vrais sentiers. Seuls les six premiers kilomètres (et quelques très courtes sections par la suite) empruntent un chemin d'accès. Autant le savoir, les 30 premiers kilomètres ne sont pas les plus exceptionnels : on marche souvent sur les hauteurs mais la volonté de préserver le territoire est telle que les responsables rechignent à couper quelques arbres pour dégager la vue. Il y a quand même des belvédères intéressants mais trop peu nombreux par rapport aux possibilités et par rapport aux efforts fournis pour grimper sur ces montagnes.

Ce tronçon vaut néanmoins la peine d'être parcouru pour la vue depuis le Logan — vue globale qu'on ne retrouve jamais ailleurs — et pour l'atmosphère de longue randonnée qui y règne. En effet, contrairement aux autres, cette section ne comporte pas de sentier de courte randonnée et, de fait, l'ambiance y est différente. On s'y sent davantage isolé et en face à face avec la nature. C'est un aspect qu'on regrette au fil des 70 km suivants mais il est contrebalancé par la qualité des paysages, plus variés et plus impressionnants.

À 30 km du point de départ, tout près du refuge « la Mésange », le pic de l'Aube (920 m) est le premier de la série à se manifester. Son nom semble indiquer qu'il faut y aller tôt le matin, mais le panorama vaut le détour en soirée aussi. L'idéal est de s'y rendre bien avant la brunante pour profiter de la vue de tous les côtés. Au Sud, on découvre le groupe de lacs qu'on croisera le lendemain. Au Nord-Ouest, au coucher du soleil, le Saint-Laurent rougeoie et rend visibles les éoliennes de Cap-Chat à contre-jour : mémorable !

La serpentine

L'étape suivante est l'une des plus belles. Elle mène à travers des paysages exceptionnels et changeants. On chemine d'abord dans la forêt puis entre des lacs avant de remonter sur les crêtes. Là, les panoramas s'enchaînent, en commencant par celui du pic du Brûlé (790 m), ainsi nommé en raison du feu qui l'a dévasté dans les années 60. Comme on entre ici dans le territoire de la courte randonnée, davantage de belvédères ont été aménagés et, en marchant au bord de l'escarpement, on profite pleinement des vues sur les falaises.

La fin de la journée est à la hauteur de cette belle randonnée : le refuge est installé sur une rive du lac Cascapédia. Long de 4 km et étroit, il permet la baignade ainsi que le canotage. Pour atteindre le chalet, il faut traverser le camping qui est installé à proximité ; on se retrouve soudain au beau milieu de la civilisation, avec ses inconvénients (les autos, la foule) et ses avantages (les douches dont on peut profiter).

L'étape du lendemain ne compte que 9 km ; ça laisse du temps pour aller canoter à l'aurore et se reposer en vue de la section suivante, celle du mont Albert (19 km et de gros dénivelés). Ses paysages originaux en font la section la plus surprenante. Sous l'influence combinée de l'altitude, du

Courbe de niveaux...

Pour partir à la découverte de ces paysages, il n'est pas nécessaire d'être un randonneur aguerri. Si les dénivelés sont parfois importants, il est toutefois possible d'adapter le parcours à son niveau. D'abord, les camps rustiques ayant été construits assez proches les uns des autres, on peut soit choisir de faire étape dans chacun et marcher ainsi environ 10 km par jour (hormis l'étape du mont Albert, de 19 km), soit en sauter certains pour progresser plus vite. En moyenne, les randonneurs complètent la traversée en 8 jours.

Ensuite, la randonnée peut être facilitée par le recours aux dépôts de nourriture. Il est en effet possible de récupérer des sacs de provisions à trois reprises au fil du parcours. On ne transporte ainsi ses repas que par tranches de deux jours, un avantage non négligeable quand le sac est déjà chargé de matériel pour une semaine. Et il n'y a pas de raison de se priver de ce service : il est compris dans le coût de la navette qu'il faut emprunter pour rejoindre le départ du sentier. Aux endroits où l'on dépose de la nourriture, il est également possible de laisser descendre des randonneurs : cela permet à ceux qui manquent de temps ou d'entraînement de prévoir un parcours raccourci.

climat et du type de roche, le changement de décor est radical. On quitte la forêt au profit d'un haut plateau dénudé, de 13 km². Progressivement, la végétation s'amenuise et devient de type arctique-alpin : aux environs de 1 000 m, elle se caractérise par des arbustes rabougris, des mousses et lichens de toutes sortes, de petites plantes grasses et des fleurs colorées. Mais l'originalité du mont Albert vient surtout de la roche qui le constitue et qui affleure sous forme de gros blocs : la serpentine. C'est elle qui lui donne sa coloration orangée si particulière et qui crée un terrain basique peu favorable à la végétation. La présence de cette roche est due à la remontée d'une couche très profonde de la croûte océanique lors de la formation de la Terre ; il est très rare de la trouver à la surface du globe.

On traverse ce plateau sur environ 3 km puis une nouvelle perspective surgit, tout aussi magique : la vallée du Diable. En la contemplant d'en haut, on comprend le nom donné à ces lieux par les indiens : « chics-chocs » signifie « parois infranchissables ». Les falaises orangées contrastent avec la végétation luxuriante du fond de la cuve. Sur le parcours, des plaques de neige, des chutes d'eau et des ruisseaux viennent encore agrémenter la randonnée; c'est la plus longue et aussi la plus belle journée.

À ce stade de la traversée, après avoir parcouru 75 km, on en a déjà plein les yeux et pourtant, la fin du parcours offre encore de quoi s'émerveiller. Ainsi, tant le mont Jacques–Cartier — le point culminant du parc, à 1 270 m —, sa toundra arctique-alpine sèche et ses caribous que le lac aux Américains et son cirque glaciaire impressionnant font durer le plaisir jusqu'aux derniers kilomètres. Un regret néanmoins : ces deux sites étant faciles d'accès en courte randonnée, ils peuvent être très fréquentés. Attendez-vous à grimper le Jacques–Cartier au milieu d'une procession de marcheurs; ou faites les derniers kilomètres en sens inverse du mouvement général (c'est à dire d'Ouest en Est, en prenant la petite navette au retour et non à l'aller).

Encore PLUS

- **Renseignements et réservations :** Parc de la Gaspésie – 1 866 PARCGAS et www.sepaq.com
- **Saison :** la traversée intégrale du parc n'est pas possible l'hiver.
- **Le camping** sauvage étant formellement interdit le long du parcours, il est indispensable de réserver d'avance sa place dans les refuges. Aux 3/4 du parcours, le sentier croise la route d'accès et la zone de services ; il est alors possible de dormir en camping, en refuge ou même au gîte du mont Albert.
- **Hébergement :** 14 refuges (20$/nuit/pers.), camping au lac Cascapédia et dans le secteur du mont Albert.
- **Pour planifier** son parcours, il peut être bon de se procurer à l'avance la carte des sentiers. Elle est très bien faite et elle comporte beaucoup de renseignements pertinents à l'endos.
- **Ne partez pas sans** avoir visité le centre d'interprétation du parc, situé près du stationnement : c'est une mine d'information qui est bien présentée.
- **Sentier international des Appalaches :** www.sia-iat.com ou par téléphone au (418) 562-1240 poste 2299.

Saguenay
Sentier le Fjord

Sur les flancs du Saguenay

Pour découvrir le Saguenay autrement qu'en kayak, zodiac ou bateau de croisière, il faut emprunter un autre « Fjord », tout aussi spectaculaire. Long de 42 km, celui-ci ne se navigue pas, il se parcourt à pied : c'est un sentier. Dessiné sur la rive Nord, de Baie-Sainte-Marguerite à Tadoussac, il porte bien son nom : les nombreux points de vue sur le fjord constituent son atout majeur. On marche parfois au niveau de l'eau, souvent sur les hauteurs et, de temps en temps, en pleine forêt. En un mot, le Saguenay n'est jamais loin.

En matinée ou en soirée, le spectacle se poursuit aux refuges : les trois offrent une vue imprenable sur les anses ou baies qui les abritent. En fait, plus que des refuges, ces hébergements sont de véritables chalets. Construits il y a quatre ans, leurs matériaux ont été acheminés par hélicoptère. La différence se fait tout de suite sentir : emplacements de choix (inaccessibles par la route), balcons tout autour, immenses baies vitrées, chambrettes à deux lits avec matelas, c'est le grand luxe au prix d'un camp forestier ! Libre à vous de préférer les campings rustiques...

Le fjord est souvent en arrière-plan et pourtant les paysages se suivent et ne se ressemblent pas. D'abord, les points de vue changent constamment. D'en haut, d'en bas, en amont, en aval, voire par endroits à 180 degrés : eau et falaises s'offrent au regard sous tous les angles. On ne s'en lasse pas. Ensuite, le renouvellement de la végétation est permanent. Tout au long du parcours, conditions climatiques et qualités de sol variées ont permis l'installation de différentes espèces. Les forêts de feuillus alternent ainsi avec celles de sapins et d'épinettes et, phénomène plus inhabituel, le sentier traverse souvent de véritables pinèdes. Là, quand le granit est dénudé et la terre plus rare, seul le lichen et quelques sabots de la vierge recouvrent le sol. Parfois, toute cette nature est si bien agencée qu'on se croirait dans un jardin japonais.

Quant aux sous-bois des forêts de feuillus, ils se remplissent au printemps de tapis de trilles ondulées, de quatre-temps et de maillanthèmes. Superbe!

Et si les orignaux ne laissent généralement entrevoir que leurs traces, les bélugas, eux, se laissent apercevoir régulièrement. Leur concentration étant particulièrement importante dans le secteur de Baie-Sainte-Marguerite, c'est là que le parc national du Saguenay a construit un centre d'interprétation qui leur est consacré. Avant de les guetter en cours de route, c'est l'occasion d'en apprendre un peu plus sur ces petites baleines. Le premier point d'observation n'est qu'à trois kilomètres. En saison, des naturalistes y sont postés pour répondre aux questions et des panneaux d'interprétation résument l'information.

Pour être totalement honnête, il faut bien parler de quelques imperfections dans ce décor presque parfait. Les lignes à haute tension traversent le fjord en deux endroits et apparaissent en arrière-plan depuis plusieurs points de vue. Un avantage au moins : au pied des pylônes, on peut profiter d'un panorama à 180 degrés. Autre bémol : sur 4 km et puis sur 2 autres, le sentier emprunte une route asphaltée puis un chemin de gravier. Enfin, certains randonneurs pourront être sensibles à l'irrégularité de l'aménagement. Dans la portion la plus ancienne du sentier, il en faudrait un peu moins et dans la partie récemment construite, davantage. Ce ne sont que des détails : ils ne remettent pas en cause la beauté du sentier dans son ensemble.

Pas besoin d'être un randonneur chevronné pour partir à la découverte du « Fjord » : le sentier ne présente aucune difficulté majeure. Ses 42 km se parcourent généralement en trois jours avec des étapes de 17, 16 et 9 km. Les parois rocheuses qui bordent le fjord étant hautes d'un maximum

de 300 m, la dénivellation de chaque journée n'est jamais très importante, d'autant plus que le tracé reste souvent sur les hauteurs.

Linéaire, ce sentier peut être parcouru dans les deux sens. La logique veut toutefois que les randonneurs l'empruntent surtout depuis Baie-Sainte-Marguerite en direction de Tadoussac. Plusieurs raisons à cela : une première, esthétique, est que l'on découvre ainsi l'embouchure du fjord à mesure qu'on progresse. La deuxième est touristique : Tadoussac constitue un beau point d'arrivée. La dernière : des navettes sont prévues pour emmener les marcheurs en direction de l'ouest afin qu'ils rejoignent leur véhicule à la fin du sentier. Pratique !

VARIANTES

Plusieurs navettes existent, aussi bien en bus qu'en zodiac, et rendent cette randonnée très modulable. Du côté Nord du fjord, on peut marcher un, deux ou trois jours mais en prenant un bateau-taxi depuis la rive sud il est possible de faire une randonnée de 6 jours.

Les **variantes plus courtes** sont rendues possibles par les chemins de rang qui rejoignent le sentier en deux endroits (cap de la Boule et Anse–de–Roche).

L'option longue consiste à combiner le sentier de la rive nord (le Fjord) avec celui de la rive sud (les Caps). De Baie-Eternité à l'Anse-Saint–Jean, c'est une autre belle randonnée d'une vingtaine de kilomètres qui peut même être prolongée jusqu'à Petit–Saguenay. Globalement, ce sentier passe davantage dans les terres et, de fait, les paysages traversés sont différents de ceux de la rive nord. Les points de vue sur le fjord sont moins nombreux mais ils sont toujours spectaculaires tandis que le sentier croise plus de lacs et de sommets. Parmi ces derniers se trouve la fameuse montagne Blanche qui, du haut de ses 565 m, offre un superbe panorama sur le fjord dans un environnement subarctique.

Entre la taïga du côté sud et les pinèdes de la rive nord, les sentiers du parc national du Saguenay offrent un bel aperçu du Québec végétal. Le dépaysement n'est qu'à quelques heures de marche.

Encore PLUS

- **Parc national du Saguenay :** Tél. : (418) 272–1556 et 1 877 272–5229. Site Web : www.sepaq.com
- **Hébergement :** trois refuges et 2 sites de camping rustique le long du sentier le Fjord.
- **Navettes** en camion organisées deux fois par jour en saison par l'Auberge de jeunesse de Tadoussac (418–235–4372) en direction des différents points de départs du sentier. Plusieurs compagnies de la région proposent aussi des navettes en zodiac et même le transport de bagages entre les refuges.
- **Accès universel :** les 3 premiers kilomètres depuis Baie-Sainte–Marguerite sont recouverts de poussière de roche et ne comptent aucune dénivellation; ils sont donc accessibles aux personnes à mobilité réduite et aux poussettes.
- Sur le sentier « Le Fjord », l'**approvisionnement en eau** n'est pas problématique : deux des trois refuges du parc sont équipés d'un robinet d'eau de source et de nombreux cours d'eau croisent le chemin. Le parc conseille de traiter cette eau.
- **Saison :** de la fin mai à la fin octobre
- **Chiens interdits**

Charlevoix

Sentier des Caps de Charlevoix

Un belvédère sur le fleuve

Au sentier des Caps de Charlevoix, le Saint–Laurent et ses îles prennent toute leur magnificence depuis les fiers sommets qui les surplombent. Un cap étant une pointe de terre qui s'avance dans la mer, le fleuve — ici à l'allure de mer — ne s'est jamais dévoilé d'aussi près que depuis la faille géologique qui se précipite du haut de l'un de ces promontoires vertigineux. L'impression de pouvoir plonger dans les flots, ne serait-ce que du regard, ne s'est jamais faite aussi intense. En quittant le sentier pour s'approcher un peu du vide, l'analogie est plus que saisissante. Un pas de plus et on y est ! L'île aux Coudres d'un côté et l'archipel de l'île aux Grues de l'autre se dessinent peu à peu sous l'œil averti du spectateur privilégié qu'est le randonneur en ces lieux. Avec des lunettes d'approche, on peut même apercevoir la croix celtique qui se dresse sur la Grosse Île en mémoire des immigrants irlandais.

À seulement 40 minutes de la capitale, ce sentier de **longue randonnée** offre l'escapade rêvée pour fuir la ville. La beauté de son décor sauvage ferait décrocher même le plus accro des citadins ! Chaque saison offre un spectacle renouvelé. Comme un caméléon, le fleuve passe par toute une gamme d'émotions, du rose le plus ardent jusqu'au bleu le plus glacial. Des premiers bourgeons du printemps aux derniers soupirs de l'automne, la randonnée pédestre est à l'honneur. Comme pour les milliers d'oies blanches qui reviennent chaque année trouver refuge au cap Tourmente, ce ne sera pas la dernière fois qu'on y met les pieds. La forêt encore vierge de Charlevoix, avec ses arbres centenaires et sa flore généreuse, ne cesse de révéler ses mystères. La nuit tombée, le reflet de la lune sur le fleuve ainsi que les lueurs de la vie nocturne des insulaires font place à la rêverie.

En **hiver**, le soleil fait étinceler comme autant de diamants les îlots de glace qui descendent le Saint–Laurent, alors que, la nuit venue, les aurores boréales dansent dans le ciel. **Raquettes** aux pieds, on se laisse aisément séduire par la fraîcheur et l'éclat des paysages qui ne sont pas sans rappeler le royaume du père Noël. En six ou sept jours, on peut parcourir les 48 kilomètres du sentier des Caps en passant par Saint–Tite–des–Caps. D'ailleurs, le secteur de

Saint-Tite-des-Caps est un véritable royaume pour la **courte randonnée**, avec sept sentiers de 4 à 11,5 kilomètres qui mèneront les raquetteurs à des belvédères incomparables sur le Saint-Laurent et sur l'archipel de Montmagny.

Côté **ski**, les amateurs seront bien servis. En effet, 45 kilomètres tracés et 20 kilomètres réservés au pas nordique attendent les fondeurs au Centre de ski de fond et nordique du Sentier des Caps (rouvert depuis 2001-2002), au sommet de la station de ski alpin Le Massif de Petite-Rivière-Saint-François. Au menu: sept sentiers, dont deux classés « faciles ». Les adeptes de ski nordique ne manqueront pas l'Abattis, un sentier de 11,7 kilomètres spécialement adapté à leur sport et offrant une vue splendide à la mi-chemin. Imaginez: à l'ouest, plus de six caps qui embrassent le fleuve — avec le cap Tourmente en arrière plan — et, à l'est, l'île aux Coudres.

La cerise sur le gâteau: le refuge l'Abattis, situé juste là, sur ce belvédère! Rêves inspirés à l'horizon. Les skieurs aguerris pourront emprunter le sentier Grande Ligori et passer la nuit dans le refuge du même nom, à 4 kilomètres du départ (la piste faisant 7,5 kilomètres au total). Ces deux sentiers (Abattis et Grande Ligori) sont tracés à 8 centimètres de large — ce qui s'avère intéressant pour ceux qui aimeraient chevaucher sentiers tracé et nordique avec leurs skis hors-piste... Chaussés de ceux-ci, les plus téméraires n'oublieront point les peaux de phoque, bien utiles pour faire l'ascension de quelque 800 mètres ou pour se lancer à l'assaut du cap du Salut, où ils connaîtront sûrement la rédemption.

Que ce soit pour effectuer une randonnée d'un jour ou deux, ou encore pour faire la traversée depuis le cap Tourmente jusqu'à Petite-Rivière-Saint-François (ou vice-versa), en été comme en hiver, le sentier des Caps propose une occasion rare de surprendre la noblesse du grand fleuve d'aussi près et d'aussi haut à la fois.

Encore PLUS

- **Sentier des Caps de Charlevoix :**
  1 866 823-1117 ou (418) 823-1117
  Site Web : www.sentierdescaps.com
  (plusieurs suggestions d'itinéraires).
- **Étendue :** 51 km de sentiers balisés et patrouillés (mais non tracés l'hiver) entre la réserve faunique du cap Tourmente et le village de Petite-Rivière-Saint-François.
- **Dénivelé :** Jusqu'à 800 m
- **Sentiers pédestres :** 68 km
- **Sentiers de ski de fond et hors-piste :** 65 km
- **Sentiers de raquette :** 53 km
- **Niveau :** Pour randonneurs intermédiaires et expérimentés et skieurs de longue randonnée de niveaux intermédiaire à avancé.
- **Hébergement :** Sept refuges, équipés d'un poêle à bois et de bois de chauffage, pouvant loger entre 4 et 14 personnes; camping sauvage au lac Saint-Tite et le long du sentier de longue randonnée.

- **Location :** Skis, chaussures, bâtons, raquettes.
- **Autres services :** Transport des véhicules, transport des bagages, randonnées guidées, etc.
- **Saison :** De la mi-mai à novembre pour la randonnée pédestre, de décembre à la mi-avril pour la raquette et le ski.
- **Accès :** Sortie 274, route 138, Saint-Tite-des-Caps (accueil principal). Centre de ski de fond et de ski nordique : route 138, suivre les indications pour la station de ski alpin Le Massif (accès par le sommet du Massif de Petite-Rivière-Saint-François).
- **Autre :** Au sentier linéaire s'ajoutent d'autres **petits itinéraires pour la randonnée d'une journée** afin que toute la famille puisse saisir du coin de l'œil un morceau du fleuve.

  Dans le secteur Petite-Rivière-Saint-François se trouvent sept sentiers de ski de fond ou hors-piste. Dans le secteur Saint-Tite-des-Caps, sept sentiers de 4 à 11,5 km se prêtent à la raquette et huit sentiers de 5 à 12,4 km à la randonnée pédestre.

Charlevoix
Traversée de Charlevoix

Les défis de l'arrière-pays

Parcourant des sommets tantôt impressionnants, tantôt modestes, la Traversée de Charlevoix, ce sont cent kilomètres d'un agencement majestueux de montagnes et de forêts entrecoupées de nombreux lacs et rivières. Ce corridor aménagé au cœur de la région de Charlevoix, Réserve mondiale de la biosphère, en révèle les secrets les plus précieux. D'immenses vallées aux gorges déployées, couronnées de vagues pétrifiées dans le granite, façonnées par les glaciers, sont autant d'étalages devant lesquels le spectateur ne peut que retenir son souffle.

Depuis le parc des Grands-Jardins jusqu'aux profondeurs de la vallée de Charlevoix, en passant par le parc des Hautes-Gorges-de-la-Rivière-Malbaie pour enfin expirer dans les sentiers du mont Grands-Fonds, la forêt livre ses trésors un à un. Des arbustes de la taïga, où chaque forme de vie résulte d'un équilibre délicat, on passe à de grandes forêts mixtes à perte de vue. Depuis les refuges accrochés sur les crêtes, c'est un monde de découverte qui ne demande qu'à se laisser apprivoiser, tout comme les perdrix, les porcs-épics et les geais gris qu'on peut rencontrer au détour du sentier.

Ouverte en 1978, la Traversée de Charlevoix est le premier sentier de longue randonnée aménagé au Québec pour le **ski nordique**, et le plus long dans son genre. Plusieurs années de dur labeur permettent aujourd'hui aux amateurs de **randonnée pédestre** et aux adeptes de **vélo de**

Encore
PLUS

- **La Traversée de Charlevoix :**
  841, rue Saint-Édouard, Saint-Urbain.
  Tél. : 1 877 639-2289.
  Site Internet : www.charlevoix.net/traverse.
- **Activités :** Ski nordique, randonnée pédestre et vélo de montagne.
- **Étendue :** Un peu plus de 100 km de sentiers balisés, non tracés (l'hiver) ni patrouillés, dont 30 % de montées, 45 % de descentes et 25 % de terrains plats.
- **Dénivelé :** Entre 200 et 850 m.
- **Durée :** À pied ou à ski, compter 6 ou 7 jours et, en vélo de montagne, 3 ou 4 jours.
- **Étapes :** Outre la première étape, qui ne fait que 4 km, compter de 12 à 20 km entre chaque refuge.
- **Calibre :** Pour randonneurs de niveau intermédiaire, pour skieurs de niveaux intermédiaire à avancé, et pour cyclistes très expérimentés. Nécessite une très bonne forme physique ainsi que des connaissances en matière de survie en forêt et de secourisme en région éloignée.
- **Hébergement :** Six refuges équipés d'un poêle à bois (bois de chauffage fourni), pouvant loger 4 à 8 personnes. Six chalets en bois rond (accueillant jusqu'à 15 personnes), équipés d'un poêle à bois, d'une cuisinière et de lampes au propane, de couverts et d'une batterie de cuisine. En haute saison, pour s'assurer d'une place, il vaut mieux réserver longtemps à l'avance.
- **Autres services :** Navette, transport des bagages et de la nourriture, cartes topographiques, location d'équipement (sur demande : raquettes, bâtons, peaux de phoque) et vente de nourriture lyophilisée.
- **Saison :** De juin à novembre (excluant la période de chasse, qui va de la fin de septembre à la mi-octobre) pour la randonnée et le vélo; de décembre à la fin de mars pour le ski.

montagne d'en profiter. Cependant, il n'y a pas de crainte à y avoir : la bousculade n'est pas au rendez-vous.

S'il est l'un des sentiers les plus sauvages au Québec, il est aussi l'un des plus difficiles. Que ce soit à ski, à pied ou à vélo, cette randonnée n'est pas de tout repos. Montées et descentes se succèdent sur ce sentier « linéaire », où la ligne droite est quasi inconnue. Très exigeant sur le plan physique, ce véritable raid en forêt boréale demande aussi une grande maîtrise technique et, pour les cyclistes, une bonne connaissance de la mécanique. Quant au ski, comme Eudore Fortin, le « père » de la Traversée, nous le rappelle : « La Traversée de Charlevoix ne s'adresse pas aux débutants. Bien que les étapes ne soient pas tellement longues, les sentiers ne sont pas damés et, à certains endroits, il faut passer les peaux de phoque non seulement pour monter, mais aussi pour descendre, tellement c'est abrupt ! » Bref, peu importe la discipline choisie, un effort et une attention soutenus sont la clé de la réussite pour ce défi grandeur nature où les obstacles ne sont pas rares : un pas sur la mousse glissante, un autre sur une pierre instable, un saut au-dessus d'une mare d'eau, un arbre à enjamber, un ruisseau à franchir, de la boue plein les pneus, de la neige jusqu'au cou, etc. Mais, comme le soulignait l'ex-premier ministre du Québec Lucien Bouchard : « Plus que l'effort déployé pour atteindre les sommets, c'est la splendeur du paysage et la beauté des lieux qui coupent le souffle. »

Attention, il ne faut pas se méprendre : bien qu'elle nécessite une bonne forme physique, la Traversée de Charlevoix n'est pas réservée qu'aux athlètes. Grâce à une formule astucieuse qu'ont mis sur pied les responsables, la tâche devient moins « lourde ». En effet, ceux-ci proposent, pour les groupes, le transport des bagages et de la nourriture, et ce, de chalet en chalet. Ce qui veut dire que l'on peut partir le cœur léger, avec pour seul fardeau son propre baluchon contenant le nécessaire pour la journée, ce qui veut surtout dire qu'on retrouve, le soir venu, tout ce dont on a besoin pour faire son bonheur, y compris, si on le désire, une bonne bouteille de rouge ! Cette façon de procéder laisse aussi place à une plus grande tranquillité d'esprit, car, bien qu'il soit possible de rejoindre la route en plusieurs endroits, le sentier ne dessert aucun village. On peut ainsi compter sur la présence, chaque matin, d'une motoneige ou d'un camion pour l'évacuation d'un blessé ou, chose plus fréquente, d'un participant fatigué. Bien sûr, il faut savoir composer avec les éléments, car nul n'est à l'abri des soubresauts de la température que peut connaître une région en altitude comme celle de Charlevoix.

Extra !

Onze sentiers au long cours

S'enfoncer dans la nature, dormir au fond du bois, s'éloigner de son quotidien... Pour savourer les plaisirs de la longue randonnée, voici d'autres pistes à se mettre sous la semelle (y compris celle des skis !).

Sentier national au Québec

En 2008, le tronçon du Sentier national (SN) au Québec devrait constituer un parcours de 1 400 kilomètres à travers la province. Pour l'instant, 650 kilomètres de sentiers sont accessibles dans une multitude de portions qui sillonnent des parcs nationaux, zecs, pourvoiries et autres types de territoires situés dans huits régions (Outaouais, Laurentides, Lanaudière, Mauricie, Québec, Charlevoix, Manicouagan et Bas-Saint- Laurent). Points de vue majestueux et nature grandiose au rendez-vous. Deux sections sont détaillées ci-dessous.

- **Saison** : À longueur d'année, l'hiver en ski de fond et raquette.
- **Hébergement :** 27 refuges, trois abris et 26 campings répartis sur le sentier national parmi les huit régions touristiques concernées (sous réserve de changement).
- **Fédération québécoise de la marche**
  Tél. : (514) 252-3157 et 1 866 252-2065
  Site Web : www.fqmarche.qc.ca

Sentier national en Matawinie - Lanaudière

Parmi les 180 kilomètres reliés par le sentier national en Matawinie, deux possibilités s'offrent au randonneur. D'une part, le parcours constitué des sentiers du Massif, des Contreforts et de la rivière Swaggin, qui totalise 60 kilomètres; d'autre part, celui qui relie les sentiers de l'Ours, de la Matawinie et des Nymphes pour un total de 50 kilomètres. Au menu : chutes, lacs et rivières en plus de montagnes culminant entre 550 et 675 mètres. Le caractère sauvage des lieux plaira aux randonneurs de tout niveau.

- **Saison :** À longueur d'année, l'hiver en raquette. Éviter la période de chasse.
- **Hébergement :** 5 refuges, 2 abris, 25 campings aménagés sur plate-forme, camping sauvage autorisé.
- **MRC de Matawinie :** Tél. : (450) 834-5441
  Site Web : www.mrcmatawinie.qc.ca

Sentier national au Bas-Saint-Laurent

Long de 155 kilomètres, il s'agit d'un réseau constitué de trois sentiers : Rivières-des-Trois-Pistoles, Haut-Pays et Témiscouata. Ses paysages variés (montagneux, agroforestiers et maritimes) constituent les principaux attraits, mais la traversée de plusieurs villages et les rencontres avec leurs habitants donnent un cachet particulier au parcours. Niveau de difficulté peu élevé.

- **Saison :** À longueur d'année, l'hiver se prêtant à la raquette.
- **Hébergement :** Sept terrains de camping aménagés, un refuge. Deux abris doivent être construits pour l'été 2003.
- **Tourisme Bas-Saint-Laurent :**
  Tél. : 1 800 563-5268 et (418) 867-3015
  Site Web : www.tourismebas-st-laurent.com

Sentier international des Appalaches (SIA) – Gaspésie

Le SIA, c'est 1 079 kilomètres de réseau pédestre reliant le Maine (160 kilomètres), le Nouveau-Brunswick (275 kilomètres) et le Québec (644 kilomètres). Le SIA-Québec commence à Matapédia, passe par le secteur La Vallée de même que par Amqui et rejoint la rivière Matane avant de traverser la réserve faunique du même nom, les parcs nationaux de la Gaspésie puis de Forillon pour conclure son tracé à Cap-Gaspé. Bref, des paysages aussi variés qu'extraordinaires parmi lesquels : sommets culminant à plus de 1 000 mètres, reliefs escarpés, vues sur le fleuve et sur le golfe, toundra, nombreux lacs, etc. À cela s'ajoute une faune hétéroclite, très présente dans ces territoires sauvages.

- **Saison :** À longueur d'année, l'hiver se prêtant au ski nordique et à la raquette.
- **Hébergement :** 22 refuges et 24 sites de camping.
- **SIA :** Tél. : (418) 562-1240, poste 2299
  Site Web : www.sia-iat.com

Sentier le Laurentien – Mauricie

Long de 75 kilomètres, ce sentier linéaire traverse le parc national de la Mauricie et mène dans l'arrière-pays de la région. De la rivière à la Pêche jusqu'au belvédère du Passage, une multitude de lacs et de ruisseaux ajoutent une note aquatique aux charmes de ce parcours accidenté.

- **Saison :** De mai à octobre.
- **Hébergement :** 9 sites de camping espacés de 6 à 10 km.
- **Parc national de la Mauricie**
  Tél. : (819) 538-3232
  Site Web : www.parcscanada.gc.ca/mauricie
  Voir aussi le texte en page 50.

Monts Groulx – Manicouagan

Ici, le terrain de jeu est sans limites et sans contraintes : ce massif de 5 000 kilomètres carrés est à l'état sauvage. Boussole en main, c'est donc en toute liberté que le randonneur peut partir à la découverte de ce coin de pays épargné par l'industrie du tourisme. Le territoire est vierge, le dépaysement total et l'autonomie, impérative. Depuis la forêt boréale jusqu'à la toundra arctique des hauts plateaux (culminants jusqu'à 1 100 mètres), l'explorateur qui sommeille en chacun de nous est convié à une expérience unique. Mieux vaut le savoir : il neige parfois même en été.

- **Saison :** À longueur d'année, l'hiver se prêtant au ski nordique et à la raquette.
- **Hébergement :** Un camp au pied du massif, un appentis (lean-to) sur les hauteurs, camping sauvage.
- **Association touristique de Manicouagan**
  Tél. :1 888 463–5319
  Site Web : www.tourismecote-nord.com
  Voir aussi le texte en page 91.

La Traversée des Appalaches – Chaudière–Appalaches

Inauguré en 1997, ce sentier propose 54 kilomètres ponctués par de bonnes montées sur le mont Sugar Loaf (650 mètres) et sur la Grande Coulée (850 mètres). Visibles des sommets, les caps érodés de Charlevoix, le mont Katahdin et le fleuve Saint–Laurent agrémentent le panorama. De petits ponts traversent les ruisseaux qui croisent le sentier dans une forêt mixte peuplée d'orignaux et de cerfs de Virginie. Et, pour le plus grand plaisir des randonneurs, les refuges sont situés en bordure des lacs.

- **Saison :** À longueur d'année, l'hiver se prêtant au ski de fond et à la raquette.
- **Hébergement :** Trois refuges, espacés de 18 à 20 km.
- **Parc régional des Appalaches :** Tél. : 1 877 827–3423
  Site Web : www.parcappalaches.com

Les Sentiers de l'Estrie

Ici, on peut user ses semelles sur près de 160 kilomètres de sentiers, répartis en huit zones distinctes. Une forêt dense et un parcours ponctué de petits obstacles donnent à ce coin de pays un caractère sauvage. Le point culminant de la randonnée s'avère le Round Top qui s'élève à 968 mètres et offre un superbe panorama sur les montagnes du Vermont.

- **Saison :** À longueur d'année.
- **Hébergement :** 10 emplacements de camping sauvage et sept refuges.
- **Les Sentiers de l'Estrie :** Tél. : (819) 864–6314
  Site Web : www.lessentiersdelestrie.qc.ca
  Voir aussi le texte en page 53.

Les Sentiers frontaliers – Estrie

Au programme : 110 kilomètres de sentiers qui longent la frontière canado-américaine et offrent donc une multitude de points de vue sur les montagnes Blanches. Le moment fort de la randonnée, à part une probable rencontre avec un orignal, est sans conteste l'ascension du mont Gosford, le quatrième plus haut sommet du Québec (1 158 mètres).

- **Saison :** À longueur d'année. Éviter la saison de la chasse à l'orignal, entre la 1re semaine et la 3e semaine d'octobre.
- **Hébergement :** Deux abris, 12 plates-formes pour le camping, une multitude de sites de camping sauvage.
- **Variante :** Le secteur de la montagne de Marbre permet d'effectuer de courtes randonnées.
- **Les Sentiers frontaliers :** Tél. : 1 800 363–5515
  Site Web : www.sentiersfrontaliers.qc.ca

Parc national du Mont–Tremblant – Laurentides

Un parcours de 85 kilomètres traverse le parc d'est en ouest. Le niveau de difficulté est faible, le sol est peu accidenté et les paysages affichent le calme de nos forêts laurentiennes. Les lacs et les ruisseaux sont nombreux et contribuent au plaisir de la randonnée, tout comme les rencontres avec la faune, très présente.

- **Saison :** À partir de la fin d'avril jusqu'à la mi-octobre.
- **Hébergement :** 4 refuges espacés de 15 km à 22 km.
  Tél. : (819) 688–2281 ou 1 877 688–2289
  Site Web : www.sepaq.com

Parc national de la Jacques–Cartier – Région de Québec

En associant plusieurs sentiers, on peut parcourir 85 kilomètres dans ce parc de 670 kilomètres carrés. Le randonneur évoluera dans un écosystème varié, parmi des vallées profondes et des hauts plateaux qui composent une mosaïque des plus attrayantes. La faune est bien vivante, comme en témoignent les multiples traces laissées çà et là par les cerfs de Virginie et les orignaux.

- **Saison :** À longueur d'année, l'hiver se prêtant au ski de fond et à la raquette.
- **Hébergement :** Huit camps de prospecteur, plusieurs sites de camping.
  Tél. : (418) 528–8787
  Site Web : www.sepaq.com

Canyoning

À l'eau de Larose

Les deux genoux appuyés sur la paroi, je m'assieds dans mon harnais, suspendue à la corde. À ma gauche, la rivière qui se transforme en chute. À ma droite, une falaise ornée de quelques arbres. Au-dessous de moi, 12 mètres de vide suivis d'un bassin d'eau. Et au-dessus, plus rassurant, Marc, le guide, qui prodigue les derniers conseils avant la descente. J'ai tout compris, c'est parti !

Je fais coulisser la corde dans mon « huit » (le descendeur en forme de 8 qui me permet de me déplacer le long du rappel) et je progresse à mon rythme, en profitant des paysages. Et quels paysages ! Difficile d'imaginer un tel décor à 10 minutes de marche de la station du mont Sainte-Anne. Si ce n'était la température de l'eau et la taille des feuilles, on se croirait sous les tropiques ! **Canyon étroit, végétation dense, roche calcaire stratifiée comme un millefeuille** : c'est spectaculaire, et plus encore quand le soleil vient illuminer les cascades.

En un rien de temps, je suis dans ma bulle et j'entre dans un spectacle de son et lumière. À mesure que j'approche de la chute, l'intensité sonore augmente. L'eau gronde. Je ne m'attendais pas à un tel vacarme. Quant à la lumière, c'est celle, assez magique, des arcs-en-ciel. Au départ, je n'en voyais qu'un. Puis une goutte m'a sauté dans l'œil et j'en ai vus partout !

Quelques éclats m'aspergent mais, pour la vraie douche, il faudra attendre la deuxième et surtout la troisième cascade. Avant ça, il y a un bassin où l'on est accueilli et orienté par un autre guide. Et quand chacun a terminé sa descente, c'est reparti pour un autre tour : on se lance dans la suivante. La nature est bien faite : les **trois cascades** de la chute Jean-Larose sont progressives, tant en hauteur — 12, 19 et 41 m — qu'en difficulté. La configuration est donc idéale pour découvrir l'activité.

Cette activité, c'est le canyoning. Ne demandez pas une traduction en bon français, c'est le terme utilisé dans le Larousse. Sa définition : « Sport mêlant la randonnée, la nage en eau vive et l'escalade, et consistant à descendre des cours d'eau encaissés au profil accidenté ». Ici, le parcours se limite presque à la chute et à la descente sur corde.

Par contre, pour chaque cascade, il existe plusieurs variantes qui permettent de diversifier l'activité et la difficulté. C'est l'occasion ou jamais de passer dans une « Machine à laver » ou de braver volontairement une « Tempête », deux expressions qui désignent ici des itinéraires au sein de la chute. Ces noms reflètent bien la réalité : en descendant au cœur de la cascade, sous la pression du débit, on réalise combien un cours d'eau peut être puissant.

Parmi les autres sensations fortes, il y a celle de l'araignée au bout de son fil, quand la paroi s'incurve en surplomb et qu'on perd tout appui. Il est même possible d'installer une **tyrolienne** — une corde tendue entre deux points fixes — pour descendre en oblique au-dessus d'un bassin ou encore de faire un saut de 7 m depuis une terrasse formée dans la roche. Toutes ces possibilités sont des options parmi lesquelles il faut choisir car, en une demi-journée, on n'a le temps de faire que trois à quatre descentes.

Il va de soi qu'on ne se lance pas seul dans une telle activité. Au Québec, une seule compagnie propose actuellement un encadrement : c'est celle que Marc Tremblay a lancée en 1998. Après 20 ans de spéléologie (dont plusieurs comme moniteur), il est allé compléter sa formation en France où il a obtenu son diplôme de moniteur de l'École française de canyoning. En d'autres termes, il connaît bien le terrain. En plus de cette expérience, tout est réuni pour que l'activité soit sécuritaire. Outre le casque, chacun reçoit une initiation à la descente avant de se lancer dans le grand bain. Et, au haut comme au pied des cascades, les guides sont toujours présents pour assister les adeptes dans leurs manœuvres. De fait, ce sport ne nécessite aucune expérience préalable et il est accessible à toute personne de plus de 14 ans, en bonne santé et capable de nager 15 mètres. Désormais, des parcours spéciaux permettent même aux familles comprenant des enfants de 10 ans et plus de goûter à cette activité. Pas besoin d'équipement non plus : tout est fourni (combinaison intégrale, casque, genouillères, harnais) hormis les chaussures et le maillot de bain.

Si, dans votre famille ou groupe d'amis, tout le monde n'est pas prêt à se jeter à l'eau, ils pourront quand même profiter de plusieurs belvédères qui offrent une excellente vue sur les cascades. Confiez votre caméra et vous serez l'une des rares personnes à être prise en photo dans une « machine à laver ».

Encore PLUS

- Canyoning Québec offre des **descentes en canyoning** au pied du mont Sainte-Anne.
- **Excursions** de juin à octobre
  Réservation requise au (418) 262-3859 ou (418) 827-8110.
- **Site Internet :** www.canyoning-quebec.com (Pour vous mettre l'eau à la bouche, allez voir les vidéoclips de descentes de canyon, avec les images et le son. Impressionnant !)

Kayak hivernal

Brisez la glace !

Passeriez-vous l'hiver dans un garage ? Certainement pas. Alors pourquoi réserver ce sort à votre kayak de mer ? Avec une préparation adéquate, le bon équipement et de la prudence, vous pouvez faire l'expérience d'un monde inconnu et enchanteur. Alors cet hiver, sortez le kayak de la remise pour redécouvrir vos plans d'eau favoris sous le règne de la glace et du froid ! Solitude garantie et dépaysement assuré !

Soleil timide de janvier, air immobile et tapis de glace qui murmure en glissant. Des canards s'ébrouent sur une mince couche de glace à l'entrée du bassin du Vieux–Port. Nous sommes seuls sur l'eau. Je les observe puis donne quelques coups de pagaie pour reprendre le puissant courant Sainte–Marie qui me propulse jusque sous le pont Jacques–Cartier.

Le kayak glisse parmi le frasil qui donne à l'eau cette consistance huileuse qu'on ne retrouve qu'en hiver. Aucun vent, pas même la plus petite brise. La glace, dont les plaques s'entrechoquent et glissent le long des énormes coques d'acier des navires amarrés, chante et murmure, couvrant ainsi les bruits de la ville.

Je suis seul au monde, à quelques mètres à peine de Montréal, dans un environnement merveilleux : le Saint–Laurent hivernal. Le fleuve est mon terrain d'aventure d'hiver, à la fois très proche et immensément loin — un monde accessible seulement en kayak.

Disparues les motos marines et autres nuisances estivales : ces petits jouets à moteur sont trop fragiles pour la glace. Votre kayak, par contre, est une embarcation d'origine inuite, conçue et perfectionnée pendant des millénaires pour se déplacer sur les océans arctiques et glacés. En ce sens, il est logique et naturel de l'utiliser l'hiver.

D'autant plus que le potentiel de sorties de kayak hivernal, au Québec, est illimité en début de saison (c'est-à-dire avant que les glaces n'emprisonnent les lacs). Pour le reste de l'hiver, le Saint–Laurent demeure un terrain de jeu ouvert en tout temps.

L'hiver transforme nos étendues d'eau en sanctuaires de recueillement et de solitude. Pour les amoureux des grands espaces, le kayak d'hiver représente un moyen privilégié d'entrer en contact avec un monde en constante évolution. On pagaie à un endroit un jour et y on marche le lendemain. L'hiver, aucune journée n'est pareille à une autre : le froid sculpte constamment de nouvelles œuvres de glace que la lumière et l'eau mettent en valeur. À chaque coup de pagaie, on

s'émerveille des variations infinies de ces sculptures éphémères.

C'est donc l'aventure à chaque fois, même à Montréal, où le fleuve redevient sauvage le temps d'une saison. L'hiver, on peut aussi faire du kayak à l'embouchure du Saguenay, aux îles Mingan et aux Îles–de–la–Madeleine, entre autres.

Pour ceux qui veulent profiter d'un encadrement sécuritaire, ces destinations sont particulièrement recommandées parce qu'on peut y faire appel à des guides qui restent actifs pendant la saison froide. En plus d'offrir une initiation sécuritaire, leurs forfaits incluent les vêtements de protection isothermique.

Dans la métropole, les sorties idéales se font depuis l'aval des rapides de Lachine jusqu'aux îles de Varennes. En effet, grâce au courant et au trafic portuaire, le Saint–Laurent reste libre de glace en tout temps. Les mises à l'eau sont tellement nombreuses qu'il est impossible de les énumérer. Il est aisé de tirer le kayak dans la neige et de commencer la journée à des endroits nouveaux à chaque fois. Bref, les possibilités sont infinies. Exercez votre créativité !

Aux alentours de la ville de Québec, les possibilités existent aussi, mais le brassage constant des glaces par la marée rend les conditions moins propices qu'à Montréal.

nent, outre le manque de jugement, l'apathie, la confusion, une capacité décrue de résolution de problème et, finalement, l'insouciance et la difficulté à reconnaître une situation dangereuse. Même avec un *drysuit*, l'hypothermie est susceptible de survenir lors d'une immersion prolongée.

Pour ceux qui maîtrisent l'esquimautage, le *tuiliq* groenlandais est tout indiqué. Il s'agit d'un anorak qui couvre la tête et le corps et qui s'attache à l'hiloire comme une jupette.

Avec l'équipement adéquat et dans le cadre d'une pratique prudente, le kayak de mer hivernal est un sport de plein air agréable et sécuritaire. Et le potentiel du Québec pour cette activité est immense. Osez !

Pour une pratique sécuritaire

Il ne faut pas se le cacher, pagayer l'hiver est potentiellement dangereux. Pour une pratique sécuritaire du kayak en conditions hivernales, une approche méthodique et prudente est essentielle. L'hiver est d'une grande splendeur mais il faut savoir en apprécier la beauté avec prudence car l'étreinte de l'eau froide peut être fatale.

Pour pratiquer le kayak de mer l'hiver, le point de départ est la maîtrise préalable de la pratique estivale du kayak en eau froide comme, par exemple, dans le golfe du Saint–Laurent. Ensuite, il faut être autonome. N'oubliez pas que ce qui n'est qu'un inconvénient l'été peut devenir une catastrophe l'hiver. De plus, pendant la saison froide, la capacité d'intervention de la Garde côtière et des patrouilles nautiques sera soit considérablement réduite, soit nulle en raison des conditions de glace.

Premier danger : les glaces flottantes. Elles changent de direction au gré des vents et des courants. La dérive des glaces doit être prise en considération lors de la planification d'un itinéraire pour éviter d'être coincé. Il est donc important que les conditions de l'endroit où vous pagayez vous soient familières.

Il faut aussi se méfier des déplacements sur la glace. Mince ou pas, la glace peut toujours être traître. Il n'y aura peut-être pas de craquements pour vous le rappeler, mais il est essentiel de porter en tout temps son *drysuit* — une combinaison isothermique parfaitement étanche — lorsqu'on marche sur la glace. Méfiez-vous aussi du courant qui pourrait vous emporter sous la glace. Même un courant faible pourrait entraîner quelqu'un sous l'eau dans certaines circonstances.

L'hypothermie, danger principal du kayak d'hiver, est sournoise et insidieuse. Ses premiers symptômes compren-

Pas prêt à vous jeter à l'eau tout seul ? Suivez le guide ! Certaines entreprises de kayak proposent désormais des sorties hivernales, notamment à Bergeronnes et aux Îles-de-la-Madeleine.

10 impératifs pour une pratique sécuritaire du KAYAK D'HIVER

1. Maîtriser la base
Toutes les règles de sécurité de l'été s'appliquent aussi l'hiver. Assurez-vous de maîtrisez cette base.

2. Être complètement autonome
Les conditions de glaces pourraient rendre impossible un sauvetage. Il faut en être conscient et assumer une autonomie totale.

3. Se préparer graduellement
Le kayak d'hiver devrait être entrepris de façon progressive. Sortez régulièrement pendant l'automne, dans des conditions de plus en plus froides.

4. Être frais et dispos
L'immersion en eau froide, même avec la protection isothermique appropriée, demande beaucoup d'énergie. Soyez frais et dispos lors de vos sorties hivernales.

5. Porter un *drysuit*
Le *drysuit* est le seul vêtement isothermique adapté à la pratique du kayak d'hiver. Portez-le non seulement sur l'eau, mais aussi lors de tout déplacement sur la glace.

6. Protéger la tête et les oreilles de l'eau froide
L'immersion soudaine de la tête en eau froide peut causer l'inconscience; l'eau froide dans les oreilles cause le vertige : deux situations à éviter. Portez en tout temps un bonnet isothermique.

7. Protéger les mains
Votre dextérité manuelle est indispensable : préservez-la en protégeant bien vos mains contre l'eau froide avec des gants isothermiques étanches.

8. Avoir du linge de rechange
Transportez toujours avec vous du linge de rechange sec.

9. Avoir un couteau ou des griffes
Conservez sur vous un couteau ou une paire de griffes à glace pour avoir une prise dans la glace au besoin.

10. Naviguer sans dérive
L'hiver, la dérive du kayak se couvre de glace et devient inutilisable. Le kayakiste d'hiver doit donc pouvoir s'en passer.

Kayak de rivière

Comme un poisson dans l'eau

Oubliez les gros bouillons, les cascades, les films sensationnels sur fond de musique techno : le kayak de rivière, ça n'est pas (que) ça. Oubliez aussi les décors de rêve dans les pays du Sud : le paradis du kayak, c'est ici même, au Québec. Aperçu d'un baptême.

Octobre dernier, dimanche matin, soleil radieux. Je n'en reviens toujours pas : je vais prendre mon premier cours de kayak de rivière... en vélo. Non, pas besoin d'aller à des kilomètres : à Montréal, les rapides sont à la porte. Plus précisément au sud, à Lachine. De la piste cyclable, j'aperçois des coques de noix colorées qui font des pirouettes sur la crête blanche des vagues et je me demande ce qui m'attend quelques kilomètres plus loin. Mais bientôt les eaux se font moins vives et c'est un petit havre rassurant qui attend les débutants.

En attendant le passage à l'acte, je savoure l'idée de goûter à une nouvelle activité; après tout, ça n'arrive pas si souvent... Et la découverte est remplie de bonnes surprises. D'abord, l'eau est chaude et propre. Ensuite, un kayak de rivière est petit et léger. Là, pas besoin de mobiliser un *chum* ni des petites roulettes : on glisse le bras dans le trou et hop ! c'est parti. Contrepartie de cet encombrement mineur, l'espace intérieur est on ne peut plus exigu. Chaque séance commence donc par un exercice de contorsion digne du Cirque de Moscou. J'enfile un genou, je pousse sur l'autre. Ouf ! j'y suis. Enfin presque, car voilà qu'il faut encore rajouter des morceaux de mousse pour caler le tout. Je finis littéralement soudée à mon kayak, mais c'est le principe : pour pouvoir faire des pirouettes sous l'eau, il faut justement ne faire qu'un avec son bateau.

Une fois « confortablement » installée, il est temps de faire le tour de la propriété. Car pour bien comprendre les consignes, il faut appeler un chat un chat et une hiloire... une

hiloire. Coque, pontage, face propulsive de la pagaie, propulsion en traction ou circulaire, tout y passe...mais on passe vite à la pratique !

Et pour commencer, dans une embarcation qui a si vite fait de virevolter, il vaut mieux apprendre à chavirer. Première notion donc : le dessalage. Nous qui étions venus apprendre le kayak, nous voilà même gratifiés d'un cours d'histoire : le dessalage tire son nom de la perte de la cargaison de sel qu'occasionnait un chavirage au temps où les Amérindiens utilisaient la saumure comme moyen de conservation. Dans notre cas, la mission est de se renverser volontairement. Hugo, qui orchestre notre baptême, énumère les étapes : « Tu te penches en avant, puis tu verses sur le côté. La tête en bas, tu tapes trois fois sur la coque. Si tu es à l'aise, tu peux même chanter une chanson ! Puis tu t'extrais tranquillement du kayak en poussant avec les bras. » Tomber, ça va, mais une fois la tête sous l'eau, je me demande bien comment mes genoux vont pouvoir sortir de l'habitacle où je les ai coincés. Puis voilà que, sans crier gare, la loi de gravité fait son effet. En quelques secondes, je suis expulsée. Ensuite, il suffit de répéter et répéter encore le geste, puis de pimenter le tout en ajoutant l'obstacle de la jupette. Évidemment, plus on est à l'aise dans l'eau par nature, mieux ça se passe.

Le dessalage en poche, il faut (ré)apprendre à pagayer. Car une embarcation comme celle-là n'a pas le même comportement que sa cousine des mers. Sa forme banane, son fond beaucoup plus plat et l'absence de dérive la rendent plus sensible aux coups de pagaie. Aller droit est tout un défi ! Et pour achever la séance, honneur aux filles : on entrevoit le fameux coup de hanche, celui qui permet de se redresser quand on chavire et de passer à l'étape suivante...

Quatre mois plus tard, février, lundi soir, -25 degrés celsius. Je n'en reviens toujours pas : je vais prendre mon deuxième cours de kayak de rivière... en métro. Ici aussi l'eau est chaude et propre : nous sommes dans une piscine. Rien de mieux pour aborder le programme du jour : l'esquimautage.

En moins de deux heures, c'est dans la poche : je suis capable de faire un 360 degrés sous l'eau... du moins dans les eaux calmes du bassin. Je m'inscrirais sur-le-champ au cours suivant, mais pour la vraie initiation à l'eau vive, pour aller surfer sur la tête des vagues de Lachine, il n'y a pas d'autre solution que d'attendre le retour des beaux jours. Il va falloir être patiente...

Encore PLUS

De bonnes raisons d'essayer :

- Avec des milliers de rivières, le Québec est un véritable paradis du kayak. La ville de Québec ne compte pas moins de 15 sections situées à 30 minutes du centre-ville. À Montréal, plusieurs vagues permettent de s'amuser sans même avoir à franchir les ponts et 4 à 5 sites sont situés à moins de 45 minutes.
- « Dans l'eau, il fait toujours beau. » En kayak de rivière, on n'annule pas une sortie pour cause de pluie...
- En auto, en avion : un kayak de rivière se transporte facilement.
- Avant d'investir dans un équipement, la location est une solution simple et abordable.
- Certaines écoles et locations sont situées au bord de l'eau et sont accessibles en transport en commun.

Pour passer à l'action :

- Généralement, les **cours** sont offerts soit par blocs indépendants de deux heures (plus une heure libre pour jouer dans l'eau), soit lors d'une fin de semaine d'initiation. Les cours en rivières s'échelonnent de mai à octobre; le reste de l'année, c'est la piscine qui prend le relais.
- **Pour plus d'informations :** Fédération Québécoise de Canoé-Kayak d'Eau Vive. www.kayak.qc.ca ou (514) 252-3099
- **Club de canoë-kayak d'eau vive de Montréal :** www.cckevm.org et (514) 722-2551
- Certaines boutiques de plein air proposent également cours et location.

Télémark

Voyage sans frontières

Les adeptes du télémark ne passent pas inaperçus sur les pistes. Avec son rythme aux allures de valse sportive qui donne accès aux sentiers les plus sauvages, cette discipline ouvre les portes de nouveaux territoires.

Position gracieuse, virages élégants... On s'arrête spontanément pour les observer danser. Tels des chevaliers qui multiplient les courbettes pour conquérir le coeur d'une princesse, les télémarkeurs ont l'étoffe du sportif romantique. Qu'ils soient sur les pistes d'un centre de ski alpin ou dans un champ de neige poudreuse, ils ne perdent rien de leur grâce. Hypnotisés par leur adresse, nous sommes nombreux à nous dire qu'il faudrait bien un jour entrer dans la danse...

Le télémark est synonyme de liberté, mais une liberté qui a ses exigences. Outre la connaissance de la montagne – et du phénomène des avalanches, en hors-piste –, le candidat à la « génuflexion » doit s'attendre à une activité physique plus exigeante qu'en ski alpin.

Lors des premières descentes, les premiers virages télémark sont rarement parfaits. Pour accélérer l'apprentissage et prendre tout de suite le bon pli, un cours est toujours le bienvenu. La fluidité du mouvement donne des illusions sur la facilité d'un geste qui se révèle somme toute assez complexe.

Cette technique des talons libres est née dans les années 1860 dans la province de Télémark, dans le sud-ouest de la Norvège. Elle a ensuite perdu de la popularité au profit du virage Christiania, qui se pratique avec les talons attachés, technique propre au ski alpin. Il a fallu attendre les années 1970 pour voir ressurgir la technique du télémark sur les pistes du Colorado. Vers 1980, les Norvégiens apprennent que les Américains pratiquent une technique de ski qui prend ses racines sur leurs terres et redécouvrent cette technique en reprenant matériel et costume de l'époque (guêtres, knickers, chapeau de feutre et un unique bâton de bois). Au Québec, quelques adeptes de télémark s'adonnent à cette activité depuis près de vingt ans.

Un essai sur le terrain est incontournable pour en saisir toutes les subtilités. La technique du télémark consiste à enchaîner des virages en position de « génuflexion », avec le talon du ski « amont » relevé. Le pied « aval » (le ski directeur) est poussé vers l'avant alors que le pied « amont » (le ski suiveur), talon bien relevé, se tient sur la pointe. Une distance de chaussure sépare les deux pieds. Les genoux sont bien fléchis. Le poids du corps est réparti presque également sur les deux skis. Les bras sont en avant, et les hanches se déhanchent dans une valse fluide, car les pieds ne se retrouvent jamais côte à côte plus que le temps d'un croisement entre les virages. Facile, n'est-ce pas ?

Cette technique gracieuse permet de descendre les pistes damées des centres de ski ou de rejoindre les pentes de poudreuse plus éloignées. La liberté du talon permet aussi

des remontées plus faciles à l'aide de peaux de phoque et, ainsi, l'accès à des zones hors-pistes sauvages. Le mot « liberté », ça vous dit quelque chose ?

L'innovation du matériel est en grande partie responsable de la popularité grandissante de ce sport. Même si il se rapproche de plus en plus de l'équipement de ski alpin, il a su garder une légèreté remarquable. Les débutants trouvent ainsi confort et équilibre et peuvent s'élancer rapidement sur des terrains variés. On voit aujourd'hui des télémarkeurs sur les pistes de tout calibre des centres de ski, dans les couloirs étroits, dans les champs de bosses et même dans les parcs de surf acrobatique (*snowparks*), entre les planchistes et les skieurs alpins.

Cette technique de virages élégants vous inspire ? Les boutiques de plein air louent des équipements dernier cri qui permettent d'en faire l'essai. Les réunions annuelles de télémarkeurs permettent aussi de découvrir ce sport, en offrant l'occasion aux néophytes de suivre un cours à faible coût et d'y rencontrer des adeptes venant des quatre coins de la province.

Au début, l'élégance et la souplesse ne seront peut-être pas les principales qualités de votre technique, et vos cuisses (en feu) exigeront des pauses plus souvent que vous ne l'auriez cru ! Mais vous découvrirez rapidement que cette glisse offre des sensations qui vous donneront le goût de libérer les talons pour toujours...

Encore PLUS

- **Le webzine Couloir** parle presque exclusivement de télémark, avec des photos qui en inspireront plus d'un : www.telemarkskier.com.
- **Conseils de nos voisins du Sud :** www.telemarktips.com.
- **Nos cousins suisses** présentent plusieurs liens internationaux : www.telemark.ch.
- Plus près de chez nous, un **nouveau site** : www.telemarkquebec.qc.ca.
- **Un incontournable dans le domaine :** le club de télémark Les talons libres de l'Estrie. Il offre des cours et un site Internet très fourni : http://iquebec.ifrance.com/talonslibres/.
- **Rendez-vous télémark Le Massif :** www.lemassif.com.
- **Téléfestival du Mont-Comi** (Bas-Saint-Laurent) : www.mont-comi.qc.ca.

Sports de vent

Têtes en l'air !

Voler. Longtemps inaccessible, le plus grand rêve de l'être humain est aujourd'hui le sport de prédilection d'un nombre grandissant d'adeptes. Et, bonne nouvelle, le quidam qui désire se lancer du haut d'une falaise pour serpenter dans les airs en parapente ou en deltaplane peut, en tandem avec un instructeur, le faire sans aucune formation préalable ! À qui le tour ?

Parapente, quand tu nous tiens !

Vue d'ici, la voiture est pas mal petite. Ou est-ce bien la voiture ? Heu... bon ! Je laisse rapidement tomber les considérations de hauteur et de distance pour me concentrer sur les gestes de l'instructeur. Debout à côté de la « voile » (le parapente), Jean-Claude, l'instructeur, s'affaire à démêler les minuscules cordes (les suspentes) qui relient la toile de nylon à la sellette dans laquelle je prendrai place dans quelques minutes. Enfin, je dis « minuscules cordes », mais ce serait plutôt « soie dentaire de gros calibre » qu'il faudrait dire tellement ces ficelles semblent fragiles. Disons que, si vous avez déjà acheté de la cordelette en vrac dans une boutique de plein air et que vous avez demandé à avoir le plus petit diamètre disponible, votre corde est encore trois ou quatre fois plus grosse que ces ficelles multicolores... Et comme leur fonction est de me rattacher à la voile jusqu'au moment où mes pieds chatouilleront le gazon du champ d'atterrissage... Mais qu'on se rassure, la qualité du matériel s'est améliorée à pas de géant depuis une vingtaine d'années. Aujourd'hui, on peut s'envoyer en l'air en toute sécurité...

Quand la voile est prête, on doit s'asseoir dans la sellette, un gros siège en nylon sur lequel est sanglé le parapentiste. Jean-Claude, le moniteur, vérifie mes sangles et attache ensuite ma sellette à la voile avec un mousqueton. O.K., le mousqueton n'est pas égratigné, il est sûrement neuf : *so far so good*...

Soudain, les gens autour de nous, qui étaient eux aussi en train de se préparer au décollage, lancent des « Oh ! », mi-amusés, mi-inquiets; plus en aval, un parapentiste vient de se prendre dans les câbles d'un remonte-pente ! Suspendu entre ciel et terre, il gigote comme une mouche prise dans une toile d'araignée. Finalement, des rires se mettent à fuser d'un peu partout; le prisonnier n'est pas blessé et déjà d'autres parapentistes accourent avec une échelle pour aller le décrocher. « Tu vois, ce sont des choses qui arrivent quand on arrête de courir parce qu'on pense qu'on a déjà décollé », me confie mon moniteur. Le sourire fendu jusqu'aux oreilles, je garde mon calme et profite de l'occasion pour faire un pacte avec mes jambes : elles doivent courir très vite, ou elles ne pourront peut-être pas le faire de nouveau avant un bon petit bout de temps...

Arrive enfin le moment du décollage. Debout devant Jean-Claude, sanglé de tous bords tous côtés, j'attends le signal. Ça y est, nous commençons à courir. La voile, qui était étendue par terre, se gonfle instantanément et vient se placer au-dessus de nous comme par enchantement. Nous courons plus vite encore et, tout d'un coup, nos pieds quittent le sol. Les sens en éveil, je me cale au fond de ma sellette. Wow ! Ça file à une telle allure que j'ai l'impression d'être suspendu à un rail invisible. Un coup d'œil rapide à la voile suffira pour me convaincre du contraire : nous sommes bel et bien libres, accrochés au ciel sur un courant d'air...

Peu à peu, mes nerfs se détendent, ma respiration reprend un rythme quasi normal, la même chose du côté des battements de cœur. La salive, elle, ne me reviendra en bouche que plusieurs minutes après avoir atterri. Ici, dans les airs, où c'est Imax en haut, Imax en bas, Imax à droite et Imax à gauche, il vente à décorner les bœufs. Le vent s'infiltre

partout; à travers les orifices des casques, dans les oreilles, les manches des vêtements. Il faut crier pour se parler.

Piloter l'engin semble facile. Derrière moi, Jean-Claude tient deux cordes, chacune étant reliée à une des extrémités de la voile. Il tire à droite : zoum ! on vire à droite. « C'est assez facile à conduire, m'explique-t-il. Mais le défi, c'est de rester en l'air le plus longtemps possible ! » En effet, selon les vents et les courants ascendants, le vol peut durer entre 15 minutes et plusieurs heures. Il faut « lire » le ciel, les nuages, et savoir où se placer pour « monter »...

Deltaplane blues

— Prêt ?
— Oui.
— O.K. Tu regardes bien l'horizon.

Nous sommes au sommet du mont Saint-Pierre, en Gaspésie. En fait, nous y étions. Voilà que Patrick Golliot, l'instructeur, qui est attaché au deltaplane à mes côtés, se penche en avant, ce qui, d'où nous sommes juchés, revient à se diriger droit dans le vide. Coude à coude, nous commençons à courir. Un pas, deux pas, trois pas... Ca y est ! On vole ! « Crisse que c'est beau ! » Suspendu à 70 livres de nylon et d'aluminium, on ne choisit pas ses mots, on les subit. Ils sortent d'eux-mêmes, comme les cris et les rires...

Contrairement au parapente, où on est en position assise, le deltaplane se pratique couché à plat ventre, suspendu à la voile depuis le centre du dos. Les mains posées sur une barre horizontale, le conducteur vire à droite ou à gauche en toute douceur rien qu'en déplaçant la barre de commande d'un côté ou de l'autre. S'il choisit de la tirer vers lui, le deltaplane pique du nez; s'il décide de la pousser, le deltaplane perd de sa vitesse.

Par une journée venteuse, on peut voler plusieurs heures, mais quand il ne vente pas du tout, le vol ne dure que quelques minutes. Toutefois, accroché entre ciel et terre, on jugerait que les minutes sont beaucoup plus longues que lorsqu'on a les pieds ancrés au sol... « Pour moi, le deltaplane, c'est comme une forme de méditation », me dira après le vol Patrick Golliot, instructeur depuis 1976. Pour ma part, j'ai peine à concevoir que l'état d'euphorie qui m'a animé tout au long du vol puisse un jour se transformer en rituel zen. À l'exception, peut-être, de la lévitation...

Encore PLUS

- **Le mont Saint-Pierre**, en Gaspésie, est un des lieux les plus populaires pour pratiquer l'une ou l'autre de ces activités. Mais de plus en plus de sites, plus près des grandes villes, sont mis à profit par des écoles de vol libre ou des instructeurs autonomes qui proposent des vols en tandem ou des cours. L'équipement et l'assurance responsabilité sont habituellement fournis. À noter que le parapente serait plus facile à apprendre et demanderait moins de force physique et de coordination que le deltaplane.
- Certains **instructeurs** ne sont pas affiliés à une école; l'important est de s'assurer que la personne est accréditée par l'Association québécoise de vol libre (AQVL). Pour plus de détails sur les lieux d'exercice et de formation, consultez le site Web de l'AQVL : www.aqvl.qc.ca.

Quelques pistes :

- À l'école **Distance Vol Libre**, située à 10 minutes de Granby, on peut s'initier au deltaplane ou au parapente en effectuant un vol en tandem depuis le mont Yamaska. Pour info : www.dvl.ca ou (450) 379-5102.
- La « journée découverte » offerte à l'École de vol **Libre comme l'air** de Baie-Saint-Paul donne, en cinq heures, un avant-goût des sensations du vol en parapente. On apprend d'abord à gonfler l'aile sur terrain plat, puis on s'exerce sur une pente de faible dénivellation appelée « pente école » (qui permet de demeurer près du sol, donc en sécurité) et, lorsqu'on est prêt, on fait l'apprentissage du décollage en effectuant de petits vols à une hauteur maximale de quatre mètres. Pour info : (418) 435-3214 ou http://membres.lycos.fr/librecommelair.
- L'école **Azur Parapente**, située à 30 minutes de Québec, offre un forfait semblable, appelé lui aussi « journée découverte », d'une durée de 6 heures. Elle offre aussi un forfait d'initiation de deux jours. Ce cours commence sur une « pente école » et se termine avec un premier grand vol sous supervision radio depuis le sommet du mont Sainte-Anne (plus de 600 mètres de dénivelée), en solo ou en tandem si on n'a pas atteint le niveau nécessaire pour voler seul. Pour info : www.azurparapente.com ou (418) 827-4561 # 328.
- L'école **Air Sensation**, située à Luskville, en Outaouais, propose des vols d'initiation au parapente de 8 à 15 minutes, en tandem, au-dessus de la région de Gatineau et du lac Champlain. Pour info : www.airsensation.com ou (819) 664-0514.

Le traîneau à chiens

Pas bête !

Une complicité prodigieuse s'est développée au fil des siècles entre les chiens et les hommes. Une relation d'amitié, diront certains. Pour les Inuits et les coureurs des bois, ces braves bêtes étaient des alliées indispensables pour se déplacer dans le froid mordant de l'hiver. Longtemps mis au rancart, le traîneau à chiens reprend du poil de la bête. De plus en plus de gens découvrent chaque hiver les plaisirs de cette activité traditionnelle. Loin d'être une trappe à touristes, une balade en traîneau permet de renouer avec une partie de notre patrimoine. Le soir venu, le concert nocturne des chiens et le crépitement du feu nous transportent ailleurs, là où nos ancêtres trouvaient jadis leurs racines.

Au contact des chiens de traîneau, l'harmonie avec la nature est complète. On ne peut que se laisser emporter devant l'enthousiasme de ces bêtes magnifiques, de ces fidèles compagnons qui nous amèneraient au bout de la terre si nous les laissions faire ! Les chiens nordiques, comme le husky sibérien ou l'Alaskan malamute, adorent courir. Pour s'en convaincre, il suffit de les voir tirer impatiemment sur les traits avant même que le départ n'ait été donné.

Cette frénésie devient vite contagieuse. L'ancre à peine levée, les chiens ne se font pas prier et s'élancent dans une course

folle sur le sentier. Le traîneau file à une telle allure qu'il semble bien impossible de l'arrêter. On a tout juste le temps de se caler la tuque sur les oreilles qu'il faut déjà négocier le premier virage. Vite, on met le pied sur le frein pour ralentir cette meute fougueuse et éviter de se retrouver dans le « décor ». On se penche un peu (pas trop !) du côté où l'on veut tourner, et hop ! c'est reparti. En avant les chiens !

Tout au long de cette virée, on aura le loisir de faire connaissance avec ses compagnons de voyage, qui possèdent chacun leur propre personnalité. Tandis que les uns sont joueurs et se roulent dans la neige, les autres s'impatientent au moindre arrêt ou n'en font qu'à leur tête. Ainsi va la vie ! Mais, finalement, on se laisse agréablement surprendre par les qualités de guide et la discipline du chien de tête, qui s'évertue à rappeler tout ce beau monde à l'ordre. Bientôt, le glissement des patins sur la neige, cristallisée par le froid, et le halètement des chiens sont les seuls bruits qui viennent briser le silence. Et on se laisse emporter dans cette aventure magique.

Bien que la réserve faunique du Saint-Maurice, avec ses 300 kilomètres de pistes dédiées exclusivement à la pratique du traîneau à chiens, soit le repaire incontesté des mushers – les conducteurs de traîneaux à chiens –, il est possible de vivre ce genre d'expérience presque partout au Québec. En banlieue ou dans les coins les plus reculés de la province, pour un petit tour de manège d'une demi-heure ou pour une aventure de plusieurs jours, voire plusieurs semaines, le traîneau à chiens est à la portée de tout un chacun. Quant aux amoureux, quoi de plus romantique qu'une balade au clair de lune !

Encore PLUS

- **Vitrine de ce sport au Québec**, le site Web *Le Village de Musher* (www.levillagedemusher.com) offre de nombreuses ressources, parmi lesquelles de l'info sur les courses du Circuit Québec, les éleveurs et les pourvoyeurs, les associations et les clubs, de même que sur les fournisseurs d'équipement. On y trouve aussi des hyperliens, des petites annonces et un forum de discussion.
- ***Départ Arrivée*** est le magazine québécois du traîneau à chiens. Contact et abonnement : Marc Lafontan : (450) 883-8574 ou www.depart-arrivee.com.
- **Mush Québec** propose un réseau de pistes entretenues pour le traîneau à chiens et des possibilités d'hébergement en refuge dans la réserve faunique du Saint-Maurice. Tél. : (819) 646-5452. Site Web : www.mush-quebec.com.
- **Pour suivre le périple des meilleurs mushers** au monde et vivre la frénésie des grandes courses, consulter le site Web : www.iditarod.com, le site officiel de la fameuse course Iditarod ; ou celui du Yukon Quest : www.yukonquest.org.
- **Lecture suggérée :** *L'Univers du chien de traîneau*, d'André Pilon. Ce livre n'est plus disponible que par correspondance au site Web suivant : www.universduchiendetraineau.com.

Escalade de glace

Frissons verticaux

Défier la gravité sur une cascade de glace ? Pourquoi pas ! En effet, rien de mieux qu'un mercure sous zéro pour la formation de ces magnifiques piliers, étincelants sous le soleil hivernal. Figés en de belles lignes blanches, çà et là sur les parois, ils font le bonheur des amateurs de frissons verticaux. Piolet en main, on se cramponne et… on grimpe !

Au Québec, pas besoin de chercher bien loin pour débusquer l'un de ces glaçons. Même les plus minces filets d'eau qui coulent le long des falaises l'été se pétrifient sous l'action du froid. Bien sûr, il faut déjà être autonome et maîtriser les techniques de premier de cordée pour se hasarder seul sur ces terrains glissants. Si on est novice, il est préférable de faire appel à un moniteur expérimenté pour approcher de plus près ces monuments sculptés dans la glace et découvrir les plaisirs de cette activité vertigineuse. À chacun son Everest…

Après une courte marche d'approche, on se retrouve au pied de ces énormes stalactites suspendues entre ciel et terre, prêt pour l'aventure. Harnais, corde, crampons aux pieds, piolets aux poings : nous voilà parés. Crac ! Un premier coup de piolet. Cric ! Les crampons s'ancrent dans la glace. Un dernier regard vers le bas et on entame le trajet vers le but ultime, tout là-haut. Progressivement, la glace gagne notre confiance. Non, elle ne va pas s'émietter sous notre poids comme un glaçon dans un mélangeur : c'est du solide ! D'ailleurs, il faut souvent s'y prendre à plusieurs reprises pour y coincer son piolet. Et, pour le novice, à part les éclats de glace qui amplifient le froid ambiant, c'est justement la force qu'il faut déployer qui constitue la principale difficulté. Rien d'insurmontable toutefois et, de fait, l'escalade de glace est une activité très accessible. Que ce soit pour une initiation ou un cours complet, sur paroi naturelle ou tour artificielle, c'est un sport à découvrir.

Lectures

- La référence est *Le Guide des cascades de glace du Québec*, par Stéphane Lapierre et Jean-Claude Maurice. Ce topoguide devrait être réédité et disponible prochainement. D'ici là, il est possible de télécharger gratuitement la première édition (qui date de 1993) à partir du site Internet du Club de montagne du Saguenay : http://cms.uqac.uquebec.ca.

Encore PLUS

Quelques pistes pour s'initier :

- **Les chutes Montmorency :** la Mecque de l'escalade de glace dans la province, dans un décor superbe et tout proche de Québec. Pour infos : www.sepaq.com. Cours et initiation : www.rocgyms.com ou (418) 647-4422.
- **Festiglace du Québec**, le plus gros festival d'escalade de glace en Amérique, qui a lieu chaque année en février. Pour infos : www.festiglace.com ou (418) 523-4546.
- **Station écotouristique Duchesnay**, située à une vingtaine de minutes de Québec. Pour infos : www.sepaq.com ou 1 877 511-5885.
- **Rivière-du-Loup :** initiation d'un ou deux jours. Pour infos : info@aubergeriviere-du-loup.qc.ca ou (418) 862-7566.
- **Lors d'activités d'initiation ponctuelles** S'informer auprès de la Coopérative des Guides d'Escalade du Québec. Site Web : www.cogeq.com.
- **Fédération québécoise de la montagne et de l'escalade** (FQME). Infos : www.fqme.qc.ca. et (514) 252-3002.
- **Ligne Info Glace :** Mise à jour régulièrement, cette ligne permet de s'informer sur les conditions de glace qui prévalent au Québec et en Nouvelle-Angleterre. S'informer à la FQME pour connaître le numéro de téléphone annuel d'Info Glace ou consulter les sites Web suivants : www.campdebase.com et cms.uqac.ca.
- **École Nationale d'Escalade du Québec** Site Web : www.eneq.org

Extra !

Osez !

Envie d'une dose d'adrénaline ou d'un soupçon d'originalité ? Voilà sept activités pimentées à expérimenter. La plupart se pratiquent dans plusieurs régions du Québec. Pour connaître les entreprises qui vous en feront voir de toutes les couleurs, contactez :

- **Bonjour Québec au 1 877-BONJOUR et www.bonjourquebec.com.**
- **Les associations touristiques régionales (voir Répertoire).**

Parcours aériens d'aventure

La récré !

Métro-boulot-dodo... Pour pallier la monotonie du quotidien, déambuler sur les parcours aériens d'aventure est un remède tout indiqué. Vraiment ludique, l'expérience fait appel à l'enfant refoulé en chacun de nous ! Ponts de cordes, poutres d'équilibre, étriers suspendus, fil de fer aérien, passerelle en filet, descente à ciel ouvert en tyrolienne, trapèze, planchers fuyants ; bref, tout est pensé pour donner le vertige aux moins peureux d'entre nous ! Avant de défier la gravité et de circuler d'arbre en arbre, de plate-forme en plate-forme, vous passerez généralement par un atelier d'initiation au sol. Des consignes de sécurité et des notions de fonctionnement concernant l'équipement vous seront communiquées afin que l'activité se déroule sans heurt. L'heure de la récréation est arrivée !

- **Parc d'Aventures du Cap Jaseux** (Saguenay)
  Tél. : 1 877 698-6673.
  Site Web : www.capjaseux.com.

- **Parcours Acrobranche** (Mont Tremblant)
  Tél. : (819) 429-9319.
  Site Web : www.acrobranche.com.

- **Arbraska** (Lanaudière)
  Tél. : 1 877 886-5500.
  Site Web : www.arbraska.com.

- **Centre d'Aventures Le Relais** (Québec)
  Tél. : (418) 849-1851.
  Site Web : www.skirelais.com.

Ski cerf-volant

Attraction

À la recherche d'un moyen à la fois écologique, sportif et grisant de profiter des grands espaces du Québec ? Essayez le ski cerf-volant ! Loin de la foule et des remontées mécaniques des centres de ski alpin, on s'aventure sur des étendues gelées (lacs, plaines, plages et lagunes). Dans un premier temps, il faut s'initier au cerf-volant de traction lui-même. C'est qu'il importe, avant de chausser les skis, d'apprendre à gérer les réactions de ce dernier tout en exploitant sa puissance en fonction des performances recherchées. Quelques heures suffisent généralement pour en apprendre les rudiments. Ensuite, il faut évidemment être un skieur habile. Avoir un bon équilibre est essentiel. Une fois tous ces éléments maîtrisés, il suffit de contrôler sa vitesse. Sur la glace, certains skieurs atteignent jusqu'à 100 km/h. Dans la poudreuse, il est possible de tanguer, de faire du roulis ou des lacets à des vitesses moyennes de 30 km/h. Des vents forts, instables ou faibles, une neige insuffisante ou trop poudreuse influencent grandement les conditions de pratique. Enfin, cette activité s'adresse à tous : balade du dimanche ou sport extrême, tout dépend de l'usager !

Spéléologie

Introspection

S'initier à la spéléologie, c'est plus que ramper sous terre dans la boue : c'est aussi ouvrir une fenêtre sur un monde scientifique ponctué de découvertes. Au programme : étude de la climatologie, des terrains calcaires, de la faune, d'artéfacts ou encore d'ossements et de fossiles. Pour pénétrer dans ce monde obscur, il faut être accompagné d'un guide breveté par la Société québécoise de spéléologie. Fait surprenant, la spéléologie est praticable presque en tout temps, car la température moyenne des grottes au Québec varie de 3 à 7 degrés Celsius. L'hiver, on y observe de scintillantes concrétions de glace, alors que l'été, les stalactites et les stalagmites sont observables dans leur état naturel. Au gré des cavernes, on peut aussi faire quelques rencontres avec une faune hétéroclite : certains animaux, dits trogloxènes, s'y retrouvent par hasard (porcs-épics, rats, etc.) ; d'autres, les troglophiles, y ont élu domicile (les chauves-souris, certains insectes ou batraciens). Immersion totale dans une lumineuse obscurité. Claustrophobes s'abstenir !

- **Infos :** Société québécoise de spéléologie
  Tél. : (514) 252-3006 et 1 800 338-6636.
  Site Web : www.speleo.qc.ca.

- **Activités proposées :** visites des grottes de Saint-Léonard, de Boischâtel et de Saint-Casimir de Portneuf.

- **Pour une initiation** avec de jeunes enfants, plusieurs cavernes réparties dans le Québec proposent des visites d'une durée de une à deux heures, qui donnent un avant-goût de la spéléologie.

Longue randonnée hivernale

Un avant-goût d'expédition

En skis ou en raquettes, la longue randonnée a tout de suite des allures d'expédition. C'est vrai qu'il suffit de faire quelques kilomètres dans le bois pour se croire à des lieues de toute civilisation. Mais du sentier facile, balisé, tracé et ponctué de refuges aux étendues les plus sauvages, il y en a pour tous les goûts et tous les niveaux. La plupart des sentiers d'été étant aussi accessibles l'hiver, les possibilités ne manquent pas. Une bonne option pour ceux qui veulent commencer en douceur : le transport de bagages offert sur certains parcours. On perd de l'autonomie, mais on gagne en confort... Pour des idées de destinations, voir la section *Longue randonnée*.

Conseils pour la longue randonnée hivernale

L'hiver recèle certains **dangers** bien réels. Neige, froid, blizzard, isolement, ensoleillement raccourci doivent

inciter à la prudence. Partez à plusieurs, commencez vos étapes de bonne heure le matin et prévoyez la possibilité d'être contraints à bivouaquer.

Matériel particulier à prévoir : peaux de phoque, sac de couchage d'hiver, sac d'hydratation avec tube isolé, couverture de survie, boussole. En option : mouflons, liquide *anti-botte* (qui évite à la neige de coller sous les peaux de phoques), piles de rechange pour caméra (elles s'usent vite au froid).

Combattez **votre pire ennemi : le poids**. À skis en particulier, rien ne gâchera plus votre randonnée qu'un gros sac à dos : c'est un boulet en montée comme en descente. Pour limiter le poids déjà augmenté par les besoins de la saison, prévoyez une seule tenue vestimentaire mais plusieurs paires de chaussettes et des gants de rechange.

Avant de vous lancer dans une sortie de 5 jours, **partez d'abord une fin de semaine**, si possible dans des conditions proches de celles qui vous attendent ensuite (température, enneigement, matériel, etc.). Idéal pour ne rien oublier, éliminer le superflu, vérifier le confort du sac ou des chaussures ou encore l'isolation de votre sac d'hydratation. C'est peut-être aussi l'occasion de faire l'expérience d'un bivouac et ainsi se préparer à un imprévu.

En hiver, **la difficulté d'un sentier est très variable**. Elle dépend des conditions météo et du fait que les pistes ont ou non été tracées par un groupe précédent. Prévoyez largement lors de votre planification horaire.

Partez à plusieurs : sécurité, répartition des équipements communs, relais pour faire la trace dans la poudreuse et bonne ambiance sont ainsi garantis !

Choix des skis : pour une bonne stabilité avec un sac à dos, il faut des skis assez larges, hors-piste ou télémark. Pour les montées, n'oubliez pas les peaux de phoques. Quant aux bottes hors-pistes, elles doivent être bien isolées et protégées par des guêtres.

Camping hivernal

Air climatisé

Tout désigné pour ceux qui cherchent à goûter pleinement aux plaisirs de l'hiver, le camping hivernal a de quoi ravir les plus frileux ! Depuis quelques années, un nombre croissant de parcs et de campings offrent la possibilité de passer la nuit dans une tente prospecteur, un igloo ou un tipi, en créant de toutes pièces de véritables villages polaires. Question de s'initier au camping d'hiver en douceur, la tente prospecteur comporte bien des avantages. Si son confort varie au cas par cas, c'est généralement un abri assez spacieux, équipé d'un poêle à bois et de bases de lits superposés.

Dans les « villages polaires », parmi les autres activités offertes, certains promoteurs proposent le concept du spa finlandais : d'abord, un trempage dans l'eau chaude ; ensuite, un petit saut dans le lac ou dans la rivière ! Les adeptes du *night life* ne seront pas en reste : des randonnées nocturnes, au flambeau ou à la lampe frontale, sont également organisées.

Au clair de lune, sous un ciel constellé, l'expérience est inoubliable : le grand Nord, rien de moins, dans un camping près de chez vous !

Certains parcs nationaux offrent tentes prospecteurs et igloos. Infos : www.sepaq.com et 1 800 665-6527.

Canot à glace

Sueurs froides

Pratique ancestrale qui permettait à des canotiers de métier d'assurer le passage de personnes et de marchandises d'une rive à l'autre du Saint-Laurent, le canot à glace est désormais un sport. Pour ceux qui n'ont pas froid aux yeux, il existe deux façons de s'y initier. Premièrement, en prenant un cours d'initiation au Gîte du canotier. Le temps d'une journée, des guides transmettent leur passion pour cette activité qui se pratique dans une ambiance des plus dépaysantes. Au rythme de puissantes montées d'adrénaline et munis des crampons fixés sous les bottes de néoprène, on apprend à courir parmi les bourdignons (mottes de glace et de neige) et à naviguer dans le frasil (fragments de glace flottants à la surface du courant).

Deuxièmement, ceux qui allient une très bonne condition physique à un esprit compétitif peuvent s'inscrire comme agent autonome à des concours de canot à glace auprès de l'Association des coureurs de canot à glace du Québec (ACCGQ). Depuis la tenue de la première compétition de canot à glace dans le cadre du carnaval de Québec en 1984, l'événement a fait école : il y a aujourd'hui de nombreuses courses organisées au Québec.

- **Gîte du canotier :** (418) 248-2229 et www.giteducanotier.com.

- **Pour en savoir plus** sur le canot à glace, l'équipement et les compétitions : www.canotaglace.org.

Équitation

Au galop !

Oubliez les balades en calèche et la lente procession de pauvres bourriques qui tournent en rond dans un enclos. Imaginez plutôt un trot ou un galop à marée basse sur une plage du Saguenay. Si la randonnée équestre permet de savourer d'une manière originale nos plus beaux paysages, elle offre une expérience plus atypique encore : celle qu'on vit avec notre compagnon de route, le cheval. Et c'est lors d'une excursion de plusieurs jours, avec des couchers en pleine nature, qu'on apprend vraiment à connaître son caractère, à répondre à ses besoins et à lui prodiguer les soins nécessaires. Pendant ces longs - mais bons - moments passés à le brosser, à installer mors, rênes, tapis, selle, et à cureter ses sabots, le temps semble suspendu. Dans cette expérience grandeur nature, on s'imagine facilement un siècle en arrière...

Fédération du Québec à cheval.
Tél. : (450) 434-1433. Site Web : www.cheval.qc.ca.

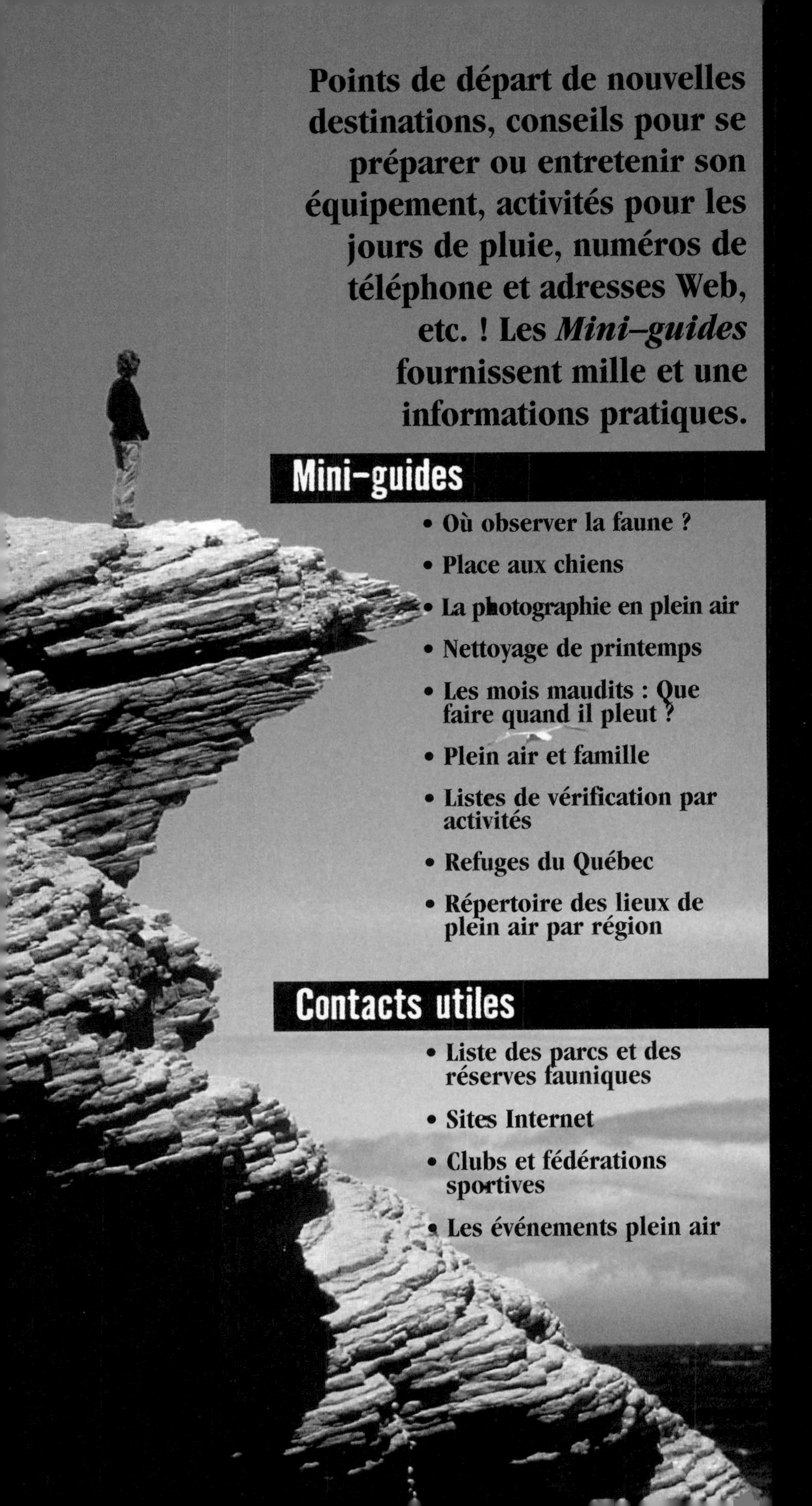

Points de départ de nouvelles destinations, conseils pour se préparer ou entretenir son équipement, activités pour les jours de pluie, numéros de téléphone et adresses Web, etc. ! Les *Mini-guides* fournissent mille et une informations pratiques.

Mini-guides

- Où observer la faune ?
- Place aux chiens
- La photographie en plein air
- Nettoyage de printemps
- Les mois maudits : Que faire quand il pleut ?
- Plein air et famille
- Listes de vérification par activités
- Refuges du Québec
- Répertoire des lieux de plein air par région

Contacts utiles

- Liste des parcs et des réserves fauniques
- Sites Internet
- Clubs et fédérations sportives
- Les événements plein air

Mini-guides

Observation de la faune

À la découverte des autres habitants de la planète

Il est énorme, magnifique : à quelques mètres, sur le bord du ruisseau, un orignal s'abreuve. Comme s'il ignorait qu'on l'observe, il prend son temps avant de s'enfoncer calmement dans la forêt.

Les adeptes de plein air ont tous *leur* belle histoire faunique à raconter, l'histoire d'une rencontre faite au hasard d'un sentier. Si croiser un animal est toujours intéressant, *prendre le temps* d'observer la faune peut donner par surcroît une dimension nouvelle à tous les sports de plein air.

Avec 325 espèces d'oiseaux et près d'une centaine de mammifères, le Québec est une terre de prédilection pour les naturalistes amateurs. Pas besoin d'aller bien loin : un boisé urbain peut être le théâtre d'excursions très intéressantes. Et même si une rencontre du troisième type avec un lynx du Canada peut sembler l'expérience suprême, une foule d'autres espèces s'avèrent passionnantes à observer. Le goéland à bec cerclé (dont le comportement social peut s'étudier dans tous les bons stationnements) ainsi que les écureuils et les oiseaux qui fréquentent les mangeoires offrent autant d'occasions de s'initier — et d'initier les enfants — à l'art d'observer la nature. De plus, la perspective de voir des animaux peut motiver les plus jeunes à vous accompagner lors de vos sorties de plein air !

Il existe une foule d'animaux intéressants à découvrir. Les passionnés d'observation peuvent commencer par se procurer un bon guide d'identification : en savoir plus long sur un animal accroît les chances de l'apercevoir… ou de comprendre pourquoi on ne l'a jamais aperçu ! Pour le reste, il s'agit de garder en mémoire certains principes (voir encadré) mais surtout, d'être discret et patient. Évidemment, un peu de chance ne nuit jamais.

Faune ailée : les maîtres du vent

Fait intéressant avec les oiseaux : on les retrouve partout. L'hiver, le majestueux **harfang des neiges** peut même s'observer en bordure des autoroutes ! En vélo, en canot, en ski de fond, il est toujours possible de rencontrer une petite bête à plumes. Bien que chacune de ces rencontres soit digne d'intérêt, il existe quand même au Québec certaines vedettes ornithologiques que l'on se doit de mentionner.

Les milliers d'**oies des neiges**, qui font escale dans la vallée du Saint–Laurent, font l'objet d'un véritable pèlerinage au printemps et à l'automne. Alors que l'on recensait quelques milliers d'oies au début du siècle, les populations atteignent aujourd'hui le million. Les haltes migratoires permettent aux visiteurs d'observer également plusieurs espèces de canards et d'oiseaux de rivage. Les sites les plus fréquentés (par les humains) offrent généralement la location de jumelles et mettent des lunettes d'approche à la disposition du public.

Où aller :

- La réserve nationale de faune du cap Tourmente est sans contredit la halte migratoire la plus célèbre. Le site, doté d'une tour d'observation et d'un centre d'interprétation, est entouré de 18 km de sentiers.
  Info : (418) 827–4591 ou
  www.qc.ec.gc.ca/faune/faune/html/rnf_ct.html
- Le site du lac Saint–Pierre est également réputé. Le long de la 132 à Baie–du–Febvre (près de Trois–Rivières), trois aires de stationnement permettent aux visiteurs d'observer les oies de près. Un tunnel d'observation permet de voir la sauvagine sans être vu. Le site comprend aussi un centre d'interprétation.
  Info : (450) 783–6996 ou www.oies.com

D'autres bons endroits pour observer la sauvagine :

- Au marais de Gros–Cacouna, près de Rivière–du–Loup, il est possible de participer à une visite guidée offerte par la Société de conservation de la Baie–de–l'Isle–Verte.
  Info : (418) 898–2757
- Pour découvrir les oiseaux aquatiques en pagayant, le parc national du Bic offre en prime des paysages insulaires à couper le souffle. Le centre d'interprétation est ouvert en saison.
  Info : www.sepaq.com
- Le petit village saguenéen de Saint–Fulgence célèbre au printemps la Journée de la bernache. Une bonne occasion de découvrir le Centre d'interprétation des battures et de réhabilitation des oiseaux, juste à côté.
  Info : (418) 674–2425

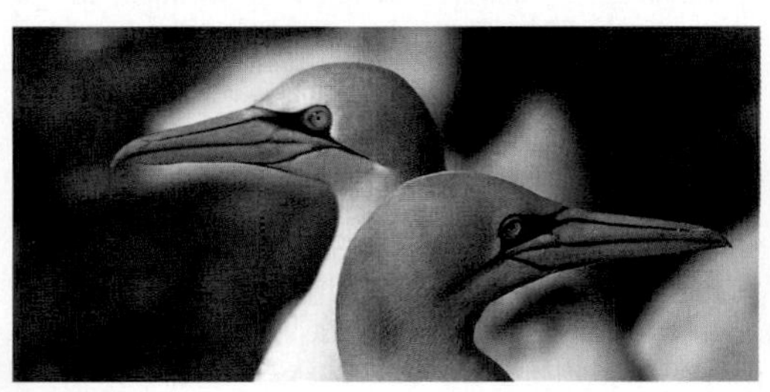

Tout au long du fleuve, mais aussi à l'intérieur des terres, il existe plusieurs sites ornithologiques majeurs. À Tadoussac, l'automne est spectaculaire. Du haut des dunes, quand les conditions sont favorables (et qu'on a l'œil), il est possible de compter en une seule journée des centaines d'**oiseaux de proie** en migration. En Gaspésie, l'île Bonaventure est, quant à elle, célèbre pour son imposante colonie de **fous de Bassan**.

Encore PLUS

- **De nombreux ouvrages** recensent les lieux d'observation et les espèces du Québec. Citons entre autres *Les meilleurs sites d'observation des oiseaux au Québec* (Presses de l'Université du Québec).
- **Partout dans la province, des clubs** offrent des sorties de groupe qui consituent un excellent moyen de s'initier à l'ornithologie. Association québécoise des groupes d'ornithologues : www.aqgo.qc.ca
- **Un site Web de référence :** www.oiseauxqc.org

Mammifères marins : les géants du pays bleu

L'été, le fleuve Saint–Laurent accueille une dizaine d'espèces de **baleines** qui viennent ici pour se nourrir. Celles que l'on voit le plus souvent sont le petit rorqual et le rorqual commun, mais on peut aussi observer le plus gros animal de la planète, le rorqual bleu. Le **phoque** commun, le phoque gris et le phoque du Groenland sont également présents dans nos eaux. À la fin de l'automne, les cétacés repartent vers les mers du sud. Les bélugas sont généralement les seuls à rester ici tout l'hiver.

Célèbres malgré elles, les baleines attirent chaque été un nombre grandissant de touristes. Pour éviter que cela leur nuise, on a réglementé récemment l'industrie à l'intérieur du parc marin du Saguenay–Saint–Laurent. Les bateaux à moteur mais aussi les kayaks devront désormais garder leurs distances. À l'extérieur du parc, la réglementation relève de Pêches et océans Canada.

Où aller :

- À Tadoussac, à deux pas du Centre d'interprétation des mammifères marins (CIMM), le sentier de la Pointe–de–l'Islet (700 m) donne accès à l'embouchure du Saguenay, où l'on peut observer des petits rorquals et des bélugas.
  Info : (418) 235–4701 ou www.gremm.org
- Au Centre d'interprétation et d'observation de Cap–de–Bon–Désir, un sentier d'un demi-kilomètre mène au cap d'où il est possible de voir des baleines de très près. Des naturalistes présentent quotidiennement des activités d'interprétation. À noter qu'un sentier polyvalent de 11 km relie le cap au village de Bergeronnes.
  Info : (418) 232–6751 (en saison).
- Au parc national du Saguenay, la baie Sainte–Marguerite représente un endroit idéal pour observer les bélugas. En plus du centre d'interprétation qui leur est consacré, un belvédère surplombe le fjord. On y accède par un sentier de 3 km adapté aux vélos et aux personnes à mobilité réduite.

  Il est également possible de faire de belles observations tout au long du sentier du fjord, qui longe ce dernier sur 42 km. Le soir, depuis la galerie des refuges ou les plateformes de camping, on se trouve aux premières loges du spectacle.
  Info : (877) 272–5229 ou www.sepaq.com
- S'étirant sur 95 km, l'archipel des îles Mingan, habitat estival de nombreuses baleines, se révèle un trésor à explorer en kayak. La réserve du parc national de l'Archipel–de–Mingan compte deux centres d'interprétation.
  Info : (418) 538–3331
- À explorer toujours en kayak, le parc national Forillon est riche en découvertes : rorquals, dauphins et phoques s'y donnent rendez-vous.
  Info : (418) 368–5505 ou www2.parkscanada.gc.ca/parks/quebec/forillon

Mammifères terrestres : les quatre pieds sur terre

Très discrets, les mammifères terrestres sont généralement difficiles à observer dans leur élément naturel.

Quelques règles à suivre

- Respectez la faune
- Ne nourrissez jamais un animal sauvage
- Si vous rencontrez un animal potentiellement dangereux, faites connaître votre présence en parlant calmement et laissez-lui le champ libre pour s'enfuir.
- Évitez d'emmener un chien avec vous. Il peut effrayer ou provoquer certains animaux.

Le **cerf de Virginie** (ou **chevreuil**) est présent partout dans le sud du Québec. Il fréquente les champs en friche, les vergers et les parties éclaircies des forêts. Plutôt solitaire en été, il vit en groupe l'hiver et forme ainsi des « ravages » à l'abri des conifères. S'il est surpris, il détale rapidement en exposant le dessous blanc de sa queue.

- L'île d'Anticosti est considérée comme le paradis du chevreuil en raison d'un cheptel évalué à plus de 120 000 individus. Sur l'île, le cerf est roi et peut être aperçu partout.
  Info : www.sepaq.com
- Le parc national des Îles–de–Boucherville, à quelques minutes de Montréal, peut s'avérer un endroit intéressant à visiter en famille, que ce soit à pied ou en vélo. Il est rare de ne pas y croiser des cerfs de virginie ou même des familles de renards.
  Info : (450) 928–5088 ou www.sepaq.com
- À Montréal, le Groupe uni des éducateurs pour l'environnement (GUEPE) offre des randonnées guidées d'observation et d'interprétation de la faune dans des parcs-nature.
  Info : www.guepe.qc.ca

L'**orignal** habite la forêt mixte où il fréquente les parties éclaircies et les marécages. Bien qu'il soit largement réparti au Québec, il existe certains endroits où les populations sont particulièrement denses. Cependant, les chances d'apercevoir un orignal sont réduites par l'acuité de ses sens : il peut percevoir une présence humaine à un kilomètre. Une bonne période pour l'observer est la saison du rut, à l'automne. Il faut cependant garder en tête que — y compris dans les réserves fauniques du gouvernement du Québec — la chasse bat alors son plein en dehors des parcs.

- La réserve faunique de Matane est située dans la zone qui compte la plus forte densité d'orignaux du Québec. Pour en faire profiter ses visiteurs, elle vient tout juste de mettre sur pied plusieurs activités d'observation telles que des randonnées guidées dans un ravage ou une vasière, de l'observation en kayak, etc. On peut également visiter le centre d'interprétation consacré à cet animal.
  Info : (418) 562–3700 ou (418) 224–3345 et www.sepaq.com
- Dans les Laurentides, la réserve faunique Rouge–Matawin est également réputée pour la densité de sa population d'orignaux. On y retrouve des sentiers pédestre et équestre ainsi que des rivières canotables.
  Info : (819) 275–1811
- Au parc national de la Gaspésie, le lac Paul est bien connu pour les mêmes raisons. Une tour d'observation permet d'attendre « son » orignal en toute discrétion.
  Info : www.sepaq.com
- Plus près de Québec, un voyage de canot-camping dans le parc national de la Jacques–Cartier sera peut-être l'occasion de rencontrer un orignal. Bien que le parc ait abandonné son activité d'appel, le centre d'interprétation et les naturalistes sont toujours prêts à informer les visiteurs.

Info : (418) 848–3169 (été), (418) 528–8787 (hiver) ou www.sepaq.com

Le **caribou des bois** vit dans la forêt boréale, la taïga et la toundra. Il se nourrit essentiellement de plantes et de lichen. On le retrouve exceptionnellement dans le sud du Québec, au sommet des montagnes où l'altitude reproduit son habitat naturel.

- Le parc national de la Gaspésie abrite l'unique population de caribous à se trouver au sud du Saint-Laurent. Des naturalistes gravissent quotidiennement le mont Jacques-Cartier avec les visiteurs. Le parc a adopté des mesures pour protéger le troupeau, et l'accès au site est limité.
  Info : www.sepaq.com
- Il est également possible de croiser des caribous dans le parc national des Grands-Jardins. L'hiver, la longue randonnée à skis peut réserver de belles surprises.
  Info : (418) 439-1227 ou www.sepaq.com

Le **loup** est un animal que l'on risque peu de rencontrer. Il est surtout nocturne et possède un immense territoire (jusqu'à 13 000 km^2 !). Bien qu'il ait été décimé par le passé, il n'est pas considéré comme une espèce menacée et il peut encore s'observer dans le sud du Québec. Au parc national de la Jacques-Cartier, on offrait jusqu'à tout récemment une populaire activité d'appel du loup. On y a mis un terme pour éviter de perturber une population qui semble diminuer de plus en plus dans le secteur.

- Dans la réserve faunique de Papineau-Labelle, le loup semble mieux se porter. L'été, on y offre une activité d'appel nocturne. Les animaux ne sont pas appâtés et la sortie est précédée d'une causerie.
  Info : Carl-Éric Therrien, (819) 275-3207

Fait à noter, toutes les entreprises privées n'ont pas le même sens de l'éthique. Pour s'assurer la collaboration des **ours noirs** à leurs safaris d'observation, certaines les nourrissent sur une base régulière. À l'opposé, les parcs nationaux font tout pour éviter à leurs visiteurs des rencontres indésirables. Au parc national de la Jacques-Cartier, on enseigne même la meilleure façon de *ne pas voir* d'ours !

Les principes de base

- La nature n'est pas un zoo. Ayez des **attentes réalistes**.
- Faites preuve de la plus grande **discrétion** possible. Évitez les couleurs vives et les tissus bruyants.
- **Le matériel nécessaire :** une paire de jumelles, un carnet et un crayon. Les guides d'identification sont utiles.
- **Le matin et le soir** représentent les meilleurs moments pour surprendre les animaux. Les points d'eau sont de bons endroits où se poster.
- Beaucoup de mammifères étant nocturnes, il est plus facile d'observer plutôt les indices de leur passage, comme les pistes ou les crottins.
- Vous entendrez la majorité des animaux avant de les voir. Il est bon de **savoir reconnaître certains chants et cris**. Des cassettes sont offertes dans des boutiques spécialisées.

Place aux chiens

Tout le monde n'est pas facilement convaincu qu'une journée passée à arpenter les boisés en luttant contre les hoquets du relief et le zoin-zoin des maringouins soit une partie de plaisir. Le partenaire idéal pourrait bien se trouver dans le jardin. Non pas le jardinier, mais votre fidèle compère à quatre pattes. Il adore marcher et vous ne vous sentirez pas coupable de l'avoir laissé à la maison. On n'a jamais entendu un chien ronchonner contre le dénivelé.

Au Québec, la randonnée en forêt avec un toutou, ce n'est pas évident. De nombreux parcs – fédéraux, provinciaux et régionaux – n'admettent pas les chiens ou appliquent à leur égard une politique très restrictive. Alors, où peut-on aller marcher à six pattes ? Voici quelques suggestions de balades à travers le Québec.

Abitibi

• *Piste pédestre des monts Kanasuta La Yol*

Piste montagneuse, exigeante sans être exténuante, au relief accidenté d'une durée approximative de cinq heures. En parcourant ce sentier, vous découvrirez sept points d'intérêts différents qui vous plongeront sur de superbes vues panoramiques. Accès aux chiens tenus en laisse.

Accès et stationnement gratuits.
Bureau d'information touristique de Rouyn-Noranda : (819) 797-3195

• *Les collines D'Alembert*

À une vingtaine de minutes du centre-ville de Rouyn-Noranda, venez vivre l'expérience de la nature. Avec 4 sentiers totalisant 17,9 kilomètres, cet endroit montagneux vous offre des points d'intérêts tout à fait spectaculaires : faille, grottes, faune variée. De degrés de difficultés variant de facile à moyen, cette randonnée en montagne conviendra à plusieurs d'entre vous. Fido doit être tenu en laisse.

Accès et stationnement gratuits.
Bureau d'information touristique de Rouyn-Noranda : (819) 797-3195

Bas-Saint-Laurent

• *Parc des Chutes et parc de la Croix de Rivière-du-Loup*

Au parc des Chutes, vous serez impressionné par la spectaculaire chute de 30 mètres que vous pouvez observer du haut des deux passerelles surplombant la rivière du Loup. Les sentiers de randonnée pédestre du secteur Platin offrent cinq circuits répartis sur environ 10 kilomètres. Différents sentiers permettent de traverser l'ensemble des écosystèmes présents sur le site. Le parc de la Croix est accessible par le parc des Chutes. Le point de vue sur la ville et sur le fleuve y est surprenant. Endroit idéal pour admirer les couchers de soleil. Le parc des Chutes s'est vu décerner le prix Phénix de l'environnement en 2001. Les chiens en laisse sont admis dans les sentiers pédestres. Horaire : ouvert à l'année

Accès : gratuit
www.ville.riviere-du-loup.qc.ca – 1 800 563-5268

• *Centre nature de Pointe-Sèche*

Une quinzaine de kilomètre de sentiers boisés et montagneux. Classés de facile à difficile, les pistes plus escarpées vous mèneront sur la formation géologique de Kamouraska, d'où vous apercevrez les splendeurs du fleuve Saint-Laurent. Les chiens devront être tenus en laisse à l'entrée, mais pourront être libérer par la suite. Ouvert de la mi-juin à la mi-novembre, un accès libre pour les abonnés est permis l'hiver.

Accès : 5 $
www.pointeseche.com – (418) 492-2395

Cantons-de-l'Est

• *Parc d'environnement naturel de Sutton (PENS)*

Sutton offre un réseau de sentiers de montagne totalisant 77 kilomètres variant du niveau facile à difficile. Les sentiers sillonnent les flancs du massif des monts Sutton et traversent de vastes espaces forestiers pour atteindre des points de vue surplombant les collines et les vallées frontalières. Certains font un détour par le lac Spruce, le mont Gagnon, le Dos de L'Orignal ou le lac Mohawk. Les sentiers et trois sites de camping rustiques sont accessibles aux chiens en laisse.

Accès : 4 $
www.sutton-info.qc.ca – 1 800 565-8455

• *Sentiers du parc H.-F.-Baldwin (Baldwin Mills) – Mont Pinacle*

Trois parcours totalisant cinq kilomètres et présentant un niveau facile. En laissant leur voiture à la station piscicole de Baldwin Mills, les marcheurs peuvent emprunter le sentier des Moulins, qui longe et traverse à quelques reprises la rivière Nigger. Taillés dans une forêt aux essences variées et matures, les sentiers de montagne, alors qu'ils conduisent vers le sommet, offrent plusieurs points de vue sur le lac Lyster et sur la chaîne des Appalaches. Comme il n'y a pas de restriction à la liberté des chiens, c'est simplement par respect pour les autres usagers qu'il est suggéré de maintenir les chiens en laisse sur les sentiers.

Aucuns frais d'accès ni de stationnement.
www.tourismecoaticook.qc.ca
(819) 849-6669 ou 1 866 665-6669

• *Mont Morne*

Un sentier en boucle de 2,4 kilomètres qui n'a rien pour épuiser Toutou, mais la vue à 360 degrés que vous aurez du haut de la tour vaut quand même la marche. Si votre chien est un contemplatif, amenez-vous un bouquin pour profiter des tables de lecture en granit misent à la disposition des randonneurs. Pendant qu'il halètera sur la beauté du paysage, vous pourrez relire Saint-Exupéry pour la énième fois. Les chiens doivent être tenus en laisse.

Aucuns frais d'accès ni de stationnement.
1 800 363-5515

• *Parc de la Gorge-de-Coaticook*

Randonnée de 10 kilomètres des plus intéressantes où vous aurez l'occasion de traverser le plus long pont suspendu au monde pour piéton, à cette hauteur (selon Guiness). Les sentiers empruntent des passerelles à flanc de falaise, ce qui vous permettra d'apprécier l'étonnante géomorphologie du coin. Par contre, ne vous surprenez pas d'y rencontrer des marcheurs, vu la popularité du sentier. Les chiens y sont admis en laisse, que vous devrez à l'occasion tenir courte pour ne pas gêner les passants.

Frais d'accès : 7 $.
www.gorgedecoaticook.qc.ca
1 888 LAGORGE (524-6743)

• *Sentiers frontaliers*

Voici un endroit qui permettra à Nestor d'épuiser son trop plein d'énergie : 110 kilomètres de sentiers en pleine nature. Il y en a pour tous les goûts et toutes les formes physiques. L'un des sentiers mène au mont Gosford, le plus haut de la région avec ses 1 189 mètres ; vue à 360 degrés incluse dans le forfait. Après une journée complète de trekking, vous serez deux à avoir la langue à terre. Les chiens y sont admis librement, mais il est évident que s'ils s'avèrent un tant soit peu dissidents, le respect des autres randonneurs veut que l'on utilise quand même la laisse. Les promenades sont interdites pendant la période de chasse.

Coût d'admission : 5 $ (randonnée) + 3 $ (camping)
www.sentiersfrontaliers.qc.ca – 1 800 363-5515

Charlevoix

• *Sentier des Caps*

Réseau pédestre de niveau intermédiaire s'étendant sur 68 kilomètres. Le sentier principal se ramifie en branches et en boucles qui mènent en forêt, comme le sentier de la Chute (5 kilomètres), où l'on peut voir des bouleaux jaunes de 300 à 400 ans, ou encore celui du cap Gribane. La montée vers le cap Gribane (12 kilomètres) se termine sur un belvédère donnant une vue chargée du mont Sainte-Anne, du lac Saint-Tite et du fleuve où baigne le chapelet des îles de Montmagny. On y voit également le cap Brûlé et la montagne du Cap-Tourmente dont les flancs versent dans le Saint-Laurent. La vue est spectaculaire. Les chiens sont permis depuis peu. Pour les sentiers d'une journée s'allongeant sur 5 à 12 kilomètres, la laisse est obligatoire. Ouvert à l'année sauf pendant un mois (entre avril et mai).

Accès : 5 $, stationnement gratuit
www.sentierdescaps.com – 1 866 823-1117

• *Les Palissades*

À 11 kilomètres au nord du village de Saint-Siméon par la 170, vous trouverez ces jolis 14 kilomètres de sentiers ouverts de juin à octobre. Vous y découvrirez de superbes boisés au pied des falaises (les Palissades) faisant partie de la chaîne des Laurentides. Des pistes plus escarpées se feront pardonner à grand coup de superbes points de vue. On y offre de l'interprétation à l'aide de guides chevronnés ou de panneaux. Chiens en laisse et ramassage d'excréments obligatoire.

Coûts d'admission : 4 $ pour les adultes, 2 $ pour les enfants. Stationnement gratuit.
www.ecovillagecharlevoix.com – (418) 638-3333

Chaudière-Appalaches

• *Parc des Chutes-de-la-Chaudière*

Ce parc thématique possède un réseau pédestre de 2,2 kilomètres et de niveau intermédiaire. L'endroit est aménagé en bordure de la rivière Chaudière, sur le site d'un barrage hydroélectrique. Une passerelle de 113 mètres enjambe la rivière et offre des points de vue saisissants. Les sentiers traversent une forêt et mènent à des belvédères. Le site est enchanteur mais très fréquenté, ce qui rend difficile la marche avec un chien dans les nombreux escaliers. On y trouve des poubelles, mais pas de sacs.

Accès et stationnement gratuits.
www.ville.levis.qc.ca – (418) 838-6026

• *Parc régional Massif du Sud*

Niveaux facile à difficile sur près de 73 kilomètres. Les sentiers, en particulier celui des Passerelles (3 kilomètres) qui mène au mont Chocolat, sont de toute beauté. La rivière des Mornes est invitante avec son eau claire et limpide. Pour les vrais amants de la nature, il vaut mieux choisir les sentiers destinés exclusivement à la randonnée pédestre (30 kilomètres) plutôt que les sentiers multifonctionnels en gravier où l'on peut rencontrer chevaux et vélos en plus des randonneurs. Prévoir un lunch : les services locaux de restauration étant très limités. Il y a également quatre emplacements de camping sauvage où les chiens sont bienvenus. Les pistes de marche se transforment en pistes de ski et de raquette pendant l'hiver, mais les chiens sont toujours le bienvenu pourvu qu'ils soient attachés.

Accès : 3,50 $
www.massifdusud.com – (418) 469-2228
Carnet du marcheur *Chaudière-Appalaches à quelques pas de l'enchantement,* disponible gratuitement au www.chaudapp.qc.ca – 1 888 831-4411

Côte-Nord

• *Les jardins de l'Anse de Sept-Îles*

Il s'agit d'un réseau pédestre de 4,2 kilomètres de niveau facile. Ce petit parc municipal, situé à l'entrée de la ville, tout près de la Maison du tourisme, offre deux circuits aux usagers : l'un parcourt les jardins et l'autre est baigné par le littoral. On peut y admirer la baie de Sept-Îles depuis une tour d'observation.

Accès et stationnement gratuits. – (418) 964-3341

• *Parc de la Rivière-des-Rapides de Sept-Îles*

Réseau pédestre de 3,5 kilomètres présentant un niveau facile. Le site du parc municipal, situé à l'embouchure de la rivière des Rapides, est doté d'une aire gazonnée et il est naturellement boisé. Un village de maisonnettes pour enfants s'y trouve de même que deux tours d'observation donnant sur la baie.

(418) 964-3341

Gaspésie

• *Parc national de Forillon*

Ce parc national, d'une superficie de 244 kilomètres carrés, est bordé par le golf Saint-Laurent et la baie de Gaspé. Le sentier *Une tournée dans les parages* fera faire au marcheur un saut dans le passé. En effet, le randonneur pourra s'y remémorer la vie des habitants de Grande-Grave au début du siècle, alors que ceux-ci pêchaient et transformaient la morue. Le sentier des Graves mène au bout de la presqu'île de Forillon, le long des anses et des plages de galets, et donne l'occasion d'observer phoques et baleines. Le sentier Les Crêtes donne accès à des vues panoramiques sur la vallée de l'Anse au Griffon et sur la mer. Les chiens en laisse sont acceptés dans le parc. En tout, ce sont 6 sentiers de niveaux facile à difficile, d'une longueur totale de 66,8 kilomètres qui s'offrent à vous.

Accès : 4 $ pour les adultes ou 9,25 $ pour les familles (tarifs 2002)
www.parcscanada.gc.ca/forillon – (418) 368-5505

Îles de la Madeleine

• *La plage de l'Ouest*

Aux Îles, il existe quelques sentiers boisés où vous pourrez découvrir des marais salés, des arbres rabougris et d'autres curiosités de la nature, mais nous vous proposons plutôt un parcours des plus épurés… et sablonneux. À partir de la plage près de l'étang de l'Ouest, au havre Aubert, longer la plage jusqu'à l'île aux Goélands de l'étang du Nord. Une dizaine de kilomètres de solitude et d'écoute océane où seul au loin une île, le Corps-Mort, vous servira de point de repère. Votre compagnon poilu pourra courir les sternes et les bois de plage que vous lui lancerez. Par journée d'ensoleillement, n'oubliez pas l'écran solaire et la flotte. Le vent du large, ça vous éprouve l'épiderme.

Accès : gratuit – 1 877 624-4437
www.tourismeilesdelamadeleine.com

Lanaudière

• *Les Sentiers de la Presqu'île*

Réseau de 50 kilomètres de niveau facile, dont 7,5 kilomètres (la Snoopy) sont accessibles aux chiens. Situé à 20 minutes du centre-ville de Montréal, c'est l'un des rares endroits où les chiens peuvent se promener sans laisse et faire de petites incursions en forêt, été comme hiver. Durant la saison froide, trois sentiers de ski de fond sont ouverts aux chiens. Sentiers boisés.

Accès : 1,50 $ pour les gros quadrupèdes,
6,50 $ pour les bipèdes.
http://pages.infinit.net/sentiers/bienvenu.htm
(450) 581-6877

• *Parc régional des Chutes-Monte-à-Peine-et-des-Dalles*

Il est aussi possible d'amener son fidèle ami à quatre pattes au parc régional des Chutes-Monte-à-Peine-et-des-Dalles situé sur le territoire des municipalités de Saint-Jean-de-Matha, Sainte-Béatrix et Sainte-Mélanie. On doit cependant les tenir en laisse. Autre fait à noter, le parc est fermé durant la saison hivernale. Ce circuit naturel de 12 kilomètres est l'un des plus beaux de la région de Lanaudière. Pour l'instant, ouvert de fin avril à fin octobre, mais l'organisme travaille à allonger cette période.

Accès : 5 $ (stationnement inclus) – (450) 883-6060

• *Pourvoirie Trudeau*

Pour ceux qui aiment la marche hors des sentiers battus, vous pouvez vous rendre à la Pourvoirie Trudeau, où vous aurez accès à 52 kilomètres carrés de territoire sauvage, et parsemé de forêts et de lacs. Fido devra quand même être tenu en laisse.

Accès : 10 $ – www.pourvoirietrudeau.com – 1 800 293-5432

Laurentides

• *Sentier national La Conception-Labelle*

53 kilomètres de longue randonnée où votre chien peut vous traîner et où les gestionnaires se fient au bon jugement des promeneurs, c'est-à-dire soyez responsable de votre animal ! La section laurentienne du Sentier national, surplombée par les pics érodés du mont Tremblant, emprunte de nombreuses pistes, notamment d'ouest en est : les tronçons Héritage (13 kilomètres), Alléluia (22,7 kilomètres), L'Expédition (7 kilomètres) et Cap 360-mont Gorille (10 kilomètres). Ces sentiers montagneux sont peu fréquentés, mais demandent une bonne forme physique. Ouvert pendant la saison estivale.

Accès : gratuit
(819) 425-6289

• *Parc régional du Bois de Belle-Rivière*

Petit parc régional de huit kilomètres d'une grande beauté. Avec ses grands jardins fort bien entretenus, ce domaine forestier de 176 hectares est parfait pour la promenade dominicale. Vous y trouverez des aires de pique-nique et même des refuges à louer. Les chiens devront y être tenus en laisse en tout temps.

Accès : 3 $ pour les adultes, 1 $ pour les enfants.
www.ville.mirabel.qc.ca
(450) 258-4924

• *Parc de la Rivière-Doncaster*

Plus de 13 kilomètres de sentiers à plusieurs niveaux de difficultés, accès direct au parc linéaire en sentier de niveau facile. Le lieu dispose de tables à pique-nique et de toilettes sèches. On peut également y pêcher. Ouvert de mai à octobre. Pitou doit être tenu en laisse.

Accès : Pour les non-résidents, 3 $ pour les adultes, 1 $ pour les enfants. Gratuit pour les résidents du secteur. 5 $ si vous voulez pêcher.
(450) 229-9605, poste 244

• *Mont Baldy de Sainte-Adèle*

Réseau pédestre de 13 kilomètres, classé difficile. On traverse d'abord un boisé et une sablière avant d'entreprendre cette montée un peu raide par endroits. Le sommet procure une vue sur les monts Alouette, Olympia et la ville de Sainte-Adèle. Le sentier de la piste Wizzard mène au bord de la rivière du Nord, au milieu d'un boisé dense, en passant par les jolies chutes de Glen Wexford.

Accès : gratuit
Service des loisirs de Sainte-Adèle : (450) 229-9605

• *Réseau Plein-air de Saint-Adolphe d'Howard*

Accessible à l'année. De mai à octobre, vous pourrez profiter de 30 kilomètres de sentiers avec Pitou (en laisse). Les parcours varient de difficile à très difficile. Si vous n'êtes pas trop en forme, il y en aura au moins un des deux qui sera content. L'hiver, le parcours s'étend sur 100 kilomètres, dont 80 kilomètres de raquette où les chiens (toujours en laisse) sont admis.

Accès : 3 $ pour les adultes l'été, et 6 $ l'hiver.
Gratuit pour les moins de 18 ans
www.st-adolphe.com
(819) 327-3519 ou 1 866 ADOLPHE (236-5743)

• *Parc Dufresne de Val-David*

Trente-cinq kilomètres de sentiers en pleine nature agrémentés d'un refuge chauffé et de deux abris. Ce décor très sylvestre est entouré des monts Condor, King et Césaire, bien connus des grimpeurs. Les chiens devront traîner leur laisse. Les randonnées pédestres y sont permises de mai à octobre et doivent faire place l'hiver au ski de fond. Les chiens seront interdits à cette période.

Accès : gratuit – www.valdavid.com
(819) 322-2900 ou 1 888 322-7030, poste 235
(bureau touristique)

• *Centre touristique et éducatif des Laurentides*

Ce centre met à profit la beauté naturelle des environs : lacs, forêts et montagnes. Ses 36 kilomètres de sentiers balisés sont très bien entretenus, et si le cœur vous en dit, vous pourrez partager le savoir de naturalistes chevronnés. Mais les promenades main dans la patte avec votre toutou est permise, à condition qu'il soit en laisse… et que vous teniez l'autre bout.

Accès : 5 $ pour les adultes, 2,50 $ pour les enfants
www.municipalite.stfaustin.qc.ca
(819) 326-1606 ou (819) 688-2161

• *Le sentier de la Tour à Feu*

Court réseau pédestre de 1,5 kilomètre, mais assez escarpé et demandant une bonne forme physique. Par un sentier en montagne, on a accès à une tour désaffectée datant de 1930 et qui servait à cette époque à la surveillance des incendies de forêts. On gravira un total de 700 marches aménagées le long du parcours avant d'avoir un joli panorama sur la région environnante. Aucune réglementation pour le port de la laisse. Ouvert en saison estivale.

Accès : gratuit – (819) 687-3355

• *Parc d'Escalade et de Randonnée de la Montagne d'Argent*

Le meilleur ami de l'homme est également admis avec sa lanière dans ce réseau de 16 kilomètres. Malgré l'omniprésence de l'escalade, les parcours varient de facile à difficile, selon son choix. Des sentiers sauvages mais balisés vous conduiront au lac d'Argent, situé près du sommet de la montagne. Dès les premières neiges, question sécurité, on imposera les raquettes ou les bottes à crampon.

Accès : 3 $
www.montagnedargent.com – (819) 681-7586

• *Le sentier écologique du ruisseau du Diable, à Kiamika*

Petit sentier pédestre facile de 3 kilomètres situé dans la réserve faunique de Papineau-Labelle. Cette situation interdit son accès en période de chasse. Site idéal pour pique-niques et randonnées familiales ainsi que pour les ornithologues et les mycologues amateurs. La laisse obligatoire vous permettra d'empêcher Fido de bouffer quelques amanites vénéneuses. Ouvert de mai à octobre.

Accès : gratuit
Municipalité de Kiamika : (819) 585-3225
Tourisme Hautes-Laurentides : 1 888 560-9988

Mauricie

• *Parc de la rivière Batiscan*

Réseau pédestre de niveaux facile à intermédiaire totalisant plus de 25 kilomètres. De nombreux sentiers longent le cours parfois calme et parfois tumultueux de la rivière Batiscan. Plusieurs belvédères et passerelles permettent un coup d'œil sur les emportements de cette dernière et sur les cuvettes qu'elle a creusées dans le roc au cours des années. Recouvertes d'un épais feuillage, les pistes sont d'une tranquillité feutrée. Camping rustique, semi-aménagé et aménagé. Les chiens en laisse sont permis dans les sentiers, mais sont interdits sur les plages. Ouvert de la mi-mai à la mi-octobre.

Accès : de 2 $ à 14 $ par véhicule
www.parcbatiscan.com – (418) 328-3599

• *Le Domaine de la Forêt Perdue (Labyrinthe)*

On ne sait pas toujours d'où viennent les données, mais il semble que ce soit le plus long labyrinthe au monde. Que ce soit exact ou non n'enlève rien au plaisir de se perdre dans ces courbes et d'y pratiquer son orientation, et ce, en toute saison. La faune et la flore y sont riches et vous pourrez même cueillir des champignons et des fruits en saison. Les chiens en laisse sont permis dans les sentiers. Ouvert à l'année.

Accès : 7 $ pour les adultes, 6 $ pour les enfants, 6 $ par personne pour les familles de 2 adultes et 1 enfant
www.domainedelaforetperdue.com
(819) 378-5946 ou 1 800 603-6738

• *Parc des Chutes-de-Shawinigan et de Shawinigan-Sud*

Réseau pédestre de 10 kilomètres. Au printemps, la rivière Saint-Maurice, qui traverse le parc, se voit libérée de ses entraves hydroélectriques et dévale sur les rochers avec une force et un bruit assourdissant. La masse d'eau culbutant dans sa descente offre un spectacle étourdissant de bruine et d'écume. Les sentiers qui longent la chute parcourent un environnement agréablement boisé et relativement peu fréquenté. Passé la mi-juin, quand les barrages ressaisissent les flots, on peut aller marcher et se faire dorer au milieu du vaste et chaotique lit de pierres de la rivière. Ouvert à l'année. Les chiens doivent demeurer en laisse.

Accès : gratuit – (819) 536-7155
www.campingquebec.com/parcdeschutes

Montréal

• Parc nature du Cap-Saint-Jacques

Cinq sentiers faciles totalisant 35 kilomètres. Ce parc nature occupant la partie nord-ouest de l'île de Montréal est considéré comme étant le plus important de la métropole. Par moments, ses sentiers vont chercher les bords de la rivière des Prairies et du lac des Deux-Montagnes. Ils en suivent un instant les berges avant de replonger entre les arbres. Les paysages d'eau et de boisés qu'ils traversent sont entrecoupés de champs et de friches, et on peut également y voir le château Gohier ainsi qu'une ferme écologique. Les chiens, même en laisse, ne sont pas admis dans le secteur de la plage.

Accès : gratuit, mais 4 $ pour le stationnement

N.B. : Des réglementations similaires s'appliquent aux autres parcs nature : Bois-de-l'Île-Bizard, Bois-de-Liesse, Île-de-la-Visitation, Pointe-aux-Prairies et Anse-à-l'Orme.

http://services.ville.montreal.qc.ca/parcs-nature
(514) 280-6700

• Aires d'exercice pour les chiens

Sur le territoire de la ville centrale (composé des arrondissements de l'ancienne Ville de Montréal), les seuls endroits publics où un chien peut quitter sa laisse sont les aires d'exercice pour chiens. Ces enclos où peuvent courir les chiens sont aménagés dans les enceintes d'une vingtaine de parcs municipaux. Ils font entre 2 000 et 3 000 mètres carrés, soit environ deux fois la surface d'une patinoire de hockey, et ils comptent habituellement plusieurs arbres, des tables de pique-nique ainsi que des poubelles et, dans la plupart des cas, des fontaines à boire.

Par arrondissement sur le territoire de l'ancienne Ville de Montréal :

- *Ahuntsic/Cartierville* : parcs Saint-Benoît et Sault-au-Récollet;
- *Villeray/Saint-Michel/Parc-Extension :* parc Jarry;
- *Rosemont/Petite-Patrie :* parcs Père-Marquette, Lafond et le Pélican;
- *Mercier/Hochelaga-Maisonneuve :* parcs Liébert, Saint-Donat, de la Bruère et Félix-Leclerc;
- *Plateau-Mont-Royal :* parc Lafontaine ;
- *Ville-Marie :* parcs des Royaux et Gallery;
- *Côte-des-Neiges/Notre-Dame-de-Grâce* : parcs NDG, William-Bowie, de la Confédération et Trenholme;
- *Sud-Ouest :* parcs Angrignon et le Ber;
- *Rivière-des-Prairies/Pointe-aux-Trembles :* polyvalente Pointe-aux-Trembles.

Accès : gratuit – www.ville.montreal.qc.ca

• Parc du Centenaire (Arrondissement Dollard-des-Ormeaux/Roxboro)

Sentier facile en trois boucles faisant, au total, 5 kilomètres. Au cœur de ce parc de 103 hectares, un lac artificiel – colonisé par une multitude de plantes aquatiques et fréquenté par plusieurs espèces d'animaux – enlumine le paysage. La forêt attenante et les collines résultant de l'excavation du bassin complètent harmonieusement la morphologie du parc. Deux des sentiers disparaissent dans les boisés, tandis qu'un troisième fait le tour du lac. On trouve également sur place un parc canin clôturé où les chiens peuvent être libérés.

Accès : gratuit – (514) 684-1010

Montérégie

• Les sentiers du mont Rigaud

Le seul endroit où les chiens sont acceptés dans le secteur offre un réseau pédestre totalisant plus de 25 kilomètres sur la montagne, incluant 7 sentiers de niveaux facile à intermédiaire. Ouvert du lever au coucher du soleil, d'avril à novembre. Pendant l'hiver, ses sentiers sont utilisés pour le ski de randonnée des bipèdes seulement. On peut y observer, entre autres, plus de 225 espèces d'oiseaux, écureuils noirs et chevreuils. Pour le grizzly Adams qui sommeille en vous. Ah oui ! N'oubliez pas la laisse.

Accès et stationnement gratuits.
www.ville.rigaud.qc.ca
(450) 451-0869, poste 231

Nord-du-Québec

• Parc linéaire et sentier écologique de Radisson

Un petit 2,5 kilomètres en boucle facile qui vous fera découvrir des panneaux informatifs sur les aurores boréales et la foresterie, des passerelles en bois et un belvédère. Possibilité de descendre dans la vallée et de se rendre aux abords de la Grande Rivière par un sentier plus rustique, débroussaillé mais non-aménagé, et de niveau difficile (environ 1 kilomètre). Le sentier écologique donne également accès au réseau de ski de randonnée d'environ 20 kilomètres de sentiers entretenus seulement en hiver, mais disponibles l'été pour la marche. Le niveau est moyennement difficile en terrain plutôt accidenté. Les chiens en laisse sont permis en dehors de la saison de ski.

Accès : gratuit – (819) 638-7777

• Sentier du parc Robert-A.-Boyd

En fait, deux sentiers : celui du comté de Radisson (10 kilomètres) et celui de la montagne Noire (1,5 kilomètre). Les sentiers sont plus populaires l'été, vu que l'hiver on y accède en motoneige seulement. Le niveau de difficulté varie de facile à intermédiaire. La végétation de la région est constituée essentiellement d'épinettes. Toutou y sera libre comme le vent.

Accès : 3 $ – (819) 638-6673

• *Sentier de la tour du mont Hélios à Chibougamau*

Un sentier intermédiaire de 1,7 kilomètre menant à une tour de 14 mètres de haut. La vue sur la région y est impressionnante. La piste balisée et partiellement gravelée recèle cinq aires de repos et de contemplation. Un panneau d'interprétation vous accueille et permet de choisir son itinéraire. Ouvert à l'année et gratuit pour la gente canine éprise de liberté totale.

(418) 748-6060

• *Réseau Bell-Nature*

Au cœur de Matagami, un sentier de 3,5 kilomètres longe la rivière Bell et le rapide du Chenal pour se rendre à la tour d'observation, qui offre un magnifique panorama sur la ville et ses sauvages environs. On peut également accéder (à 1 kilomètre, par la rivière Bell) à des sentiers de ski de fond qui l'été peuvent être arpentés avec pitou en toute liberté. La forêt boréale vous y attend.

Accès : gratuit – (819) 739-4566

• *Sentier pédestre du mont Springer à Chapais*

Deux kilomètres de sentier semi-aménagé et plutôt ardu vous conduiront, chose rare dans le secteur, à une hauteur de 538 mètres. Une vue imprenable vous attend sur ce promontoire. Balayez quand même le sol à l'occasion, puisqu'il regorge en saison de fruits et de champignons sauvages qui titilleront vos papilles. Chiens admis sans restriction.

Accès : gratuit – (418) 745-2355

Nunavik

Difficile de faire cadrer dans cette rubrique un territoire aussi différent. D'abord par sa grandeur : le Nunavik couvre le tiers de la province du Québec et possède 20 de ses 43 régions naturelles reconnues. Les humains étant en minorité (moins de 10 000 habitants) par rapport aux animaux et la majorité des terres étant publiques, bien peu d'endroits interdisent les animaux. Il y aura possiblement plus de coins où la nature vous fera savoir, à vous, que vous n'êtes pas le bienvenu, plutôt qu'à votre quadrupède favori…

www.nunavik-tourism.com – 1 888 594-3424

Outaouais

• *Parc de la Gatineau*

Le parc de la Gatineau présente un réseau de sentiers de 165 kilomètres, dont 75 kilomètres sont exclusivement pédestres et offrent des niveaux de facile à intermédiaire. Il n'est sous l'autorité ni du provincial ni du fédéral. Il est administré par la Commission de la capitale nationale et n'est donc pas soumis à la même réglementation que les autres parcs. Les animaux domestiques peuvent se promener en laisse dans 94 % des sentiers lors de la saison estivale : sur les 165 kilomètres de sentiers pédestres, 10 kilomètres sont interdits aux animaux domestiques pendant l'été, mais les plages, les campings et les aires de pique-nique leur demeurent interdits. Parcourant un environnement densément boisé, les sentiers mènent, par exemple, à la chute de Luskville (5 kilomètres), où la piste grimpe jusqu'au sommet de l'escarpement Eardley. Il y a aussi ceux du mont King (2 kilomètres, très abrupt), des Caryers (0,8 kilomètre) et du lac Pink (2,5 kilomètres).

L'accès et le stationnement sont gratuits, sauf pour le domaine Mackenzie-King et quelques zones de plaisance.

Il est permis de promener son animal domestique, s'il est **en laisse**, sur les sentiers suivants du parc de la Gatineau :

- Sentier Champlain
- Sentier de Deltaplane
- Sentier des Caryers
- Sentier du Lac des Fées
- Sentier de la Caverne-Lusk
- Sentier des Loups
- Sentier des Pionniers
- Sentier Lauriault
- Sentier de la Sucrerie
- Ainsi que la plupart des sentiers numérotés de 1 à 58.

Pour les détails sur les sentiers, consultez :
www.capitaleducanada.gc.ca/gatineau/outdoor_activities/hiking_f.asp#carte_sentier – 1 800 465-1867

Québec

• *Domaine Maizerets*

Sentiers boisés de niveau facile totalisant 11 kilomètres. Les bâtiments historiques se trouvant sur le site, ses grands arbres, ses pelouses, ses marais, ses jardins et ses aménagements floraux font de l'endroit un agréable lieu de promenade. Apportez vos sacs, les distributeurs sont souvent vides. Plusieurs poubelles sont installées au début des sentiers.

Stationnement et accès gratuits – (418) 641-6117

• *Parc des Champs-de-Bataille (Plaines d'Abraham)*

Parc urbain de 107 hectares avec un réseau pédestre de 17 kilomètres. Les sentiers sont de niveaux facile et intermédiaire.

Autrefois déchirées par les boulets, les vastes étendues gazonnées qui courent entre les fortifications et le fleuve sont aujourd'hui dédiées à la détente et à la récréation. Pour « brûler » votre compagnon, vous pouvez terminer votre sortie par la descente des quelque 300 marches de la promenade des Gouverneurs qui débouche sur la terrasse Dufferin, sous les fenêtres du Château Frontenac. À voir absolument ! Des sacs sont offerts à proximité du Musée du Québec.

Accès : Libre, mais il faut payer pour se garer.
www.ccbn-nbc.gc.ca – (418) 648-4071

• *Promenade de la rivière Saint-Charles*

Réseau pédestre de 9 kilomètres à l'intérieur du parc urbain longeant les berges de la rivière Saint-Charles. Le niveau est très facile, mais ce parc offre une vue magnifique de Québec. Le parc Cartier-Brébeuf est situé à mi-parcours. La piste cyclable chevauche parfois le sentier piétonnier. Apportez vos sacs, les distributeurs étant souvent vides.

Le stationnement et l'accès au parc sont gratuits.
Tél. : (418) 691-5488 ou (418) 641-6148

• *Parc Chauveau*

Ce parc, traversé par la rivière Saint-Charles, possède un réseau pédestre de 10 kilomètres de niveau facile. Surtout fréquenté par les résidents du secteur, le parc Chauveau offre une autre solution intéressante pour se dégourdir les pattes. Des sentiers boisés débouchent sur des plaines où sont disposées des tables de pique-nique. Un petit pont enjambe la rivière Saint-Charles.

Stationnement et accès gratuits. – (418) 641-6201

• *Plage-Jacques-Cartier*

De niveau facile, ce parc aménagé le long des berges du Saint-Laurent offre un réseau pédestre de 2,5 kilomètres. Pour une rare fois en milieu urbain, les propriétaires de chien ont l'avantage du terrain, puisque les cyclistes ne sont pas autorisés à circuler sur cette allée, d'où l'on peut admirer les ponts de Québec et Pierre-Laporte. Idéal pour une petite marche après le souper.

Le stationnement et l'accès au parc sont gratuits.
(418) 641-6148

• *Réserve nationale de faune de Cap-Tourmente*

Réseau pédestre fédéral de près de 20 kilomètres présentant une variante de facile à difficile. Les sentiers sillonnent les marais – pour l'observation des oies blanches à l'automne et au printemps – et grimpent en montagne, d'où l'on peut admirer les courbes du fleuve Saint-Laurent. Le sentier de la Cime vaut l'effort d'être gravi, malgré les 4 heures de marche (aller-retour) qu'exigent ses 510 mètres de dénivelé. Plusieurs autres sentiers sont offerts. Apportez vos sacs : il n'y a pas de poubelles en forêt. Chiens en laisse seulement.

Accès : 6 $ – www.qc.ec.gc.ca/faune – (418) 827-4591

• *Mont Sainte-Anne*

Centre de villégiature avec sentiers aménagés. Réseau pédestre de 31,5 kilomètres ayant des niveaux de facile à difficile. Choisir une journée fraîche pour s'aventurer sur les 12 sentiers de randonnée, dont celui des Pionniers, long de 3 kilomètres. Il présente une vue imprenable sur le fleuve et sur l'île d'Orléans, mais il ne se laisse pas facilement gagner. Des sentiers plus faciles se trouvent au sommet.

Accès par la télécabine : 13 $ pour les adultes, 10 $ pour les enfants (tarifs 2002).
Accès général : 3 $ pour les adultes, 2 $ pour les enfants ou 8 $ pour les familles (tarifs 2002).
Stationnement gratuit.
www.mont-sainte-anne.com – 1 800 463-1568

Info pratique

Si partir en randonnée avec votre animal de compagnie représente pour vous une toute nouvelle idée, voici quelques conseils pratiques :

- **Votre chien** doit être en bonne condition physique. Un chien ayant des faiblesses musculaires, osseuses ou immunitaires risque d'aggraver son état en randonnée.
- **Habituez-le** graduellement à la randonnée. Multipliez et allongez progressivement les sorties de quartier avant de partir sur les sentiers pour la journée.
- **Afin de lui éviter des maux d'estomacs,** attendez que votre chien soit reposé avant de le nourrir et ne reprenez pas l'exercice dès la dernière bouchée avalée.
- **La chaleur et l'humidité** incommodent rapidement les toutous, surtout ceux dont le poil est épais et foncé. Si la randonnée se déroule à découvert, choisissez le matin ou le soir pour la course.
- **Les blessures** les plus communes touchent les pattes : brûlures des coussinets sur le bitume chaud ou coupures sur les roches et les branches. C'est aussi courant que les ampoules pour nous, mais, à moins de munir Gontran de petites bottes (ça existe), on peut difficilement les éviter.
- **Il est impératif** de ramasser les selles, de toujours tenir son chien en laisse où c'est indiqué et de limiter ses aboiements. La négligence de nombreux propriétaires a grandement limité la variété des endroits où les chiens ont désormais accès.
- **Vous pouvez bonifier** le bref survol qui vous est proposé ici en communiquant directement avec les exploitants d'érablières, de zecs, de pourvoiries, les associations touristiques régionales (ATR) ou encore de réseaux de ski de fond dont les sentiers vous font envie, afin de vous renseigner sur leur politique.

Guide de la photographie en plein air

Ou comment rapporter de magnifiques images... et son équipement en bon état !

Le poids, l'eau, la neige, les grandes chaleurs : autant de raisons qui nous poussent parfois à laisser l'appareil photo à la maison. Pourtant, avec quelques conseils, il pourrait faire partie de toutes les sorties.

Photographie en milieu humide

Pluie et neige ainsi que chute dans un lac ou une rivière représentent les pires dangers pour un appareil photo, mais on peut facilement les contrer. Pour protéger un appareil reflex des intempéries, un **sac de type *Ziploc*** peut faire l'affaire. Voici la technique : en orientant l'ouverture du boîtier vers l'ouverture du sac afin de pouvoir changer le film, glissez l'appareil dans le sac, fixez le pare-soleil de la lentille par-dessus l'enveloppe et attachez la courroie au travers du sac. Il ne vous reste plus qu'à découper un trou face à la lentille en faisant attention à ne pas endommager le filtre ou l'objectif.

Pour une vingtaine de dollars, un ***Dry bag* transparent** sera plus sûr (sans toutefois être recommandé pour l'immersion totale). Le plastique souple permet de faire les réglages mais cause une légère perte de lumière et parfois quelques flous artistiques.

En fonction de vos besoins, plusieurs autres options sont aussi à évaluer : les appareils recyclables ou jetables étanches, les appareils compacts à l'épreuve des éclaboussures, les appareils que l'on peut placer dans des caissons spécialisés et ceux conçus pour la plongée sous-marine.

Enfin, vous pouvez utiliser un sac photo de plongée doté d'un verre traité et acceptant même un flash. Dans tous les cas, fixez votre appareil (ou son sac) pour ne pas le retrouver flottant à 100 mètres de vous !

Photographie et randonnée cycliste ou pédestre

Que vous partiez en vélo ou sac au dos, l'essentiel est de bien évaluer vos besoins. **Pensez léger** mais apportez suffisamment de piles, de films de sensibilités variées ou de cartes mémoire. À défaut d'emporter un **trépied** standard, considérez un type plus léger (mais onéreux) en carbone. Sinon, un modèle miniature ou un monopied peuvent vous aider lors de faible luminosité. Autre option : bien des bâtons de marche comprennent une poignée amovible exposant un filetage qui est compatible avec celui de l'appareil.

La photographie hivernale

➤ Transportez votre appareil dans une **grande poche** de votre manteau. Évitez l'intérieur humide du vêtement qui pourrait occasionner de la condensation.

➤ Préférez les **piles** au lithium car elles conservent davantage leur efficacité au froid que les alcalines. Conservez-en un jeu supplémentaire contre vous.

➤ Les **appareils numériques** sont mal préparés pour le froid : ils consomment beaucoup d'énergie, leur écran à cristaux liquides cesse de fonctionner lorsqu'il est gelé et leurs circuits créent de la chaleur qui favorise la condensation. Gardez-les au chaud près de votre corps ou préférez-leur les habituels appareils à film, l'idéal étant les anciens 35 mm manuels qui fonctionnent même sans piles !

➤ Si vous devez **changer un filtre ou un objectif**, travaillez mains nues en les tenant de côté afin que votre chaleur ne crée pas de condensation. Autrement, portez des gants minces de ski de fond.

➤ Pour en faciliter l'utilisation, ajoutez à votre **trépied** des tubes isolants comme ceux que l'on installe autour des tuyaux de plomberie.

➤ **S'il neige beaucoup**, utilisez la technique du *Ziploc*, décrite plus haut.

➤ En **camping hivernal**, conservez votre appareil dans son sac spécialisé, contre votre sac de couchage, si ce n'est dedans.

➤ De **retour à la chaleur**, procédez par étapes. Dans des sacs de plastique, placez l'appareil et tous ses accessoires dans un endroit tiède tel que le rebord d'une large fenêtre. La condensation se fera ainsi sur les parois des sacs et non à l'intérieur de votre précieux appareil. Après que l'appareil aura passé quelques heures à la température ambiante, ouvrez-le pour lui permettre de sécher complètement.

Cadrage et trucs

➤ Installez sur la lentille de votre reflex standard ou numérique un **filtre ultraviolet** et un **pare-soleil** afin de la protéger des chocs, des marques de doigts et de la neige.

➤ Un **filtre polarisant** fait des miracles : il ne faut pas s'en priver. Il est aussi efficace pour densifier le bleu d'un ciel que pour saturer les couleurs d'une fleur. S'adaptant aux appareils reflex et numériques, il se tient à la main devant les appareils compacts.

➤ Vous désirez photographier **un cours d'eau ?** Si votre appareil permet un réglage manuel, stabilisez-le, choisissez une petite ouverture et une durée d'exposition située entre 1/8e et quelques secondes. Vous verrez alors le courant se transformer en un romantique filet aux contours flous.

➤ De la **neige resplendissante ?** Si possible, augmentez d'environ deux crans la quantité de lumière atteignant le film par rapport au posemètre de votre appareil.

➤ **Des fleurs ?** Rien de tel qu'un objectif permettant une mise au point rapprochée (position macro) et l'ajout d'un filtre polarisant qui saturera les couleurs de façon incroyable.

➤ **Un paysage ?** Placez l'horizon ailleurs qu'au centre et positionnez le sujet selon la règle des tiers qui veut qu'il se retrouve à l'intersection des lignes divisant l'image horizontalement et verticalement en trois parties. N'hésitez pas à prendre des photos originales, à vous pencher à la hauteur du sujet, à incliner l'appareil à la verticale, à saisir les gens en pleine action (avec respect, bien sûr) ou à créer un effet de profondeur en plaçant dès le premier plan un objet intéressant.

Photo nocturne en plein air

Avez-vous déjà pensé à photographier les **astres**, loin des pollutions de la ville ? Pour la **lune**, l'idéal est d'être équipé d'une lentille d'au moins 200 millimètres. Belles ombres en perspective lorsque l'astre vient d'apparaître et que la nuit n'est pas encore tombée. Par la suite, ne vous fiez pas à votre posemètre (qui surexposera la photo) et prenez plusieurs photos avec des expositions différentes.

La portée d'un flash dépasse rarement une dizaine de mètres. Donc — et à plus forte raison avec un appareil compact —, désactivez cette fonction, stabilisez l'appareil et utilisez le retardateur. Par un ciel étoilé, en utilisant une durée de quelques heures, vous pourrez voir la voûte céleste effectuer une lente rotation !

Avant de partir

Quelle que soit l'activité projetée, vérifiez que tout votre matériel se transporte de façon agréable et sûre, que ce soit dans un sac spécialisé ou dans un sac étanche ou conventionnel auquel vous aurez ajouté des cloisons protectrices. Le manuel ainsi qu'une bonne connaissance de l'appareil sont essentiels. Et surtout, faites des essais pour vous assurer que tout fonctionne !

Petit guide d'entretien pour grand nettoyage du printemps

Heureux en ménage !

Ça y est, c'est fait ! Samedi dernier, l'inéluctable grisaille du mois de mars aidant, vous avez finalement ouvert le placard à équipement. Là s'entassait depuis l'automne tout le matériel de votre dernière sortie. Sur les bottes, des tâches de mousse blanchâtre révélaient une culture de champignons galopante. La tente, jetée comme un chiffon dans un recoin du placard, accusait un état de macération avancé. Quant au sac de couchage en duvet – était-ce bien lui? –, il faisait mentir le vieil adage selon lequel l'eau perle toujours sur le dos d'un canard!
Afin d'être paré dès l'arrivée des beaux jours, les fins de semaine pluvieuses sont l'occasion rêvée de remettre en condition tout son attirail.

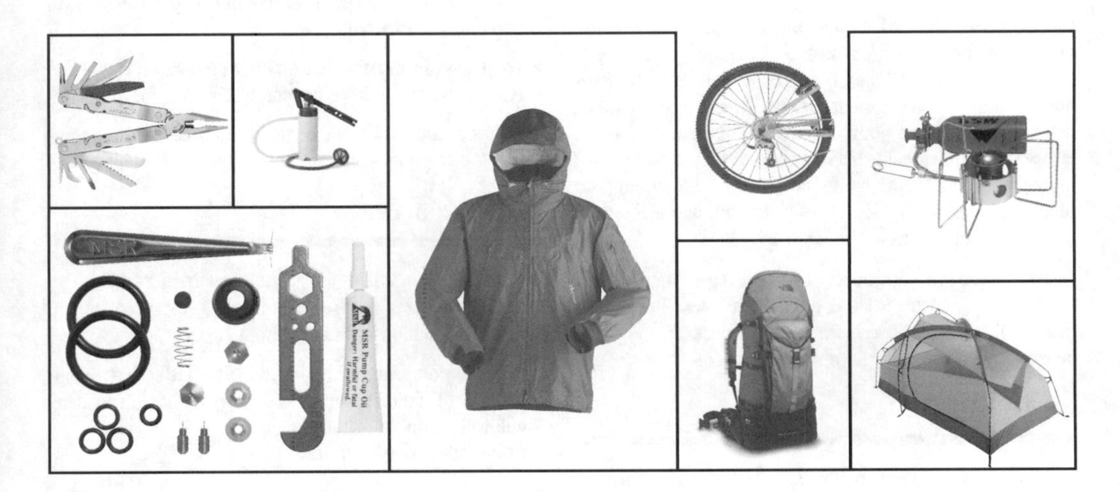

Tente

Ménage du printemps
Lavez **la toile** avec une éponge – jamais dans la laveuse ! – et un savon doux dépourvu de détersif. Il faut rincer vigoureusement la toile afin qu'aucun résidu nettoyant ne subsiste. On sèche à l'air libre, en évitant le soleil. Des enduits efficaces existent afin de minimiser les effets néfastes du soleil.

Très important, lors de l'achat d'une tente, ou au début de chaque saison, **inspectez les coutures**. Pour vérifier s'il y a des fuites, montez-la et arrosez-la à l'aide d'un boyau. Si nécessaire, imperméabilisez les coutures en appliquant un **scellant** à base de polymère ou d'uréthane disponible dans les boutiques de plein air. Chacun a ses défauts et ses qualités : l'un est collant, l'autre pèle parfois.

Pour le **double-toit**, les produits les plus recommandés sont des vaporisateurs. Certains utilisent une solution imperméabilisante à l'élastomère qui n'est pas contenue sous pression et est donc plus écologique.

Si vous disposez d'une **armature en aluminium**, anodisé ou non – l'aluminium est alors oxydé pour en améliorer les propriétés en surface –, l'entretenir avec un lubrifiant à base de silicone permet d'éviter la corrosion.

Les bonnes manières à respecter en tout temps

✓ Vous **pliez** toujours votre tente coutures sur coutures ? Erreur ! Vous contribuez en fait à l'user aux mêmes endroits ! Mieux vaut la bourrer sans ménagement dans son sac de rangement. Assurez-vous cependant qu'il ne reste rien à l'intérieur de la tente – caillou, branche, verre – pouvant déchirer votre toile.

✓ Toujours bien sécher la tente avant de la ranger. Attention aux **rayons du soleil** qui, s'ils sont trop forts, contribuent à miner l'imperméabilité de la toile. Entre chaque sortie, laissez la tente dépliée dans un endroit frais et sec.

✓ Prévoyez un **nécessaire de réparation**. Idéalement, il doit être constitué de rubans auto-adhésifs, de scellant, et de manchons - tiges cylindriques en aluminium qui permettent de réparer une armature à peu de frais.

Sac de couchage

Oui, **le lavage** est rédempteur **pour le duvet** ! Il réactive même ses propriétés initiales – isolation, résistance à l'humidité, compressibilité. Il doit cependant être lavé dans une machine à chargement frontal, avec un savon doux conçu expressément pour duvet. Une fois mouillé, il doit être séché rapidement, sans quoi, il moisira. La technique ? Culbutage à air froid, balles de tennis à l'intérieur : les plumules conserveront leur pouvoir isolant, leur légèreté, et ne s'agglutineront pas les unes sur les autres.

On traite le **sac synthétique** avec les mêmes égards que le duvet. Dans ce cas par contre, le lavage ne régénèrent pas les propriétés initiales. Il faut laver et sécher à froid (ou mieux, à l'air libre) pour ne pas endommager les résines unissant les fibres.

Le réchaud

L'ennemi numéro un du réchaud : l'encrassement. Parmi la pléthore de réchauds disponibles sur le marché, certains consomment des combustibles plus salissants que d'autres. Contrairement à ceux qui carburent au gaz-butane, propane, isobutane, isopropane, etc. – et qui ne requièrent aucun entretien, les réchauds alimentés par des carburants à essence (naphte, kérosène, diesel) seront souillés très rapidement. Si les conduits et les orifices sont très encrassés, utilisez le nécessaire à entretien fourni par le fabricant. En cas de perte, il est possible d'en racheter dans une boutique de plein air. On y trouve aussi des pièces de remplacement (buse, valve de contrôle, valve de réchaud, ressorts, etc.) et des outils qui permettent un nettoyage efficace. Mise en garde : Certains problèmes récurrents peuvent survenir en cas de négligence. Votre réchaud est alors potentiellement dangereux ! Des exemples ?

➤ **La chaleur générée par votre réchaud est insuffisante :** il faut alors démonter et nettoyer toutes les pièces. Vous les plongez dans le naphte, hormis celles en caoutchouc, et les laissez tremper quelques heures. Si un nettoyage n'améliore pas la situation, certaines pièces devront être changées. Renseignez-vous auprès de votre détaillant. Le démontage est une mesure préventive recommandée au moins une fois par année.

➤ **Une flamme jaunâtre et insalubre émane avec persistance :** l'orifice de la buse de votre réchaud est peut-être responsable de ce dysfonctionnement. Vérifiez qu'il est conforme, et changez-le, par exemple, s'il s'est agrandi anormalement par rapport à son état initial.

➤ **Votre réchaud s'allume et s'éteint :** portez une attention particulière au contenant du combustible. Changez-le si une fuite est apparente.

➤ **La pression est faible :** touchez l'anneau d'étanchéité entre la pompe et le contenant. S'il est sec, lubrifiez-le.

Enfin, testez toujours votre réchaud avant de partir en randonnée. Votre estomac et votre bonne humeur en dépendent !

Le filtre à eau

Les bonnes manières à suivre en tout temps

Pour s'assurer de maximiser son efficacité et son rendement, certaines précautions d'usage doivent être privilégiées.

✓ Après le pompage, il importe de **bien vider** le contenu du filtre. Il faut s'assurer qu'il ne reste pas d'eau dans celui-ci, afin d'éviter la prolifération des bactéries.

✓ Dès le retour à la maison, autant que possible, désassemblez-le, nettoyez-le et **asséchez-le** dans les plus brefs délais. S'il vous était impossible de le faire, réfrigérez alors votre filtre. Encore une fois, cette initiative empêche les bactéries de pulluler. Mise en garde : Ne placez jamais votre filtre au congélateur. En gelant, l'eau risque d'en faire éclater les micro-pores.

✓ Certains filtres munis d'un dispositif en céramique permettant de filtrer jusqu'à 50 000 litres d'eau doivent être **brossés** régulièrement (en moyenne une fois pour quatre utilisations). Cette étape est délicate, car une fois sorti du dispositif, le filtre est très fragile. Manipulez avec soin.

Nettoyage de printemps

Quel que soit le type de filtre dont vous êtes muni, s'il n'a pas été asséché avant d'être remisé pendant plusieurs mois, il est bon pour la poubelle, car les bactéries auront alors gagné la bataille. Il est possible de changer uniquement le filtre, mais en terme de coût, il représente la moitié de celui d'un dispositif complet. Aie ! Dire qu'une mesure préventive toute simple permettait d'éviter cet impair…

Système d'hydratation

Une substance jaunâtre non identifiée est collée dans le fond de votre réservoir ? Pilule d'iode sédimentée ? Insecte en gestation ? Ne prenez pas de chance : lavez fréquemment votre poche à eau. On trouve sur le marché des ensembles de **brosses pour réservoir** et un **séchoir spécial** qui facilitent grandement la tâche. Une grosse brosse permet de déloger les impuretés dans les moindres recoins du réservoir et un goupillon – longue tige munie de poils abrasifs – s'immisce au complet dans le tube pour le récurer. Un séchoir permet de garder le sac ouvert pour une aération maximale.

Utilisez de l'eau et un savon doux (par exemple du liquide à vaisselle) pour le nettoyage. Puis faites tremper la poche une dizaine d'heures dans un **mélange d'eau et de bicarbonate de soude** (une cuillère à café par litre d'eau). Cette « saucette » élimine les arrière-goûts persistants. Si une désinfection s'impose au préalable, rien de mieux qu'un bon javellisant. Donnez à votre poche d'hydratation un bain additionné de deux à trois cuillères à café d'**eau de Javel**. Toutefois, ne laissez pas tremper trop longtemps sous peine de boire ensuite de l'eau de piscine! Secouez. Rincez. Plus blanc que blanc…

Vêtements imper-respirants

Si les micropores des membranes imper-respirantes sont perméables à la vapeur d'eau (résultant de notre sudation), elles absorbent aussi les saletés. Des nettoyages fréquents sont donc à prévoir et plus souvent qu'on ne le penserait *a priori*. Ainsi, après une randonnée de plusieurs jours, ou après des activités sportives régulières, ou simplement lorsqu'il est sale, il est avisé de laver notre vêtement technique. Jusqu'à une fois par mois, selon l'utilisation que l'on en fait.

On doit également, une fois par année, lui administrer un **traitement déperlant** pour renforcer son imperméabilité. Idéalement, il faut au préalable laver le vêtement avec un savon doux, sans détergent, conçu pour ce type de membranes. Ensuite, reste à choisir un type de déperlant parmi les deux qui existent : les *wash-in*, que l'on ajoute dans la laveuse après le premier lavage, et les vaporisateurs, dont on asperge le vêtement encore mouillé, car l'eau favorise l'introduction des agents actifs dans les fibres du matériau.

Le vaporisateur permet de traiter le vêtement en tout temps et de vaporiser des endroits stratégiques que l'on veut plus imperméables que d'autres. Les *wash-in* permettent quant à eux de traiter la membrane de façon plus homogène, le vêtement étant introduit entièrement dans le liquide. Toutefois, l'intérieur de votre coquille sera aussi traitée, ce qui réduira sa perméabilité à la vapeur d'eau.

Dernière étape : **faire sécher le vêtement dans une sécheuse** à température moyenne, puis le repasser à la même température (de préférence sous un linge). Cette méthode contribue à aviver le pouvoir imperméabilisant de la membrane, car la charge des ions, inversée lorsque vous malmenez votre vêtement en activité, est alors régénérée par la chaleur. Métaphysique! mon cher Watson.

Chaussures de cuir

Bien entretenu, le cuir d'une botte est extrêmement durable. Règle générale : **nettoyer la chaussure dès qu'elle est sale**. C'est que le cuir est capricieux. Constitué d'entrelacements de fibres qui forment une couche dense et perméable à la vapeur d'eau, il ne peut évacuer la chaleur et l'humidité lorsque ses pores sont bloqués par la saleté. Qui plus est, celle-ci contribue à canaliser l'eau plus en profondeur dans le cuir, réduisant du coup son imperméabilité. Le séchage de la chaussure est par conséquent plus long.

Lorsque l'eau cesse de perler sur la botte, il importe de la **réimperméabiliser**. N'utilisez jamais d'huiles animales : elles distendent le cuir, ramollissent la tige de la chaussure et pourrissent sous l'action jumelée du soleil et de la chaleur! Choisissez plutôt un produit à base de cire d'abeille ou à base d'eau. L'un et l'autre possèdent leurs avantages et leurs inconvénients. La cire d'abeille est plus efficace, mais elle altère la couleur de votre chaussure. Elle obstrue de surcroît les pores du cuir et augmente considérablement le facteur humidex dans le microclimat de votre botte. Les produits à base d'eau permettent de contourner ces écueils, mais leur efficacité est moins durable. Il faut donc traiter la chaussure plus fréquemment. Dans tous les cas, **portez une attention particulière aux coutures** : c'est la zone de prédilection de l'ennemi pour s'infiltrer!

Voilà une série de conseils qui vous permettront de bichonner votre monture sous tous les angles. Si vous la malmenez très souvent, il est recommandé de la confier une fois par an à un spécialiste. Des pièces plus sophistiquées, telles qu'une suspension ou des freins à disque, nécessitent un examen minutieux au début de chaque saison. Qui plus est, il peut être bon, lorsqu'on dispose d'un vélo haut de gamme, de le faire démonter et remonter complètement à des fins de vérification.

Centrer la roue

Suspendez votre vélo ou retournez-le pour le faire reposer sur la selle et le guidon. Faites rouler la roue avant, freinez et relâchez. Si les patins de freins restent en position de serrage et frottent sur la jante, il importe de recentrer la roue. Si le recentrage n'est pas concluant, la roue est peut-être voilée; consultez un spécialiste.

Inspecter les freins

Les plaquettes de freins ne doivent en aucun cas se resserrer sur le pneu. La plaquette doit être positionnée dans un angle qui permet à la partie avant de se poser en premier sur la jante, laissant un espace de un millimètre à l'arrière. Cela permet de corriger, par exemple, le crissement des pneus. Pour les freins à disques, à moins d'être un expert, consultez un spécialiste. Ce sont là des pièces extrêmement sophistiquées, qui requièrent des ajustements précis.

Prendre la pression des pneus

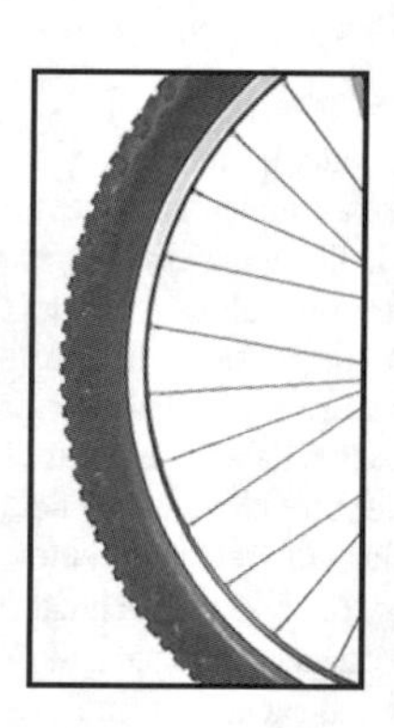

La pression d'air recommandée par le fabricant est inscrite sur le côté du pneu. Assurez-vous qu'elle est adéquate à l'aide d'un manomètre. Une fois le pneu gonflé, il est d'usage de l'inspecter : coupures, égratignures, usure excessive. Si le pneu est abîmé, changez-le. Utilisez un nécessaire d'entretien ou confiez la tâche à un spécialiste si, au cours de l'exercice, votre tension a tendance à monter…

Vérifier le moyeu

Supportez le poids du vélo d'une main, et de l'autre, imposez à la roue un mouvement oscillatoire (de gauche à droite par rapport à l'axe du vélo). Si la roue ne bronche pas, le moyeu est bon; si elle bouge, il est défectueux. Consultez alors un spécialiste.

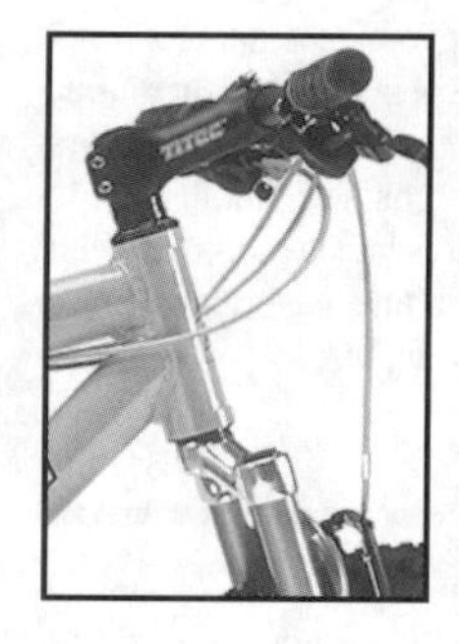

Resserrer la potence

Assis sur le vélo, appuyez fortement sur les freins. Tirez sur le guidon de l'avant vers l'arrière en maintenant le vélo le plus droit possible. Cet exercice vous permettra de vérifier que la potence est bien serrée. Si tel n'est pas le cas, et que vous disposez des outils nécessaires (ils varient selon les modèles), resserrez-la. Sinon, consultez un spécialiste.

Inspecter la chaîne

Faites tanguer votre chaîne. Assurez-vous qu'elle balance avec fluidité. Elle doit être huilée de façon homogène avec une huile spécialement conçue à cet effet. Ainsi, on évite qu'il se forme des dépôts entre les joints ou les maillons.

Mettre le dérailleur à l'épreuve

Pédalez. Prenez de l'élan et enclenchez un changement de vitesse. Si la chaîne accède à une autre vitesse presque aussitôt, le câble du dérailleur arrière est trop tendu. Si la chaîne répond avec hésitation à votre commande de vitesse, qu'elle ne permet pas de progression, le câble est trop lâche. Ajustez alors la vis de réglage qui se trouve sur le câble introduit dans le dérailleur arrière.

Ajuster la selle à la bonne hauteur

Si ce n'était pas déjà fait, assurez-vous que la selle est à la bonne hauteur. Elle doit être assez haute pour qu'il vous soit possible de pédaler à vive allure sans avoir à vous trémousser pour toucher les pédales. Un petit test : asseyez-vous sur la selle, placez votre métatarse (plat du pied) sur la pédale et positionnez-la en bas. L'ajustement est adéquat lorsque la jambe est légèrement fléchie. Elle ne doit pas être droite.

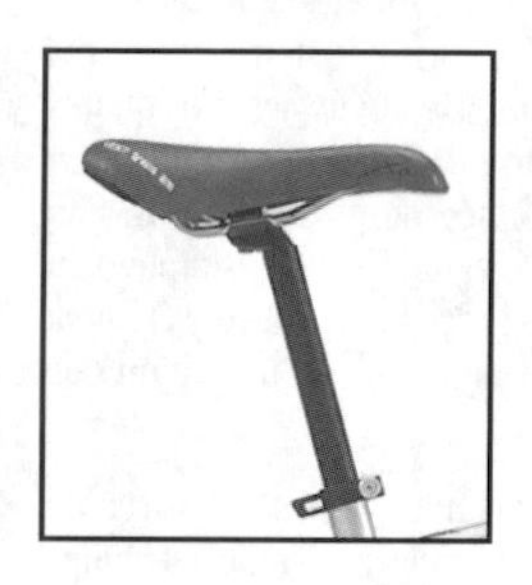

Les mois maudits

Mars et avril : ciel lourd, neige éparse, sol boueux. Octobre et novembre : journées grises, temps froid ou pluvieux. Des mois tristes à mourir ? Pas si on sait bien les occuper ! Voici donc une multitude d'activités pour pallier la monotonie dans l'attente de jours meilleurs !

Quatre saisons dans le désordre

Au secours !

Peu importe la saison, les fins de semaine de grisaille constituent le moment idéal pour améliorer ses connaissances. Le plein air, on le sait, comporte certains risques qu'il ne faut pas négliger. Un **cours de premiers soins** s'impose donc afin que vous puissiez parer à toute éventualité. Que vous préfériez les cours du soir ou les cours intensifs de fin de semaine, vous pourrez aisément trouver ce qui vous convient : ces cours pullulent littéralement. Mais attention ! Assurez-vous que cette formation est adaptée au contexte particulier du plein air. En effet, une situation peut prendre une tournure bien différente lorsque le plus proche village est à dix heures de marche…

- Voir « **Premiers soins** » dans les pages jaunes.

Pour ne pas perdre le Nord

Encore faut-il être capable de rebrousser chemin sans se perdre. Plusieurs organisations offrent des **cours d'orientation** pour aider à ne pas perdre le Nord : il suffit de s'informer auprès de la Fédération québécoise de la marche. À Montréal, certaines organisations et boutiques de plein air proposent un cours d'une journée vous permettant de démystifier cartes topographiques et boussoles, si ce n'est GPS.

- **Fédération québécoise d'orienteering (FQO):** www3.sympatico.ca/oquebec
- **Club d'orienteering affiliées à la FQO :**
  - **Viking** : (450) 433–2527
  - **Ramblers** : (514) 733–5561
- **Fédération québécoise de la marche:** (514) 252–3157 ou 1 866 252–2065. Site Web : www.fqmarche.qc.ca

La plus belle saison de ma vie !

Jouer de la pagaie... en piscine

Au printemps, le dégel a l'avantage de combler tous les amateurs d'**eau vive**. Les rivières se gonflent et offrent aux kayakistes l'occasion de véritables poussées d'adrénaline. Mais, avant de vous lancer tête première à l'eau, vous pourriez trouver certains cours fort utiles. Les boutiques de plein air de même que plusieurs organisations, dont la Fédération québécoise de canot et kayak en eau vive, offrent en piscine des cours d'initiation au kayak pendant les mois de mars et d'avril. Au programme : techniques de base en eau calme et esquimautage.

- **Fédération québécoise du canot et kayak en eau vive :** (514) 252–3099 et www.kayak.qc.ca

Les joies du ski de printemps

Par ailleurs, le printemps arrive toujours trop tôt pour les mordus de **ski de randonnée**. Alors que pour bien des gens, la saison se termine souvent abruptement, dès le début de la fonte des neiges, « Erreur ! », lancent en cœur les irréductibles du ski de fond et du télémark. C'est plutôt le moment idéal pour s'initier aux merveilles du klister alors que la neige granuleuse et mouillée offre souvent les plus belles randonnées de ski hors-piste de la saison.

En effet, une journée de ski en manches ou culottes courtes mérite bien qu'on se trempe un peu les doigts dans cette substance collante et vaguement repoussante. Traîner en tout temps une paire de gants de latex s'avère un conseil judicieux : ils contribueront à rendre moins désagréable l'application du klister. Donc, aucune raison de ne pas étirer sa saison jusqu'à ce que la neige disparaisse tout à fait !

Mais lorsque survient l'inévitable et que les planches aboutissent au fond de la remise, une visite au **Musée Jackrabbit du ski** (à Saint-Sauveur, dans les Laurentides) est tout indiquée pour terminer la saison sur une note éducative. Le Musée ayant récemment déménagé ses pénates dans un restaurant de la région, il est désormais possible de le visiter en tout temps. Une excellente façon de découvrir l'homme derrière la légende...

- **Musée Jackrabbit du ski :** (450) 240-1000

Talons levés, genoux fléchis

Les adeptes du **télémark**, pour leur part, peuvent profiter de la fin de la saison pour s'inscrire à un cours de perfectionnement. Au printemps, non seulement le corps est-il musculairement beaucoup mieux préparé qu'auparavant, mais la plupart des écoles poursuivent assez tardivement leurs activités. Seul écueil : ces cours peuvent se donner relativement loin des centres urbains. Informez-vous à votre station de ski ou passez un coup de fil à l'Association québécoise du télémark.

À faire aussi pour terminer la saison en beauté : assister au Championnat provincial de télémark du Québec qui a généralement lieu à la fin du mois de mars. Puisque l'endroit privilégié pour la tenue de cet événement change d'année en année, il faut s'informer auprès de Télémark Québec pour obtenir les renseignements d'usage. Le Championnat promet des moments exaltants à tous les amateurs qui s'y rendront afin d'encourager les experts. À la mi-mars, les vrais passionnés peuvent en outre se payer une virée au festival annuel du télémark à la station Mad River Glen de Fayston, au Vermont. C'est, paraît-il, le plus grand rassemblement du genre, organisé par la *North American Telemark Organization* (NATO). Bon an, mal an, l'événement attire quelque 1 400 participants qui prennent un malin plaisir à dévaler les pentes de Mad River Glen. Dans le cadre du festival, des cliniques et des démonstrations sont prévues.

- **Télémark Québec et Ski Québec :** (514) 252-3089
- **Télémark Québec :** www.telemarkquebec.qc.ca
- **Ski Québec :** www.skiquebec.qc.ca
- **Calendrier des événements au Vermont :** www.vtliving.com/events

De la glace au rocher

L'arrivée de mars sonne souvent le glas pour les **grimpeurs de glace** pour qui, à moins de fuir plein nord, les piolets et les crampons s'avèrent de moins en moins utiles en cette période de dégel. Le printemps est donc la période rêvée pour préparer un bon programme d'entraînement et se remettre les doigts en forme pour le rocher. Afin de permettre de retrouver force musculaire et souplesse, les centres d'escalade intérieure offrent donc des cours de perfectionnement, voire des programmes d'entraînement bâtis sur mesure.

Les débutants peuvent aussi sauter sur l'occasion et s'inscrire à l'un des nombreux cours de transition intérieur-extérieur : un incontournable pour quiconque souhaite goûter au plaisir de la grimpe à ciel ouvert. Pour connaître la liste des murs intérieurs, informez-vous auprès de la Fédération de la montagne et de l'escalade.

- **Fédération québécoise de la montagne et de l'escalade :** (514) 252-3004 et 1 866 204-3763. Site Web : www.fqme.qc.ca

Pour être un bon mécano et un pro du cardio

Pour les mordus du **vélo**, l'attente du beau temps peut s'avérer des plus pénibles. Pourquoi donc ne pas profiter d'une journée pluvieuse pour s'inscrire à un cours de base en mécanique ? Fini les sorties gâchées par les crevaisons ou les freins mal ajustés. Après cette journée de formation, vous serez entièrement autonome devant un bris ou un problème mineur. Plusieurs centres sportifs universitaires offrent le cours, notamment ceux de l'Université de Montréal et de l'Université Laval.

Quant à la meilleure façon de profiter de cette attente forcée, c'est parfois une question de rester à l'intérieur pour améliorer sa forme cardiovasculaire et renforcer sa musculature. Tous les moyens doivent être mis en œuvre pour que vous puissiez affronter vos premières côtes sans toutefois y cracher vos poumons ! Vélo stationnaire ainsi que poids et haltères deviendront vos meilleurs amis...

Vous ne vous sentez pas le courage de pédaler comme un forcené, seul dans votre salon? Certains centres de conditionnement physique ont pensé à vous en offrant des cours de *Power pacing* (aussi appelé *Spinning*). Fraîchement arrivés de la Californie, ces cours sont construits sur le modèle de la danse aérobique : animateur, musique entraînante, etc. Les espadrilles ont fait place aux vélos stationnaires, et les enchaînements de sauts à des montées virtuelles. En participant à des jeux de vitesse ou à des relais, on arrive même à s'imaginer sur un parcours de cyclistes. C'est là une excellente préparation car l'activité, jumelée à une bonne montée d'adrénaline, peut rapidement devenir très intense. Qui plus est, vous pouvez vous joindre à un groupe, mais faites vite : le *Power pacing* gagne de plus en plus d'adeptes et les places sont limitées !

- **Centre d'éducation physique et des sports de l'Université de Montréal (CEPSUM) :** (514) 343–6150
- **Centre sportif de l'UQAM :** (514) 987–7678
- **Pavillon de l'Éducation physique et de sports (PEPS) de l'Université Laval :** (418) 656–2807

Légende d'automne

Ménage d'automne

Le début d'octobre, c'est le règne de la boue et des feuilles mortes dans les sentiers. C'est le moment idéal pour **inventorier** et préparer les articles dont on aura besoin quand la saison froide sera vraiment installée. Chaussures isolantes, équipement de télémark, raquettes, crampons, matériel de camping d'hiver, ainsi de suite. C'est le temps du magasinage ! Puis, comme c'est le cas en mars ou en avril pour notre équipement estival, voilà la période par excellence pour procéder à un **entretien** minutieux de notre précieux matériel : réimperméabilisation de la tente, des vêtements imper-respirants, des chaussures; lavage des sacs de couchage; vérification du fonctionnement du réchaud et du filtre à eau. Bref, voilà autant de corvées qu'il vaut mieux effectuer maintenant que le jour qui précède le départ pour une expédition d'hiver…

Où est-ce qu'il s'en va avec ses skis… à roulettes ?

Puisque la neige tarde souvent à venir, on peut, à l'aide de **skis à roulettes**, avancer au mois de septembre la date de son entraînement de ski de fond. Sur les pistes cyclables ou sur les routes de campagne, en pas de patin ou alternatif, c'est l'idéal pour préparer la saison. Il est même possible, auprès de certaines boutiques de plein air, de louer l'équipement requis.

Quand ça ne va pas fart !

Quand les premières neiges tombent, **un cours de fartage ou d'aiguisage** peut être le bienvenu. Peu coûteux, un tel cours — offert par bon nombre de clubs, de stations de ski de fond et de boutiques de plein air — changera à jamais votre perception du ski de fond. Au programme : apprendre à nettoyer les skis, à vérifier leur rectitude, à les poncer, à appliquer le fart de base adéquatement et aux bons endroits et enfin à poser un fart d'adhérence. Pour les skis munis de carres, des experts démontreront la technique à laquelle il faut recourir non seulement pour les aiguiser mais aussi pour en enlever la rouille, les lisser, biseauter, ébarber et arrondir comme il se doit.

Terrain glissant

Les avalanches sont une réalité au Québec. Les amateurs de glisse hors-piste gagneraient donc à s'inscrire au programme d'éducation publique (PEP) du Centre d'avalanche de La Haute–Gaspésie. De concert avec des spécialistes de l'Association canadienne d'avalanche (ACA), le Centre offre deux types de formations préventives : le **cours d'introduction en sécurité-avalanche** (CISA), d'une durée de 16 heures, et le **cours avancé en sécurité-avalanche** (CASA), d'une durée de 32 heures. Ces cours permettent de développer une réelle compétence pour lire les faiblesses des manteaux neigeux en terrain avalancheux et de mieux cerner les causes qui sont inhérentes à la formation des avalanches, notamment par leur étude typologique. En outre, ces cours conscientisent l'adepte de randonnée en montagne de la nécessité de bien planifier son itinéraire ainsi que ses déplacements et, selon le cas, de faire de la prévention et du sauvetage en de tels milieux. Compte tenu que les formateurs se déplacent dans plusieurs régions du Québec, il suffit de s'informer auprès du Centre pour obtenir les précisions d'usage. Certaines boutiques de plein air offrent également ce genre de formation.

- **Centre d'avalanche de La Haute–Gaspésie :** (418) 763–7791 et www.centreavalanche.qc.ca

Famille et plein air

Guide de survie pour parents avertis

J'ai chaud!

J'ai faim, quand est-ce qu'on mange?

Est-ce qu'on est bientôt arrivé?

J'ai soif!

Le plein air en famille, ce n'est pas toujours facile. Il faut une bonne dose de patience, d'entrain et d'imagination pour affronter les écarts d'humeur des enfants. Conseils et trucs pratiques pour transformer ces aventures en succès garantis.

Les règles de base

1) Mettre de côté la performance et le nombre de kilomètres parcourus, et faire place à la spontanéité du moment.

2) Impliquer les enfants dans la préparation de la sortie : choix de la destination et de l'activité. Il faut faire des propositions ensemble et tenir compte des opinions de chacun.

3) Être réaliste dans le choix du circuit. Ne pas surestimer ses capacités. Il est primordial de choisir un circuit adapté à chaque membre de la famille. L'endurance des plus jeunes est surprenante. Tout est dans la motivation et l'enthousiasme que les parents y mettent.

4) Varier les activités durant la journée. Avant l'âge de huit ans, un enfant a besoin de moments où il peut jouer librement.

5) Se préparer à temps : mettre dans un coin ce que l'on apporte. La veille, on peut faire le lunch et préparer les accessoires, et sortir les vêtements des enfants.

6) Commencer la journée de préférence tôt le matin pendant que les enfants sont en pleine forme. Pour les sorties d'une journée, il est conseillé d'opter pour des trajets de courte durée. Mal préparés, les longs trajets en automobile rendent les enfants maussades et agités. Ne pas oublier jouets, livres et autres compagnons pour la route.

Maman, bobo !

Pour ne rapporter que de bons souvenirs d'une journée de plein air, voici quelques précautions à prendre :

➤ Apporter une trousse de premiers soins en cas de blessures mineures : pansements de tailles diverses, moleskine pour ampoules au pied, peroxyde, pince à écharde, petits ciseaux. Y glisser une pommade d'api; c'est l'idéal pour les allergies aux piqûres de moustiques. Et de l'aloès pour appliquer sur une coupure, une façon naturelle de se protéger contre l'infection. Un antiseptique tel que le Polysporin est aussi recommandé.

➤ Rappeler aux enfants de ne pas boire ni manger ce qu'ils trouvent dans la nature (champignons, petits fruits, plantes, etc.) sans le consentement du parent. L'eau de certains lacs et rivières peut être contaminée par des parasites découlant des excréments de castor, de chien ou du bétail. Si l'on est obligé de boire l'eau d'un lac, il faut la purifier avec des pastilles d'iode ou au moyen d'un filtre que l'on trouve dans les boutiques spécialisées de plein air.

➤ Apporter une crème anti-moustique et vérifier le pourcentage de « DEET ». La dose ne devrait pas dépasser 9,5 % pour une application sur la peau des enfants.

➤ Faire porter un chapeau et badigeonner les parties exposées du corps des enfants, qui sont plus sujets aux coups de soleil que les adultes, avec une lotion antisolaire FPS 30, au minimum. Bien protéger leurs lèvres avec de l'écran total en tube.

➤ Protéger le bout du nez et les joues des enfants contre les engelures pendant les sports d'hiver. Un faux col en polaire pour le visage et une bonne couche de vaseline sur les joues et le bout du nez sont de mise par grand froid. Si des signes d'engelures apparaissent (taches blanches), rentrer et réchauffer les petits sans tarder. Ne pas frotter les zones d'engelures, vous pourriez endommager les tissus à jamais.

Végépâté ou beurre d'arachide ?

En plein air, les enfants ont toujours faim. Normal, ils sont constamment en action : grimper, courir, sauter… Un enfant qui a faim devient vite irritable. Il ne faut donc pas oublier de remplir le sac de nourriture saine à leur mettre sous la dent !

➤ Laisser les enfants aider à la préparation du pique-nique. Ils ne feront pas de grimaces lorsque viendra le temps de manger leur sandwich, puisqu'ils auront eux-mêmes choisi la garniture.

➤ Amener de la nourriture plus que d'habitude; les sorties en plein air creusent l'appétit.

➤ Opter pour des noix mélangées et des fruits séchés à haute teneur en énergie pour les collations. Sucreries et produits contenant des agents de conservation sont à bannir, car leur consommation excite les enfants et les rend hyperactifs.

➤ Prévoir une bouteille d'eau par personne. Les enfants aiment avoir leur propre bouteille pour boire à leur guise.

Quoi faire avec sa petite famille

Deux milles à pied, ça use les souliers…

Soyons francs : marcher pour marcher n'intéresse pas les enfants. Mais, lorsque la nature se transforme en un immense terrain de jeu, la randonnée pédestre prend un tout autre sens. Un bout de bois, un ruisseau qui jaillit près du sentier, un immense rocher pour y grimper. Tour à tour, les enfants se transforment en explorateurs, chevaliers, hommes des cavernes, et sont heureux d'explorer la nature en compagnie des parents. Été comme hiver, la nature offre mille surprises à quiconque ose s'y aventurer.

Trucs et astuces

➤ Laisser les enfants transporter leur sac à dos. Ils peuvent y mettre leur gourde, leur collation et les trouvailles qu'ils font dans la nature.

➤ Leur montrer comment lire la carte des sentiers et ainsi repérer où ils sont sur la carte.

➤ Faire une excursion en forêt est une expérience extraordinaire, avec ou sans raquettes, selon les conditions de neige. Plusieurs centres de plein air offre des sentiers pour la marche hivernale. On peut jouer à cache-cache derrière les sapins ensevelis ou repérer les traces des petits animaux, les enfants en redemandent. Aussi, quoi de mieux que d'admirer les étoiles toute la famille allongée sur la neige folle ou sur un lac gelé et écouter la terre nous parler…

- Fixer des objectifs pour les « pauses ravitaillement ». Par exemple : après la montée, au bord de la rivière, etc. Si les règles sont établies au départ, les chances de confrontation sont diminuées.
- Prévoir des gâteries style chocolat ou sucettes non sucrées pour le sprint final ou les moments de baisse d'énergie.
- Apprendre aux enfants à regarder la nature et à identifier les arbres, à rechercher des indices de la présence de petits animaux, à observer les plantes qui bordent le sentier. Apporter des jumelles et suggérer aux plus grands d'inscrire leurs observations dans un petit carnet.
- Laisser les enfants s'amuser quelque temps s'ils trouvent un endroit agréable pour jouer (un petit ruisseau, un trou dans un arbre, un tronc qui traverse le sentier). Mieux encore, jouer avec eux… ou en profiter pour faire une pause.
- Laisser les enfants se salir ! Prévoir des vêtements de rechange dans la voiture et une deuxième paire de mitaines dans le sac à dos.
- Inventer des histoires où gnomes, trolls et autres habitants de la forêt sont là qui espionnent. Simuler leur présence, fabriquer des pièges. Les enfants adorent ce genre de jeu.
- Prendre le temps de parler avec eux de sujets qui les intéressent. Loin du stress et des obligations de la vie de tous les jours, la randonnée pédestre est un moment idéal pour discuter en famille.
- Transmettre aux enfants le respect de la nature et de ses habitants. Leur apprendre à rapporter leurs déchets et à ne laisser derrière eux que les empreintes de leurs pas sur le sol.

Oups ! Papa, j'ai échappé la rame…

Les enfants apprécient les sorties en canot. Ils peuvent choisir entre ramer ou se laisser porter à leur guise. Rares sont les activités qui proposent une telle alternative ! Règle générale, les enfants aiment aider de quelques coups de rame. On peut acheter des rames de petite taille facilement maniables par les plus petits. Il ne faut pas oublier d'apporter un chandail à manches longues pour les retours en fin d'après-midi; on est plus frileux après avoir passé la journée sur l'eau.

Trucs et astuces

- Choisir un parcours varié : coup d'œil sur des barrages de castors, circuit parsemé de rochers et d'autres menus obstacles à franchir. Laisser les enfants trouver le passage met du piquant !
- Choisir un lac qui offre des plages pour faire un plouf ! ou des rochers pour se poser. Aussi, les enfants aiment se retrouver seul pour jouer dans le canot pendant que les parents relaxent sur la plage. Toujours veiller à leur sécurité.
- Faire la course avec d'autres canots. C'est toujours excitant pour les enfants.
- Former des équipes et jouer au ballon rame en kayak ou en canot, en s'inspirant du ballon-balai.
- Chanter des chansons à répondre. S'il y a plusieurs canots, tout le monde peut chanter en cœur en canon.
- Jouer aux devinettes et au premier qui voit… un héron… un castor…

Pédaler, ramer, marcher, skier ! MAIS NE PAS OUBLIER DE…

- Relaxer, sourire, respirer par le nez et profiter de la présence des enfants pour se ressourcer.
- S'amuser avec eux !
- Les encourager ! Leur dire combien on est fier d'eux.
- Être patient ! Les enfants aiment inventer des jeux. Se mettre à leur niveau et ne pas passer son temps à leur dire : « Non, fais pas ça ! » ou bien « Dépêche-toi ! ». Laisser-les être des enfants, tout simplement.

Nuits sous la tente

Les enfants adorent faire du camping. Ils ne sont donc pas difficiles à motiver. La foule d'activités offertes a de quoi satisfaire les plus exigeants : baignade, exploration dans la nature, jeux dans la tente, etc. Sans compter les amis qui partagent les autres sites. Un séjour en camping fait toujours l'unanimité chez les enfants, mais exige plus d'organisation de la part des parents. Mais quoi de mieux que de se réveiller en pleine nature pour débuter la journée en beauté ?

Trucs et astuces

- Laisser les enfants aider à l'installation de la « nouvelle maison » : monter la tente, préparer les lits, gonfler les matelas, ranger les sacs à l'intérieur de la tente.
- Assigner des tâches aux enfants : trouver le bois pour le feu, aller chercher de l'eau. Les enfants aiment se sentir importants.
- Organiser, le soir venu, une chasse aux trésors où les enfants, munis d'une lampe de poche, parcourent les environs à la recherche d'indices, les plus grands aidant les plus petits.
- S'asseoir autour du feu de camp et raconter des histoires que chacun complète à tour de rôle.
- Jouer à l'espion. Transformés en espions, les enfants doivent fournir des renseignements précis. Par exemple, voir au site nº 4 la couleur de la tente, au nº 6 la couleur de la nappe, au nº 2 ce qu'il y a sur la corde à linge, etc... Plaisirs garantis !
- Combiner canot et camping est une activité agréable quand on est plusieurs familles. Les enfants adorent se retrouver en groupe et demandent moins d'attention. Comme les sites sont souvent près d'un lac, la proximité de la plage est un véritable paradis pour les enfants. Il faut d'abord s'assurer que les bords du lac ne sont pas profonds et que les enfants peuvent y jouer en toute sécurité.

Des écailles de poissons sous mes skis !

Les enfants sont toujours excités à l'idée de chausser des skis de fond pour la première fois. Ils croient qu'ils vont s'élancer dans la forêt à toute vitesse. Mais malheur ! La réalité est loin de combler leurs attentes. La technique n'est pas facile à maîtriser. Les sentiers de courte distance (prévoir trois ou quatre kilomètres pour un enfant de six ans) sont plutôt plats, donc sans grand défi pour l'enfant. Résultat : ce dernier se décourage, et papa et maman doivent se relayer pour le traîner... Il faut patienter et de belles années de ski de fond attendent la famille. Vers l'âge de huit ans, l'enfant a une plus grande stabilité et une plus grande force physique. Au menu : descente en contrôle, montée en toute facilité, pratique du pas de patin. Les enfants adorent.

Trucs et astuces

- Optez pour des skis de fond avec des écailles de poissons. Elles aident grandement dans les montées. Ensuite, vers l'âge de 10 ans, si l'enfant possède une bonne technique, il pourra changer pour une semelle lisse. Ce qui bien sûr donne plus de rapidité dans les descentes.
- Laisser l'enfant farfouiller autour du centre avant d'attaquer un sentier. S'assurer qu'il maîtrise le mouvement.
- Transporter dans un traîneau les plus petits qui ne peuvent chausser de skis. La plupart des centres de ski de fond en font la location. Ou utiliser un porte-bébé avec armature en métal. Faire l'essai avant de se lancer dans une longue randonnée pour en vérifier le confort.
- Mettre des peaux de phoques sous les skis des enfants. Ils auront un meilleur contrôle dans les descentes et pourront grimper plus facilement.
- Rester dans des sentiers faciles au début. Rien ne sert de décourager l'enfant par des montées en canard.
- Opter pour des sentiers en boucle. Il sera plus facile de revenir à l'accueil si les enfants sont fatigués.
- Choisir un centre de ski de fond qui offre des refuges le long des sentiers. Rien de mieux que casser la croûte au chaud avant de repartir.
- Pour encourager l'enfant, lui faire un tableau sur lequel sera inscrit le nombre de kilomètres parcourus. Fixer un objectif de fin de saison et donner au jeune une petite récompense si le but est atteint.

Une nuit en refuge

En raquette ou en ski de fond, pourquoi ne pas dormir en refuge ou en bivouac avec ses rejetons ? Équipé d'un poêle à bois et de bases de lit pour dormir, vous trouverez confort et chaleur en pleine nature. Quelques règles à respecter :

- choisir un site situé à quelques kilomètres de l'accueil;
- faire une liste des choses à apporter et préparer les sacs à l'avance;
- s'assurer que chacun porte un poids adapté à sa taille. La charge du sac à dos ne devrait pas excéder 20 % du poids du corps : par exemple, 10 kilos de matériel pour une personne de 50 kilos. Ne pas oublier que les conditions climatiques hivernales ainsi que la charge d'un sac à dos ralentissent le débit;
- éviter de partir à la noirceur.

À chaque âge son plaisir

Avec un bébé et des petits de 2-3 ans

Règle générale : les enfants s'adaptent partout. Pourvu que les parents soient bien, le reste va de soi. Il faut respecter les capacités de chacun. Rien n'empêche un parent d'aller faire un plouf ! tandis que l'autre reste dans la tente à bouquiner avec bébé qui roupille à ses côtés.

- Éviter, pour les randonnées, les poussettes qui s'avèrent restrictives dans les montées et les terrains accidentés. Il existe sur le marché de l'équipement de pointe pour transporter bébé (environ jusqu'à l'âge de trois ans) sans souffrir. Le porte-bébé ventral ou dorsal avec armature en métal est idéal pour traîner le petit dernier.
- Choisir un appareil adapté à son âge. Prévoir des arrêts fréquents pour lui permettre de se dégourdir les jambes. Généralement, les jeunes enfants se plaisent à être porté par papa ou maman.
- Ne pas oublier de traîner des sacs plastiques vides pour y déposer les couches souillées de votre bébé.

Avec des ados

Suivre papa et maman quand on est ado n'est pas très motivant. Le trajet en voiture se fait souvent avec un baladeur sur les oreilles. Mieux vaut laisser à la maison un ado non motivé que de le traîner avec vous. Il risque de gâcher votre journée de plein air. L'important ce n'est pas la quantité des moments passés avec eux, mais bien la qualité. Il faut leur faire confiance et parfois leur permettre de rester à la maison.

- L'idéal est de partir avec d'autres familles ayant des ados ou d'amener un de leurs copains avec vous.
- Grande vedette de l'heure, la planche à neige fait le bonheur de nos jeunes. Si l'idée de faire la queue pour prendre le remonte pente vous rebute, pourquoi ne pas choisir une station de ski qui offre des sentiers de ski de fond à proximité ? Vos ados seront contents d'être seuls et vous pourrez pratiquer votre sport préféré en toute quiétude. À la fin de la journée, vous serez heureux de vous retrouver pour vous raconter vos aventures.
- Une autre solution est de prendre la direction d'une base de plein air qui offre une variété d'activités : patin, escalade de glace, traîneaux à chien, ski de fond. Chacun devrait trouver chaussure à son pied selon son humeur.
- En camping, les ados apprécient avoir leur propre tente. Ils peuvent ainsi monter leur campement et transformer leur QG comme bon leur semble.

Pour plus d'info

- www.enfantsquebec.com
- www.bonjourquebec.com/francais/idees_vac/famille.html

L'équipement en inventaire

Histoire d'aider à préparer les sorties en plein air, voici des listes d'items à prendre avec soi selon l'activité choisie. Ceux qui ont déjà négligé d'apporter avec eux du papier de toilette, par exemple, ou encore laissé leur pagaie à la maison alors qu'ils partaient pour une semaine en kayak de mer, connaissent l'importance que revêt la planification lorsqu'il s'agit d'équipement essentiel. Il ne faut donc pas hésiter à passer en revue les listes qui suivent chaque fois que prend l'envie de partir. Avant qu'il ne soit trop tard pour revenir en arrière, on peut ainsi s'assurer de ne rien oublier. Il ne reste plus qu'à cocher ce dont on a besoin et l'affaire est dans le sac !

Les essentiels

Que l'on décide de partir à pied ou à skis, en canot ou en kayak, en vélo, pour une seule journée ou plusieurs nuits en camping, on ne sait jamais ce que réserve la nature. Vaut mieux prévenir… Quels que soient l'activité ou l'itinéraire choisi, les éléments suivants sont essentiels à la survie. Il faut penser à mettre dans un petit sac de jour les items qui suivent.

- ❑ Carte de l'itinéraire choisi
- ❑ Boussole
- ❑ Trousse de premiers soins
- ❑ Lunettes de soleil et crème solaire
- ❑ Lampe de poche ou frontale avec batterie de rechange
- ❑ Couverture de survie
- ❑ Allume-feu et/ou chandelle (source de chaleur)
- ❑ Carte d'assurance maladie et numéros de téléphone en cas d'urgence.
- ❑ Briquet et/ou allumettes (dans un contenant étanche)
- ❑ Couteau
- ❑ Sifflet
- ❑ Trousse de réparation (versatile)
- ❑ Gourde d'eau
- ❑ Nourriture énergétique (extra)
- ❑ Plan de l'itinéraire dont une copie sera laissée à un ami, à la maison
- ❑ Couvre-sac imperméable
- ❑ Autres : ______________________

Trousse de premiers soins

Elle devrait toujours nous accompagner, de préférence dans un sac à l'épreuve de l'eau. Au fil des expériences, on apprend à la compléter selon ses besoins et les diverses éventualités. La trousse devrait toujours contenir les items qui suivent.

- ❑ Petits ciseaux
- ❑ Pansements stériles
- ❑ Diachylons
- ❑ Onguent antiseptique
- ❑ Pince à épiler
- ❑ Aiguilles, épingles et lames de rasoir
- ❑ Sparadrap
- ❑ Tylenol, Advil, Aspirine ou autres produits similaires
- ❑ Tablettes de glucose
- ❑ Serviettes hygiéniques (peuvent servir de compresses ou coussinets)
- ❑ Moleskin et Compeed (pour soigner les ampoules)
- ❑ Tampons d'alcool
- ❑ Gazes
- ❑ Désinfectant
- ❑ Pommade pour les lèvres
- ❑ Lotion Calamine
- ❑ Bandage élastique
- ❑ Bandage compressif
- ❑ Médicaments personnels
- ❑ Autres : ____________________

Trousse de réparation

Même si l'on a déboursé des sommes importantes pour son équipement, il est difficile de prévenir les bris. Un pépin est vite arrivé et, sans une pièce d'équipement essentielle, une sortie en plein air peut vite tourner au cauchemar. Vaut mieux s'y préparer et apporter les quelques items suivants, qui pourront maintes fois tirer d'embarras.

- ❑ Fil de laiton
- ❑ Ruban adhésif (Duct Tape)
- ❑ Cordelette
- ❑ Ficelle de nylon
- ❑ Nécessaire à couture (petits ciseaux, aiguilles, fil, boutons, etc.)
- ❑ Épingles de sûreté
- ❑ Attaches de plastique (*tie wraps*) et petits collets de métal
- ❑ Sangles et boucles diverses
- ❑ Colle ou Epoxy
- ❑ Pièces de nylon Ripstop
- ❑ Pièces de caoutchouc
- ❑ Papier sablé fin
- ❑ Feuilles d'aluminium
- ❑ Petit mousqueton
- ❑ Trousse de réparation pour matelas autogonflant
- ❑ Tout autre produit pertinent relié à l'activité pratiquée
- ❑ Autres : ____________________

Vêtements

Avec le système multicouche, on pourra trouver les meilleures combinaisons pour s'ajuster à la température extérieure et à l'intensité de l'activité physique, sans pour autant vider sa garde-robe dans son sac. L'épaisseur des vêtements varie selon la saison et le climat qui prévaut mais, peu importe la durée de l'itinéraire, on prendra au moins avec soi les vêtements qui suivent.

En été

- ❑ Coupe-vent (imperméable de préférence)
- ❑ Surpantalon coupe-vent (imperméable de préférence)
- ❑ Chandail de laine ou laine polaire
- ❑ Sous-vêtements longs (haut et bas); optionnels selon la destination
- ❑ T-shirt (synthétique de préférence)
- ❑ Chandail léger à manches longues (protection solaire)
- ❑ Deux paires de bas de laine ou en fibre synthétique (minimum)
- ❑ Deux paires de bas minces en fibre synthétique (facultatif)
- ❑ Sous-vêtements réguliers de rechange (caleçons ou petites culottes, soutien-gorge)
- ❑ Pantalons (quick-dry de préférence)
- ❑ Shorts (quick-dry de préférence)
- ❑ Chapeau ou casquette (protection solaire)
- ❑ Petite paire de gants en laine ou en fibre synthétique
- ❑ Vêtements de rechange (au sec)
- ❑ Sandales (extra)
- ❑ Autres : ______________________

En hiver, il faudra penser à ajouter :

- ❑ Doudoune en duvet ou en fibre synthétique
- ❑ Pantalons en laine polaire
- ❑ Gants ou mitaines de laine ou laine polaire
- ❑ Surmitaines (imperméables de préférence)
- ❑ Tuque, bonnet ou cagoule
- ❑ Foulard ou cache-cou en laine ou laine polaire
- ❑ Mouflons en duvet ou en fibre synthétique
- ❑ Autres : ______________________

Camping

Quelle que soit l'activité choisie, si l'on part plus d'une journée, on aura certainement à faire du camping à moins, bien sûr, de dormir en refuge ou dans une auberge sur la route. Dans ce cas, l'équipement pourra être réduit à sa plus simple expression. Si l'on dort sous la tente, il faudra aussi penser à prendre les éléments qui suivent

- ❑ Tente, bâche ou sac bivouac (et piquets de tente !)
- ❑ Sac de couchage (adapté à la température)
- ❑ Matelas de sol
- ❑ Réchaud et combustible en quantité suffisante
- ❑ Gamelle, tasse, couverts et ustensiles de cuisine
- ❑ Nécessaire à vaisselle (savon biodégradable, éponge à récurer et linge)
- ❑ Capsules d'iode ou filtre à eau
- ❑ Nourriture (en fonction du nombre de jours)
- ❑ Trousse de toilette (incluant papier de toilette)
- ❑ Autres : ______________________

Randonnée pédestre

En plus des items mentionnés ci-haut, quelques éléments viennent s'ajouter à la liste déjà presque complète. On ajustera bien sûr son tir selon la durée de l'itinéraire prévu. Certains items sont nécessaires, d'autres moins. On n'a qu'à se souvenir que ce qu'on apporte avec soi, on devra tôt ou tard le porter sur son dos. On ne doit donc pas trop engraisser son sac avec des choses plus ou moins utiles.

- ❑ Chaussures de marche
- ❑ Sac à dos de jour (40 l max.) ou sac de taille
- ❑ Bâton de marche (téléscopique de préférence)
- ❑ Guêtres
- ❑ Chasse-insectes et filet
- ❑ Autres : ______________________

Pour la longue randonnée, on ajoutera :

- ❑ Sac à dos d'une capacité de 55 à 70 l
- ❑ Imperméabilisant à chaussures (cuir, suède ou nubuck)
- ❑ Scellant à couture
- ❑ Lacets de rechange
- ❑ Autres : ______________________

Canot et kayak

Sur l'eau, que ce soit sur le calme plat d'un lac, dans la frénésie d'une rivière ou en naviguant dans l'imprévu de la mer, il faut non seulement prévenir l'hypothermie, mais aussi assurer sa sécurité. C'est pourquoi il serait imprudent de partir sans l'équipement qui suit.

- ❑ Veste de flottaison (VFI)
- ❑ Habit isothermique (*wet* or *dry suit*)
- ❑ *Dry top*
- ❑ Gants de néoprène ou *Pooggies*
- ❑ Bottes et/ou bas de néoprène
- ❑ Sandales ou chaussures sèches pour le soir
- ❑ Sacs ou contenants (barils) étanches
- ❑ Jupette
- ❑ Ballon de pagaie
- ❑ Pompe à eau ou écope
- ❑ Corde flottante ou ligne de remorquage (environ trois mètres)
- ❑ Deux mousquetons
- ❑ Corde de vie (*rescue bag*)
- ❑ Trousse de réparation nautique (plastique ou fibre de verre)
- ❑ Aviron ou pagaie de rechange
- ❑ Fusées de détresse et corne de brume
- ❑ Miroir ou appareil de signalement stroboscopique
- ❑ Radio VHF (en mer)
- ❑ Carte marine plastifiée
- ❑ Équipement de pêche (facultatif)
- ❑ Autres : ______________________

Vélo

En vélo, que ce soit sur la route ou en montagne, l'équipement nécessaire change plus ou moins. Plus fréquents en vélo de montagne ou en cyclotourisme que lors d'une balade du dimanche sur la piste cyclable du village, les risques de bris mécaniques sont toujours présents. C'est pourquoi, si on ne veut pas faire fausse route, il est important de se munir d'une bonne trousse d'outils ainsi que de l'équipement qui suit.

- ❑ Pneus adaptés au type de terrain (route, gravier, boue, etc.)
- ❑ Casque
- ❑ Cuissard de vélo (avec chamois)
- ❑ Maillot de vélo
- ❑ Jambières
- ❑ Souliers de vélo (selon le type de pédales)
- ❑ Surchaussures imperméables en néoprène
- ❑ Bouteilles d'eau
- ❑ Cyclo-ordinateur (optionnel)
- ❑ Pompe à pneu
- ❑ Chambres à air de rechange
- ❑ Trousse de réparation de crevaison : clés à pneu, craie ou crayon gras, rustines, râpe, colle, etc.
- ❑ Lubrifiant à chaîne et graisse
- ❑ Trousse d'outils : clé à molette, clés hexagonales, clé à rayon, tournevis (tête plate et étoile), pince-étau, dérive-chaîne, chiffon, etc.
- ❑ Matériel de dépannage : vis, écrous, câbles de frein et dérailleur, rayons, patins de frein, etc.
- ❑ Cadenas antivol (facultatif)
- ❑ Autres : ______________________

En cyclotourisme

- ❑ Sacs de plastique ou de nylon pour garder le contenu des sacoches au sec
- ❑ Sac étanche pour le sac de couchage
- ❑ Sandales ou autres chaussures
- ❑ Outils : démonte-roue libre, clé à manivelle, extracteur de manivelle, clés pour les roulements des moyeux avant et arrière, etc.
- ❑ Élastiques tendeurs (*bungees*)
- ❑ Autres : ______________________

Ski de randonnée et raquette

Le ski de fond, tout comme la raquette, permet d'apprivoiser l'hiver. Que l'on décide de partir pour l'après-midi, la journée ou la semaine, dans le bois ou sur une piste de skating, les pièces d'équipement suivantes sont essentielles, tandis que d'autres peuvent s'ajouter selon le terrain choisi et la durée de l'itinéraire.

- ❑ Bâtons (téléscopiques de préférence)
- ❑ Guêtres (isolées ou pas)
- ❑ Lunettes de ski ou de glacier
- ❑ Trousse de fartage : grattoir, défarteur, cires et farts divers suivant la température, liège, thermomètre, etc.
- ❑ Sac à dos de jour ou sac de taille
- ❑ Thermos
- ❑ Autres : ______________________

Lors de randonnées hors piste ou en montagne, on ajoutera :

- ❑ Sac à dos 65 à 75 l (longue randonnée)
- ❑ Peaux de phoque (ski seulement)
- ❑ Trousse de réparation spécifique : fixation et spatule de rechange, panier pour bâtons, pitex, lacets, etc.
- ❑ Petite pelle à neige
- ❑ Sonde d'avalanche (selon les régions)
- ❑ Émetteur pour avalanche (selon les régions)
- ❑ Autres : ______________________

Les petits extras

Quelques accessoires peuvent agrémenter et même faciliter les sorties en plein air. Ils ne sont pas nécessaires mais, si on a de la place, pourquoi ne pas les prendre avec soi ? En voici quelques exemples.

- ❑ Montre ou réveille-matin
- ❑ Altimètre/baromètre
- ❑ Jumelles d'approche
- ❑ Appareil photo et films
- ❑ Calepin et crayon
- ❑ Jeux (cartes, échecs, frisbee, Aki ou autre)
- ❑ Livre
- ❑ Petit instrument de musique (flûte, harmonica ou autre)
- ❑ Téléphone cellulaire
- ❑ GPS
- ❑ Autres : ______________________

Au gré de ses aventures, ou de ses mésaventures, on apprendra à mieux gérer son sac à dos, à apporter seulement ce qui est utile et/ou agréable. On pourra ainsi ajouter à sa propre liste certains items ou en retirer d'autres.

Guide des refuges

Le guide des refuges du Québec répertorie près de 150 refuges, une centaine de chalets rustiques et des dizaines de tentes prospecteur. Tout ce qu'il faut savoir pour dormir au fond du bois, été comme hiver !

Se réveiller au matin avec une vue imprenable sur un lac, une rivière ou un fjord laisse d'inoubliables souvenirs. Des refuges, le Québec en compte des centaines, mais ils ne sont pas toujours faciles à trouver. Qu'ils soient modestes ou tout confort, l'expérience a de fortes chances d'être des plus agréables. Certains exigent quelques kilomètres de randonnée ou de ski. D'autres sont parfois tous près du stationnement.

D'une année à l'autre, les particularités des hébergements recensés ci-dessous peuvent varier : nombre, saison d'ouverture, tarifs, emplacement, services. Il est donc nécessaire de s'informer auprès des responsables avant de s'y rendre… et d'y rêver ! Une fois les détails confirmés, le plaisir commence !

Dans les parcs nationaux du Québec

INFORMATIONS ET RÉSERVATIONS POUR TOUS LES ÉTABLISSEMENTS INDIQUÉS CI-DESSOUS : WWW.SEPAQ.COM OU 1 800 665-6527.

Parc national d'Aiguebelle

Superficie : 268,3 km^2.
Région touristique : Abitibi-Témiscamingue.
Dans ce site protégé d'exception, on a toutes les chances de rencontrer quelques orignaux au cours des 60 km de sentiers. À défaut de ce type de rencontre, on ne peut être déçu par la contemplation des quelques curiosités géologiques liées au volcanisme et au passage des glaciers.
Nombre de camps rustiques : 5 camps de 2 à 4 places, 2 camps de 2 à 6 places équipés de lits de bois sans matelas, poêle à bois, toilette sèche ; pas de poubelles, ni d'eau potable. Un camp de 4 à 12 places et un camp de 6 à 16 places équipés de lits de bois avec matelas, réchaud et pompe à eau manuelle.
Saison : Fermé du 1er avril à la mi-mai, selon les conditions climatiques.
Tarifs : 20 $ par personne (basé sur la présence de 2 personnes dans les camps de 2 à 6 places), 10 $ par personne supplémentaire. Gratuit pour les moins de 17 ans.
Tél. : (819) 637-7322 ou 1 877 637-7344.

Parc national de la Gaspésie

Superficie : 802 km^2.
Quelque 135 km de sentiers sillonnent ce parc et permettent de profiter des panoramas de la chaîne des Chic-Chocs et du massif des monts McGerrigle, qui comptent plus de 25 sommets de plus de 1 000 m, dont celui du Jacques-Cartier, à 1 268 m. Le seul endroit au Québec où cohabitent caribous, cerfs de Virginie et orignaux.
Service de transport des bagages offert.
Nombre de refuges : 15.
Refuges du camping Mont-Albert (été, automne et hiver) : 3 refuges avec électricité, chacun pouvant accueillir 8 personnes. Bâtiment sanitaire. Accessible en véhicule toute l'année.
Refuges en montagne (été, automne et hiver) : 11 refuges réservés pour la longue randonnée pédestre ou le ski, pouvant accueillir 8 personnes chacun. Équipés d'un poêle à bois, de lits avec matelas et de toilettes sèches.

Refuge Mines Madeleine (réserve faunique Chic-Chocs, hiver) : Pourvu d'électricité, d'un réfrigérateur et d'une cuisinière.
Tarif refuges : 20 $ par nuit par personne.
Saison : À l'année.
Tél. : 1 866 727-2427.

Parc national des Grands-Jardins

Les jardins anglais du Grand Nord

Superficie : 310 km^2
Région touristique : Charlevoix.
Un paysage de taïga et de toundra s'offre aux yeux tandis qu'au cœur d'une forêt d'épinettes noires, un tapis de lichen s'offre aux pieds. C'est un véritable jardin à l'anglaise dans une contrée nordique, abritant d'intéressants troupeaux de caribous qui sont susceptibles d'être aperçus au détour d'un sentier. Le parc national des Grands-Jardins propose aux skieurs une quarantaine de kilomètres de pistes tracées et, l'été, plus de 50 km de réseau pédestre.
Nombre de refuges : 4 refuges de 6 places, situés à 5 km du stationnement.
Transport de bagages offert conjointement par la Sépaq et La Traversée de Charlevoix.
Tarif : 20 $ par personne et par nuit.
Saison : toute l'année. Hiver : 2 refuges disponibles
Renseignements : poste d'accueil. Tél. : (418) 439-1227

Parc national de la Jacques-Cartier

Les contrastes de Dame Nature

Superficie : 670 km^2
Région touristique : Québec.
Le parc national de la Jacques-Cartier offre un paysage grandiose caractérisé par un contraste des plus saisissants, soit un vaste plateau montagneux fracturé par des vallées aux versants abrupts. La vallée la plus spectaculaire est certainement celle de la rivière Jacques-Cartier avec un encaissement de plus de 550 m où serpente une rivière tantôt calme, tantôt tumultueuse.
Nombre de refuges (tentes de prospecteur) : 8. Chaque camp de prospecteur est équipé du nécessaire de base (bouilloire, bac à vaisselle, poêle à combustion lente, bois, hache, pelle, tranche à glace, extincteur et contenant pour le transport de l'eau) et une toilette sèche se trouve à proximité. Les randonneurs doivent apporter tout l'équipement nécessaire pour dormir, cuisiner et s'éclairer. Les camps de prospecteur sont situés à proximité d'une rivière où il est possible de puiser de l'eau. Il y a des matelas de sol sur toutes les bases de lit.
Tarifs : 20 $ par nuit par personne (tente, refuge).
4 chalets : de 100 $ à 220 $ (plus taxes) par nuit.
Saison : toute l'année

Parc national du Mont-Mégantic

Le ciel et la terre

Superficie : 54,85 km^2
Région touristique : Cantons-de-l'Est.
À 75 km au sud-est de Sherbrooke.
Le sommet du mont Mégantic culmine à 1 105 m. C'est encore bien loin des étoiles qu'on peut contempler depuis l'observatoire astronomique qui y est construit. La cinquantaine de kilomètres de sentiers tracés et le sentier balisé mais non tracé de 10 km qui contourne en altitude le mont Mégantic font découvrir une flore très diversifiée.
Nombre de refuges : 4 refuges de 4 à 6 places : la Grande Ourse, les Pléiades, Andromède et Orion. Deux de ces refuges sont à environ 3 km de l'accueil, et les 2 autres à 6 km. Ce sont les relais du jour qui se transforment en refuge l'après-midi. On y trouve poêle et réserve de bois, table et lits de bois. L'hiver, les sources d'eau sont entretenues par le personnel. Quatre tentes de prospecteur de 6 places sont montées pour les groupes, offertes au même tarif que les refuges.
Tarifs : Réservation individuelle et non exclusive, 20 $ par personne. Sur une base exclusive (entière possession du refuge !) : 80 $ par nuit.
Saison : toute l'année.
Réservations et renseignements : (819) 888-2941 et 1 866 888-2941

Parc national du Mont-Orford

Les sensations de l'ascension

Superficie : 58,37 km^2.
Région touristique : Cantons-de-l'Est.
Le territoire du parc national du Mont-Orford, où l'érable à sucre est omniprésent, est dominé par le mont Orford (853 m) et le mont Chauve (600 m), dont l'ascension est gratifiée d'une vue époustouflante sur l'ensemble de la région. Le parc offre aux adeptes de randonnée à skis, à raquettes, à vélo ou pédestre, 80 km de sentiers qui permettent de découvrir toutes les splendeurs naturelles du parc. En explorant le magnifique sentier autoguidé de l'étang Fer-de-Lance, il est possible d'apprécier la grande diversité du territoire. Tout au long de l'année, des activités d'interprétation sont présentées afin de dévoiler les particularités du parc national du Mont-Orford.
Trois refuges de 8, 20 et 24 places : la Cabane-à-sucre, le Castor et le Vieux-camp. Relais à la journée converti en refuge après 16 h 30. Poêle et réserve de bois, table, toilettes sèches et lits de bois (Cabane-à-Sucre et Vieux-camp). Aussi, 1 tente de prospecteur de 4 places dans le secteur du Vallonnier.
Tarifs refuges et tente de prospecteur : 16 $ par adulte, 8 $ par personne âgée entre 6 et 17 ans.
Saison : À l'année.
Réservation des refuges : 1 877 843-9855.

Parc national du Mont-Tremblant

Plus grand que nature

Superficie : 1 510 km^2
Régions touristiques : Lanaudière et Laurentides.
On entre ici dans le plus vaste des parcs du Québec, sur un territoire partagé par le loup, l'orignal, le cerf de Virginie et le grand harle. 163 km de sentiers nous font découvrir, de par les paysages forestiers, une nature qui a gardé tous ses droits.
Nombre de refuges : 2 refuges de 16 places dans le secteur de la Diable et 1 de 20 places ; 1 de 20 places dans le secteur de la Pimbina. Poêle à bois. Bois fourni.
Tarif des refuges : 20 $ par nuit et par personne.
Forfaits d'hiver : 7 relais (refuges). Tarif : 34,50 $ par nuit par personne.
Saison : toute l'année (printemps et automne, selon les conditions climatiques).
Réservations (toute l'année) : (819) 688-2281 et 1 877 688-2289

Parc national des Monts-Valin

Paysages grandioses et sentiers fantomatiques

Superficie : 154 km^2
Région touristique : Saguenay-Lac-Saint-Jean.
Des pics de plus de 900 m, des points de vue spectaculaires ainsi que des rivières et de nombreux plans d'eau attendent de se faire admirer par les randonneurs. En hiver, les skieurs sont entourés

de « momies» et de « fantômes» – les arbres transformés par la neige abondante. Accès au réseau par l'accueil du Petit Séjour. Environ 50 km de sentiers tracés et autant pour les balisés mais non tracés. Nombre de refuges : 6 refuges de 6 à 8 places, pourvus de brûleurs au propane pour la cuisson, d'ustensiles de cuisine, d'un poêle à bois, d'une toilette sèche et de matelas. Également, 2 tentes de prospecteur de 8 places, pourvues d'un poêle à bois et d'ustensiles de cuisine.
En été, certains refuges sont équipés d'une toilette intérieure et d'eau courante.
Tarif (refuges et tentes de prospecteur) : 20 $ par nuit et par personne.
Saison : toute l'année.
Réservations et renseignements : (418) 674–1200

Parc national d'Oka

Des siècles d'histoire et de nature

Superficie : 23,7 km^2
Région touristique : Laurentides
Le parc national d'Oka, situé à deux pas de la région métropolitaine, propose au printemps des sous-bois remplis de milliers de fleurs, tandis qu'à l'automne, il affiche fièrement ses couleurs. De la colline du Calvaire au lac des Deux-Montagnes se manifeste un riche patrimoine historique.
Deux tentes prospecteur pouvant accueillir 6 personnes. Lanterne rechargeable. Tapis de sol. Bois de chauffage et combustible pour réchaud fournis pour la durée du séjour. Poêle à bois. Sacs de couchage offerts en location (8 $ par personne par nuit, taxes incluses).
Saison : À l'année.
Tarif : 50 $ par nuit (taxes incluses).
Dépôt de 250 $ (sur carte de crédit) requis à l'arrivée.
Durée : 2 nuits minimum.
Autre hébergement : 15 tentes pouvant accueillir 6 personnes. Réchaud au propane. Lanterne rechargeable. Tapis de sol. Combustible pour la durée du séjour.
Saison : De fin juin à la mi-octobre.
Tarif : 47,50 $ par nuit (taxes incluses).
Dépôt de 250 $ (sur carte de crédit) requis à l'arrivée.
Durée : 2 nuits minimum.
Réservations : (450) 479-8365 ou 1 888 PARC OKA.

Parc national du Saguenay

Au fil du fjord

Superficie : 283,6 km^2.
Régions touristiques : Saguenay–Lac-Saint-Jean, Manicouagan et Charlevoix.
Des paysages grandioses d'une exceptionnelle beauté caractérisent le parc du Saguenay. La force de la nature y a sculpté et creusé la roche au cours des temps, façonnant ainsi ces grandes murailles de granit pour y créer le fjord.
De par l'accès au Centre touristique de Rivière-Éternité, 32 km de pistes de ski nordique rejoignent maintenant l'anse Saint-Jean, et plus de 100 km de sentiers de randonnée pédestre – le sentier des Caps – mènent jusqu'à Tadoussac. Il existe un service de navette en voiture. De plus, un service de navette maritime a été mis en place pour traverser le fjord du Saguenay. En ce qui concerne cette traversée, un refuge gardé a été mis en service en 2000 et le guide, présent pour nous accueillir, nous prépare le petit-déjeuner après une bonne nuit de sommeil.
Nombre de refuges : 5 camps rustiques de 12 places, dont un est idéalement situé avec une vue imprenable sur le fjord. Lits en dortoir avec matelas, poêle à bois, tables, chaises, toilette sèche, mais pas d'éclairage et aucun ustensile de cuisson. Possibilité de dormir au point de départ. Tarif : 20 $ (sous réserve de modifications).
Saisons d'ouverture : De fin décembre à fin mars ; de fin mai à fin octobre.
Réservations et renseignements : (418) 272-1556 ou 1 877 272-5229 (en saison).

Station écotouristique Duchesnay (Sainte-Catherine-de-la-Jacques-Cartier)

À 45 km de Québec, la station forestière de Duchesnay a le privilège de se situer au bord du lac Saint-Joseph, l'un des plus grands de la région. Son territoire de 89 km^2 est reconnu depuis longtemps pour ses sentiers de ski de fond (14 sentiers totalisant 150 km), et ses sentiers de randonnée pédestre à travers la forêt laurentienne. La station dispose de 5 refuges, dont 4 servent à l'hébergement l'hiver uniquement : 2 refuges de 6 places, situés à 3 km du départ, un autre à 6 km, et un de 4 places, à 12 km. Les refuges sont équipés d'un point d'eau, d'un poêle à bois, d'une table, mais il n'y a ni lits, ni matelas. Toilette sèche à l'extérieur.
Tarif : 25 $ par nuit par personne, incluant le billet de ski de fond pour la journée du lendemain. Transport des bagages en motoneige : 20 $.
Saison : Ouvert à l'année ; les refuges ne sont ouverts que durant la saison de ski de fond.
Informations et réservations : (418) 875-2711.

Dans les réserves fauniques

INFORMATIONS GÉNÉRALES ET RÉSERVATIONS :
Sépaq. Tél. : 1 800 665–6527. Site Web : www.sepaq.com.
Certaines réserves gèrent elles-mêmes les réservations : il faut alors composer le numéro local donné.

Réserve faunique des Laurentides - Camp Mercier

Situé à 19 km au nord du parc national de la Jacques–Cartier, ce poste d'accueil offre aux skieurs des conditions de neige uniques au Québec. C'est qu'à 720 m d'altitude, les conditions sont idéales. Dans un territoire épargné par les coupes de bois, les skieurs ont accès à un réseau de 70 km parmi une flore et une faune omniprésentes. Il est possible d'observer les orignaux s'abreuver à l'un des nombreux lacs du Camp Mercier, sans conteste l'un des joyaux de la réserve des Laurentides.
Nombre de refuges : 6 relais. Pas de lits. Poêle à bois, bois, eau potable.
Tarif des refuges : 20 $ (plus taxes) par jour par personne. 18 chalets tout inclus. Tarifs des chalets : de 83 $ à 250 $, selon le nombre de places.
Saison : de décembre à mars. Été : pêche. Automne : chasse.
Renseignements : Camp Mercier.
Tél. : (418) 848–2422
Réservations : 1 800 665–6527
Conditions de ski, enregistrement : (418) 848–1037
Saison : de décembre à avril.

Réserve faunique Mastigouche

À 145 km au nord-est de Montréal, la réserve faunique Mastigouche offre 90 km de pistes tracées plus du ski nordique, soit 180 km de pistes à découvrir dans la réserve.
Le secteur Catherine comprend 3 refuges (un de 12 places, un de 16 places et un de 24 places). Le secteur de la Bouteille est doté de 2 refuges de 4 places alors que le secteur des Pins Rouges offre 6 refuges (4 de 4 places et 2 de 12 places). Tous ces refuges

sont ouverts en été. En hiver, seuls les refuges du secteur Catherine et les 2 refuges de 12 places du secteur des Pins Rouges sont en activité.
Tarif : 20 $ par nuit et par personne.
Saison : toute l'année.
Renseignements : réserve faunique Mastigouche.
Tél. : (819) 265-2098
Accueil des Pins Rouges (de mai à septembre) : (819) 265-6055

Réserve faunique de Papineau-Labelle

La réserve tire son nom de deux grandes personnalités québécoises : Louis-Joseph Papineau, grand orateur et homme politique qui s'est distingué lors des troubles de 1837, et Antoine Labelle, curé de Saint-Jérôme, surnommé le roi du Nord en raison de l'énergie qu'il a consacrée au développement de cette partie du Québec. À 97 km de Gatineau et 190 km de Montréal. Un seul point d'entrée pour la longue randonnée à ski : l'accueil Gagnon, au nord de Duhamel.
Nombre de refuges : 15 camps rustiques en hiver, de 4 à 15 places, et seulement 4 en été, de 6 à 8 places. Éclairage et cuisson au propane. Chauffage au bois (bois fourni). Transport des bagages en hiver uniquement.
Tarif : 20 $ par nuit et par personne, pour un minimum de 2 nuits.
Renseignements et réservations : (819) 454-2013, poste 33

Réserve faunique de Portneuf

À 104 km de Québec. Accès par l'accueil Rivière-à-Pierre. Boucles, 55 km de pistes entretenues et équipées de relais chauffés l'hiver et 56 km de sentiers balisés (hors-piste).
Nombre de chalets en été : 40 chalets de 2 à 14 places. Chalets rustiques avec éclairage au propane, douche, réfrigérateurs. Accessibles en automobile.
Nombre de refuges en été : 4 refuges de 2 à 6 places, équipés de réfrigérateurs, cuisinière, vaisselle. Deux refuges sont équipés de douches en été.
Nombre de chalets en hiver : 20 chalets, avec arrivée d'eau.
Nombre de refuges en hiver : 6 refuges, sans eau courante.
Tarifs des chalets : entre 28 $ et 55 $ par nuit et par personne.
Tarif des refuges : 20 $ par nuit et par personne.
Saison : toute l'année.
Renseignements et réservations : réserve faunique de Portneuf.
Tél. : (418) 323-2021

Réserve faunique Rouge-Matawin

Superficie : 1 394 km^2
Régions touristiques : Laurentides et Lanaudière
Contiguë au parc national du Mont-Tremblant, la réserve faunique Rouge-Matawin s'étend sur un territoire de collines, de lacs et de rivières partagé entre les régions des Laurentides et de Lanaudière. Les deux rivières qui forment à la fois le toponyme et l'hydrographie de cette réserve faunique sont des classiques du canot-camping. La Rouge, avec sa fameuse section des 21 milles, descend du côté des Laurentides alors que la Matawin s'étend jusqu'au cœur de la Matawinie, dans le réservoir Taureau. De courts sentiers de ski de fond (3 et 7 km) et de raquette se trouvent à proximité des chalets. Nombre de chalets en été : 11 chalets d'une capacité de 4 à 12 personnes.
Nombre de refuges en été : 4 camps rustiques et 4 tentes de prospecteur de 4 personnes.
Nombre de chalets en hiver : 8 chalets d'une capacité de 4 à 12 personnes.
Tarifs d'été : de 28 $ à 43,50 $ par personne par nuit en chalet et 24 $ par personne par nuit en camp rustique.
Tarifs d'hiver : entre 25 $ et 45 $ par personne par nuit.
Renseignements et réservations : réserve faunique Rouge-Matawin. Tél. : (819) 424-3026

Réserve faunique du Saint-Maurice

Situé au nord du parc national de la Mauricie, ce territoire, principalement réputé pour la pêche, connaît désormais un grand nombre d'activités de plein air. Parmi celles-ci, on retrouve, l'été, le canot-camping avec un parcours de 32 km sur les lacs Tousignant, Soucis et Normand. L'hiver, pour la randonnée en traîneau à chiens, la réserve devient le terrain de jeu des conducteurs (ou marcheurs, terme dont la déformation anglaise a donné *musher*). Quant au ski de fond et à la raquette, ils se pratiquent hors-piste tandis que huit sentiers pédestres totalisent 42 km.
Nombre de refuges : 10 refuges de 4 à 6 places, situés près des lacs et sentiers. Ils sont équipés de lits avec matelas, table, chaises, éclairage au propane, poêle à bois, toilette sèche.
Randonnée en étoile ou circuit : les refuges sont à une distance de 12 à 20 km les uns des autres. Transport des bagages sur demande par des entrepreneurs privés.
Tarifs : 20 $. Possibilité de réservation exclusive.
Saison : toute l'année (sauf lors des périodes de chasse).
Renseignements et réservations (hiver) : Mush Québec.

Tél. pour info : (819) 646-5452 ; pour réservations : (819) 646-5694
Nombre de chalets en été : 27 chalets tout équipés (douche, réfrigérateurs, cuisinière, vaisselle).
Tarifs : de 28 $ à 43,50 $ par nuit et par personne selon la capacité du chalet, incluant une embarcation par chalet.
Renseignements et réservations (été) : réserve faunique du Saint-Maurice. Tél. : (819) 646-5687

Autres refuges

Cantons-de-l'Est

La station de montagne Au Diable Vert

Installée à 300 m d'altitude, au pied du mont Sutton qui domine la région de ses 968 m, cette petite station de plein air allie qualité et intimité. Au programme : raquette et ski hors piste sur 12 km balisés, télémark, randonnées nocturnes à la pleine lune, etc. En plus d'une auberge installée dans une ferme centenaire, 2 refuges rustiques situés dans la forêt, à 15 minutes de marche de l'accueil, sont loués à un seul groupe ou couple par nuitée. Idéal avec des enfants.
Tarif : Entre 22 $ et 42 $ suivant le nombre d'occupants.
Saison : À l'année.
Renseignements et réservations : www.audiablevert.qc.ca ou 1 888 779-9090.

Charlevoix

Le sentier des Caps

À 70 km à l'est de Québec. Un sentier linéaire de 37 km de Saint-Tite-des-Caps au sommet de Petite-Rivière-Saint-François, et un nouveau sentier de 51 km allant de la réserve faunique du cap Tourmente à Petite-Rivière-Saint-Francois. Piste balisée non tracée, raquette et ski, de niveau intermédiaire à difficile. Quatre jours, étapes de 7 à 8 km. Services offerts par la Corporation du sentier des Caps : Guides, navette, transport des provisions aux refuges. Sept refuges de 4 à 14 places équipés d'un poêle (bois fourni), pas de matelas. Toilettes sèches et point d'eau l'été.
Tarifs : 21 $ (taxes incluses) par nuit par personne, comprenant le billet d'accès aux sentiers. Camping sauvage à proximité des refuges : 10 $.
Saison : Toute l'année, sauf durant le dégel, en avril et en mai.
Renseignements et réservations : (418) 823-1117 ou 1 866 823-1117 et www.sentierdescaps.com.

La Traversée de Charlevoix

Une classique de 100 km en ski de fond, mais aussi en randonnée pédestre et en vélo de montagne l'été ! Accès par Saint-Urbain, à 16 km au nord de Baie-Saint-Paul.
Six refuges de 8 places équipés d'un poêle à bois ; 6 chalets de 15 places, avec poêle au gaz propane, éclairage et batterie de cuisine pour 15 personnes.
Les refuges et les chalets sont situés le long du sentier principal. Un septième chalet sur le Dôme, accueillant jusqu'à 20 personnes, donne accès à un sentier de courte randonnée. Il est entièrement équipé : réfrigérateur, cuisinière complète, matelas et petit salon.
Tarifs refuges : En été, 132 $ (taxes incluses) par personne pour 6 nuits ; en hiver, 146 $.
Tarifs chalets : En été, 173 $ (taxes incluses) par personne pour 6 nuits ; en hiver, 186 $.
Tarifs du Dôme : À partir de 25,70 $ par nuit par personne. Tarif décroissant en fonction du nombre d'occupants.
Saison : À l'année.
Renseignements et réservations : (418) 639-2284 et www.charlevoix.net/traverse.

Région de Québec

Forêt Montmorency

À 70 km au nord de Québec. Un réseau de 50 km de sentiers tracés donne accès à 4 refuges (6, 8, 10 et 20 places). Les 4 autres refuges sont accessibles par des circuits hors-piste. Le refuge du lac Bédard (6 places) est à 12 km du pavillon d'accueil. De là, on rejoint en 8 km l'un des 3 refuges du secteur de la Chute (4, 8 et 12 places). Ils se louent pour un minimum de 3 personnes, sauf le refuge Le Naturaliste, où il n'y a pas de minimum.
Huit refuges. Le refuge de la Chute est équipé au gaz pour l'éclairage, la cuisson et le chauffage. Les autres refuges sont chauffés au bois et comprennent des matelas et de la vaisselle. Point d'eau en été.
Tarifs : 18 $ par nuit par personne, incluant les taxes. Exceptions : 20 $ pour le refuge du Poirier (8,50 $ par enfant de moins de 12 ans) et 25 $ pour le refuge de la Chute (13 $ par enfant).
Saison : À l'année.
Renseignements et réservations : (418) 846-2046.
Site Internet : www.sbf.ulaval.ca/fm.

Mont Sainte-Anne

À 50 km à l'est de Québec : 224 km de pistes de ski de fond. Deux des 7 relais chauffés sont convertis le soir en refuges et disposent de poêle à bois, de bases de lit en bois et de toilettes sèches. Refuge du Ruisseau Rouge : 8 places, à 2 km de l'entrée. Refuge Saint-Nicolas : 6 places, à 8 km de l'entrée. Possibilité de hors-piste autour de ce dernier refuge.
Le service de transport des bagages est offert.
Tarif : 27 $, incluant les taxes et le billet de ski pour 2 jours.
Saison : Du 15 décembre au 31 mars ; l'été, les personnes qui pratiquent le vélo de montagne ont librement accès aux refuges, la journée.
Renseignements et réservations : (418) 827-4561, poste 408, ou www.mont-sainte-anne.com.

Chaudière-Appalaches

Parc régional Massif du Sud

Du sommet du mont du Midi (915 m) aux nombreux ruisseaux qui coulent en contrebas, 30 km de sentiers pédestres et 45 km de chemins de gravier multifonctionnels sillonnent les 120 km^2 de territoire. Vélo de montagne, randonnée pédestre, équitation, raquettes et skis de fond : tous les moyens sont bons pour partir à la découverte de ce parc qui sait rester au naturel. Dispersés au coeur des boisés, 4 petits refuges rustiques ajoutent aux charmes du lieu. Mentions spéciales pour le refuge du Milieu (ruisseau, mezzanine) et celui du sommet (la vue). Le tarif est tout aussi exceptionnel...
Tarif : 10 $.
Saison : Toute l'année, sauf du 1er novembre au 15 décembre et pendant la période de dégel.
Tél. : (418) 469-2228.
Site Internet : www.massifdusud.com/parc.

Lanaudière

Centre de plein air Havre familial (Ste-Béatrix)

Situé au piémont des Basses Laurentides, le Havre familial est un centre de plein air réservé à la famille en toute saison. Le Centre dispose de 5 sentiers de ski de fond totalisant 30 km (niveaux facile, intermédiaire et difficile) et d'un sentier de raquette de 6 km. Deux refuges rustiques, situés à 5 minutes à pied du centre d'accueil et accessibles en voiture l'été, peuvent héberger jusqu'à 12 personnes. Ils sont équipés de matelas, d'un poêle à bois, d'une toilette sèche, et d'une pompe à eau à l'extérieur (l'été). La location d'un refuge donne accès aux activités du centre et, l'hiver, au matériel de prêt pour la raquette et l'escalade de glace.
Autres activités : Patin, randonnée pédestre, baignade, activités nautiques.
Tarifs refuges : 14 $ par nuit par personne, 8 $ par enfant.
Saison : À l'année. De juin à septembre, les refuges sont loués à la semaine. En dehors de cette période, ils sont loués sur demande.
Informations et réservations : (450) 883-2271 ou 1 888 883-2271.
Site Web : www.lequebec.net/havrefamilial.

Forêt Ouareau

À 90 minutes de Montréal, ce site de 149 km^2 permet de pratiquer la randonnée pédestre (114 km), le vélo de montagne (20 km) et le ski de fond. En hiver, un réseau de 30 km de sentiers entretenus pour le ski de fond est ouvert de la mi-décembre à la mi-mars, avec accès par la porte de Notre-Dame-de-la-Merci. On compte aussi 23 km pour le ski nordique. Trois refuges (2, 4 et 6 places) situés au bord d'un lac et équipés de lits superposés (sans matelas), d'un poêle à bois et d'une toilette sèche.
Tarif refuges : 18 $ par nuit par personne, incluant l'accès aux pistes de ski de fond.
Saison : Ouvert à l'année, sauf en avril.
Informations et réservations : (819) 424-1865.

Laurentides

Bois de Belle-Rivière

Dans la région de Mirabel, le Centre éducatif forestier du bois de Belle-Rivière offre la possibilité de belles randonnées pédestres à travers érablières et vergers. Ski de fond et raquette en hiver. Trois refuges sont situés le long de ces sentiers d'une dizaine de kilomètres ; ils sont équipés d'un poêle à bois, d'une table, et d'une toilette sèche à l'extérieur.
Tarifs refuges (taxes incluses) : 49,46 $ par nuit pour le refuge de 21 places ; 34 $ pour celui de 9 places ; et 28,75 $ pour celui de 5 places.
Tarifs d'entrée sur le site : 3 $ par adulte, 1 $ pour les enfants de 6 à 16 ans, gratuit pour les moins de 6 ans.
Saison : À l'année.
Informations et réservations : (450) 258-4924.
Site Web : www.ville.mirabel.qc.ca/bois_belle.htm.

Le chalet Beaumont

Situé à Val-David.
Deux refuges de 12 places, accessibles uniquement par une randonnée encadrée par les guides du chalet de Beaumont.
Forfait de fin de semaine comprenant les repas, les services d'un guide, une nuit à l'auberge le vendredi soir et une nuit en refuge le samedi soir.
Tarifs : À compter de 100 $ (plus taxes) par personne, sur la base d'un groupe de 10 à 12 personnes. Un forfait à 50 $ est proposé au refuge de la Montagne Noire, sans les repas, mais avec tout le nécessaire pour se préparer à manger. Les refuges sont équipés de matelas, d'oreillers, de gaz propane et de vaisselle.
Renseignements : (819) 322-1972.
Site Web : www.chaletbeaumont.com.

Chalets-refuges de l'UQAM

Situés au Centre d'accès à la nature (près de Lac-Supérieur) et gérés par le Service des sports de l'Université du Québec à Montréal, ces refuges sont accessibles par la route alors que du stationnement se trouve à proximité. C'est le point de départ du sentier régional Inter-Centre et, autour du centre, il y a 45 km de sentiers de niveaux intermédiaire et difficile. Le parc national du Mont-Tremblant est à 15 minutes en voiture.
Nombre de refuges : 3 chalets-refuges. Un de 8 à 10 places, un de 12 à 16 places, et un de 16 à 20 places. Eau courante et téléphone d'urgence au poste d'accueil.
Saison : toute l'année (mais l'automne et l'hiver, seulement les fins de semaine).
Tarifs : 13 $ pour la clientèle de l'UQAM, 16 $ pour les autres.
Réservations de groupe uniquement.
Pour obtenir plus de renseignements et pour visionner les photos de ces trois refuges, consulter le site Web www.uqam.ca/sports.
Réservations : (514) 987-3105

Club des Six Cantons

Accès à 1 km de la municipalité de L'Annonciation, sur le chemin de la Macaza ; 50 km de pistes tracées pour le classique.
Trois refuges : le refuge du Cap (11 places), situé à 1,1 km du stationnement (de voitures) ; le refuge du Chevreuil (6 places), à 200 m du stationnement ; et le refuge du Rodrigue (2 places), à 2,2 km du stationnement. Chauffage au bois, toilette sèche. Les refuges sont ouverts à l'année, bien que le club des Six Cantons ne soit actuellement actif que l'hiver, avec des activités de ski de fond et de raquette. En 2004, le Club entrevoit devenir un club de plein air quatre saisons, en proposant des activités de randonnée pédestre.
Tarifs : 50 $ pour le refuge du Cap ; 25 $ pour les autres refuges.
Saison : À l'année.
Renseignements et inscriptions : (819) 275-5800.

La Montagne du Diable

Encore peu connue, la montagne du Diable est pourtant, du haut de ses 778 m, le deuxième sommet des Laurentides, après le mont Tremblant. Destination quatre saisons, on y marche, pédale, skie ou randonne en raquettes sur un réseau 50 km de sentiers. Deux refuges rustiques (2 étages, 10 à 12 places) ont été construits à l'automne 2002 et 2 autres sont prévus pour l'automne 2003. Située à quelques kilomètres au nord de Mont-Laurier.
Tarif : 22 $.
Saison : À l'année.
Renseignements et réservations : (819) 587-3882 ou www.montagnedudiable.com.

Refuge du lac Lemieux

À 8 km de St-Donat. Accès : Route 125, stationnement du mont Ouareau (7 km de ski) ; ou route 329, à 500 m au sud du chemin Régimbald (5 km de ski). Par l'auberge l'Intervalle (Sainte-Lucie), 7 km sur le sentier no 7.
Refuge de 12 places. Bases de lit superposées, chauffage au bois, pas de vaisselle, ni de matelas. Toilette extérieure.

Tarifs : Membre : 10 $ par nuit par personne. Non-membre : 15 $ par nuit par personne. Pour l'exclusivité du refuge : Membre : 90 $. Non-membre : 120 $.
Saison : À l'année.
Réservations : (514) 252-3157.

Réseau plein air St-Adolphe

Ce réseau offre 35 km de sentiers pédestres, 30 km de sentiers de vélo, 80 km de sentiers de ski de fond et 20 km de sentiers de raquette. Entre St-Adolphe et Sainte-Agathe se trouve un refuge de 6 places en bois rond, avec une mezzanine recouverte d'un matelas. Ce refuge est équipé d'un poêle à bois, d'une toilette sèche, et dispose d'un point d'eau à l'extérieur. Trois tentes prospecteur font office de relais chauffés en hiver ; on peut y passer la nuit.
Tarifs refuge : 15 $ par adulte, et 50 $ pour l'exclusivité du refuge (obligatoire les fins de semaine).
Saison : Fermé de la mi-avril à la mi-mai.
Informations et réservations : (819) 327-3519.
Site Web : www.sdeph.org/membres/muncipalitesaintadolphe.htm.

Sentier régional Inter–Centre

Il s'agit d'un sentier de 35 km – accidenté et balisé, mais non tracé l'hiver – entre les municipalités de Lac–Supérieur et de Saint–Donat. Le sentier, qui relie la montagne Noire à la montagne Grise, se prête à des randonnées de 2 à 3 jours.
Nombre de refuges : 2 refuges de 6 places, munis d'un poêle à combustion lente. Lits superposés. Eau potable et toilette sèche à l'extérieur.
Saison : toute l'année.
Tarifs : 40 $ pour un refuge en exclusivité ou 8 $ individuellement.
Renseignements : bureau d'information touristique de Saint–Donat.
Tél. : 1 888 783–6628 et (819) 424–2833

Mauricie

Parc national du Canada de la Mauricie

À 65 km au nord de Trois-Rivières.
Deux refuges. Un chalet (Wabenaki) de 24 places avec électricité, gaz, eau courante (toilette et douche), cuisine et salle à manger. Coucher en dortoir. Un autre chalet (Andrew) de 16 places (4 chambres de 4 places). Stationnement à 3,5 km des chalets.
Tarifs : Refuge Wabenaki : 50 $ par personne (2 nuits obligatoires en fin de semaine). Refuge Andrew : 54 $ (2 nuits obligatoires en fin de semaine). La semaine, 24 $ par nuit. Réduction de 50 % pour les enfants et prix de groupe (taxes non incluses).
Saison hiver : De la mi-décembre à la fin de mars.
Saison été : Toutes les fins de semaine de la mi-mai à la fin de juin, et de la mi-août à la fin d'octobre. Ouvert tous les jours de la fin de juin à la mi-août.
En d'autres temps, ouvert sur demande et sous certaines conditions.
Renseignements et réservations : (819) 537-4555.

Outaouais

Parc de la Gatineau

Commission de la Capitale nationale. Dans ce parc de 363 km^2, 200 km de sentiers sont offerts. Les refuges sont situés dans un secteur du parc où les sentiers sont balisés.
Quatre refuges (2 de 6 places, 1 de 10 places et 1 de 16 places) et 2 tentes prospecteur de 6 places. L'été, seul le refuge de 16 places est ouvert.
Tarifs hiver : 22 $ par nuit par personne les vendredis et les samedis ; 15 $ les autres jours. Les tarifs incluent les taxes et le billet de ski pour les 2 jours. Réductions pour les enfants de moins de 12 ans.
Tarif été : 15 $ par nuit par personne (sur la base de 6 personnes minimum) plus 5 $ de frais de réservation.
Saisons : Du 15 décembre au 30 mars et du 15 mai au 1er octobre.
Renseignements et réservations : (819) 827-2020 ou 1 800 465-1867.
Site Web : www.capitaleducanada.gc.ca/gatineau.

Saguenay

Le sentier des Murailles

C'est le plus récent et le moins connu des sentiers de longue randonnée hivernale. En plein cœur des paysages accidentés du Bas-Saguenay, ses 70 km dévoilent les Murailles sous tous les angles. Du fond des vallées au bord des parois, en ski nordique ou en raquettes, il y a matière à se concocter des parcours de tous niveaux. Accessible par 2 chemins de 12 ou 4 km, le refuge du lac Emmuraillé (12 places) a des allures de chalet. Fait de bois rond débité sur place, il trône sur le lac du haut de ses 2 étages. Grande mezzanine, terrasse et balcon dominant le lac, comptoir pour cuisiner et vaste espace principal en font un petit coin de rêve que l'on regrette de quitter si vite. Les 3 tentes de prospecteur (6 places) qui ponctuent le parcours sont moins confortables, mais tout aussi charmantes.
Tarif : 20 $ pour le refuge, 17,50 $ en tente prospecteur.
Saison : Hiver.
Info : www.fjord-du-saguenay.qc.ca/murailles ou (418) 272-2393.
Réservations : 1 866 560-3737.

Répertoire

Pour vous permettre d'aller encore plus loin, le répertoire dresse la liste des principaux sites de plein air qui ne sont pas présentés dans le Guide. Pour d'autres pistes, visitez www.bonjourquebec.com ou communiquez avec l'association touristique (listée ci-dessous) de chaque région.

Abitibi–Témiscamingue

INFORMATION TOURISTIQUE GÉNÉRALE

Tourisme Abitibi–Témiscamingue
170, av. Principale, bur. 103
Rouyn-Noranda (Québec) J9X 4P7
Tél. : (819) 762-8181 ou 1 800 808-0706
Courriel : 48nord@48nord.qc.ca
Site Web : www.48nord.qc.ca

Camp du Domaine (Amos)
Dénivelé : 200 m
Sentiers pédestres : 4 totalisant 68 km (facile, interm., diff.)
Sentiers de ski de fond : 11 totalisant 22 km (facile, interm., diff.)
Sentiers de raquette : de 15 km à 20 km hors-piste
Sentiers de vélo : 7 totalisant 70,5 km (facile, interm., diff.)
Services : restauration, salle de fartage
Saison : toute l'année
Gratuit (sauf pour le ski de fond)
Tél. : (819) 732-8453

Club de ski de fond d'Évain (Évain)
Sentiers de ski fond : 10 totalisant 45 km (facile, interm., diff.)
Autre activité : possibilité de faire de la randonnée l'été
Location : skis de fond
Services : restauration, salle de fartage
Saison : toute l'année
Frais d'entrée
Tél. : (819) 768-2591

Club de ski de fond Skinoramik (Sainte-Germaine-Boulé)
Étendue : 14 km²
Sentiers de ski de fond : 6 totalisant 32 km (facile, interm., diff.)
Sentiers de raquette : 7,5 km
Sentier de vélo : 5,5 km (interm.)
Location : skis
Services : restauration (fin de semaine seulement), salle de fartage
Saison : toute l'année
Frais d'entrée
Tél. : (819) 787-6654

Club de ski de fond Val-d'Or
Sentiers ski de fond : 6 totalisant 35 km (facile, interm., diff.)
Sentiers de raquette : 4 totalisant 11 km (facile)
Sentiers de vélo : 6 totalisant 35 km (facile, interm., diff.)
Location : skis, raquettes, traîneaux pour enfant
Services : restauration, salle de fartage
Saison : toute l'année
Frais d'entrée
Tél. : (819) 825-4398
Site Web : www.lino.com/skidefond

Collines Kékéko (Rouyn-Noranda)
Étendue : 25 km²
Dénivelé : 125 m
Sentiers pédestres : 10 totalisant 33 km (facile, interm., diff.)
Possibilité de faire de la raquette
Hébergement : camping sauvage
Saison : toute l'année
Gratuit
Tél. : (819) 797-3195

Domaine de la baie Gillies (Fugèreville)
Dénivelé : 75 m
Sentiers pédestres : 4 totalisant 13 km (facile)
Sentiers de vélo : 4 totalisant 8,5 km (facile, interm.)
Autres activités : ski de fond, raquette hors-piste
Location : vélos de montagne, skis de fond
Hébergement : 20 sites de camping, camping sauvage, 1 auberge
Saison : toute l'année (réservation pour activités hivernales)
Frais d'entrée
Tél. : (819) 747-2548
Site Web : www.temiscamingue.net/domaine.baiegillies

Mont Vidéo (Barraute)
Dénivelé : 105 m
Sentiers pédestres : 2 totalisant 11,3 km (facile, interm.)
Sentiers de vélo : 32 km (interm.)
Autres activités : ski de fond, raquette, baignade
Services : restauration
Hébergement : camping sauvage, motels
Saison : toute l'année
Gratuit
Tél. : (819) 734-3193
Site Web : www.montvideo.com

Bas-Saint-Laurent

INFORMATION TOURISTIQUE GÉNÉRALE

Tourisme Bas-Saint-Laurent
148, rue Fraser
Rivière-du-Loup (Québec) G5R 1C8
Tél. : (418) 867-3015 ou 1 800 563-5268
Courriel : atrbsl@qc.aira.com
Site Web : www.tourismebas-st-laurent.com

Canyon des Portes de l'Enfer (Rimouski)
Sentiers pédestres : 3 totalisant 14 km (facile, interm.)
Sentiers de vélo : 10 km
Autres activités : possibilité d'emprunter la plus haute passerelle du Québec, interprétation faunique
Services : restauration
Hébergement : camping sauvage
Saison : été
Frais d'entrée
Tél. : (418) 735-6063
Site Web : www.iquebec.ifrance.com/portesenfer

Centre nature de Pointe-Sèche (Saint-Germain)
Dénivelé : 200 m
Sentiers pédestres : 15 km (facile, interm., diff.)
Autres activités : ski de fond et raquette hors-piste, vélo de montagne, équitation
Hébergement : camping sauvage, 3 tipis
Saison : toute l'année (pas d'accueil l'hiver)
Frais d'entrée
Tél. : (418) 492-2395
Site Web : www.pointeseche.com

Parc du mont Comi (Saint-Donat)
Dénivelé : 306 m
Sentiers pédestres : 5 totalisant 18 km (interm.)
Autres activités : ski de fond, vélo de montagne, raquette
Location : skis de fond, raquettes
Services : restauration, épicerie, salle de fartage
Hébergement : 6 condos
Saison : toute l'année
Gratuit
Tél. : (418) 739-4858
Site Web : www.mont-comi.qc.ca

Pohénégamook Santé Plein Air (Pohénégamook)
Dénivelé : 80 m
Sentiers pédestres : 3 totalisant 8 km (facile, interm.)
Sentier de vélo : 25 km
Sentiers de ski de fond : 10 totalisant 50 km (facile, interm., diff.)
Autres activités : raquette, voile à ski, baignade, activités nautiques
Location : embarcations, vélos de montagne, skis de fond, raquettes
Services : restauration
Hébergement : 80 sites de camping, 40 chalets
Saison : toute l'année
Frais d'entrée
Tél. : (418) 859-2405 ou 1 800 463-1364
Site Web : www.pohenegamook.com

Cantons-de-l'Est

INFORMATION TOURISTIQUE GÉNÉRALE

Tourisme Cantons-de-l'Est
20, rue Don-Bosco Sud
Sherbrooke (Québec) J1L 1W4
Tél. : (819) 820-2020 ou 1 800 355-5755
Courriel : info@atrce.com
Site Web : www.tourismecantons.qc.ca

Centre d'interprétation de la nature du lac Boivin (Granby)
Étendue : 300 ha
Sentiers pédestres : 4 totalisant 19,4 km (facile, interm.)
Sentier de ski de fond : 5 km (facile)
Sentier de raquette : 10 km
Autres activités : vélo, patin à roues alignées, ornithologie, visite d'une salle d'exposition
Saison : toute l'année
Gratuit
Tél. : (450) 375-3861
Site Web : http://darwin.cyberscol.qc.ca/centre/cinlb

Club de ski de fond Bellevue (Melbourne-Richmond)
Sentiers de ski de fond : 14 totalisant 69 km (facile, interm., diff.)
Location : skis de fond
Services : restauration, salle de fartage, refuge chauffé
Saison : hiver
Frais d'entrée
Tél. : (819) 826-3869

Complexe Baie-Des-Sables (Lac-Mégantic)
Étendue : 283 ha
Sentiers de ski de fond : 7 totalisant 30 km (facile, interm., diff.)
Services : restauration, refuge chauffé
Hébergement : camping
Saison : hiver
Frais d'entrée
Tél. : (819) 583-3965
Site Web : www.campingquebec.com/baiedessables

Mines Capelton (North Capelton)
Étendue : 675 ha
Dénivelé : 180 m (et 50 m sous terre)
Sentiers pédestres : 4 totalisant 3 km (facile)
Autres activités : vélo sur la piste cyclable de la Grande Fourche, visite d'une ancienne mine
Location : vélos
Services : restauration
Hébergement : chalets (maisons de mineur)
Saison : été (15 avril-15 octobre)
Frais d'entrée
Tél. : (819) 346-9545
Site Web : www.minescapelton.com

Mont Hereford (East Hereford)
Étendue : 125 km^2
Dénivelé : 400 m
Sentier pédestre : 10 km (interm.)
Sentiers de vélo : 16 totalisant 70 km (facile, interm., diff.)
Sentiers de ski de fond : 4 totalisant 10 km (facile, interm.)
Autre activité : raquette
Services : restauration, dépanneur, douches
Hébergement : 1 grand chalet, 1 chalet rustique, camping sauvage
Saison : toute l'année
Gratuit
Tél. : (819) 844-2463
Site Web : www.municipalite.easthereford.qc.ca

Parc de la Gorge-de-Coaticook (Coaticook)
Dénivelé : 60 m
Sentiers pédestres : 10 km (facile, interm.)
Sentier de vélo : 18 km (interm., diff.)
Sentiers de ski de fond : 11 totalisant 60 km (facile, interm.)
Autres activités : possibilité d'emprunter la plus longue passerelle suspendue du monde (169 m), équitation
Services : restauration, salle de fartage
Hébergement : 73 campings sauvages, 40 campings aménagés
Saison : toute l'année
Frais d'entrée
Tél. : (819) 849-2331 ou 1 888 LAGORGE
Site Web : www.gorgedecoaticook.qc.ca

Parc des sports d'hiver (Bromont)
Sentiers de ski de fond : 6 totalisant 60 km (facile, interm., diff.)
Autres activités : raquette hors-piste, ski alpin (46 pistes)
Location : skis de fond
Services : restauration, refuge chauffé
Saison : hiver
Frais d'entrée
Tél. : 1 866 276-6668
Site Web : www.skibromont.com

Sutton-en-Haut (Sutton)
Étendue : 648 ha
Dénivelé : 30 m
Sentiers de ski de fond : 14 totalisant 58 km (facile, interm., diff.)
Sentier de raquette : 8 km (facile)
Location : skis de fond, raquettes
Services : salle de fartage
Saison : hiver
Frais d'entrée
Tél. : (450) 538-2271
Site Web : www.geocities.com/suttonenhaut

Centre-du-Québec

INFORMATION TOURISTIQUE GÉNÉRALE

Association touristique régionale du Centre-du-Québec
20, boul. Carigan Ouest
Princeville (Québec) G6L 4M4
Tél. : (819) 364-7177 ou 1 888 816-4007, poste 300
Courriel : info@tourismecentreduquebec.com
Site Web : www.tourismecentreduquebec.com

Le Centre d'interprétation de Baie-du-Febvre (Baie-du-Febvre)
Sentiers pédestres : 2 totalisant 7 km (facile)
Autre activité : observation d'oiseaux, notamment des oies des neiges et des bernaches du Canada qui migrent au printemps
Saison : été
Gratuit
Tél. : (450) 783-6996
Site Web : www.oies.com

Parc linéaire des Bois-Francs (Victoriaville)
Sentier pédestre et de vélo : 77 km
Services : épicerie
Hébergement : gîtes, camping
Saison : été (mai-octobre)
Gratuit
Tél. : (819) 758-6414
Site Web : www.ivic.qc.ca/parc

La Clé des Bois (Saint-Ferdinand)
Dénivelé : 340 m
Sentiers de ski de fond : 9 totalisant 35,4 km (facile, interm., diff.)
Autres activités : raquette hors-piste, randonnée pédestre, vélo de montagne
Location : skis de fond, raquettes
Services : casse-croûte
Saison : toute l'année
Frais d'entrée
Tél. : (418) 428-3355

Charlevoix

INFORMATION TOURISTIQUE GÉNÉRALE

Association touristique régionale de Charlevoix
495, boul. de Comporté, C.P. 275
La Malbaie (Québec) G5A 1T8
Tél. : (418) 665-4454 ou 1 800 667-2276
Courriel : info@tourisme-charlevoix.com
Site Web : www.tourisme-charlevoix.com

Centre de plein air Les Sources Joyeuses (La Malbaie)
Dénivelé : 150 m
Sentier pédestre : 21 km
Sentiers de ski de fond : 12 totalisant 82 km (facile, interm., diff.)
Sentier de raquette : 11 km
Autres activités : patin, glissade, randonnées de ski de fond nocturnes les soirs de pleine lune
Location : patins, skis de fond, raquettes
Services : restauration, salle de fartage, relais chauffé, mirador
Saison : hiver
Frais d'entrée
Tél. : (418) 665-4858

Domaine Charlevoix (Baie-Saint-Paul)
Dénivelé : 380 m
Sentiers pédestres : 3 totalisant 16 km (facile, interm.)
Autres activités : ski de fond, raquette hors-piste
Services : restauration (maison de thé), refuge chauffé
Saison : toute l'année
Frais d'entrée
Tél. : (418) 435-2626

Genévrier (Baie-Saint-Paul)
Étendue : 2 km^2
Dénivelé : 180 m
Sentiers de ski de fond : 4 totalisant 15 km (facile, interm., diff.)
Sentiers pédestres : 5 totalisant 15 km (facile)
Autres activités : patin, glissade sur chambre à air, randonnées de ski de fond nocturnes, vélo de montagne, baignade
Location : skis de fond, patins
Services : restauration, salle de fartage
Hébergement : 31 chalets, 386 campings
Saison : toute l'année
Frais d'entrée
Tél. : (418) 435-6520 ou 1 877 435-6520
Site Web : www.genevrier.com

Chaudière-Appalaches

INFORMATION TOURISTIQUE GÉNÉRALE

Tourisme Chaudière-Appalaches
800, autoroute Jean-Lesage
Saint-Nicolas (Québec) G7A 1E3
Tél. : (418) 831-4411 ou 1 888 831-4411
Courriel : info@chaudapp.qc.ca
Site Web : www.chaudapp.qc.ca

Auberge du centre de la nature (Saint-Omer)
Etendue : 200 ha
Sentiers pédestres : 4 aménagés totalisant 10 km ; 20 km non aménagés (facile)
Autres activités : raquette, canot, ski de fond
Services : restauration
Hébergement : 4 refuges rustiques, chalets, camping sauvage
Saison : toute l'année
Frais d'entrée
Tél. : (418) 356-3347

Pourvoirie Daaquam (Saint-Just-de-Breteniére)
Sentiers pédestres : 8 totalisant 49 km (facile, interm.)
Sentiers de ski de fond : 6 totalisant 24 km (facile, interm.)
Sentiers de vélo : 6 totalisant 30 km
Autres activités : baignade, canot, traîneau à chiens, raquette
Location : tentes, sacs de couchage, canots, skis de fond, raquettes
Services : restauration
Hébergement : 2 sites de camping sauvage, 4 chalets, 1 auberge
Saison : toute l'année
Frais d'entrée
Tél. : (418) 244-3442

Centre de plein air de Sainte-Perpétue (Sainte-Perpétue)
Sentiers de ski de fond : 7 totalisant 26 km (facile, interm.)
Sentiers de raquette : 7 km
Services : restauration, salle de fartage
Saison : hiver
Frais d'entrée
Tél. : (418) 359-3363

Centre de plein air de Montmagny
Sentiers de ski de fond : 13 totalisant 60 km (facile, interm., diff.)
Sentier de raquette : 10 km
Autres activités : randonnée pédestre, vélo de montagne
Location : skis de fond, raquettes
Services : restauration
Saison : toute l'année
Frais d'entrée
Tél. : (418) 248-6721

Club sportif Les Appalaches (Saint-Eugène)
Sentiers de ski de fond : 15 totalisant 55 km (facile, interm., diff.)
Autre activité : raquette
Location : skis de fond
Services : restauration, salle de fartage, refuge chauffé
Saison : hiver
Frais d'entrée
Tél. : (418) 247-3271

Mont Orignal (Lac Etchemin)
Sentiers de ski de fond : 5 totalisant 42 km (facile, interm., diff.)
Autres activités : randonnée pédestre, ski alpin
Location : skis de fond
Services : restauration, salle de fartage
Saison : toute l'année
Frais d'entrée
Tél. : (418) 625-1551 ou 1 877 335-1551
Site Web : www.montorignal.com

Côte-Nord
(Duplessis et Manicouagan)

INFORMATION TOURISTIQUE GÉNÉRALE

Association touristique régionale de Manicouagan
337, boul. Lasalle, bur. 304
Baie-Comeau (Québec) G4Z 2Z1
Tél. : (418) 294-2876 ou 1 888 463-5319
Courriel : atrmanic@globetrotter.qc.ca
Site Web : www.tourismecote-nord.com

Association touristique régionale de Duplessis
312, av. Brochu
Sept-Îles (Québec) G4R 2W6
Tél. : (418) 962-0808 ou 1 888 463-0808
Courriel : atrd@bbsi.net
Site Web : www.tourismecote-nord.com

Base de plein air Les Goélands (Port-Cartier)
Sentiers de ski de fond : 11 totalisant 25 km (facile, interm., diff.)
Sentiers pédestres : 5 totalisant 10 km (facile, interm.)
Autres activités : observation d'un nid de balbuzards, vélo
Location : skis de fond
Services : restauration, salle de fartage
Hébergement : 1 auberge
Saison : toute l'année
Frais d'entrée
Tél. : (418) 766-8706
Site Web : www.multimania.com/bpag

Centre d'interprétation Archéo-topo (Bergeronnes)
Activité : archéologie (site riche), visite d'exposition
Service : restauration
Saison : été (mai-octobre)
Frais d'entrée
Tél. : (418) 232-6286
Site Web : www.archeotopo.com

Centre d'interprétation et de mise en valeur de l'île Rouge (Tadoussac)
Activités : visite de l'île Rouge, randonnée pédestre, possibilité de passer une nuit sur l'île dans un phare
Saison : été
Frais d'entrée
Tél. : (418) 235-1212

Centre d'interprétation et d'observation de Cap-de-Bon-Désir (Bergeronnes)
Activités : observation des baleines, kayak et voile (à proximité), randonnée
Saison : été
Frais d'entrée
Tél. : (418) 232-6326

Île Grande Basque (près de Sept-Îles)
Dénivelé : 150 m
Sentiers pédestres : 5 totalisant 12 km (facile, interm., diff.)
Autres activités : visite d'une grotte, observation d'oiseaux et de mammifères marins
Hébergement : camping
Saison : été
Frais d'entrée
Tél. : (418) 962-1238
Site Web : www.ville.sept-iles.qc.ca/tourisme

Mont Severson (Fermont)
Dénivelé : 120 m
Sentiers pédestres : 6 totalisant 25 km (interm.)
Autres activités : ski de fond et raquette hors-piste, escalade
Saison : toute l'année
Gratuit
Tél. : (418) 287-5471

Parc régional de Pointe-aux-Outardes (Pointe-aux-Outardes)
Sentiers pédestres : 3 totalisant 6 km (facile)
Autres activités : baignade, observation depuis des miradors, ornithologie
Hébergement : camping sauvage
Saison : été (juin-septembre)
Frais d'entrée
Tél. : (418) 567-4227
Site Web : www.virtuel.net/prpao

Sentiers de Blanc-Sablon (Blanc-Sablon)
Dénivelé : 90 m
Sentiers pédestres : 5 totalisant 12 km (facile, interm., diff.)
Autres activités : ski de fond, raquette hors-piste
Services : restauration
Hébergement : camping sauvage
Saison : toute l'année
Gratuit
Tél. : (418) 461-2707
Site Web : www.blanc-sablon.com

Sentiers Nor-Fond (Baie-Comeau)
Sentiers de ski de fond : 6 totalisant 34 km (facile, interm.)
Autre activité : randonnée pédestre
Location : skis de fond
Services : salle de fartage
Hébergement : 3 chalets
Saison : toute l'année
Frais d'entrée (sauf l'été)
Tél. : (418) 296-2484

Sentiers de la rivière Amédée (Baie-Comeau)
Sentiers de ski de fond : 6 totalisant 35,5 km (facile, interm., diff.)
Autres activités : randonnée pédestre, raquette hors-piste, vélo de montagne
Services : salle de fartage
Saison : toute l'année
Frais d'entrée (sauf l'été)
Tél. : (418) 589-3288

Zec de Forestville
Étendue : 1 328 km²
Sentier pédestre : 12 km
Autres activités : canot, ski de fond et raquette hors-piste, escalade de glace
Hébergement : camping sauvage, canot-camping, 10 chalets
Saison : toute l'année
Frais d'entrée
Tél. : (418) 587-4000
Site Web : www.zecquebec.com

Zec Matimek (Sept-Îles)
Étendue : 1 854 km²
Dénivelé : 600 m
Sentiers pédestres : 50 km (facile, interm.)
Hébergement : 48 sites de camping, 8 chalets
Saison : toute l'année
Frais d'entrée
Tél. : (418) 583-2677
Site Web : www.zecquebec.com

Gaspésie

INFORMATION TOURISTIQUE GÉNÉRALE

Association touristique régionale de la Gaspésie
357, rte de la Mer
Sainte-Flavie (Québec) G0J 2L0
Tél. : (418) 775-2223 ou 1 800 463-0323
Courriel : info@tourisme-gaspesie.com
Site Web : www.tourisme-gaspesie.com

Base de plein air de Bellefeuille (Pabos Mills)
Sentiers de ski de fond : 4 totalisant 15 km (facile, interm.)
Autres activités : patin, raquette, canot, vélo de montagne, kayak, voile
Location : skis de fond, vélos, embarcations
Services : restauration
Hébergement : 12 chalets, 12 dortoirs
Saison : toute l'année
Frais d'entrée
Tél. : (418) 689-6727
Site Web : www.basedebellefeuille.com

Centre de plein air de Saint-Siméon (Saint-Siméon)
Sentiers de ski de fond : 5 totalisant 25 km (facile, interm.)
Sentiers pédestres : 2 totalisant 10,5 km (facile, interm.)
Autres activités : raquette, glissade, baignade, vélo de montagne
Services : restauration (hiver seulement)
Saison : toute l'année
Gratuit
Tél. : (418) 534-2155

Parc régional Val-d'Irène (Sainte-Irène)
Sentiers pédestres : 6 totalisant 50 km (facile, interm., diff.)
Sentiers de ski de fond : 3 totalisant 14 km (interm.)
Autres activités : raquette (1,8 km), baignade, vélo de montagne
Services : restauration, salle de fartage
Hébergement : chalets, camping sauvage
Saison : toute l'année
Frais d'entrée
Tél. : (418) 629-3450
Site Web : www.val-direne.com

Site historique Pointe-à-la-Renommée (L'Anse-à-Valleau)
Dénivelé : 270 m
Sentiers pédestres : 5 totalisant 22 km (facile, interm.)
Autres activités : ski de fond et raquette hors-piste
Saison : toute l'année
Gratuit
Tél. : (418) 269-5723

Sentiers panoramiques Les Plateaux (Saint-François-d'Assise)
Dénivelé : 200 m
Sentiers pédestres : 5 totalisant 11,7 km (facile, interm.)
Saison : été
Gratuit
Tél. : (418) 299-2066

Zec Baillargeon (Gaspé)
Étendue : 64 km²
Sentiers pédestres : 5 totalisant 25 km (facile, interm.)
Autres activités : ski de fond, raquette, baignade, vélo de montagne
Hébergement : 30 sites de camping, 6 chalets
Saison : toute l'année
Frais d'entrée
Tél. : (418) 368-6996 ou (418) 368-4803
Site Web : www.gaspesie.com/zecbaillargeon

Îles-de-la-Madeleine

INFORMATION TOURISTIQUE GÉNÉRALE

Association touristique régionale des Îles-de-la-Madeleine
128, ch. Principal, C.P. 1028
Cap-aux-Meules (Québec) G0B 1B0
Tél. : (418) 986-2245 ou 1 877 624-4437
Courriel : info@tourismeilesdelamadeleine.com
Site Web : www.tourismeilesdelamadeleine.com

Bouillée de Bois (Étang-du-Nord)
Sentiers pédestres : 5 totalisant 12,6 km (facile)
Autre activité : baignade
Saison : toute l'année
Gratuit
Tél. : (418) 986-6644

Parc de la Grande Échouerie (Grosse-Île)
Sentiers pédestres : 2 totalisant 20 km (facile)
Autre activité : baignade
Saison : toute l'année
Gratuit
Tél. : (418) 985-2510

Réserve écologique de l'île Brion et de l'île d'Entrée
Possibilité de faire des excursions guidées ou des sorties en kayak de mer
Info : Association touristique régionale des Îles-de-la-Madeleine

Lanaudière

INFORMATION TOURISTIQUE GÉNÉRALE

Tourisme Lanaudière
3645, rue Queen
Rawdon (Québec) J0K 1S0
Tél. : (450) 834-2535 ou 1 800 363-2788
Courriel : info@tourisme-lanaudiere.qc.ca
Site Web : www.tourisme-lanaudiere.qc.ca

Camp Mariste (Rawdon)
Étendue : 485 ha
Dénivelé : 100 m
Sentiers pédestres : 6 totalisant 27,9 km (facile, interm.)
Autres activités : raquette (6 km), ski de fond (22 km), vélo de montagne (28 km)
Hébergement : chalets et campings pour des groupes uniquement
Saison : toute l'année
Frais d'entrée
Tél. : (450) 834-6383
Site Web : www.campmariste.qc.ca

Centre de plein air Havre familial (Sainte-Béatrix)
Dénivelé : 212 m
Sentiers de ski de fond : 5 totalisant 30 km (interm., diff.)
Sentier de raquette : 6 km
Autres activités : randonnée pédestre, baignade, activités nautiques
Services : restauration
Hébergement : 16 chalets, 2 auberges, 2 refuges rustiques
Saison : toute l'année
Frais d'entrée
Tél. : (450) 883-2271 ou 1 888 883-2271
Site Web : www.lequebec.net/havrefamilial

Chez Ti-Jean ski de fond (L'Épiphanie)
Sentiers de ski de fond : 7 totalisant 34 km (facile, interm., diff.)
Location : skis de fond
Services : restauration
Saison : hiver
Gratuit (ouvert les fins de semaine seulement)
Tél. : (450) 588-5980

Forêt Ouareau (Notre-Dame-de-la-Merci)
Étendue : 149 km²
Sentiers : une quarantaine de kilomètres accessibles à pied, en raquettes ou en ski nordique
Autre activité : vélo de montagne sur les chemins forestiers
Hébergement : refuges, appentis (*lean-to*), camping sauvage en bordure de la rivière Ouareau
Saison : toute l'année
Frais d'entrée pour certaines activités
Tél. : (819) 424-1865 et 1 877 424-1866
Site Web : www.mrcmatawinie.qc.ca

Parc des chutes Dorwin (Rawdon)
Sentier pédestre : 2,5 km qui mènent à des belvédères donnants sur les chutes
Services : restauration (été seulement)
Saison : toute l'année
Frais d'entrée
Tél. : (450) 834-2282
Site Web : www.chambrecommercerawdon.ca

Parc régional des chutes Monte-à-Peine et des Dalles (Saint-Jean-de-Matha, Sainte-Mélanie et Sainte-Béatrix)
Étendue : 300 ha
Dénivelé : 70 m
Sentiers pédestres : 5 totalisant 12 km (facile)
Saison : été
Frais d'entrée
Tél. : (450) 883-6060
Site Web : www.municipalitestjeandematha.qc.ca/chutes.html

Parc régional des Sept Chutes (Saint-Zénon)
Dénivelé : 210 m
Sentier pédestre : 12 km (panneaux d'interprétation de la nature)
Services : restauration, douches
Saison : été
Frais d'entrée
Tél. : (450) 884-0484

Sentiers Brandon (Saint-Gabriel-de-Brandon)
Sentiers pédestres : 4 totalisant 25 km (facile)
Autres activités : ski de fond, raquette, baignade
Saison : toute l'année
Gratuit
Tél. : (450) 835-2105

Sentiers de la Presqu'île (Le Gardeur)
Étendue : 150 km^2
Sentiers pédestres : 5 totalisant 20,6 km (facile)
Sentiers de raquette : 2 totalisant 6,5 km et hors-piste
Sentiers de ski de fond : 8 totalisant 50 km (facile, interm.)
Sentiers de vélo : 2 totalisant 18,5 km
Autre activité : randonnée nocturne les samedis précédant la pleine lune, de décembre à mars
Chiens : autorisés sur certains sentiers
Location : skis de fond
Services : restauration
Saison : toute l'année
Frais d'entrée
Tél. : (450) 581-6877

Sentiers de Sainte-Émilie-de-l'Énergie (Sainte-Émilie-de-l'Énergie)
Dénivelé : 265 m
Sentiers pédestres : 5 totalisant 40 km (interm.)
Hébergement : refuge, camping sauvage, camping d'hiver possible
Saison : toute l'année
Gratuit
Tél. : (450) 886-3823

Société de Conservation, d'Interprétation et de Recherche de Berthier et ses Îles
Sentiers pédestres : 5 km
Autre activité : interprétation de la nature
Saison : été
Tél. : (450) 836-4447

Station touristique de la Montagne coupée (Saint-Jean-de-Matha)
Dénivelé : 91 m
Sentiers pédestres : 5 totalisant 32,5 km (facile, interm.)
Sentiers de vélo : 4 totalisant 27,5 km (interm.)
Sentiers de ski de fond : 14 totalisant 65 km (facile, interm., diff.)
Sentiers de raquette : 10 totalisant 55 km
Location : skis de fond, raquettes, vélos de montagne
Services : restauration
Hébergement : chalets
Saison : toute l'année
Frais d'entrée
Tél. : (450) 886-3845
Site Web : www.montagnecoupee.com

Laurentides

INFORMATION TOURISTIQUE GÉNÉRALE

Association touristique régionale des Laurentides
14142, rue de la Chapelle
Mirabel (Québec) J7J 2C8
Tél. : (450) 436-8532 ou 1 800 561-6673
Courriel : info-tourisme@laurentides.com
Site Web : www.tourisme-laurentides.com

Base de plein air Le P'tit Bonheur (Lac-Supérieur)
Sentiers pédestres : 10 totalisant 57 km (facile, interm., diff.)
Sentier de raquette : 5 km (facile)
Autres activités : ski de fond, baignade, activités nautiques
Location : skis de fond, raquettes, embarcations
Services : restauration
Hébergement : 1 auberge
Saison : toute l'année (sauf avril et novembre)
Frais d'entrée
Tél. : (514) 875-5555 ou 1 800 567-6788
Site Web : www.ptitbonheur.com

Base de plein air l'Interval (Sainte-Lucie-des-Laurentides)
Dénivelé : 340 m (mont Kaaikop)
Sentiers pédestres : 5 totalisant 25 km (facile, interm., diff.)
Sentiers de ski de fond : 10 totalisant 40 km (facile, interm., diff.)
Autre activité : raquette hors-piste
Location : skis de fond, raquettes
Services : restauration (sur réservation), salle de fartage
Hébergement : 25 sites de camping, 1 auberge, 4 chalets (été)
Saison : toute l'année
Frais d'entrée
Tél. : (819) 326-4069
Site Web : www.interval.qc.ca

Camp Quatre-Saisons (Labelle)
Dénivelé : 250 m (mont Gorille)
Sentiers pédestres : 5 totalisant 50 km (interm., diff.)
Autres activités : ski de fond et raquette hors-piste, canot
Location : canots
Saison : toute l'année (colonie de vacances l'été)
Gratuit
Tél. : (450) 435-5341 ou (819) 686-2123
Site Web : www.cam.org/~campqs

Centre d'accès à la nature – UQAM (Saint-Faustin)
Dénivelé : 400 m
Sentiers pédestres : 5 totalisant 30 km (interm., diff.)
Autres activités : baignade, ski de randonnée et raquette hors-piste
Hébergement : 12 sites de camping, 3 chalets
Saison : toute l'année
Gratuit
Tél. : (819) 688-3212 ou (514) 987-3105
Site Web : www.uqam.ca/sports

Centre de ski de fond de l'Estérel
Sentiers de ski de fond : 50 km, 40 km hors-piste, 20 km pour le pas de patin (facile, interm., diff.)
Autres activités : raquette hors-piste (18 km), patin, traîneau à chiens, baignade, activités nautiques
Location : skis de fond, raquettes
Services : restauration, salle de fartage
Saison : toute l'année
Frais d'entrée
Tél. : (450) 228-2571 ou 1 888 ESTEREL
Site Web : www.esterel.com

Centre de ski de fond Far Hills (Val-Morin)
Sentiers de ski de fond : 18 totalisant 96 km (facile, interm., diff.)
Sentier pédestre : 96 km
Autres activités : raquette hors-piste, canot
Location : skis de fond, raquettes, canots
Services : restauration, salle de fartage
Saison : toute l'année
Frais d'entrée
Tél. : (819) 322-2014 ou 1 800 567-6636
Site Web : www.farhillsinn.com

Centre de ski de fond Morin-Heights (Morin-Heights)
Sentiers de ski de fond : 150 km dont 75 km hors-piste (facile, interm., diff.)
Services : salle de fartage
Saison : hiver
Frais d'entrée
Tél. : (450) 226-1020 ou, hors saison, (450) 226-3232

Centre touristique et éducatif des Laurentides (Saint-Faustin)
Étendue : 20 km^2
Dénivelé : 200 m
Sentiers pédestres : 10 totalisant 40 km (facile, interm., diff.)
Autre activité : canot
Hébergement : 50 sites de camping
Saison : été
Frais d'entrée
Tél. : (819) 326-1606
Site Web : www.municipalite.stfaustin.qc.ca/ctel/ctel.htm

Club des 6 Cantons (L'Annonciation)
Sentiers de ski de fond : 6 totalisant 50 km (facile, interm., diff.)
Sentier de raquette : 6 km
Services : refuge chauffé
Saison : hiver
Frais d'entrée
Tél. : (819) 275-5800

Parc du domaine Vert (Mirabel)
Étendue : 650 ha
Sentier pédestre : 3 km
Sentier de vélo : 11 km
Sentiers de ski de fond : 2 totalisant 30 km (facile, interm.)
Sentiers de raquette : 4 km et hors-piste
Location : skis de fond, raquettes
Services : restauration, salle de fartage
Hébergement : 5 chalets
Saison : toute l'année
Frais d'entrée
Tél. : (450) 435-6510
Site Web : www.domainevert.com

Parc régional de la Rivière-du-Nord (Saint-Jérôme)
Sentiers pédestres : 15 totalisant 32 km (facile)
Autres activités : ski de fond et raquette hors-piste, marche sur neige
Location : skis, raquettes, canots, kayaks de mer
Services : restauration
Saison : toute l'année
Frais d'entrée
Tél. : (450) 431-1676

Réseau Plein air Saint-Adolphe d'Howard
Sentiers pédestres : 5 totalisant 30 km (facile, interm., diff.)
Sentiers de vélo : 2 totalisant 35 km (interm., diff.)
Sentiers de ski de fond : 26 totalisant 80 km (interm., diff.)
Sentiers de raquette : 4 totalisant 20 km
Autres activités : baignade, patin
Location : skis de fond, patins, raquettes
Hébergement : refuge, camping sauvage
Saison : toute l'année
Frais d'entrée
Tél. : (819) 327-3519 ou 1 866 236-5743

Laval

INFORMATION TOURISTIQUE GÉNÉRALE

Tourisme de Laval
2900, boul. Saint-Martin Ouest
Laval (Québec) H7T 2J2
Tél. : (450) 682-5522 ou 1 877 465-2825
Courriel : info@tourismelaval.com
Site Web : www.tourismelaval.com

Boisé Duvernay
Sentiers de ski de fond : 6 totalisant 25 km (facile)
Autres activités : ski nordique (1 sentier), observation d'oiseaux
Services : refuge chauffé
Saison : hiver
Frais d'entrée
Tél. : (450) 661-1766

Boisé Papineau
Étendue : 1 km²
Sentier pédestre : 7 km
Autres activités : ski de fond et raquette
Saison : toute l'année
Gratuit
Tél. : (450) 662-4901

Centre de la Nature
Étendue : 50 ha
Sentiers pédestres : 5 totalisant 8 km (facile)
Sentier de ski de fond : 5 km (facile)
Autres activités : patin, visite du parc de chevreuils
Location : skis, patins
Services : restauration
Saison : toute l'année
Frais d'entrée
Tél. : (450) 662-4942
Site Web : www.ville.laval.qc.ca

Parc des Prairies
Étendue : 50 ha
Sentier pédestre : 2 km
Autres activités : ski de fond et raquette
Saison : toute l'année
Gratuit
Tél. : (450) 662-4902

Mauricie

INFORMATION TOURISTIQUE GÉNÉRALE

Tourisme Mauricie
777, 4e Rue
Shawinigan (Québec) G9N 1H1
Tél. : (819) 536-3334 ou 1 800 567-7603
Courriel : info@icimauricie.com
Site Web : www.icimauricie.com

Le Baluchon (Saint-Paulin)
Étendue : 24 km²
Sentiers pédestres : 7 totalisant 20 km (facile, interm.)
Sentiers de ski de fond : 6 totalisant 30 km (facile, interm., diff.)
Sentiers de raquette : 4 totalisant 10,5 km (facile, interm.)
Autres activités : patin (trottoir de glace de 5 km), vélo de montagne, équitation, visite de microbrasserie
Location : skis, patins, raquettes, canots, kayaks, vélos
Services : restauration, salle de fartage
Hébergement : 4 auberges, 1 chalet
Saison : toute l'année
Frais d'entrée
Tél. : (819) 268-2555 ou 1 800 789-5968
Site Web : www.baluchon.com

Parc des Chutes-de-la-Petite-Rivière-Bostonnais (La Tuque)
Sentier pédestre : 10 km
Autres activités : ski de fond, ski alpin, raquette
Saison : toute l'année
Gratuit
Tél. : (819) 523-5930
Site Web : www.mrchsm.org

Parc des chutes de Shawinigan
Étendue : 113 ha
Sentiers pédestres : 2 totalisant 10 km (facile, interm.)
Autres activités : vélo de montagne, ski de fond et raquette hors-piste, canot, kayak
Location : canots, kayaks
Hébergement : 130 sites de camping, auberge de jeunesse
Saison : toute l'année
Gratuit
Tél. : (819) 536-0222 (hiver) ou (819) 536-7155 (été)
Site Web : www.campingquebec.com/parcdeschutes

Parc régional de la Rivière-Gentilly (Sainte-Marie-de-Blandford)
Dénivelé : 75 m
Sentiers pédestres : 12 totalisant 15 km (facile, interm.)
Autres activités : vélo de montagne, ski de fond et raquette hors-piste, interprétation faunique
Hébergement : 15 sites de camping, chalets rustiques (20 pers.), camp de prospecteur
Saison : toute l'année
Frais d'entrée
Tél. : (819) 222-5665 ou 1 866 522-5665
Site Web : www.rivieregentilly.com

Montréal

INFORMATION TOURISTIQUE GÉNÉRALE

Tourisme Montréal
1555, rue Peel, bur. 600
Montréal (Québec) H3A 3L8
Tél. : (514) 844-5400
Site Web : www.tourisme-montreal.org

Voir aussi Montréal et environs dans la section Destinations éclair

Montérégie

INFORMATION TOURISTIQUE GÉNÉRALE

Tourisme Montérégie
11, ch. Marieville
Rougemont (Québec) J0L 1M0
Tél. : (450) 469-0069 ou 1 866 469-0069
Courriel : info@tourisme-monteregie.qc.ca
Site Web : www.tourisme-monteregie.qc.ca

Canal de Chambly
Sentier pédestre : 19 km
Autre activité : observation des uniques écluses manuelles du Québec
Services : restauration, épicerie
Saison : toute l'année
Frais d'entrée
Tél. : (450) 447-4837
Site Web : www.parcscanada.gc.ca/canalchambly

Centre de plein air des Cèdres (Les Cèdres)
Sentiers de ski de fond : 8 totalisant 51 km (facile, interm., diff.)
Sentier de raquette : 2 km
Autres activités : patin, glissade
Location : skis de fond, raquettes
Services : restauration, salle de fartage
Hébergement : camping et (pour groupes seulement) chalets
Saison : toute l'année
Frais d'entrée
Tél. : (450) 452-4736
Site Web : www.basedepleinairdescedres.com

Centre Notre-Dame-de-Fatima (Notre-Dame-de-l'Île-Perrot)
Sentiers de ski de fond : 8 totalisant 25 km (facile, diff.)
Sentier de raquette : 2 km
Autre activité : randonnée pédestre
Location : skis de fond, raquettes
Hébergement : 4 chalets, auberge
Saison : toute l'année
Frais d'entrée
Tél. : (514) 453-7600
Site Web : www.centrendfatima.com

Parc régional de Longueuil
Sentier pédestre : 15 km
Autres activités : ski de fond, raquette hors-piste, vélo, patin
Location : skis de fond, raquettes, vélos, patins à roues alignées
Services : restauration
Saison : toute l'année
Gratuit
Tél. : (450) 468-7619

Parc régional des îles de Saint-Timothée
Sentiers pédestres : 4 totalisant 17 km (facile)
Autres activités : ski de fond hors-piste, baignade, kayak, canot
Location : canots, kayaks
Services : restauration (été seulement)
Saison : toute l'année
Tél. : (450) 377-1117
Site Web : www.rocler.qc.ca/iles

Parc régional du canal Beauharnois (Salaberry-de-Valleyfield)
Étendue : 4 141 ha
Sentiers de vélo : 6 totalisant 47 km (facile) (pistes asphaltées)
Autres activités : randonnée pédestre, ski de fond et raquette hors-piste
Saison : toute l'année
Gratuit
Tél. : (450) 225-0870
Site Web : www.suroit.qc.ca

Parc régional écologique et récréatif de Saint-Bernard (Saint-Bernard-de-Lacolle)
Étendue : 210 ha
Sentiers de ski de fond : 9 totalisant 18 km (facile, interm., diff.)
Activités hivernales : randonnée pédestre, patin, glissade
Services : restauration
Saison : toute l'année
Frais d'entrée
Tél. : (450) 246-3348 ou (450) 246-2598

Réserve nationale de faune du lac Saint-François (Dundee)
Étendue : 1 450 ha
Sentier pédestre : 14 km
Autres activités : canot, randonnée en rabaska, observation d'oiseaux
Location : canots
Saison : été
Frais d'entrée
Tél. : (450) 370-6954
Site Web : www.rocler.qc.ca/yletour/debut.htm

Sentiers du mont Rigaud (Rigaud)
Dénivelé : 100 m
Sentiers pédestres : 7 totalisant 25,3 km (facile, interm., diff.)
Autres activités : ski de fond, équitation
Saison : toute l'année
Gratuit
Tél. : (450) 451-0869, poste 238 ou (450) 451-4608 (fin de semaine)
Site Web : www.ville.rigaud.qc.ca/escapade

Nord-du-Québec

INFORMATION TOURISTIQUE GÉNÉRALE

Tourisme Baie-James
166, boul. Springer, C.P. 1270
Chapais (Québec) G0W 1H0
Tél. : (418) 745-3969 ou 1 888 745-3969
Téléc. : (418) 745-3970
Courriel : info@tourisme-baie-james.qc.ca

Association touristique du Nunavik
C.P. 779
Kuujjuaq (Québec) J0M 1C0
Tél. : (819) 964-2876 ou 1 888 594-3424
Téléc. : (819) 964-2002
Site Web : www.nunavik-tourism.com

Outaouais

INFORMATION TOURISTIQUE GÉNÉRALE

Tourisme Outaouais
103, rue Laurier
Hull (Québec) J8X 3V8
Tél. : (819) 778-2222 ou 1 800 265-7822
Site Web : www.tourisme-outaouais.org

Base de plein air des Outaouais (Denholm)
Étendue : 120 ha
Dénivelé : 400 m
Sentiers pédestres : 9 totalisant 65 km (facile, interm., diff.)
Autres activités : vélo de montagne, raquette hors-piste, baignade, canot-camping
Location : canots
Services : restauration (sur réservation)
Hébergement : canot-camping, 29 sites de camping, 20 chambres
Saison : toute l'année
Frais d'entrée
Tél. : (819) 457-4040 ou 1 800 363-4041
Site Web : www.aireaubois.com

Centre touristique de la Petite-Rouge (Saint-Émile-de-Suffolk)
Étendue : 405 ha
Sentiers de ski de fond : 5 totalisant 30 km (facile, interm., diff.)
Sentier de raquette : 4 km
Autres activités : canot, baignade, vélo, patin, interprétation de la nature
Location : skis de fond, raquettes
Services : restauration
Hébergement : 12 chalets
Saison : toute l'année
Frais d'entrée
Tél. : (819) 426-2191 ou 1 888 426-219
Site Web : www.petiterouge.com

Parc régional de Pontiac (Wyman-Waltham)
Sentier pédestre : 72 km (linéaire)
Autre activité : vélo de montagne
Services : restauration, épicerie
Hébergement : camping sauvage, gîtes
Saison : été
Gratuit
Tél. : (819) 648-2186 ou 1 800 665-5217
Site Web : www.mrcpontiac.qc.ca

Sentier de la capitale (Hull-Aylmer)
Sentiers de vélo : réseau de sentiers récréatifs de 170 km menant à des rivières, à des parcs, à des belvédères et à des monuments nationaux
Autres activités : randonnée pédestre, baignade, ski de fond et raquette hors-piste
Services : restauration, épicerie
Hébergement : gîtes
Saison : toute l'année
Gratuit
Tél. : 1 800 465-1867 ou (613) 239-5000

Région de Québec

INFORMATION TOURISTIQUE GÉNÉRALE

Office du tourisme et des congrès de Québec
835, avenue Wilfrid-Laurier
Québec (Québec) G1R 2L3
Tél. : (418) 649-2608
Site Web : www.regiondequebec.com

Voir aussi Québec et environs dans la section Destinations éclair

Base de plein air de Val-Bélair (Val-Bélair)
Sentiers de ski de fond : 8 totalisant 55 km (facile, interm., diff.)
Autres activités : raquette, patin, baignade, randonnée, glissade
Location : skis de fond, raquettes
Services : restauration, salle de fartage
Saison : toute l'année
Frais d'entrée
Tél. : (418) 842-7769

Canyon des chutes Sainte-Anne (Beaupré)
Sentier pédestre : 1,5 km
Services : restauration
Saison : été (mai-octobre)
Frais d'entrée
Tél. : (418) 827-4057
Site Web : www.canyonste-anne.qc.ca

Centre de ski Charlesbourg (Charlesbourg)
Sentiers de ski de fond : 15 totalisant 120 km (facile, interm., diff.)
Sentier de raquette : 10 km
Location : skis de fond, raquettes
Services : restauration, salle de fartage
Saison : hiver
Frais d'entrée
Tél. : (418) 849-9054

Parc familial des Berges (Donnacona)
Sentier pédestre : 5 km
Autres activités : kayak de mer, raquette
Services : espaces de pique-nique
Saison : toute l'année
Gratuit
Tél. : (418) 285-5655

Saguenay–Lac-Saint-Jean

INFORMATION TOURISTIQUE GÉNÉRALE

Tourisme Saguenay–Lac-Saint-Jean
455, rue Racine Est, bur. 101
Chicoutimi (Québec) G7H 1T5
Tél. : (418) 543-9778 ou 1 800 463-9651 (Québec)
Courriel : info@tourismesaglac.net
Site Web : www.tourismesaguenaylacsaintjean.qc.ca

Centre de plein air Bec-Scie (La Baie)
Sentiers pédestres : 4 totalisant 40 km (facile, interm., diff.)
Sentiers de ski de fond : 12 totalisant 30 km (facile, interm., diff.)
Sentiers de raquette : 2 totalisant 10 km
Autre activité : vélo de montagne
Location : skis de fond, raquettes
Services : restauration, salle de fartage, relais chauffés
Saison : toute l'année
Frais d'entrée
Tél. : (418) 697-5132

Club Norvégien (Jonquière)
Sentiers de ski de fond : 12 totalisant 67 km (facile, interm., diff.)
Sentiers de raquette : 3 totalisant 22 km (facile, interm.)
Autre activité : sorties sur piste éclairée (4 km)
Location : skis de fond, raquettes
Services : restauration, salle de fartage
Saison : hiver
Frais d'entrée
Tél. : (418) 546-2344

Club Perce-Neige (Bégin)
Sentiers de ski de fond : 3 totalisant 25 km (facile, interm.)
Sentier de raquette : 5 km
Autre activité : randonnée pédestre
Location : skis de fond, raquettes
Services : casse-croûte, chalet chauffé
Saison : toute l'année
Frais d'entrée
Tél. : (418) 672-2616 ou (418) 672-2435

Domaine du Lac Ha ! Ha ! (Ferland-Boileau)
Étendue : 842 ha
Sentiers pédestres : 2 totalisant 20 km (facile, interm.)
Sentier de vélo : 12 km (diff.)
Autres activités : baignade, canot
Location : vélos, canots
Services : restauration
Hébergement : 65 sites de camping aménagés, 17 chalets, 1 auberge
Saison : été (mai-novembre)
Frais d'entrée
Tél. : (418) 676-2373 ou 1 877 976-2373
Site Web : www.lachaha.royaume.com

Ferme Cinq Étoiles (Sacré-Cœur)
Étendue : 365 ha
Dénivelé : 300 m
Sentiers pédestres : 2 totalisant 10 km (facile, interm., diff.)
Sentier de vélo : 2 totalisant 12 km (interm.)
Sentiers de ski de fond : 2 totalisant 11 km (facile, interm.)
Autres activités : baignade, raquette hors-piste
Location : skis de fond, vélos de montagne, canots
Services : restauration, salle de fartage
Hébergement : 2 campings, camping sauvage, 18 chalets, camping d'hiver, igloo
Saison : toute l'année
Frais d'entrée
Tél. : (418) 236-4833 ou 1 877 236-4551
Site Web : www.ferme5etoiles.com

Mont Lac-Vert (Hébertville)
Sentier de raquette : 45 km
Autres activités : vélo de montagne (avec remontée), randonnée pédestre
Services : restauration
Saison : toute l'année
Frais d'entrée
Tél. : (418) 344-4000
Site Web : www.montlacvert.qc.ca

Parc du Cap-Jaseux (Saint-Fulgence)
Parcours d'arbre en arbre : plus de 65 stations aériennes
Kayak de mer : location, excursions et expéditions
Sentiers pédestres : 10 km
Autres activités : vélos de montagne, canot, canot-camping, baignade, planche à voile, ski de fond, raquette
Services : restauration
Hébergement : un refuge 4 saisons scandinave (8 places), 4 cabines en bois rond, tentes de prospecteur (30 places), camping sauvage (25 sites), camping avec services (26 sites)
Saison : toute l'année
Frais d'entrée
Tél. : (418) 674-9114 ou 1 877 698-6673
Site Web : www.capjaseux.com

Parcs, centres touristiques et réserves fauniques du Québec

Les coordonnées des 22 parcs nationaux du Québec, 8 centres touristiques,16 réserves fauniques et 4 parcs nationaux du Canada au Québec.

Parcs nationaux du Québec

• Information générale et réservation : 1 800 665-6527 et www.sepaq.com

TARIFS D'ACCÈS DANS LES PARCS NATIONAUX ET CENTRES TOURISTIQUES :
(Inclus dans tous les tarifs d'hébergement. En vigueur jusqu'au 31 mars 2005).

Catégorie ou groupe de personnes	accès quotidien	carte parc annuelle	carte réseau annuelle
Adulte (18 ans et plus)	3,50 $	16,50 $	30 $
Enfant (6 à 17 ans)	1,50 $	7,50 $	15 $
Enfant (0 à 5 ans)	Gratuit	Gratuit	Gratuit
1 adulte accompagné d'enfants de 6 à 17 ans	5 $	25 $	45 $
2 adultes accompagnés d'enfants de 6 à 17 ans	7 $	35 $	70 $
Groupe organisé d'adultes (par personne)	3 $	-	-
Groupe organisé de jeunes (6 à 17 ans)	Gratuit	Gratuit	Gratuit
Groupe scolaire ou d'étudiants	Gratuit	Gratuit	Gratuit

• Parc national d'Aiguebelle (Abitibi-Témiscamingue)
Tél. : (819) 637-7322 ou 1 877 637-7344

• Parc national d'Anticosti (Duplessis)
Tél. : (418) 535-0156

• Parc national du Bic (Bas-Saint-Laurent)
Tél. : (418) 736-5035

• Parc national de Frontenac (Chaudière-Appalaches et Cantons-de-l'Est)
Tél. : 1 877 696-7272

• Parc national de la Gaspésie (Gaspésie)
Tél. : 1 866 PARC GAS (1 866 727-2427)

• Parc national des Grands-Jardins (Charlevoix)
Tél. : 1 866 702-9202

• Parc national des Hautes-Gorges-de-la-Rivière-Malbaie (Charlevoix)
Tél. : 1 866 702-9202

• Parc national de l'Île-Bonaventure-et-du-Rocher-Percé (Gaspésie)
Tél. : (418) 782-2240

• Parc national des Îles-de-Boucherville (Montérégie)
Tél. : (450) 928-5088

• Parc national de la Jacques-Cartier (Québec)
Tél. : (418) 848-3169 (été) ou (418) 528-8787 (hiver)

• Parc national de Miguasha (Gaspésie)
Tél. : (418) 794-2475

• Parc national du Mont-Mégantic (Cantons-de-l'Est)
Tél. : (819) 888-2941 ou 1 866 888-2941

• Parc national du Mont-Orford (Cantons-de-l'Est)
Tél. : (819) 843-9855

• Parc national du Mont-Saint-Bruno (Montérégie)
Tél. : (450) 653-7544

• Parc national du Mont-Tremblant (Lanaudière et Laurentides)
Tél. : (819) 688-2281 ou 1 877 688-2289

• Parc national des Monts-Valin (Saguenay–Lac-Saint-Jean)
Tél. : (418) 674-1200

• Parc national d'Oka (Laurentides)
Tél. : (450) 479-8365 ou 1 888 PARC OKA

• Parc national de Plaisance (Outaouais)
Tél. : (819) 427-5334 ou 1 877 752-4726

• Parc national de la Pointe-Taillon (Saguenay–Lac-Saint-Jean)
Tél. : (418) 347-5371

• Parc national du Saguenay (Saguenay–Lac-Saint-Jean)
Tél. : (418) 272-1556 ou 1 877 272-5229

• Parc marin du Saguenay–Saint-Laurent (Saguenay–Lac-Saint-Jean, Charlevoix, Manicouagan et Bas-Saint-Laurent)
Tél. : (418) 272-1556 ou 1 877 272-5229

• Parc national de la Yamaska (Cantons-de-l'Est)
Tél. : (450) 776-7182

Centres touristiques

INFORMATION GÉNÉRALE ET RÉSERVATION :
1 800 665-6527 et www.sepaq.com

• Auberge Fort-Prével (Gaspésie)
Tél. : (418) 368-2281 ou 1 888 377-3835

• Camping de la Baie-de-Percé (Gaspésie)
Tél. : (418) 782-5102

• Camping des Voltigeurs (Centre-du-Québec)
Tél. : (819) 477-1360

• Centre touristique du Lac-Kénogami (Saguenay–Lac-Saint-Jean)
Tél. : (418) 344-1142

• Centre touristique du Lac-Simon (Outaouais)
Tél. : (819) 428-7931

• Parc de la Chute-Montmorency (Québec)
Tél. : (418) 663-3330

• Station écotouristique Duschesnay (Québec)
Tél. : (418) 875-2122 ou 1 877 511-5885

• Sépaq-Val-Jalbert (Saguenay–Lac-Saint-Jean)
Tél. : (418) 275-3132

Réserves fauniques du Québec

INFORMATION GÉNÉRALE ET RÉSERVATION :
1 800 665-6527 et www.sepaq.com

• Pourvoirie Sépaq Anticosti (Côte-Nord)
Tél. : (418) 686-6313

• Réserve faunique Ashuapmushuan (Saguenay–Lac-Saint-Jean)
Tél. : (418) 256-3806

• Réserves fauniques Assinica et des Lacs-Albanel-Mistassini-et-Waconichi (Baie-James)
Tél. : (418) 748-7748

• Réserve faunique des Chic-Chocs (Gaspésie)
Tél. : (418) 797-5214

• Réserve faunique des Laurentides (Québec)
Tél. : (418) 528-6868
Camp Mercier
Tél. : (418) 848-2422
Auberge du Relais
Tél. : (418) 846-2207

Réserve faunique La Vérendrye (Abitibi-Témiscamingue et Outaouais)
Secteur Outaouais
Tél. : (819) 438-2017
Le Domaine (mai à septembre)
Tél. : (819) 435-2541
Secteur Abitibi-Témiscamingue
Tél. : (819) 736-7431

• Réserve faunique Mastigouche (Mauricie)
Tél. : (819) 265-2098
De mai à septembre : Accueil Pins-Rouges, tél. : (819) 265-6055

• Réserves fauniques de Matane et de Dunière (Gaspésie)
Tél. : (418) 562-3700

• Réserve faunique de Papineau-Labelle (Outaouais)
Tél. : (819) 454-2011, poste 33
De la mi-mai à la fin d'octobre : Accueil Gagnon, tél. : (819) 428-7510

• Réserve faunique de Port-Cartier–Sept-Îles (Côte-Nord)
Tél. : (418) 766-2524
Saison estivale : Accueil lac Walker, tél. : (418) 766-4743

• Réserve faunique de Port-Daniel (Gaspésie)
Tél. : (418) 396-2232
De la fin de mai à septembre : Poste d'accueil, tél. : (418) 396-2789

• Réserve faunique de Portneuf (Québec)
Tél. : (418) 323-2028

• Réserve faunique de Rimouski (Bas-Saint-Laurent)
Tél. : (418) 735-2226 ou (418) 735-5672

• Réserve faunique Rouge-Matawin (Laurentides)
Tél. : (819) 424-3026

• Réserve faunique du Saint-Maurice (Mauricie)
Tél. : (819) 646-5687

Parcs nationaux du Canada

INFORMATION GÉNÉRALE :
Site Internet de Parcs Canada :
http://parkscanada.gc.ca
Tél. : 1 (800) 463-6769 et (418) 648-4177

• Réserve de Parc national du Canada de l'Archipel-de-Mingan
Tél. : (418) 538-3285 (en saison) ou (418) 538-3331 (hors saison)

• Parc national du Canada Forillon
Tél. : (418) 368-5505

• Parc national du Canada de la Mauricie
Information : (819) 538-3232
Réservations camping* : (819) 533-7272
** Aucune réservation pour le canot-camping*

• Parc marin du Canada du Saguenay–Saint-Laurent
Tél. : (418) 235-4703

Activités

Canot
Site personnel contenant divers liens sur le canot.
www3.sympatico.ca/louis.verrette/liens.html

Escalade (L')
Site dédié à l'escalade, principalement au Québec. Contient des références et des ressources utiles aux grimpeurs (recherche de partenaires, forum, voyages organisés, etc.)
www.info.polymtl.ca/~thadius

Kayak de mer au Nouveau Monde
Site de partage d'expériences en kayak de mer. Comporte des suggestions de destinations, un moteur de recherche de services reliés au kayak de mer, de l'information technique, des recettes, etc.
www.kayakdemer.net

Marche
Site personnel traitant des bienfaits de la marche.
pages.infinit.net/fa

Québec Kayak
Site sur le kayak de mer et la grande randonnée maritime.
www.cam.org/~cyrd/kayak/index.html

Société de biologie de Montréal
Mandat, historique et activités de la Société de biologie de Montréal.
www.sbm.umontreal.ca

Plein air Québec
Un excellent site de référence qui comporte une grande liste de liens sur le plein air au Québec.
www.pleinair-quebec.com

Aventure écotourisme Québec
Un site qui regroupe les entreprises membres de cette association.
www.aventure-ecotourisme.qc.ca

Espaces (Revue)

Site Internet de la revue *Espaces*. On y retrouve plusieurs des guides d'achats et des bancs d'essais qui ont été publiés dans la revue. La section « Petites annonces » permet aux internautes d'annoncer gratuitement le matériel qu'ils désirent vendre ou acheter. Une masse d'informations considérable. On y retrouve aussi les informations reliées à trois festivals : le Festival plein air, aventure et écotourisme (en mai au parc national des Îles-de-Boucherville), le Festival international du film d'aventure de Montréal (en octobre) et le Best of du Festival du film de montagne de Banff.
www.espaces.qc.ca

Équipement

Plusieurs sites sont conçus pour vous aider à faire le meilleur choix possible en matière d'équipement de plein air. On y sélectionne une catégorie d'équipement, on spécifie les caractéristiques techniques que l'on recherche, et hop !, le système croise les données et présente les résultats concluants. Malheureusement, comme plusieurs sites ne sont pas québécois, il se peut que l'item qui apparaît en ligne ne soit pas disponible dans nos boutiques de plein air. On peut alors contacter directement la compagnie ou, lorsque le site le permet, faire un achat en ligne.

E-opinion
Site où les consommateurs donnent leur appréciation sur les produits qu'ils ont achetés. On y retrouve une section dédiée à l'équipement de plein air.
www.epinions.com/otdr

Gearfinder
Le plus exhaustif des sites de comparaison d'équipement. On y traite surtout des articles reliés au domaine de la randonnée pédestre (réchauds, tentes, bottes, etc.). Site du magazine américain Backpacker.
www.gearfinder.com

Mountainzone
Site d'information sur les sports de montagne. On y retrouve également une section transactionnelle qui permet de mettre la main sur de belles aubaines (en dollars US cependant ; alors, il faut y regarder à deux fois...).
www.mountainzone.com

Destinations

Biosphère
Site officiel de la Biosphère de Montréal
www.biosphere.ec.gc.ca

Bonjour Québec
Le site touristique officiel du gouvernement du Québec. On y retrouve une foule d'informations sur toutes les régions touristiques du Québec. La liste des associations touristiques régionales (ATR) peut être un excellent point de départ pour orienter sa recherche d'informations.
www.bonjour-quebec.com
Liste des ATR : www.bonjour-quebec.com/francais/tourisme/bureaux.html

Camp de base.com
Mers et montagnes du Québec et d'ailleurs, incluant des destinations pour la pratique de l'escalade.
www.campdebase.com

Camping au Québec
Outil de recherche pour trouver un terrain de camping n'importe où au Québec.
www.campingquebec.com

Festival d'eau vive de la rivière Gatineau
Description des difficultés de la rivière, historique, résultats des compétitions, etc.
www.gatineau.org

Fleuves et rivières du Québec
Une foule de données allant de la qualité de l'eau au répertoire des groupes de gestion des rivières.
ecoroute.uqcn.qc.ca/frq

Mondial du vélo
Informations sur les événements cyclistes dans la région de Bromont et des Cantons-de-l'Est.
www.bromontbiking.com

Parc linéaire des Bois-Francs
Accès, tarification et activités du Parc linéaire des Bois-Francs.
www.ivic.qc.ca/parc

Parcs de la Ville de Montréal
Site traitant de la conception, de l'aménagement paysager et des activités des 645 espaces verts montréalais.
www.ville.montreal.qc.ca/parcs/parcs.htm

Répertoire des campings au Québec
Page qui répertorie quelques lieux de camping au Québec.
www.camping.qc.ca

Route verte
Informations sur les quelque 3 000 km (bientôt 4 300 km...) de pistes cyclables et de routes qui sillonnent les plus belles régions du Québec.
www.velo.qc.ca/route_verte

Sentiers de l'Estrie
Calendrier des activités, nombreuses cartes, informations pour les membres, etc.
www.lessentiersdelestrie.qc.ca

Société d'écologie des battures du Kamouraska
Site traitant d'escalade, de kayak, de camping et de marche dans cette région du Bas-St-Laurent.
www.sebka.ca

Société des établissements de plein air du Québec (SEPAQ)
Présente l'ensemble des parcs et réserves fauniques du Québec.
www.sepaq.com

Traversée de la Charlevoix
Information sur la Traversée de Charlevoix. Beaucoup de photos du sentier et des refuges.
charlevoix.net/traverse

Utilitaires

WWW

Cartes plein air
Patrimoine collectif de bénévoles qui regroupent et partagent cartes topograhiques et informations pour le canot, le kayak, la randonnée pédestre et le ski de fond.
www.cartespleinair.org

DrTopo.com
Cartes topographiques gratuites pour les amateurs d'escalade.
www.drtopo.com/quebec

ÉcoRoute de l'information
Actualité environnementale au Québec.
ecoroute.uqcn.qc.ca

Forêt virtuelle
Site très intéressant sur la biologie forestière.
sylva.for.ulaval.ca/foret

How far is it ?
Pour calculer la distance entre deux points du globe.
www.indo.com/distance

Map Quest
Pour visionner et imprimer des cartes de partout dans le monde.
www.mapquest.com

Ressources cartographiques
Page personnelle qui contient un grand nombre de liens vers des sites reliés à la cartographie et à la géographie.
www.ggr.ulaval.ca/allaire/index.htm

Fédérations et clubs

Note : dans le cas où aucune adresse n'est indiquée sous le nom d'une fédération, cela indique que celle-ci a pignon sur rue à l'adresse suivante :
4545, av. Pierre-de-Coubertin, C.P. 1000, Succ. M, Montréal, Qc, H1V 3R2

Canot et kayak

Fédération québécoise du canot et du kayak
(anciennement la Fédération québécoise de canot-camping)
Tél. : (514) 252-3001
Courriel : info@canot-kayak.qc.ca
Le site Web de la Fédération québécoise du canot et du kayak contient entre autres le service Info-débit (des données sur les niveaux d'eau de plusieurs rivières au Québec).
www.canot-kayak.qc.ca

Fédération québécoise de canoë-kayak d'eau vive
Tél. : (514) 252-3099
www.kayak.qc.ca

Club de kayak de mer de Montréal Chinook
www.chinook-kayak.com

Club de canoë-kayak d'eau vive de Montréal
Le site Web du club de canoë-kayak d'eau vive de Montréal contient des liens vers d'autres clubs.
www.cckevm.kayak.qc.ca

Orienteering

Fédération québécoise d'orientering
Courriel : o_quebec@hotmail.com
Le site Web de la Fédération québécoise d'orienteering contient une liste des clubs affiliés.
www3.sympatico.ca/oquebec

Randonnée pédestre, escalade, ski de randonnée et raquette

Fédération québécoise de la marche
Tél. : (514) 252-3157 ou 1 866 252-2065
Le site Web de la Fédération québécoise de la marche contient une liste des clubs de marche et de raquette au Québec.
www.fqmarche.qc.ca

Fédération québécoise de la montagne et de l'escalade
Tél. : (514) 252-3004 ou 1 866 204-3763
Courriel : fqme@fqme.qc.ca
www.fqme.qc.ca

Club de montagne du Saguenay
Pour grimper, été comme hiver, ou faire du ski hors-piste dans la région du Saguenay.
www.cms.uqac.uquebec.ca

Coopérative des guides d'escalade (COGEQ)
Offre des stages de formation et des sorties guidées en escalade de roche et de glace. Le site Web de la COGEQ contient des liens utiles sur l'escalade.
www.cogeq.com

Ski de fond Québec
Cet organisme provincial coordonne le développement de l'élite québécoise en ski de fond. Son site Web contient la liste des clubs de ski de fond, par région.
www.skiquebec.qc.ca/skifond

Spéléologie

Société québécoise de spéléologie
Tél. : (514) 252-3006
Courriel : info-sqs@speleo.qc.ca
En cas d'urgence seulement :
1 888 231-3261
Le site Web de la Société québécoise de spéléologie contient la liste des clubs de spéléologie.
www.speleo.qc.ca

Télémark

Club de télémark les Talons Libres de l'Estrie
Une mine d'informations sur les rencontres entre pratiquants, les compétitions, l'équipement.
http://iquebec.ifrance.com/talonslibres

Vélo

Fédération québécoise des sports cyclistes
Tél. : (514) 252-3071
Courriel : info@fqsc.net
Le site Web de la Fédération québécoise des sports cyclistes, bien qu'axé sur la compétition, contient de nombreux liens intéressants sur le vélo de route et sur le vélo de montagne.
www.fqsc.net

Vélo Québec
Liste des clubs cyclistes et carnet d'adresses reliées à la pratique du cyclisme, par région.
www.velo.qc.ca

Vol libre

Association canadienne de vol libre
Le site Web de l'Association canadienne de vol libre contient la liste des clubs de vol libre (incluant parapente et deltaplane) au Québec.
www.aqvl.qc.ca

JANVIER

Raid international Ukatak
Charlevoix
Course d'aventure hivernale. Parcours multisport long de plus de 400 km.
Info : www.ukatak.com ou
(514) 918-6673

La Classique de course de chiens
Île aux Coudres, Charlevoix
Info : www.charlevoix.qc.ca/isle-aux-coudres ou (418) 438-2930

Best of du Festival du film de montagne de Banff
Montréal, Québec, Sherbrooke, Trois-Rivières
Le meilleur du festival en 2h30 de projection.
Info : www.espaces.qc.ca ou
(514) 277-3477, poste 40

FÉVRIER

Marathon canadien de ski
Laurentides
Chaque année, plus de 2 000 skieurs de fond, âgés de 4 à 84 ans, effectuent un parcours à leur niveau, de 12 à 160 km. Dix sections au choix entre Lachute et Buckingham.
Info : www.csm-mcs.com ou
1 877 770-6556 ou (819) 770-6556

Festival du pic à glace Maikan
Trois-Rivières
Au programme : compétition d'amateurs et de spécialistes, initiation diapo-conférences, etc.
Info : http://picaglacemaikan.multimania.com ou (819) 694-7010 ou
1 877 694-7010

La Keskinada Loppet
Gatineau
Fête du ski de fond, dont une compétition internationale
Info : www.keskinada.com ou
(819) 595-0114

Festi-Télémark Mont-Édouard
Saguenay
Info : http://www.geocities.com/mont_edouard ou (418) 272-2927

Téléfestival du parc du Mont-Comi
Bas-Saint-Laurent
3 jours. Festival de télémark
Info : www.mont-comi.qc.ca

Traversée des Laurentides, la Classique
3 jours. Randonnée à ski de fond pour skieurs de tous les niveaux, sans souci du chrono. Étapes quotidiennes d'environ 50 km sur pistes sauvages. Départ de Sainte-Agathe.
Info : (514) 933-3765 ou
fermeur@aol.com

Festiglace The North Face
Pont-Rouge, région de Québec
3 jours. Compétition internationale d'escalade de glace sur paroi naturelle. Ateliers et cours d'initiation et de perfectionnement sont également au programme.
Info : www.festiglace.com ou
(418) 523-4546

MARS

La Traversée du lac Abitibi
5 jours. 110 km à ski. Progression en petits groupes la journée et grand rassemblement le soir.
Info : www.ecoaventures.ca ou
1 866 326-9453 et (819) 339-3300

AVRIL

Salon vacances et loisirs d'été
Info : www.salonvacances.com ou
(514) 527-9221

MAI

Festival plein air, aventure et écotourisme
Parc national des Îles-de-Boucherville, Montréal
Le rendez-vous printanier des gens de plein air!
Nombreux exposants, conférences et ateliers pratiques gratuits, cours d'initiation et de perfectionnement en kayak de mer et de rivière, sans oublier une foule d'activités d'animation (mur d'escalade, randonnée guidée en rabaska, etc).
Info : www.espaces.qc.ca ou
(514) 277-3477, poste 40

Raid Abemasic
180 km d'aventure dans les régions de la Mauricie et de Québec. Au programme : vélo de montagne, canot, portage, trekking, *bike & run* (2 vélos pour 3 coureurs), descente en rappel.
Info : www.abemasic.com ou
(450) 349-5327

Féria du vélo
Montréal
Du Tour des Enfants au Tour de l'Île (début juin), c'est une semaine d'activités récréatives et culturelles sur le thème du vélo.
Info : 1 888 899-1111 ou
(514) 521-TOUR ou www.velo.qc.ca

JUIN

Coupe du Canada et Coupe du Québec de vélo de montagne
Mont Tremblant
Info : 1 888 736-2526 ou
(819) 681-3000 ou www.tremblant.com

Raid the North
Lac Bark (Ontario) et mont Tremblant
Course d'aventure multisport par équipe de quatre. D'autres courses auront lieu cet été.
Info : www.raidthenorth.com ou
1 877 846-8889

JUILLET

Raid trans-gaspésien
Vélo de montagne
Info : www.raidtransgaspesien.com ou
(418) 534-3686

Défi des îles Boreal Design, rallye de kayak de mer
Trois-Pistoles
Rallye, olympiades, course à relais amicale, sortie au coucher du soleil, etc.
Info : (418) 851-4949 ou
www.kayaksdesiles.com

Raid des conquérants
La Sarre, Abitibi
Parcours non-compétitif de 350 km de vélo de montagne en cinq jours, sur d'anciens chemins forestiers aux frontières de l'Abitibi-Témiscamingue et de la baie James. Ou le petit raid : 150 km en deux jours. Forfaits et location d'équipement offerts.
Info : www.ecoaventures.ca
ou 1 866 ECO-WILD

AOÛT

Festival triathlon SEBKA
Kamouraska
Rallye écologique par équipe, ouvert à tous et mêlant kayak de mer (18 km, tour de l'archipel des îles de Kamouraska), randonnée pédestre (6 km) et escalade de rocher (voies faciles – niveau 5,6 ou 5,7).
Info : (418) 492-1233 ou www.sebka.ca

Descente de la rivière des Mille Îles
Laval
La plus grande descente populaire de rivière au Québec. 1 500 personnes dans 400 canots descendent les 25 km qui séparent Saint-Eustache et Rosemère.
Info : www.parc-mille-iles.qc.ca ou
(450) 622-1020

Marathon des deux rives – Lévis/Québec
Info : www.marathonquebec.com ou
(418) 694-4442

Classique internationale de canot de la Mauricie
De La Tuque à Shawinigan
Info : www.classiquedecanots.qc.ca ou
(819) 537-9221

Festival d'eau vive de la Haute-Gatineau
Maniwaki (Outaouais)
Info : www.gatineau.org ou
(514) 252-3001

SEPTEMBRE

Festival de la marche
Nouvelle destination chaque année
Info : Fédération québécoise de la marche (514) 252-3157 ou
www.fqmarche.qc.ca

Festivals des couleurs au Québec
Info : www.bonjourquebec.qc.ca ; rubrique événement

Mondial du vélo.com
Bromont, Granby, Waterloo
Info : (450) 534-2453 ou
www.mondialduvelo.com

Journée de la fondation Terry-Fox
Province du Québec
Parcours de 1 à 10 km (marche à pied, course, vélo ou fauteuil roulant)
Info : (514) 499-9747 ou
www.journeeterryfox.org

Grand Prix des couleurs Merrell
Mont Tremblant
Randonnée pédestre, course à pied ou vélo de montagne.
Info : www.tremblant.ca ou
1 800 461-8711

Festival de la santé
Montréal
Événement multidisciplinaire populaire englobant un 5 km et un 10 km de marche, 10 km de course, 28 km de patin à roues alignées et 40 km de vélo. Réservations requises.
Info : www.festivaldelasante.com ou
(514) 879-1027

OCTOBRE

Festival du film d'aventure de Montréal
Info : www.espaces.qc.ca ou
(514) 277-3477, poste 40

Traversée des Hautes-Laurentides à pied
Info : (819) 425-6289

DÉCEMBRE

Défi bloc
Montréal
Au centre d'escalade intérieure Horizon Roc
Compétition amicale de bloc regroupant 70 adeptes et comprenant, à la fin, une petite compétition de « dyno» (mouvements difficiles obligeant au saut entre deux prises très éloignées).
Inscription et information pour le public :
(514) 899-5000

CRÉDITS PHOTOGRAPHIQUES (par ordre d'apparition)

Couverture. Photo principale et kayak : Paul Villecourt - raquette : JF Bergeron / Enviro Foto - ski : Jean Sylvain / Parc national de la Jacques Cartier. p.10 : Marie Eisenmann - p.11 : Paul Villecourt - p.12 : Pierre Pouliot / Sepaq - p.13 : JS Perron / Sepaq - p.14 : JS Perron / Sepaq - p.15 : Stéphane Lalonde / Sepaq - p.16 haut : Paul Villecourt - p.16 bas : Louis Gagnon / TQ - p.17 : Michel Bonato - p.18 et 19 haut : Éric Marchand - p.19 bas : Michel Bonato - p.20 : Paul Villecourt - p.21 haut : Louis Gagnon / TQ - p.21 bas : Maurice Pitre / Enviro Foto - p.22 : Marie Eisenmann - p.23 haut : Sepaq - p.23 bas : JP Huard / Sepaq - p.24 gauche : Sepaq - droite : JP Huard / Sepaq - p.25 : Paul Villecourt - p.26 : JP Huard / TQ - p.27 : Marie Eisenmann - p.28 : JP Huard / Sepaq - p.29 : Pierre Pouliot / Sepaq - p.30 : Heiko Wittenborn / TQ - p.31 : Jean Sylvain / Sepaq - p.32 : Jean Sylvain - p.33 : Paul Villecourt - p.34 : Marc Archambault - p.35 : Pierre Dunnigan / TQ - p.36 - Pierre Pouliot / Sepaq - p.37 : Sepaq - p.38 : Marie Eisenmann - p.39 : Maurice Pitre / Enviro Foto - p.40 : JF Bergeron / Enviro Foto - p.41 : Marc Archambault - p.42 : JS Perron / Sepaq - p.43 et 44 : Marie Eisenmann - p.45 : Paul Villecourt - p.46 : Marie Eisenmann - p.47 : Paul Villecourt - p.48 : Parc de la Rivière-Batiscan - p.50 : M. Hamel / Parcs Canada - p.51 : Jacques Pleau / Parcs Canada - p.52 : Parcs Canada - p.53 : Paul Villecourt - p.54 : Marie Eisenmann - p.55 : JP Huard / Sepaq - p.56 haut : Patrick Pilon - p.56 bas : JF Bergeron / Enviro Foto - p.57 : JS Perron / Sepaq - p.58 : Patrick Pilon / Sepaq - p.59 : Steve Pellerin - p.60 : Robert Bernier - p.61 : Parc d'environnement naturel de Sutton - p.62 : Marie Eisenmann - p.63 : JF Bergeron / Enviro Foto - p.64 : Paul Villecourt - p.65 : Marie Eisenmann - p.66 : Laurence Épingard - p.67 et 68 : CCN/NCC - p.69 : Michel Villeneuve / Sepaq - p.70 : Marie Eisenmann - p.71 : Benoît Chalifour / Sepaq - p.72 : Paul Villecourt - p.73 et 74 bas : Marie Eisenmann - p.74 haut : Paul Villecourt - p.75 : Eric Le Bel / TQ - p.76 : C.Parent, P.Hurteau / TQ - p.77 et 78 : Parc Boréal du Saint-Laurent - p.79 : Marie Eisenmann - p.80 : Claude Bouchard - p.81 : Jean Bédard / Sauvagîles - p.82 : Marie Eisenmann - p.83 : Laurence Épingard - p.84 à 86 : Marie Eisenmann - p.88 et 89 : JP Huard / Sepaq - p.91 : Marie Eisenmann - p. 92 haut : C. Raylat - p. 92 bas et 93 : Marie Eisenmann - p.94 : Heiko Wittenborn / TQ - p.95 et 96 : Pierre Dunnigan / TQ - p.98 : PP. Brunet / TQ - p.99 : JF Bergeron / Enviro Foto - p.100 à 103 gauche : Parcs-nature de la ville de Montréal - p.103 droite : Parc de la Rivière-des-Mille-îles - p.104 : JF Bergeron / Enviro Foto - p.105 : Parc de la Rivière-des-Mille-îles - p.106 : JS Perron / Sepaq - p.107 : Parc national d'Oka / Sepaq - p.108 : Centre de la nature du Mont St-Hilaire - p.109 gauche : Maurice Pitre / Enviro Foto - p.110 et 111: C.Parent, P.Hurteau / TQ - p.112 : Laurence Épingard - p.113 : Gil Thériault - p.114 haut : Camping polaire - p.114 bas : Laurence Épingard - p.115 : Karl Tremblay / Sepaq - p.116, 119 et 120 : Laurence Épingard - p. 121 haut : C.Parent, P.Hurteau / TQ - p.121 bas et 122 : JP Huard / Sepaq - p.123 à 131 : Paul Villecourt - p.132 : Marie Eisenmann - p.133 : Paul Villecourt - p.134 : Alain Dumas - p.136 : Marie Eisenmann - p.137 : Paul Villecourt - p.138 : C.Parent, P.Hurteau / TQ - p. 140 : Marc Archambault / TQ - p.141 : Paul Villecourt - p.142 : ATR Charlevoix - p.145 : C.Parent, P.Hurteau / TQ - p.146 : Heiko Wittenborn / TQ - p.147 : Linda Turgeon / TQ - p. 148 : Heiko Wittenborn / TQ - p.149 : Marie Eisenmann - p.150 et 151 : Laurence Épingard - p.152 : JF Bergeron / Enviro Foto - p.153 : Heiko Wittenborn / TQ - p.154 : JP Huard / Sepaq - p.155 : Paul Villecourt - p.157 : Laurence Épingard - p.159 : JP Huard / Sepaq - p.160 à 163 gauche : Marie Eisenmann - p.163 droite : Alain Dumas - p.164, 165 gauche et 166 : JF Bergeron / Enviro Foto - p.167 : Traversée de Charlevoix - p.170 et 171 : Marie Eisenmann - p.172 : Michel Bonato - p. 173 : Nicolas Bertrand - p.174 : Marie Eisenmann - p.175 : Paul Villecourt - p.176 : David Wheelock / Rossignol - p.177: Atomic - p.178 : Jean Sylvain - p.179 : F. Gauvin - p.180 bas : JG Lavoie - p.181 : JF Bergeron / Enviro Foto - p.182 : JP Huard / TQ - p.183 : Laurence Épingard - p.184 : Marc Tremblay - p.185 gauche : Parc national des Monts-Valin / Sepaq - p.185 droite : Robin Edgar / TQ - p.186 haut : Michel Julien / ATR Chaudière-Appalaches - p.186 bas : Marie Eisenmann - p. 187 : Paul Villecourt - p.188 : JP Huard / Sepaq - p.189 : Sepaq - p.190 bas : Paul Villecourt - p.191 gauche : Louis Gagnon / TQ - p.191 droite : JP Huard / Sepaq - p.192 gauche : Sepaq - p.192 droite : JF Bergeron / Enviro Foto - p.193 : Marie Eisenmann - p.201 : Sylvie Bolduc - p.210 : Marie Eisenmann - p.212 : JP Huard / Sepaq - p.213 : Dennis Curran / Rossignol - p.214 : JP Huard / TQ - p. 221 : Sepaq - p.224 et 227 : Marie Eisenmann